Contraste insuffisant

NF Z 43-120-14

an¹⁷ _ litt

RÉPERTOIRE

DE LA

LITTÉRATURE

ANCIENNE ET MODERNE.

IMPRIMERIE DE E. POCHARD,
RUE DU POT-DE-FER, N° 14, A PARIS.

RÉPERTOIRE

DE LA

LITTÉRATURE

ANCIENNE ET MODERNE,

CONTENANT :

1° LE LYCÉE DE LA HARPE, LES ÉLÉMENS DE LITTÉRATURE DE MARMONTEL, UN CHOIX D'ARTICLES LITTÉRAIRES DE ROLLIN, VOLTAIRE, BATTEUX, etc ;

2° DES NOTICES BIOGRAPHIQUES SUR LES PRINCIPAUX AUTEURS ANCIENS ET MODERNES, AVEC DES JUGEMENS PAR NOS MEILLEURS CRITIQUES, TELS QUE :

D'*Alembert*, *Batteux*, *Bernardin de Saint-Pierre*, *Blair*, *Boileau*, *Chénier*, *Delille*, *Diderot*, *Dussault*, *Fénelon*, *Fontanes*, *Ginguené*, *La Bruyère*, *La Fontaine*, *Marmontel*, *Maury*, *Montaigne*, *Montesquieu*, *Palissot*, *Rollin*, *J.-B. Rousseau*, *J.-J. Rousseau*, *Thomas*, *Vauvenargues*, *Voltaire*, etc.;

Et MM. Amar, Andrieux, Anger, Burnouf, Buttura, Chateaubriand, Duviquet, Feletz, Gaillard, Le Clerc, Lemercier, Patin, Villemain, etc.;

3° DES MORCEAUX CHOISIS AVEC DES NOTES.

TOME DIX-SEPTIÈME.

A PARIS,

CHEZ CASTEL DE COURVAL, LIBRAIRE-ÉDITEUR,

RUE DE RICHELIEU, N° 87;

ET BOULLAND ET Cie, PALAIS ROYAL, GALERIES DE BOIS, N° 254.

M DCCC XXV.

RÉPERTOIRE

DE LA

LITTÉRATURE

ANCIENNE ET MODERNE.

LANGUE *française comparée aux langues anciennes.* Dans le plan que je me suis proposé de suivre, une partie considérable de ce cours étant destinée à faire connaître, à faire sentir les anciens, autant qu'il est possible, même à ceux qui ne peuvent pas les lire dans l'original, il m'importe d'avertir des difficultés inévitables que je dois rencontrer, et des bornes étroites et gênantes que m'impose la nécessité de ne jamais montrer ces auteurs dans leur propre langue par égard pour les personnes qui ne la connaissent point; et puisqu'ils ne peuvent parler ici que la nôtre, il est également juste et nécessaire d'établir d'abord ce que doit leur faire perdre la différence du langage, même en supposant ce qu'il y a de plus rare, c'est-à-dire la traduction aussi bonne qu'elle peut l'être. La grande réputation de ces écrivains est ici un danger pour eux et un écueil pour moi ; car bien que leur mérite soit de nature à être encore aperçu dans une autre langue que la leur, il est difficile qu'ils n'en perdent pas quelque chose, sur-tout en poésie; et si, d'après cette disproportion, on les jugeait au-dessous de l'idée qu'on en avait, on s'exposerait à être injuste envers eux, et c'est cette injustice que je me crois obligé de prévenir. C'est donc une occasion toute naturelle de mettre en avant quelques notions, quelques principes, sur les différences les plus essentielles qui se trouvent entre les idiomes anciens et le nôtre; de discuter ce qui a été dit sur ce sujet, et d'établir des vérités qu'on a souvent obscurcies comme à dessein, faute de lumières ou de bonne foi. Ce détail sera quelquefois purement grammatical : il faut bien s'y résoudre, et d'autant plus que la grammaire doit entrer aussi dans ce plan d'instruction. D'ailleurs, elle a cela de commun avec la géométrie, qu'elle rachète la sécheresse du sujet par la netteté des conceptions.

Il n'est pas inutile d'observer que, dans l'antiquité, le mot *grammatice*, qui avait passé des Grecs aux Latins, et dont nous avons fait celui de *grammaire*, avait une acception beaucoup plus étendue que parmi nous. On mettait les jeunes gens entre les mains du grammairien avant de les confier au rhéteur et au philosophe; et Quintilien, qui nous a tracé un plan très complet de l'ancienne éducation, nous apprend que les connaissances et les devoirs des grammairiens s'étendaient à des objets qui paraissent aujourd'hui ne pas appartenir à leur profession. Non-seulement un grammairien devait apprendre à ses élèves à écrire et à parler correctement, et à connaître les règles de la versification, ce qui est à peu près la seule chose qui soit aujourd'hui du ressort de la grammaire; mais il devait être encore ce qu'on appelle proprement parmi les gens de lettres un critique; ce qui ne signifiait pas, comme de nos jours, un homme qui, dans une feuille ou dans une affiche, s'établit juge de tous les ouvrages nouveaux, sans être obligé de savoir un mot de ce qu'il dit, ni même de savoir sa langue. Un critique, un grammairien, un philologue (ces trois mots sont à peu près synonymes), était un homme particulièrement occupé de l'étude des langues et de la lecture des poètes, de la connaissance exacte des manuscrits, qui, avant l'imprimerie, étaient les seuls livres ; il devait en offrir aux jeunes gens le texte épuré, les initier dans tous les secrets de la versification et de l'harmonie ; et, comme alors la poésie lyrique était toujours accompagnée d'instruments, et la poésie dramatique toujours mêlée au chant, il ne pouvait enseigner le rhythme, si essentiel à la poésie, sans savoir ce qu'on savait alors de musique. Il devait apprendre à ses disciples à réciter des vers, sans jamais blesser ni la quantité ni le nombre. Il eût été honteux à tout homme bien élevé de prononcer d'une manière vicieuse un vers grec ou latin : c'eût été une preuve d'une mauvaise éducation; et, comme cette étude est infiniment plus aisée pour nous, chez qui les règles de la versification sont très bornées et très faciles, rien n'est plus propre à nous faire sentir combien il est indécent que des personnes bien nées estropient des vers dans leur propre langue, en ignorent la mesure et la cadence, et que ceux qui par état doivent les réciter en public, mutilent si souvent et si grossièrement ce qu'ils répètent tous les jours.

Telle est l'idée que nous donne Quintilien des grammairiens de Rome et d'Athènes, et qui nous rappelle l'importance qu'avait nécessairement dans les anciennes républiques tout ce qui tenait à l'art de bien parler. Cette délicatesse d'oreille avait contribué à perfectionner l'harmonie de leur langue, et l'harmonie entretenait à son tour cette délicatesse. Mais, au moment d'exposer ici sommairement une partie des avantages du grec et du latin (car cet examen approfondi serait une dissertation qui ne pourrait s'adresser qu'aux savants), je crois entendre déjà les reproches inconsidérés de ceux qui, saisissant mal l'état de la question, s'imaginent qu'on veut déprécier et calomnier la langue française. Il serait assurément bien maladroit et bien ridicule de vouloir rabaisser une langue dans laquelle on a toute sa vie pensé, parlé et écrit : c'est ce qu'on ne peut supposer que de pédants qui n'auraient jamais fait autre chose que commenter les Grecs et les Latins. La méthode facile de mettre les injures à la place des raisons, a fait dire aussi aux aveugles apologistes de notre langue, que ceux qui la trouvaient inférieure aux langues anciennes étaient des ignorants qui n'avaient pas su s'en servir; et, ce qu'il y a de plus étonnant, c'est que des gens d'esprit et de mérite ont employé cette invective très gratuite, persuadés apparemment qu'en exaltant leur langue ils donneraient une plus grande idée de leurs ouvrages. Je n'en citerai qu'un, et, selon ma coutume, je le choisirai parmi les morts, pour avoir moins à démêler avec les vivants : c'est de Belloy, dans ses *Observations sur la langue et la poésie françaises*. Le but de cet ouvrage, que l'auteur n'eut pas le temps d'achever, est de faire voir que non-seulement notre langue n'est pas inférieure aux langues anciennes et étrangères, mais qu'elle a de l'avantage sur toutes. L'auteur, qui avait voué sa plume à l'adulation, a cru peut-être flatter aussi la nation sous ce rapport. Mais on peut être très bon Français sans regarder sa langue comme la première du monde. Elle a sûrement sur toutes les autres de l'Europe l'avantage d'être devenue la langue universelle; mais, sans vouloir examiner ici toutes les causes de cette universalité, la principale est incontestablement la grande quantité d'excellents ouvrages qu'elle a produits dans tous les genres, et sur-tout la supériorité de notre théâtre. La question se réduit donc, pour le moment, au latin et au grec comparés au français. De Belloy commence par s'élever contre *des Parisiens qui écrivaient mal*, contre des criailleries *de mauvais auteurs*, qui voudraient persuader au public que la langue de Racine et de Bossuet ne vaut pas celle de Virgile et de Démosthène. Il y a dans ce début beaucoup d'humeur et de mauvaise foi. Ces *Parisiens*, ces *mauvais auteurs* sont Fénelon dans ses

Dialogues sur l'Éloquence; Racine et Despréaux, qui, après avoir eu le projet de traduire *l'Iliade* y ont renoncé comme tout le monde sait, parce qu'ils désespéraient de trouver dans leur langue de quoi lutter contre celle d'Homère; le lyrique Rousseau, qui ne se servait pas mal de la sienne; enfin Voltaire, qui n'était pas un superstitieux idolâtre des anciens, ni un homme à préjugés pédantesques. C'est ce dernier qui s'est plaint le plus souvent de ce qui manquait à notre langue et à notre versification : on pourrait le citer là-dessus en cent endroits. Je me borne à ces vers de son *Épître à Horace:*

Notre langue, un peu sèche et sans inversions,
Peut-elle subjuguer les autres nations?

On peut répondre oui, puisque cela est déjà fait; et nous avons vu pourquoi. Mais dans cet endroit de son *Épître*, l'auteur vient de dire qu'il ne se flatte pas que la langue dans laquelle il a écrit fasse vivre ses ouvrages aussi long-temps que celle d'Horace a fait vivre les siens. Je crois qu'il a tort d'en douter; mais ce n'est pas là la question. Il ajoute :

Nous avons la clarté, l'agrément, la justesse;
Mais égalerons-nous l'Italie et la Grèce?

On sent bien qu'il s'agit de l'Italie antique.

Est-ce assez en effet d'une heureuse clarté?
Et ne péchons-nous pas par l'uniformité?

Nous verrons tout à l'heure que cela n'est que trop vrai. Mais comment se refuser à une observation que les expressions injurieuses dont se sert de Belloy autorisent assez, et rendent encore plus frappante? Je suis fort loin de vouloir rien ôter à un homme dont les succès au théâtre prouvent un talent estimable à plusieurs égards ; mais il est bien reconnu que ce n'est pas le style qui est la partie la plus brillante de ses ouvrages : c'est pourtant l'auteur du *Siége de Calais* qui ne peut souffrir qu'on trouve rien de plus beau que sa langue, et c'est l'auteur de *Mérope* et de *la Henriade* qui avoue l'infériorité de la sienne. Que résulte-t-il de ce contraste et des autorités imposantes que j'ai citées? C'est que, pour bien juger des langues, il faut savoir ce qu'il est possible d'en faire, être né pour écrire, et sur-tout avoir l'oreille sensible. De Belloy et beaucoup d'autres accumulent citations sur citations pour prouver que nos bons écrivains ont su tirer de leur langue des beautés que l'on peut opposer à celles des anciens. Eh! qui en doute? Qui doute que le génie ne sache se servir le plus heureusement qu'il est possible de l'instrument qu'on lui confie? La question est de savoir s'il n'y en a pas de plus heureux. Tous nos jugements en fait de goût, on l'a déjà dit, ne sont et ne peuvent être que des comparaisons. L'homme du meilleur esprit, qui ne sait que sa langue, et qui lit nos bons auteurs, ne peut rien imaginer de mieux, parce qu'ils ont tiré de la leur tout ce qu'on en pouvait tirer. Ils sont donc en cela pour le moins égaux aux anciens : je dis pour le moins ; car plus ils avaient de difficultés à vaincre, et plus leur mérite est grand. Mais à l'égard de l'idiome qu'ils avaient à manier, ce n'est point par des traits détachés qu'on en peut juger, c'est par la marche habituelle. Il faudrait, entre gens instruits et faits pour décider la question, prendre cent vers d'Homère et de Virgile, les opposer à cent vers de Racine et de Voltaire, comparer, vers par vers, ce que la langue a donné aux uns et aux autres, et, de plus, statuer quel est l'effet total sur les oreilles délicates et exercées. Que l'on fasse cet examen, et l'on verra que de Belloy, dans son système, est aussi loin de la vérité qu'il l'est de la question. Au reste, il y a long-temps qu'elle est jugée, et il ne s'agit aujourd'hui que d'en faire soupçonner du moins les raisons à ceux-mêmes qui n'entendent que le français.

Dans cet examen comparatif des langues; il faut de toute nécessité revenir aux premiers éléments; il faut parler des noms, des verbes, des articles, des prépositions, des particules; car c'est de tout cela que se composent la construction, l'expression et l'harmonie, c'est-à-dire les trois choses principales qui constituent la diction. Ne rougissons point de descendre à ce détail, qui ne peut paraître petit que parce qu'on en parle très inutilement aux enfants qui ne peuvent pas l'entendre; mais quand le philosophe pense à tout le chemin qu'il a fallu faire pour parvenir à un langage régulier et raisonnable, malgré ses imperfections, la formation des langues paraît une des merveilles de l'esprit humain, que deux choses seules rendent concevable, le temps et la nécessité.

Une des premières qualités d'une langue est de présenter à l'esprit, le plus tôt et le plus clairement qu'il est possible, les rapports que les mots ont les uns avec les autres dans la composition d'une phrase. Ainsi, par exemple, les rapports des noms entre eux ou avec les verbes sont déterminés par les cas. Le rudiment nous dit qu'il y en a six ; mais cela est bon à dire à des enfants : ces cas appartiennent aux Grecs et aux Latins ; quant à nous, nous n'en avons pas. Les cas sont distingués par différentes terminaisons du même mot, qui avertissent dans quel rapport il est avec ce qui précède ou ce qui suit. Nous disons dans tous les cas *homme, Dieu, livre*, et nous sommes obligés de les différencier par un article ou par une particule : *l'homme, de l'homme, à l'homme, par l'homme*. Les femmes savantes de Molière diraient : *Voilà qui se décline* : point du tout : voilà ce qu'on fait quand on ne peut pas décliner ; car un mot qui ne change point de terminaison est ce qu'on appelle indéclinable. Décliner, c'est dire comme les Latins, *homo, hominis, homini, hominem, homine*, et comme les Grecs ἄνθρωπος, ἀνθρώπου, ἀνθρώπῳ, ἄνθρωπον, etc. Pourquoi ? C'est que le mot, dès qu'il est prononcé, m'avertit dans quelle relation il est avec les autres. On sera peut-être tenté de croire que ce défaut de déclinaison, auquel nous suppléons par des articles et des particules, n'est pas une chose bien importante ; mais c'est qu'on n'en voit pas d'abord la conséquence, et ce premier exemple de ce qui nous manque va faire voir combien tout se tient dans les langues. Cette privation de cas proprement dits est une des causes capitales qui font que l'inversion n'est point naturelle à notre langue, et qui nous privent par conséquent d'un des plus précieux avantages des langues anciennes. Pourquoi sera-t-on toujours choqué d'entendre dire : *La vie conserver je voudrais?* C'est que ce mot *la vie* ne présente à l'esprit aucun rapport quelconque où l'on puisse s'arrêter. Vous ne savez, quand vous l'entendez, s'il est nominatif ou régime, c'est-à-dire s'il doit amener un verbe ou le suivre. Ce n'est que lorsque la phrase est finie, que vous comprenez que le mot *la vie* est régi par le verbe *conserver.* Or, il y a dans toutes les têtes une logique secrète qui fait que vous désirez d'attacher une relation quelconque à chaque mot que vous entendez, et, pour suivre le fil naturel de ces relations, il faut absolument dire dans notre langue : *Je voudrais conserver la vie*, ce qui n'offre aucun nuage à la pensée. Mais si je commence ma phrase en latin par le mot *vitam*, me voilà d'abord averti, par la désinence qui frappe mon oreille, que j'entends un accusatif, c'est-à-dire un régime qui me promet un verbe. Je sais d'où je pars et où je vas; et ce qui est pour un Français une inversion forcée qui le trouble, est pour moi, Latin, un ordre naturel d'idées. Mais, dira-t-on peut-être, y a-t-il beaucoup d'avantages à pouvoir dire *la vie conserver je voudrais*, plutôt que *je voudrais conserver la vie?* Non il y en a fort peu pour cette phrase et pour telle autre que je choisirais dans le langage ordinaire. Mais demandez aux poètes, aux historiens, aux orateurs, si c'est pour eux la même chose d'être obligés de mettre toujours les mots à la même place, ou de les placer où l'on veut, et leur réponse développée fera voir qu'à ce même principe, qui fait que l'une des deux phrases est impossible pour nous et naturelle aux anciens, tient, d'un côté, une multitude d'inconvénients, et de l'autre, une multitude de beautés. J'y reviendrai quand il s'agira de l'inversion. Nous n'aurions pas cru les déclinaisons si importantes, et il me semble que cela jette déjà quelque intérêt sur les reproches que nous avons à faire aux particules, aux articles, aux pronoms, long et embarrassant cortége sans lequel nous ne saurions faire un pas. *A*, *de*, *des*, *du*, *je*, *moi*, *il*, *vous*, *nous*, *elle*, *le*, *la*, *les*, et ce *que* éternel, que malheureusement on ne peut appeler *que retranché* que dans les grammaires latines : voilà ce qui remplit continuellement nos phrases. Sans doute accoutumés à notre langue, et n'en connaissant point d'autres, nous n'y prenons pas garde. Mais croit-on qu'un Grec ou un Latin ne fût pas étrangement fatigué de nous voir traîner sans cesse cet attirail de monosyllabes, dont aucun n'était nécessaire aux anciens, et dont ils ne se servaient qu'à leur choix? Voilà, entre autre chose, ce qui rend pour nous leur poésie si difficile à traduire. Notre vers, ainsi que le leur, n'a que six pieds, et il n'y a presque point de phrase qui, en passant de leur langue dans la nôtre, ne demande, pour être exactement rendue, un bien plus grand nombre de mots ; parce que les procédés de leur construction sont très simples, et que ceux de la nôtre sont très composés. Prenons pour exemple le premier vers de *l'Énéide;* car il faut rendre cette démonstration sensible pour tout le monde, et je demande la permission de citer un vers latin sans conséquence :

Arma virumque cano, Trojæ qui primus ab oris.....

Adoptons pour un moment la méthode de Du Marsais, la version interlinéaire qui place un mot français sous un mot latin. Il y en a neuf dans les vers de Virgile, qui sont ceux-ci :

Combats et héros chante, Troie qui premier des bords.

C'est pour nous un galimatias. Ces mêmes mots en latin sont clairs comme le jour, parce que le sens de tous est distinctement marqué par ces finales dont j'ai parlé; en sorte que l'élève de Du Marsais procéderait ainsi : Les Latins n'ont point d'articles : *arma* est nécessairement un nominatif ou un accusatif; c'est le dernier, ici, puisque voilà le verbe qui le régit. *Virum* est aussi un accusatif. Ainsi mettons, *les combats et le héros. Cano* est la première personne du présent de l'indicatif, car la terminaison seule renferme tout cela : *je chante*, et voilà le premier membre de la phrase dans le français, qui n'a point d'inversion : *je chante les combats et le héros.* Il y a déjà sept mots, tous indispensables, pour en rendre quatre : et en achevant le vers de la même manière, il trouvera *qui le premier des bords de Troie*, sept autres mots pour en rendre cinq, en sorte qu'en voilà quatorze contre neuf, sans qu'il y ait une syllabe qui ne soit nécessaire, et sans qu'on ait ajouté la moindre idée. Et comment le Latin a-t-il mis dans un seul vers ce qui nous paraît si long par rapport aux nôtres. *Je chante les combats et le héros qui le premier des bords de Troie?* Pourquoi cette disproportion entre deux phrases, dont l'une dit exactement la même chose que l'autre ? Voici l'excédant en français, et ce sont ces articles et ces particules dont je parlais. *Je*, *les le*, *des*, *de*, dont le latin n'a que faire. En prose du moins on a toute la liberté de s'étendre ; mais dans les vers, où le terrain est mesuré, quels efforts ne faut-il pas pour balancer cette inégalité ! et comment y parvient-on, si ce n'est le plus souvent par quelques sacrifices ? aussi Boileau, qui dans *l'Art poétique* a traduit le commencement de *l'Énéide*, a mis trois vers pour deux :

> Je chante les combats et cet homme pieux
> Qui des bords phrygiens, conduit dans l'Ausonie,
> Le premier aborda les champs de Lavinie.

Encore a-t-il omis une circonstance fort essentielle, les deux mots latins *fato profugus, fugitif par l'ordre des destins*, mots nécessaires dans le dessein du poète.

Je puis citer un exemple plus voisin de nous, et plus propre que tout autre à faire voir, non pas seulement la difficulté, mais même quelquefois l'impossibilité de rendre un vers par un vers, lorsque cette précision est le plus nécessaire, comme dans une inscription. On connaît celle qu'avait faite Turgot pour le portrait de Franklin : c'était un vers latin fort beau, qui, rappelant à la fois la révolution préparée par Franklin en Amérique, et ses découvertes sur l'électricité, disait :

Eripuit cœlo fulmen, sceptrumque tyrannis.

« Il ravit la foudre aux cieux et le sceptre aux tyrans.»
Otez le pronom *il*, et vous avez un fort beau vers français pour rendre le vers latin; mais malheureusement ce pronom est indispensable, et la difficulté est invincible.

Cela nous conduit aux conjugaisons, qui se passent du pronom personnel en latin et en grec, et qui chez nous ne marchent pas sans lui : *Je*, *tu*, *il*, *nous*, *vous*, *ils*. Nous ne pouvons pas conjuguer autrement; mais ce n'est pas tout, et c'est ici une de nos plus grandes misères. Nos verbes ne se conjuguent que dans un certain nombre de temps; les verbes latins et les grecs dans tous. Ils se conjuguent à l'actif et au passif, et chez nous à l'actif seulement; encore au prétérit indéfini et au plusqueparfait de chaque mode, et au futur du subjonctif, sommes-nous obligés d'avoir recours au verbe auxiliaire *avoir*, et de dire : *J'ai aimé, j'avais aimé, j'aurais aimé, que j'eusse aimé, que j'aie aimé*, etc. Pour ce qui est du passif, nous n'en avons pas : nous prenons tout uniment le verbe substantif *je suis*, et nous y joignons le participe dans tous les modes et dans tous les temps, et à toutes les personnes. Ce sont bien là les livrées de l'indigence; et un Grec qui, en ouvrant une de nos grammaires, verrait le même mot répété quatre pages de suite, servant à conjuguer tout un verbe, ne pourrait s'empêcher de nous regarder en pitié. Je dis un Grec, parce qu'en ce genre les Latins, qui sont riches en comparaison de nous, sont pauvres en comparaison des Grecs. Les premiers ont aussi un besoin absolu du verbe auxiliaire, au moins dans plusieurs temps du passif. Les Grecs ne l'admettent presque jamais, et leur verbe *moyen* est encore une richesse de plus. Nos modes sont pauvres; ceux des Latins sont incomplets; ceux des Grecs vont jusqu'à la surabondance. Un seul mot leur suffit pour exprimer quelque temps que ce soit, et il nous en faut souvent quatre, c'est-à-dire le verbe, l'auxiliaire *avoir*, le substantif *être* et le pronom ; *tu as été aimé*, *ils ont été aimés*. Les Grecs disent cela dans un seul mot, et ils ont quatre manières de le dire. Nous n'avons que deux participes, ceux du présent, *aimant*, *aimé*; les deux du passé et du futur à l'actif, *ayant aimé*, *devant aimer*, et les deux du passif, *ayant été aimé*, *devant être aimé*, nous ne les formons, comme on voit, qu'avec l'auxiliaire *avoir* et le substantif *être*. Les Latins manquent de ceux du passé, et ont ceux du futur : les Grecs les ont tous et les ont triples, c'est-à-dire chacun d'eux avec trois terminaisons différentes. — Mais à quoi bon ce superflu ? s'il n'y a que six participes de nécessaires, pourquoi en avoir dix-huit*? — Voilà, diraient les

---

* La Harpe s'exagère un peu le nombre des participes. Il y en a quatre à l'actif, ceux du présent, du futur, de l'aoriste, du parfait, les mêmes au passif, plus celui du futur antérieur, ce qui fait cinq ; il y faut ajouter ceux

Grecs, une question de barbares. Est-ce qu'il peut y avoir trop de variété dans les sons, quand on veut flatter l'oreille? Et les poètes et les orateurs sont-ils fâchés d'avoir à choisir? — Mais que de temps il fallait pour se mettre dans la tête cette incroyable quantité de finales d'un même mot! — Cela ne paraît pas aisé en effet, cependant à Rome tout homme bien élevé parlait le grec aussi aisément que le latin : les femmes mêmes le savaient communément : c'est que Rome était remplie de Grecs, et qu'on apprend toujours aisément une langue qu'on parle. Mais quand une langue aussi riche que celle-là devient ce qu'on appelle une langue savante, une langue morte, il y a de quoi étudier toute sa vie.

Maintenant, qui ne comprend pas combien cette nécessité d'attacher à tous les temps d'un verbe un ou deux autres verbes surchargés d'un pronom, doit mettre de monotonie, de lenteur et d'embarras dans la construction? et c'est encore une des raisons qui nous rendent l'inversion impossible. La clarté de notre marche méthodique dont nous nous vantons, quoique assurément elle ne soit pas plus claire que la marche libre, rapide et variée des anciens, n'est qu'une suite indispensable des entraves de notre idiome : force est bien à celui qui porte des chaînes de mesurer ses pas, et nous avons fait, comme on dit, de nécessité vertu. Mais quelle foule d'avantages inappréciables résultait de cet heu-

---

de la voix moyenne qui diffèrent de la forme passive, c'est-à-dire, ceux du futur et de l'aoriste; et l'on aura en tout neuf participes distincts, ce qui est moitié moins que ne le veut La Harpe.   H. PATIN.

reux privilège de l'inversion ! Quelle prodigieuse variété d'effets et de combinaisons naissait de cette libre disposition des mots arrangés de manière à faire valoir toutes les parties de la phrase, à les couper, à les suspendre, à les opposer, à les rassembler, à attacher toujours l'oreille et l'imagination, sans que toute cette composition artificielle laissât le moindre nuage dans l'esprit ! Pour le sentir, il faut absolument lire les anciens dans leur langue ; c'est une connaissance que rien ne peut suppléer. Je voudrais pourtant donner une idée, quoique très imparfaite, du prix que peut avoir cet arrangement des mots, et je ne la prendrai pas dans un grand sujet d'éloquence ou de poésie, mais dans une fable tirée d'une des satyres d'Horace (II, 6), et imitée par La Fontaine. Par malheur elle est du très petit nombre de celles qui ne sont pas dignes de lui. C'est la fable du *Rat de ville et du Rat des champs*, qui, dans Horace, est un chef-d'œuvre de grace et d'expression. Voici la traduction exacte des deux premiers vers [*]: « On raconte que le rat des champs « reçut le rat de ville dans son trou indigent ; c'était « un vieil hôte d'un vieil ami ». Les deux vers latins sont charmants. Pourquoi ? C'est qu'indépendamment de l'harmonie, les mots sont disposés de sorte que *champ* est opposé à *ville*, *rat* à *rat*, *vieux* à *vieux*, *hôte* à *ami*. Ainsi, dans les quatre combinaisons que renferment ces deux vers, tout est contraste ou rapprochement. Il est clair qu'un pareil

---

[*] Rusticus urbanum murem mus paupere fertur
Accepisse cavo, veterem vetus hospes amicum

artifice de style (et il y en a une infinité de cette espèce) est absolument étranger à une langue qui n'a point d'inversions.

Quinte Curce, historien éloquent, commence ainsi son quatrième livre (je conserverai d'abord l'arrangement de la phrase latine, afin de mieux faire comprendre le dessein de l'auteur dans le mot qui la finit : le moment de son récit est après la bataille d'Issus) : « Darius, un peu auparavant, maî-
« tre d'une puissante armée, et qui s'était avancé
« au combat, élevé sur un char, dans l'appareil d'un
« triomphateur plutôt que d'un général, alors au
« travers des campagnes qu'il avait remplies de ses
« innombrables bataillons, et qui n'offraient plus
« qu'une vaste solitude, *fuyait* ».

Cette construction est très mauvaise en français, et ce mot *fuyait*, ainsi isolé, finit très mal la phrase, et forme une chute sèche et désagréable. Il la termine admirablement dans le latin. Il est facile d'apercevoir l'art de l'auteur, même sans entendre sa langue. A la vérité, l'on ne peut pas deviner que le mot *fugiebat*, composé de deux brèves et de deux longues, complète très bien la période harmonique, au lieu que *fuyait* est un mot sourd et sec; mais on voit clairement que la phrase est construite de manière à faire attendre jusqu'à la fin ce mot *fugiebat;* que c'est là le grand coup que l'historien veut frapper; qu'il présente d'abord à l'esprit ce magnifique tableau de toute la puissance de Darius, pour offrir ensuite dans ce seul mot, *fugiebat*, il *fuyait*, le contraste de tant de grandeurs et les révolutions de la fortune : en sorte que la phrase est essentiellement divisée en deux parties, dont la première étale tout ce qu'était le grand roi avant la journée d'Issus; et la seconde, composée d'un seul mot, représente ce qu'il est après cette funeste journée. L'arrangement pittoresque des phrases grecques et latines n'est pas toujours aussi frappant que dans cet endroit; mais un seul exemple semblable suffit pour faire deviner tout ce que peut produire un si heureux mécanisme, et avec quel plaisir on lit des ouvrages écrits de ce style.

A présent, s'il s'agissait de traduire cette phrase comme elle doit être traduite suivant le génie de notre langue, il est démontré d'abord qu'il faut renoncer à conserver la place du mot *fugiebat*; quelque avantageuse qu'elle soit en elle-même, et disposer ainsi la période française : « Darius, un peu « auparavant, maître d'une si puissante armée, et « qui s'était avancé au combat, élevé sur un char, « dans l'appareil d'un triomphateur plutôt que d'un « général, fuyait alors au travers de ces mêmes cam- « pagnes qu'il avait remplies de ses innombrables « bataillons, et qui n'offraient plus qu'une triste et « vaste solitude ».

Cet art de faire attendre jusqu'à la fin d'une période un mot décisif, qui achevait le sens en complétant l'harmonie, était un des grands moyens qu'employaient les orateurs de Rome et d'Athènes ; et quand Cicéron et Quintilien ne nous en citeraient pas des exemples particuliers, la lecture des anciens nous l'indiquerait à tout moment. Ils savaient combien les hommes rassemblés sont susceptibles d'être menés par le plaisir de l'oreille, et l'harmonie est certainement un des avantages que nous pouvons le moins leur contester. Outre cette faculté des inversions, qui les laisse maîtres de placer où ils veulent le mot qui est image et le mot qui est pensée, ils ont une harmonie élémentaire qui tient sur-tout à deux choses, à des syllabes presque toujours sonores, et à une prosodie très distincte. Les plus ardents apologistes de notre langue ne peuvent disconvenir qu'elle n'ait un nombre prodigieux de syllabes sourdes et sèches, ou même dures, et que sa prosodie ne soit très faiblement marquée. La plupart de nos syllabes n'ont qu'une quantité douteuse, une valeur indéterminée; celles des anciens, presque toutes décidément longues ou brèves, forment leur prosodie d'un mélange continuel de dactyles et de spondées, d'ïambes, de trochées, d'anapestes; ce qui, pour parler un langage qu'on entendra mieux, équivaut à différentes mesures musicales, formées de rondes, de blanches, de noires et de croches. L'oreille était donc chez eux un juge délicat et sévère qu'il fallait gagner le premier. Tous leurs mots ayant un accent décidé, cette diversité de sons faisait de leur poésie une sorte de musique, et ce n'était pas sans raison que leurs poètes disaient : *je chante*. La facilité de créer tel ordre de mots qui leur plaisait leur permettait une foule de constructions particulières à la poésie, dont résultait un langage si différent de la prose, qu'en décomposant des vers de Virgile et d'Homère, on y trouverait encore, suivant l'expression d'Horace, *les membres d'un poète mis en pièces*, au lieu qu'en général le plus grand éloge des vers parmi nous, est de se trouver bons en prose. L'essai que fit La Motte sur la première scène de *Mithridate*, en est une preuve évidente. Les vers de Racine n'y sont plus que de la prose très bien faite : c'est qu'un des grands mérites de nos vers est d'échapper à la contrainte des règles, et de paraître libres sous les entraves de la mesure et de la rime. Otez cette rime, et il deviendra impossible de marquer des limites certaines entre la prose et les vers, parce que la prose éloquente tient beaucoup de la poésie, et que la poésie déconstruite ressemble à de l'excellente prose.

C'est donc sur-tout en vers que nous sommes accablés de la supériorité des anciens. Enfants favorisés de la nature, ils ont des ailes, et nous nous traînons avec des fers. Leur harmonie, variée à l'infini, est un accompagnement délicieux, qui soutient leurs pensées quand elles sont faibles, qui anime des détails indifférents par eux-mêmes, qui amuse encore l'oreille quand le cœur et l'esprit se reposent. Nous autres modernes, si la pensée ou le sentiment nous abandonne, nous avons peu de ressources pour nous faire écouter. Mais l'homme dont l'oreille est sensible est tenté de dire à Virgile, à Homère : Chantez toujours, chantez, dussiez-vous ne rien dire ; votre voix me charme quand vos discours ne m'occupent pas.

Aussi, parmi nous, ceux qui, ne songeant qu'au besoin de penser, et craignant de paraître quelquefois vides, ont voulu que tous leurs vers marquassent, ou que toutes leurs phrases fussent frappantes, sont tendus et roides. Au contraire, Racine, Voltaire, Fénelon, Massillon, et ceux qui, comme eux, ont goûté *cette mollesse heureuse* des anciens, qui, comme le dit si bien Voltaire, sert à relever le sublime, l'ont laissée entrer dans leurs compositions, et des gens sans goût l'ont appelée faiblesse.

Il s'en faut bien que la conséquence de toutes ces vérités soit désavantageuse à la gloire de nos bons auteurs : au contraire, ce qui s'offrait aux anciens nous sommes obligés de le chercher. Notre harmonie n'est pas un don de la langue; elle est l'ouvrage du talent : elle ne peut naître que d'une grande habileté dans le choix et l'arrangement d'un certain nombre de mots, et dans l'exclusion judicieuse donnée au plus grand nombre. Nous avons beaucoup moins de matériaux pour élever l'édifice, et ils sont bien moins heureux : l'honneur en est plus grand pour l'architecte. « Nous bâtissons en bri« ques, a dit Voltaire, et les anciens construisaient « en marbre. » Les Grecs sur-tout, aussi supérieurs aux Latins que ceux-ci le sont aux modernes, les Grecs avaient une langue toute poétique. La plupart de leurs mots peignent à l'oreille et à l'imagination, et le son exprime l'idée. Ils peuvent combiner plusieurs mots dans un seul, et renfermer plusieurs images et plusieurs pensées dans une seule expression. Ils peignent d'un seul mot un casque *qui jette des rayons de lumière de tous les côtés*, un guerrier *couvert d'un panache de diverses couleurs* et mille autres objets qu'il serait trop long de détailler. Aussi nos mots scientifiques qui expriment des idées complexes sont tous empruntés du grec, géographie, astronomie, mythologie et autres du même genre. Ils sacrifiaient tellement à l'euphonie (. c'est encore là un de leurs mots composés, et il signifie la douceur des sons), qu'ils se permettaient, sur-tout en vers, d'ajouter ou de retrancher une ou plusieurs lettres dans un même mot, selon le besoin qu'ils en avaient pour la mesure et pour l'oreille. Ajoutez que les différentes nations de la Grèce, affectionnant des finales différentes, amenaient dans les noms et dans les verbes ces variations que l'on a nommées dialectes, et qu'un poète pouvait les employer toutes. Est-ce donc à tort qu'on s'est accordé à reconnaître chez eux la plus belle de toutes les langues, et la plus harmonieuse poésie?

Nous avons, il est vrai, comme les anciens, ce qu'on appelle des simples et des composés, c'est-à-dire des termes radicaux modifiés par une préposition. Le verbe *mettre*, par exemple, est une racine dont les dérivés sont *admettre, soumettre, démettre*, etc.; mais en ce genre il nous en manque beaucoup d'essentiels, et cette sorte de composition des mots est chez nous plus bornée et moins significative que chez les anciens. Leurs prépositions verbales ont plus de puissance et plus d'étendue. Prenons le mot *regarder*. Si nous voulons exprimer les différentes manières de *regarder*, il faut avoir recours aux phrases adverbiales, en *haut, en bas*, etc.; au lieu que le mot latin *aspicere*, modifié par une préposition, marque à lui seul toutes les nuances possibles. Regarder de loin, *prospicere*; regarder dedans, *inspicere*; regarder à travers *perspicere*; regarder au fond, *introspicere*; regarder derrière soi, *respicere*; regarder en haut, *suspicere*; regarder en bas, *despicere*; regarder de manière à distinguer un objet parmi plusieurs autres (voilà une idée très complexe : un seul mot la rend), *dispicere*; regarder autour de soi, *circumspicere*. Vous voyez que le latin peint tout d'un coup à l'esprit, ce que le français ne lui apprend que successivement; c'est le contraste de la rapidité et de la lenteur; et pour peu qu'on réfléchisse sur le caractère de l'imagination, l'on sentira qu'on ne peut jamais lui parler trop vite, et qu'une des grandes prérogatives d'une langue est d'attacher une image à un mot. Veut-on d'ailleurs s'assurer par des exemples de l'avantage que l'on trouve à posséder des termes de ce genre; et de l'inconvénient d'en marquer? en voici de frappants. On rencontre souvent dans les historiens latins, au moment où une armée commence à s'ébranler, et paraît sur le point d'être mise en déroute, ces deux mots, *fugam circumspiciebant*, qui ne peuvent être rendus exactement que de cette manière : *Ils regardaient autour d'eux de quel côté ils fuiraient*. Voilà bien des mots. J'atteste tous ceux qui ont ici quelque connaissance du latin, que ce qui paraît si long en français est complètement exprimé par ces deux mots seuls, *fugam circumspiciebant*. Quel avantage de pouvoir offrir à l'imagination un tableau entier avec deux mots!

Un autre exemple démontrera l'impossibilité qu'éprouvent les meilleurs traducteurs des anciens à soutenir toujours la comparaison avec eux, parce qu'enfin l'on ne peut pas trouver dans une langue ce qui n'y est pas; et quand un écrivain tel que notre Delille n'a pu y parvenir, on peut croire la difficulté insurmontable. Il s'agit de ce fameux épisode d'Orphée, et du moment où, en se retournant pour regarder Eurydice, il la perd sans retour.

C'est bien là que l'on va sentir la nécessité d'exprimer en un seul mot l'action de regarder derrière soi, car c'est à un seul mouvement de tête que tient tout le destin des deux amants et tout l'intérêt de la situation. Virgile n'y était pas embarrassé. Il avait le mot *respicere;* il ne s'agissait que de le placer heureusement, et l'on peut s'en rapporter à lui. Il coupe par le milieu la cinquième mesure, et suspend l'oreille et l'imagination sur le mot terrible, *respexit.* Ce mot, qui dit tout, le traducteur ne l'avait pas. On ne peut pas faire entrer dans un vers *il regarde derrière lui.*

Delille a mis :

Presque aux portes du jour, troublé, hors de lui-même,
Il s'arrête, *il se tourne.....* Il revoit ce qu'il aime:
C'en est fait, etc.

Il est trop évident qu'*il se tourne* ne peint pas exactement à l'esprit le mouvement fatal; et quand le poète aurait mis *il se retourne,* cela ne rendrait pas mieux l'idée essentielle, ce regard d'Orphée, le dernier qu'il jette sur son épouse : c'est là que Virgile s'arrête, et il reprend tout de suite *, *et tout ce qu'il a fait est perdu*. La contrainte de la rime a forcé le traducteur de mettre *il revoit ce qu'il aime*. Virgile, au contraire, présente pour première idée (et il a bien raison) qu'Orphée ne la voit plus. Toutes ces différences tiennent uniquement à un mot donné par une langue et refusé par l'autre; et c'est tout ce qui peut résulter de cette observation que je me suis permise sur la meilleure de nos traductions, sur celle que la beauté continue de la versification, et la pureté du goût, ont mise au rang des ouvrages classiques.

On a fait une objection qui a paru spécieuse; c'est que nous ne sommes pas des juges compétents des langues mortes. Cela n'est vrai, comme bien d'autres choses, qu'avec beaucoup de restrictions. Sans doute il y a bien des finesses dans le langage, bien des agréments dans la prononciation, et en conséquence il y a aussi des défauts contraires, qui n'ont pu être saisis que par les nationaux. Mais il n'en est pas moins avéré que les modernes ont recueilli d'âge en âge un assez grand nombre de connaissances certaines sur les langues anciennes, pour sentir le mérite des auteurs grecs et latins, non-seulement dans les idées et les sentiments, qui appartiennent à tous les peuples, mais même jusqu'à un certain point, dans la diction et dans l'harmonie. Toutes les fois qu'on a beaucoup d'objets de comparaison dans une même chose, on a beaucoup de

---

* . . . . Respexit: ibi omnis
Effusus labor.
(*Géorg.* IV, 491.)

moyens de la connaître. Philosophes, orateurs, poètes, historiens, critiques, tout ce qui nous reste de l'antiquité a contribué à étendre nos idées et à former notre jugement. Les époques de la langue latine sont sensibles pour nous; et quel est l'homme instruit qui ne distingue pas le langage d'Ennius et de Plaute, de celui de Virgile et de Térence? Les nombreuses inscriptions des anciens monuments suffiraient pour nous apprendre les variations et les progrès de la langue des Romains. Il faudrait manquer absolument d'oreille pour n'être pas aussi charmé de l'harmonie d'Horace et de Virgile, que rebuté de la dure enflure de Lucain et de la monotone emphase de Claudien. Le style de Tite-Live et celui de Tacite, le style de Xénophon et celui de Thucydide, le style de Démosthène et celui d'Isocrate, sont aussi différents pour nous que Bossuet et Fléchier, Voltaire et Montesquieu, Fontenelle et Buffon. Nous pouvons donc, ce me semble, nous livrer à notre admiration pour les grands écrivains de l'antiquité, sans craindre qu'elle soit aveugle; et cette objection de La Motte, qu'on a souvent répétée depuis lui, est une de celles que madame Dacier a le plus solidement réfutées; c'est un des endroits où elle a le plus raison contre lui, raison pour le fond des choses, s'entend; car pour la forme, elle a toujours tort.

On peut actuellement prononcer avec connaissance de cause sur la question que j'ai posée en commençant. Il est démontré que nous n'avons point de déclinaisons; que nos conjugaisons sont très incomplètes et très défectueuses ; que notre construction est surchargée d'auxiliaires, de particules, d'articles et de pronoms ; que nous avons peu de prosodie et peu de rhythme ; que nous ne pouvons faire qu'un usage très borné de l'inversion ; que nous n'avons point de mots combinés, et pas assez de composés ; qu'enfin notre versification n'est essentiellement caractérisée que par la rime. Il n'est pas moins démontré que les anciens ont plus ou moins tout ce qui nous manque. Voilà les faits : quel en est le résultat ? Louange et gloire aux grands hommes qui nous ont rendu, par leur génie, la concurrence que notre langue nous refusait ; qui ont couvert notre indigence de leur richesse ; qui, dans la lice où les anciens triomphaient depuis tant de siècles, se sont présentés avec des armes inégales, et ont laissé la victoire douteuse et la postérité incertaine ; enfin qui, semblables aux héros d'Homère, ont combattu contre les dieux, et n'ont pas été vaincus !

Je n'énoncerai pas à beaucoup près une opinion aussi décidée sur le parallèle souvent établi entre les langues étrangères et la nôtre. D'abord un semblable parallèle ne peut être bien fait que par un homme qui saurait parler l'allemand, l'espagnol, l'italien et l'anglais aussi parfaitement que sa propre langue.

On demandera pourquoi j'exige ici des connaissances plus étendues que lorsqu'il s'agit des anciens. La raison en est sensible. Il n'est pas nécessaire que nous sachions le grec et le latin aussi bien que Démosthène et Cicéron, pour apercevoir dans leur langue une supériorité qui se fait sentir encore, même depuis qu'on ne la parle plus (car je n'appelle pas latin celui qu'on parle dans quelques parties de l'Allemagne, et le grec des esclaves de la Porte n'est pas celui des vainqueurs de Marathon). D'ailleurs, nos idiomes modernes, l'espagnol, l'italien, l'anglais, le français, sont tous de même race, descendent tous du latin, et nous sommes assez naturellement portés à respecter notre mère commune. Mais quand il s'agit de savoir à qui appartient la meilleure partie de l'héritage, il y a matière à procès, et les parties contendantes sont également suspectes. Il faudrait donc que celui qui oserait se faire avocat-général dans cette cause, non-seulement connût bien toutes les pièces du procès, mais aussi fût bien sûr de son entière impartialité. Or, pour nous garantir de la prédilection si naturelle que nous avons pour notre propre langue, dont nous sentons à tous moments toutes les finesses et toutes les beautés, je ne connais qu'un moyen; c'est l'habitude d'en parler d'autres avec facilité. Ce que j'ai pu acquérir de connaissances dans l'anglais et dans l'italien se réduit à pouvoir lire les auteurs; et pour prononcer décidément sur une langue vivante, il faut savoir la parler. Ce que j'en dirai se bornera donc à quelques observations générales, à quelques faits à peu près convenus. Je laisse à de plus habiles que moi à s'enfoncer plus avant dans cette épineuse discussion.

L'italien, plus rapproché que nous du latin, en a pris une partie de ses conjugaisons. Il en a emprunté l'inversion, quoiqu'il n'en fasse guère usage que dans les vers, et avec infiniment moins de liberté et de variété que les anciens. Il est fécond, mélodieux et flexible, et se recommande sur-tout par un caractère de douceur très marqué. Il a une prosodie décidée et très musicale. On lui reproche de la monotonie dans ses désinences, presque toujours vocales; et la facilité qu'ont les Italiens de retrancher souvent la finale de leurs mots, et d'appuyer dans d'autres sur la pénultième syllabe, de façon que la dernière ressemble à nos *e* muets, ne me paraît pas suffisante pour détruire cette monotonie que mon oreille a cru reconnaître en les entendant eux-mêmes prononcer leurs vers. On a dit aussi que leur douceur dégénérait en mignardise, et leur abondance en diffusion. Sans prononcer sur ces reproches, sans examiner si la verbosité et l'afféterie appartiennent aux auteurs ou à la langue, j'observerai seulement que je ne connais pas parmi les modernes un écrivain plus précis que Métastase, ni un poète plus énergique que l'Arioste. Une description de tempête dans l'*Orlando furioso*, et l'attaque des portes de Paris par le roi d'Alger, m'ont paru les deux tableaux de la poésie moderne les plus faits pour être comparés à ceux d'Homère, et c'est le plus grand éloge possible.

L'anglais, qui serait presque à moitié français, si son inconcevable prononciation ne le séparait de toutes les langues du monde, et ne rendait applicable à son langage le vers que Virgile appliquait autrefois à sa position géographique :

Et penitùs toto divisos orbe Britannos,
(*Éclog.* I, 67.)

Les Bretons séparés du reste de la terre,

l'anglais est encore plus chargé que nous d'auxiliaires, de particules, d'articles et de pronoms. Il conjugue encore bien moins que nous : ces modes sont infiniment bornés. Il n'a point de temps conditionnel. Il ne saurait dire, *je ferais*, *j'irais*, etc. Il faut alors qu'il mette au-devant du verbe un signe qui répond à l'un de ces quatre mots, je *voudrais*, je *devrais*, je *pourrais*, *j'aurais* à. On ne peut nier que ces signes répétés sans cesse, et sujets même à l'équivoque ne soient d'une pauvreté déplorable, et ne ressemblent à la barbarie. Mais ce qui, pour tout autre que les Anglais, porte bien évidemment ce caractère, c'est le vice capital de leur prononciation, qui semble heurter les principes de l'articulation humaine. Celle-ci doit toujours tendre à décider, à fixer la nature des sons, et c'est l'objet et l'intention des voyelles, qui ne sauraient jamais frapper trop distinctement l'oreille. Mais que dire d'une langue chez qui les voyelles même, qui sont les éléments de toute prononciation, sont si souvent indéterminées; chez qui tant de syllabes sont à moitié brisées entre les dents, ou viennent mourir en sifflant sur le bord des lèvres. « L'Anglais, dit « Voltaire, gagne deux heures par jour sur nous, « en mangeant la moitié des mots. » Je ne crois pas que les Anglais fassent grand cas de ces reproches, parce qu'une langue est toujours assez bonne pour ceux qui la parlent depuis leur enfance ; mais aussi vous trouverez mille Anglais qui parlent passablement français, sur un Français en état de parler bien anglais ; et cette disproportion entre deux peuples liés aujourd'hui par un commerce si continu et si rapproché, a certainement pour cause principale l'étrange bizarrerie de la prononciation.

Au reste, malgré l'indécision de leurs voyelles et l'entassement de leurs consonnes, ils prétendent bien avoir leur harmonie tout comme d'autres ; et il faut les en croire, pourvu qu'il nous accordent à leur tour que cette harmonie n'existe que pour eux. Ils ont d'ailleurs des avantages qu'on ne peut, ce me semble, leur contester. L'inversion est permise à leur poésie, à peu près au même degré qu'à celle des Italiens, c'est-à-dire beaucoup moins qu'aux Latins et aux Grecs. Leurs constructions et leurs formes poétiques sont plus hardies et plus maniables que les nôtres. Ils peuvent employer la rime ou s'en passer, et hasarder beaucoup plus que nous dans la création des termes nouveaux. Pope est celui qui a donné à leurs vers le plus de précision, et Milton le plus d'énergie.

Ces réflexions sur la diversité des langues conduisent à parler de la traduction, qui est entre elles un moyen de correspondance et un objet de rivalité. On a beaucoup disputé sur ce sujet, les uns exigeant une fidélité scrupuleuse, les autres réclamant une trop grande liberté ; car la plupart des hommes semblent ne voir dans tous les arts que telle ou telle partie, pour laquelle ils se passionnent au point de lui subordonner tout le reste. La raison au contraire veut qu'on les proportionne toutes les unes aux autres sans en sacrifier aucune, et pose pour premier principe de les diriger toutes vers un seul but, qui est de plaire. Nous avons vu, quand il s'agissait de traduire les anciens, des critiques superstitieux ne pas vouloir qu'il y eût un seul mot de l'original perdu dans la traduction ni que les constructions fussent jamais interverties, ni que les métaphores fussent rendues par des équivalents, ni qu'une phrase fût plus courte ou plus longue dans la version que dans le texte. A ce système, digne des successeurs de Mamurra et de Bobinet, d'autres ont opposé une licence sans bornes, et se sont cru permis de paraphraser les auteurs plutôt que de les traduire. La réponse à ces deux extrêmes, c'est le conseil que dans la fable le dieu du jour donne trop inutilement à Phaéton : *Inter utrumque tene. Garde bien le milieu.* Je ne connais que deux règles indispensables dans toute traduction, de bien rendre le sens de l'auteur et de lui conserver son caractère. Il ne faut pas traduire Cicéron dans le style de Sénèque, ni Sénèque dans le style de Cicéron. Tout le reste dépend absolument du talent et du goût de celui qui traduit, et les applications sont trop nombreuses et trop arbitraires pour les embrasser dans la généralité des préceptes. Si l'on veut faire attention à la différence des idiomes, on verra qu'il doit être permis, suivant les circonstances, de supprimer une figure qui s'éloigne trop du génie de notre langue, et de la remplacer par une autre qui s'en rapproche davantage; de resserrer ce qui pour nous serait trop lâche, et d'étendre ce qui nous paraîtrait trop serré; de mettre à la fin d'une phrase ce qui est au commencement d'une période latine ou grecque, si le nombre et l'harmonie peuvent y gagner sans que l'analogie en souffre. Le judicieux Rollin, qui a fondu tant d'auteurs anciens dans ses ouvrages, a toujours procédé selon le principe que je viens d'exposer. Boileau se moque très agréablement d'un de ses anciens professeurs, qui voulait toujours que l'on rendît l'idée de chaque mot, et qui en expliquant une phrase de Cicéron *, dont le sens était : « La république avait contracté une sorte d'insen- « sibilité et d'endurcissement, » se récria beaucoup sur la difficulté de bien rendre toute l'énergie du texte; et, après avoir défié tous les traducteurs passés, présents et futurs, finit par prononcer avec emphase : « La république s'était endurcie, et avait « contracté un durillon. » Il est bien vrai que, dans l'expression latine, prise au propre, ce mot *durillon* est renfermé étymologiquement; mais qui ne voit que cette idée ignoble ne peut entrer dans la langue d'un orateur? Cependant je ne serais pas surpris qu'aujourd'hui même il y eût encore des gens qui regrettassent le *durillon*.

Cette anecdote de Boileau me rappelle une

---

* Obduruerat et percalluerat respublica — Voici le texte de Cicéron : « Sed nescio quomodò jam usu obduruerat et percalluerat civitatis incredi- « bilis patientia. » (*Pro Milone*, XXVIII.)   F.

étrange assertion avancée il a quelques années, et qui n'est, comme tant d'autres erreurs, qu'une extension déraisonnable donnée à une vérité reconnue. Un anonyme a imprimé qu'il n'y a point de mot dans notre langue qu'un poète ne puisse faire entrer dans le style noble, quand il saura le placer. Assurément rien n'est plus faux. Le talent exécute ce qui est difficile, mais il ne songe pas même à tenter l'impossible. Je propose, par exemple, à celui qui a tant de confiance, de faire entrer *le durillon* dans un poème épique. Il suffit d'ouvrir un dictionnaire de rimes pour voir quelle quantité de mots nous est à jamais interdite dans le style soutenu. Il citait pour exemple le mot *ventre*, qui se trouve dans *le Lutrin*, et même très heureusement :

La cruche au large ventre est vide en un instant.

Mais comment ne s'est-il pas aperçu que l'exemple est hors de la question; que *le Lutrin*, poème héroï-comique, admettait le familier, et que c'est même ce mélange des styles, manié avec adresse, qui est un des agréments de l'ouvrage? Comment n'a-t-il pas vu que le mot *cruche*, dont il ne dit rien, amenait celui de *ventre?* Mais ce que Despréaux a cru très bien placé dans un repas de chanoines, l'aurait-il mis dans les festins des dieux d'Homère? Il fallait donc, pour que la citation eût quelque sens, nous montrer les mots de *cruche* et de *ventre*, ou d'autres semblables, dans un sujet noble, et l'on peut, je crois, douter qu'on les y trouve jamais.

Mais quelle est l'intention secrète de tous ces

axiomes erronés? C'est toujours de justifier ce qui est mauvais. Des connaisseurs auront relevé dans des vers des expressions indignes de la poésie : on n'essaie pas de les défendre; cela pourrait être difficile, mais que fait-on? l'on pose en principe que tous les mots peuvent entrer dans tous les sujets, et l'on taxe de timidité pusillanime *ceux qui n'osent pas être insensés;* et comme ces systèmes sont fort commodes, attendu qu'ils tranchent toutes les difficultés, on peut imaginer combien de gens sont intéressés à les adopter. Au reste, ce scrupule sur le choix des mots propres à tel ou tel genre d'écrire n'est pas une superstition de notre langue; c'était une religion des langues anciennes, quoiqu'elles fussent bien plus hardies que la nôtre. Tous les critiques sont d'accord là-dessus : Longin en cite beaucoup d'exemples ; il va jusqu'à reprocher à Hérodote des expressions qu'il trouve au-dessous de la dignité de l'histoire : qu'on juge s'il devait être moins sévère en poésie.

Si chaque langue a des termes bas; si ce qui s'appelle ainsi dans l'une ne l'est pas dans l'autre, il en résulte une des plus grandes difficultés que le traducteur ait à vaincre, et un des plus grands mérites qu'il puisse avoir quand il l'a surmontée. On sait que le talent y parvient en sachant relever et ennoblir ces sortes de mots par le voisinage dont il les entoure; mais cet art a ses bornes comme tout autre, et c'est même parce qu'il en a que c'est un art : si cela se pouvait toujours, il n'y aurait plus de mérite à y réussir quelquefois : c'est une réflexion qu'on n'a pas faite. Il y en a une autre non moins importante; c'est que, dans tous les exemples qu'on peut citer, on trouvera toujours que la première excuse du mot qu'on a su ennoblir, vient d'un rapport réel avec les idées primitives du sujet, et avec tout ce qui a précédé. On a félicité Racine d'avoir fait entrer le mot de *chiens* dans une tragédie :

Les *chiens* à qui son bras a livré Jézabel.

Mais où se trouve ce mot? Dans une pièce tirée des livres saints; dans une pièce où nous sommes accoutumés dès les premiers vers au langage de l'Écriture, où tout nous rappelle les premières choses que nous avons apprises dans notre enfance, et dès lors l'histoire de Jézabel dévorée *par des chiens* est présente à notre esprit, et relevée par l'idée religieuse d'une vengeance céleste. Ainsi l'imagination a préparé l'oreille à ce mot, et prévenu la disparate. De même dans ces vers que j'ai marqués ailleurs :

Quelquefois à l'autel
Je présente au grand-prêtre et l'encens et le sel,

non-seulement le mot d'*encens*, qui offre l'idée d'une cérémonie sacrée, amène et fait passer avec lui le mot de *sel;* mais la scène est dans le temple des Juifs, et l'on est accoutumé d'avance au langage des lévites. C'est cette analogie secrète qui conduit toujours le grand écrivain; en sorte que ce qui nous paraît une hardiesse de son génie n'est que le coup d'œil de sa raison.

Je croirais avoir omis une des parties les plus importantes de la matière que je traite, si je ne finissais par examiner cette autre question souvent agitée, s'il convient de traduire les poètes en vers ; j'avoue que j'ai tenu jusqu'ici pour l'affirmative, et les raisons qu'on y a opposées ne m'ont pas fait changer d'avis. Je persiste à penser qu'on fait descendre un poète de toute sa hauteur en l'abaissant au langage vulgaire. La meilleure prose ne peut le dédommager de cette perte, la plus douloureuse pour lui, la plus inappréciable, celle de l'harmonie. Si vous vous connaissez en vers, ne sentez-vous pas qu'ils sont faits pour parler à vos organes ? Ne sentez-vous pas quel inexprimable charme résulte de cet heureux arrangement de mots, de ce concours de sons mesurés, tour à tour lents ou rapides, prolongés avec mollesse ou brisés avec éclat ? de ces périodes harmonieuses qui s'arrondissent dans l'oreille, de cette combinaison savante du mouvement et du rhythme avec le sentiment et la pensée ? Et n'éprouvez-vous pas que cet accord continuel, qui, malgré les difficultés de l'art, ne trompe jamais ni votre oreille ni votre âme, est précisément la cause du plaisir que vous procurent de beaux vers ? C'est là vraiment la langue du poète : elle s'applique à des objets plus ou moins grands ; il y joint plus ou moins d'idées, il conçoit un sujet plus ou moins fortement, et ses choix sont plus ou moins heureux : c'est ainsi que s'établissent les rangs et la prééminence ; mais il faut avant tout qu'il sache manier son instrument, car le vers en est un. Quelque chose que dise son vers, si l'auteur y paraît contraint et gêné, si la mesure qui est faite pour ajouter à la pensée lui ôte quelque chose, si le rhythme blesse l'oreille qu'il doit enchanter, ce n'est plus un poète : qu'il parle, et qu'il ne chante pas ; qu'il laisse là son instrument, qui le gêne et lui pèse : il souffre en s'efforçant de le manier, et je souffre de l'en voir accablé, comme un homme ordinaire le serait de l'armure d'un géant.

Il est donc évident qu'une traduction en prose commence par anéantir l'art du poète, et lui ôter sa langue naturelle. Vous n'entendez plus le chant de la sirène ; vous lisez les pensées d'un écrivain. On vous montre son esprit, et non pas son talent. Vous ne pouvez pas savoir pourquoi il charmait ses contemporains, et souvent vous le trouvez médiocre là où on le trouvait admirable, et peut-être l'admirez-vous quelquefois là où on le trouvait médiocre. Combien d'autres désavantages n'a-t-il pas encore à essuyer dans les mains du prosateur qui le dépouille ainsi de ses vêtements poétiques ! Telle idée avait infiniment de grace en se liant à telle image que la prose n'a pu lui laisser : telle phrase était belle dans sa précision métrique ; l'effet en est perdu, parce qu'il faudra un mot ou deux de plus pour la rendre. Et qui ne sait ce que fait un mot de plus ou de moins ? Tel hémistiche, telle césure était d'un effet terrible, et cet effet tenait absolument au rhythme, et le rhythme a disparu. En vers, du moins, la traduction rend poésie pour poésie ; et si le talent du traducteur est égal à celui de l'original, l'idée qu'il en donnera à ses lecteurs pourra ne les pas tromper, parce qu'il remplacera l'harmonie par l'harmonie, les figures par les figures, les graces poétiques par d'autres graces poétiques, l'audacieuse énergie des expressions par d'autres hardiesses analogues au caractère de sa langue : c'est la même musique jouée sur un autre instrument ; et l'on pourra juger, par le plaisir que donne celui qui la répète, du plaisir que faisait autrefois celui qui l'a chantée le premier.

Mais, dit-on (et c'est la seule objection spécieuse qu'on ait faite), la version en prose, libre de toute contrainte, sera plus fidèle. Quoi! vous appelez fidèle une copie qui ôte nécessairement à l'original la moitié de son mérite et de son effet! Êtes-vous bien sûr que ce que vous nommez fidélité ne soit pas une perfidie? Ce n'est pas que je prétende ni que j'aie prétendu jamais diminuer le mérite et l'utilité des bonnes traductions en prose : elles suppléent, du moins autant qu'il est possible, à celles qui nous manquent en vers; elles font connaître, quoique imparfaitement, les bons ouvrages des poètes anciens; et c'est rendre un service réel à ceux qui ne sauraient les lire autrement. D'ailleurs, la difficulté de faire lire un long ouvrage en vers dans notre langue est telle, qu'il sera toujours très rare d'y réussir. Tel ancien même a un mérite si dépendant de son idiome, si particulier au genre qu'il traitait, si relatif à des mœurs différentes des nôtres, qu'on ne peut en essayer avec succès que des fragments, et que le tout ne pourrait nous plaire. Tel est, par exemple, Pindare, que la ressemblance continuelle de ses sujets, et ses fréquents écarts, qui ne pouvaient plaire qu'à sa nation, rendent intraduisible pour nous. Il faut donc encourager le travail utile et estimable des bons traducteurs en prose ; mais si l'on veut qu'enfin la poésie française se glorifie un jour de s'être approprié les grands monuments de la poésie antique, on ne peut trop exciter les grands talents à la noble ambition de cueillir cette palme nationale ; il faut rejeter bien loin ces distinctions jalouses et frivoles qui n'accordent les honneurs du génie qu'à l'invention, comme s'il n'était pas démontré qu'une belle traduction en vers est en quelque sorte une seconde création ; comme si, dans ce cas, le second rang, après un homme tel qu'Homère ou Virgile, n'était pas un rang éminent ; enfin, comme si l'on pouvait nous rendre en vers le génie d'un grand écrivain, sans avoir soi-même du génie.

Mais prétendre qu'un poète qui en traduit un autre en vers doit s'asservir à rendre tous les mots, à renfermer dans le même espace les mêmes idées dans un même ordre, c'est le ridicule préjugé d'un pédant à cervelle étroite, qui malheureusement sait assez de latin pour juger très mal le français, et qui a beaucoup plus de raison pour envier les modernes, que de titres pour admirer les anciens. Tout homme qui traduit en vers prend la place de son modèle, et doit songer avant tout à plaire dans sa langue, comme l'auteur original plaisait dans la sienne. C'est là le plus grand service qu'il puisse lui rendre, puisque de l'effet que fera sa version dépend l'opinion qu'auront de l'original ceux qui ne peuvent le connaître autrement. C'est donc à l'effet total de l'ensemble qu'il doit d'abord s'appliquer. S'il est fidèle et ennuyeux, n'aura-t-il pas fait un beau chef-d'œuvre ! Il faut que sa composition, pour être animée, soit libre ; qu'il se pénètre quelque temps du morceau qu'il va traduire, et qu'il se rapproche, autant qu'il est possible, du degré de chaleur et de verve où il serait, s'il travaillait d'après lui-même. Alors, qu'il se mette à lutter contre l'auteur qu'il va faire parler, qu'il ne compte pas les mots, mais les beautés, et qu'il fasse en sorte que le calcul ne soit pas trop à son désavantage ; il aura fait beaucoup, et son lecteur, s'il est juste, sera content. C'est ainsi que Despréaux et Voltaire ont traduit des fragments des anciens. Sans doute le mérite du traducteur sera d'autant plus grand, qu'il aura conservé plus de traits particuliers et distinctifs de l'ouvrage original, et qu'il en sera demeuré plus près, sans avoir l'air trop contraint et trop enchaîné ; mais il faut un goût bien sûr pour pouvoir décider en quels endroits le traducteur a eu tort de s'écarter de son guide. Il faut démontrer alors la possibilité de faire autrement ; il faut calculer ce que le vers précédent, ce que la phrase entière pouvait perdre. Il n'y a guère qu'un homme de l'art qui puisse faire cet examen avec connaissance de cause ; et quand on a statué d'abord que la version est par elle-même un bon ouvrage, si l'on veut prouver ensuite qu'elle devait être plus fidèle, il n'y a guère qu'un moyen, c'est d'en faire une meilleure.

Il faut s'entendre, et ceux qui ont exigé une fidélité si scrupuleuse, ont, je crois, confondu deux choses très différentes par leur nature et par leur objet, l'explication et la traduction. L'explication est faite pour donner l'entière intelligence de chaque mot à l'écolier qui étudie une langue; quant à la traduction, si nous voulons savoir bien précisément ce que c'est, remontons au sens étymologique du mot latin *traducere*, dont nous avons fait *traduire* : c'est proprement faire passer d'un endroit dans un autre, témoin cette expression commune, *traduire quelqu'un devant les tribunaux*. *Traduire*, quand il s'agit d'un auteur, c'est donc le faire passer de sa langue dans la nôtre, et alors ce qu'il y a de mieux à faire est certainement de le transporter parmi nous tel qu'il était, c'est-à-dire avec tout son talent. Terminons par des exemples. En voici un que plusieurs circonstances rendent assez remarquable. C'est une comparaison qui appartient originairement à Homère, et dont il y a deux imitations en latin, l'une de Virgile dans *l'Énéide* (XI, 750), l'autre de Cicéron dans son poème de *Marius*. Cicéron n'a jamais eu la réputation ni même la prétention d'être poète, mais il avait cultivé la poésie, qui a toujours eu des droits sur tous les hommes à qui la nature avait donné de l'imagination. Il nous est resté de lui des fragments de ce poème intitulé *Marius*, où il a imité en assez beaux vers cette comparaison dont je parlais tout à l'heure, empruntée de *l'Iliade*. En voici d'abord l'explication.

« Ainsi l'on voit le satellite ailé de Jupiter qui
« tonne du haut des cieux, l'aigle blessé de la mor-
« sure d'un serpent qui du tronc d'un arbre s'est

« élancé sur lui : il s'en empare avec ses serres
« cruelles, et perce le reptile, qui succombe en
« menaçant encore par les mouvements de sa tête;
« l'aigle le déchire tandis qu'il se replie, il l'ensan-
« glante à coups de bec, et, assouvi enfin et satisfait
« d'avoir vengé ses cuisantes douleurs, il le rejette
« expirant, en disperse les tronçons dans les eaux
« du fleuve, et s'envole vers le soleil. »

Voilà comme la prose explique. Voici comme le poète traduit ou imite :

Comme on voit cet oiseau qui porte le tonnerre,
Blessé par un serpent élancé de la terre ;
Il s'envole; il emporte au séjour azuré
L'ennemi tortueux dont il est entouré.
Le sang tombe des airs; il déchire, il dévore
Le reptile acharné qui le combat encore.
Il le presse, il le tient sous ses ongles vainqueurs;
Par cent coups redoublés il venge ses douleurs.
Le monstre, en expirant, se débat, se replie :
Il exhale en poisons les restes de sa vie !
Et l'aigle tout sanglant, fier et victorieux,
Le rejette en fureur, et plane au haut des cieux[*].

Remarquons d'abord que l'auteur qui emploie douze vers pour en rendre huit, n'aurait pas établi dans le cours d'un ouvrage entier une pareille disproportion; car ce serait alors paraphraser plutôt que traduire. Mais dans un fragment si court, Voltaire n'a vu qu'un tableau manié par trois célèbres anciens, et paraît avoir mis une sorte d'ambition

---

[*] Voyez sur ce morceau et ceux d'Homère, de Cicéron et de Virgile, t. Ier, p. 245.   F.

poétique à y ajouter de nouveaux coups de pinceau. *L'ennemi tortueux... le sang tombe des airs...*

Il exhale en poisons les restes de sa vie;

tous ces traits, et le dernier sur-tout, qui est brillant, appartiennent à l'imitateur français. C'est une espèce de combat avec l'original; mais pour l'entreprendre, il faut être bien sûr de la trempe de ses armes.

La Harpe, *Cours de Littérature.*

LA NOUE (JEAN SAUVÉ), né à Meaux, en 1701, dut en partie son éducation à la protection du cardinal de Bissy. Après avoir terminé ses études à Paris, au collège d'Harcourt, il se fit comédien, de désespoir dit-on d'avoir manqué une place de précepteur qui lui était promise, et ce motif est d'autant plus vraisemblable, qu'il n'avait point pour le métier d'acteur, de ces heureux moyens naturels qui ordinairement en déterminent le goût. Sa figure était désagréable, sa voix faible et rauque, son geste et son débit peu animés; mais il rachetait tous ces désavantages par une rare intelligence. Il joua d'abord les premiers rôles en province, et lorsqu'il débuta à Fontainebleau, en 1742, dans celui du comte d'Essex, il plut assez à la reine pour qu'elle témoignât le désir qu'il fût reçu sur-le-champ au théâtre Français.

La Noue fut aussi goûté à Paris, qu'il l'avait été à la cour. Il s'était déjà fait connaître par ses compositions dramatiques, et le public, qui estimait en lui l'homme et l'auteur, lui fit toujours un bon accueil. Une comédie-ballet, intitulée *Zélisca*, qu'il composa en 1746, à l'occasion du mariage du dauphin, lui valut la place de répétiteur des spectacles des petits appartements, et le duc d'Orléans lui donna aussi la direction de son théâtre de Saint-Cloud.

La mauvaise santé de La Noue lui fit quitter le théâtre peu d'années avant sa mort, arrivée le 15 novembre 1761.

Son premier ouvrage fut la petite comédie des *Deux Bals*, jouée à Strasbourg en 1734. Un an après il donna aux Italiens à Paris, *le retour de Mars*, pièce de circonstance qui eut beaucoup de succès. Sa tragédie de *Mahomet* II fut représentée au théâtre Français en 1739. Le dénouement, fourni par l'histoire, fut trouvé atroce, mais on remarqua de l'énergie dans le rôle du sultan, une noble fermeté dans celui d'Irène, et un mélange heureux de fierté et de soumission dans celui de l'aga : en général, les mœurs locales parurent assez bien observées. La pièce offre un grand nombre de beaux vers ; mais on aurait désiré que le style en fût moins inégal, moins incorrect, et que la force n'y fût pas mêlée de tant d'enflure. *La Coquette corrigée*, jouée en 1755, fut le dernier ouvrage de La Noue : Elle eut peu de succès dans sa nouveauté et aux premières reprises ; mais depuis, le talent d'une actrice célèbre, mademoiselle Contat, lui donna quelque vogue.

Cette comédie, sans mériter peut être l'excès de

sévérité avec laquelle La Harpe la traite dans son *Cours de Littérature*, doit du moins être considérée comme un ouvrage de la mauvaise école. Son plus grand tort est d'avoir donné naissance à une foule de comédies sans observation, sans gaieté, sans naturel, dont le style n'est qu'un jargon faux, digne des personnages chimériques auxquels il sert de langage. Les œuvres dramatiques de La Noue ont été publiées en un vol. in-12, Paris, 1765.

AUGER.

JUGEMENTS.

I.

La Noue est auteur d'une tragédie de *Mahomet* II, pièce faiblement écrite, quoique en général le style en soit ampoulé, ce qui n'est pas contradictoire ; mais qui eut assez de succès, pour qu'on soit étonné qu'elle ne soit pas du nombre de celles que les comédiens représentent de temps en temps. Le personnage de l'aga parut très imposant dans cette pièce, et contribua le plus aux applaudissements du public, déterminé encore à l'indulgence, parce que l'auteur jouait dans son propre ouvrage.

C'est à cette tragédie que Voltaire faisait allusion dans ces vers adressés à La Noue, en lui envoyant une autre tragédie de *Mahomet*, bien supérieure à la sienne :

> Mon cher La Noue, illustre père
> De l'invincible Mahomet,
> Soyez le parrain d'un cadet
> Qui sans vous n'est point fait pour plaire.

Votre fils est un conquérant,
Le mien a l'honneur d'être apôtre,
Prêtre, fripon, dévot, brigand;
Qu'il soit le chapelain du vôtre.

La Coquette corrigée, comédie du même auteur, eut moins de succès dans sa nouveauté, qu'elle n'en a eu de nos jours par le talent d'une actrice célèbre, qui l'a remise en faveur. Ce n'est pourtant qu'un ouvrage médiocre, quoique très supérieur à la *Coquette fixée* de l'abbé de Voisenon.

La Noue avait beaucoup d'esprit, du talent même; cependant il était froid, et comme auteur et comme acteur.

PALISSOT, *Mémoires sur la Littérature*.

II.

On peut ranger dans la classe des tragédies du second ordre, le *Mahomet* II de La Noue, qui est encore une de ces pièces qui mériteraient d'être remises. L'auteur a pris pour sujet un trait de l'histoire ottomane, rapporté par quelques écrivains, nié par d'autres, mais qui était bien dans le caractère de Mahomet[*]. Les Janissaires murmuraient de sa passion pour une femme grecque, nommée Irène, et se plaignaient qu'elle le détournât de la guerre et des conquêtes : des murmures ils passèrent jusqu'à la révolte. Le sultan furieux paraît devant eux, ayant Irène à ses côtés; il abat d'un coup de sabre la tête de sa maîtresse, et après leur avoir montré par ce coup terrible à quel

---

[*] Nous avons cité ce trait dans les morceaux choisis de Vertot, t. XXVIII. p. 270.   F.

point il est maître de son amour, il leur montre qu'il l'est de ses soldats, en faisant punir les chefs de la sédition. Pour en venir à ce dénouement atroce et le faire supporter, il fallait peindre le caractère de Mahomet avec une grande énergie, et c'est le principal mérite de cet ouvrage. Le rôle du sultan est conçu et écrit avec une force originale, plein d'une férocité orgueilleuse et barbare, qui est également celle des mœurs turques et de l'empereur. Elle ne respire pas moins dans le rôle de l'aga des janissaires, qui ose, au péril de sa tête, porter aux pieds de son redoutable maître, les plaintes et les reproches de ses soldats. Ils sont animés par le vizir, qui a conçu pour Mahomet une haine implacable, mais suffisamment justifiée par ce qu'il a éprouvé de la cruauté despotique du sultan. Le caractère de ce conquérant fameux est mêlé avec art de cette espèce de grandeur fondée sur l'orgueil, et qui n'est pas incompatible avec un naturel farouche et sanguinaire, et l'habitude de verser le sang. Il est touché de la noble fermeté de sa captive Irène, qui de son côté n'est pas insensible à l'ascendant qu'elle a pris sur une âme de cette trempe. Mahomet, tout amoureux qu'il est d'Irène, ne veut l'obtenir que de son choix, et la laisse absolument maîtresse de son sort. Il ne traite pas moins généreusement le père d'Irène, Théodore, prince du sang des empereurs grecs; et la main d'Irène et l'aveu de Théodore sont le prix de cette magnanimité. Mais la révolte des janissaires, sans cesse excitée et rallumée par le vizir et le mufti, jette la rage dans le cœur de Mahomet, lui inspire une soif de sang que ne peut satisfaire la mort du vizir et des principaux rebelles, et qui s'éteint enfin dans celui d'Irène. Ce triste dénouement, nécessité par l'histoire, et dont rien n'adoucit l'horreur, est un inconvénient réel dans le sujet, et c'est probablement ce qui a empêché que cette tragédie, applaudie dans sa nouveauté, ne reparût au théâtre. La Noue d'ailleurs avait plus de talent que de goût: son style est inégal, incorrect, et la force y est mêlée d'enflure et de déclamation. Parmi un assez grand nombre de beaux vers, il y en a beaucoup de mauvais: mais en total il y a de la couleur tragique dans cet ouvrage, et je ne crois pas qu'il fût repris sans succès.

La fortune qu'a faite tout récemment *la Coquette corrigée*, et le peu de succès qu'elle avait eu auparavant dans sa nouveauté et dans ses reprises, prouvent à la fois la décadence actuelle du goût, et le pouvoir de la figure et du jeu d'une actrice séduisante. Lorsqu'elle fut jouée pour la première fois en 1755, elle avait pour elle tous les titres de faveur qui peuvent attirer la bienveillance. Son auteur, La Noue, était aimé comme acteur, et personnellement estimé; il joua dans sa pièce, et nous avons encore le discours par lequel il exprime aux spectateurs, avant la représentation, le double embarras qu'il devait éprouver. Cette situation si critique était bien propre à obtenir l'indulgence; cependant la pièce fut très médiocrement accueillie, et même excita de fréquents murmures. Les représentations furent très peu suivies, elles ne le furent pas davantage aux deux reprises qui se succédèrent à de longs intervalles, avant la dernière, donnée il y a trois ans, et qui attira la foule. Il n'en est pas moins vrai qu'il n'y a ni intrigue, ni caractères, ni situations, ni comique d'aucune espèce. Le seul nœud (si l'on peut appeler un nœud ce qui ne rencontre aucun obstacle réel), c'est le projet d'Orphise, qui, pour corriger Julie sa nièce de la coquetterie, désire de l'amener à prendre du goût pour Clitandre, donné pour le seul homme honnête et raisonnable de tous ceux qui paraissent dans la pièce. Cette entreprise est d'autant moins difficile, que dès les premiers actes Julie laisse voir de l'inclination pour lui, et que cette inclination paraît être vive au troisième. Orphise pourtant croit avoir besoin de mettre en avant un intérêt de rivalité pour déterminer Julie : elle lui fait croire que Clitandre veut l'épouser elle-même, comme si ce devait être un triomphe bien piquant pour une jeune coquette de l'emporter sur sa tante. Quant aux moyens que l'auteur emploie pour corriger Julie, les voici : d'abord c'est la visite d'une présidente qui ne reparaît pas dans la pièce, et dont le rôle est évidemment postiche : elle est liée avec Julie, et, s'avisant d'avoir tout-à-coup des prétentions sur Clitandre, elle vient chez Julie faire une scène indécente et ridicule, et lui enlever presque de force Clitandre qu'elle emmène avec elle. L'étourderie de cette femme commence à faire rougir Julie, qui craint de lui ressembler ; mais pour juger s'il est possible qu'elle ait si peu d'amour-propre et tant de crainte, il suffit de voir comment cette présidente s'exprime, et comment on la traite. Il faut se souvenir que l'auteur a voulu peindre des travers de la bonne compagnie, et qu'il fait parler ainsi cette présidente :

La prudence
Interdit à Madame *ici* la concurrence.
Elle ne voudra point, par un bruyant débat,
Me préparer l'honneur d'*un triomphe d'éclat*.
Elle n'ignore pas que plus on me résiste,
Et plus à l'emporter ma volonté persiste.

Ce langage est celui de ces vieilles folles de comédie, de ces Araminte courant après les hommes qui les fuient, et ne jouant sur la scène qu'un rôle de surcharge. Mais la présidente n'est donnée ni pour vieille ni pour folle; c'est une femme du bon ton, et que l'on a crue capable d'être la rivale de Julie, qui est dans tout l'éclat de la jeunesse et de la beauté. On peut juger par-là si les convenances sont remplies, et si Julie, que tant d'adorateurs viennent chercher, peut se reconnaître dans le personnage qui vient chez elle chercher Clitandre. Ce n'est pas tout : Clitandre lui témoigne une indifférence qui est très voisine du mépris; il lui dit :

Vous m'aimez donc beaucoup ?

LA PRÉSIDENTE.

Qui ? moi ! si je vous aime ?
Que répondre à cela ? J'en ris malgré moi-même.

Sur quoi un marquis (nous verrons tout à l'heure

ce que c'est que ce marquis) lui dit poliment et décemment :

Parbleu ! la question est neuve et me ravit.
Nul amant, j'en suis sûr, jamais ne vous la fit.

Telle est la leçon qu'on donne à Julie pour la dégoûter d'être coquette : l'autre est tout aussi bien imaginée. Elle a écrit à un Éraste de ces billets qui ne signifient rien, et sur lesquels cet Éraste s'est cru aimé. Les mêmes avances que pouvaient contenir ces billets, elle les a faites à un autre : Voilà Éraste furieux, et d'autant plus que Julie a écrit à une femme sur laquelle il a des vues une lettre où elle parle fort légèrement de lui et de son amour. Là-dessus Éraste ne projette rien moins que d'imprimer les billets de Julie; mais comme, malgré ses fureurs, il est apparemment très complaisant pour ses rivaux, il remet à Clitandre ces terribles lettres, et Clitandre les rend à Julie, qui verse des larmes de reconnaissance. Il n'est pas sans exemple que quelques escrocs aient séduit l'innocence d'une jeune fille bien crédule, et, ayant d'elle des lettres décisives, aient tiré de l'argent de son père pour rendre ces lettres qu'ils menaçaient d'imprimer. Il y a des aventures de ce genre connues à la police; mais je ne me souviens pas d'avoir jamais ouï dire qu'un homme de la classe des honnêtes gens ait menacé publiquement d'imprimer des lettres, et des lettres de pure galanterie : celui qui ferait cette menace serait à coup sûr déshonoré, et qui plus est ridicule.

Le marquis dont j'ai parlé tout à l'heure est précisément le Versac des *Égarements du cœur et de l'esprit;* c'est un précepteur de corruption, un homme qui débite gravement des leçons d'impudence et de libertinage. Il n'y aurait rien à dire s'il était humilié et puni; mais ni l'un ni l'autre. Julie, qui s'est faite sa très humble écolière, ose pourtant risquer devant lui le mot de *décence,* lorsqu'il ne lui propose rien moins que de rompre, sans aucune raison, avec une tante dont elle est chérie; et cela uniquement pour se faire honneur dans le monde.

JULIE.

Mais la décence...

LE MARQUIS.

Encore! on n'y peut plus tenir,
Et ce terme est ignoble *à faire évanouir.*
Laissez-là pour toujours et le mot et la chose.
Savez-vous bien qu'à tort votre nom en impose?
Par un début d'éclat vous nous éblouissez,
Rien ne *résiste à l'air* dont vous vous annoncez,
« Des cœurs et des esprits voilà la souveraine ;
« Scrupules, préjugés, dit-on, rien ne la gêne. »
Point : ce sont des égards, de la discrétion,
Une tante partout qui nous donne le ton.
Après six mois d'épreuve on dit *décence* encore....
Oh! parbleu! finissez, ou je vous déshonore.

JULIE.

Mais que voulez-vous donc?

LE MARQUIS

Que vous fixiez les yeux
Par quelque *bon éclat*, et qu'en attendant mieux
Vous rompiez dès ce soir tout net avec Orphise.
Qu'avez-vous fait encor, parlez avec franchise,

Qui puisse *parmi nous* vous faire respecter?
Quelques discours malins qu'on n'ose plus citer ;
Des billets malfaisants, d'innocentes ruptures,
Des traits demi-méchants, quelques noirceurs obscures,
Du bruit tant qu'on en veut, point de faits, du jargon.
C'est bien ainsi vraiment que *l'on se fait un nom!*
Décidez-vous, vous dis-je, ou je vous abandonne.

Il est impossible qu'une femme à qui l'on ne peut reprocher jusque-là qu'un peu de légèreté et de coquetterie, travers fort communs à son âge, mais qui n'a rien dit ni rien fait qui annonce un caractère gâté et une femme corrompue, qui même va tout à l'heure revenir des erreurs de sa jeunesse, et s'en repentir assez pour exciter un moment d'intérêt, entende sans indignation des discours qui sont pour elle le dernier degré de l'avilissement. *Le Méchant* de Gresset, qui veut corrompre un jeune homme, garde avec lui cent fois plus de mesure que ce marquis n'en garde avec une jeune femme ; et cependant quelle différence devait y mettre celle du sexe, et dans un sens tout contraire ! Mais Gresset connaissait les bienséances du monde, et La Noue ne l'avait guère vu que dans les coulisses. S'il voulait donner une bonne leçon à Julie, il en avait une belle occasion : qu'elle eût été effrayée, révoltée, que des indiscrétions et des étourderies l'eussent mise dans le cas d'écouter de pareils discours et d'être insultée à ce point, c'est alors qu'on eût pardonné à l'auteur tout ce qu'il peut y avoir d'outré dans l'insolence absurde et outrageante du marquis. On l'aurait vu puni par l'humiliation que pouvaient répandre sur lui le mépris et l'horreur que lui aurait témoigné Julie. Point du tout; elle ne donne pas le plus léger signe du plus léger mécontentement, et le marquis la laisse en lui disant que si elle ne lui obéit pas, il *se brouille* avec elle *pour jamais*. Il faut avouer que pour une femme que l'on présente avec tous les charmes possibles, pour une coquette qui veut soumettre tous les cœurs, elle joue là un rôle bien étrange; mais aussi comment est-elle coquette? Il faut la voir avec Clitandre qu'elle veut subjuguer. D'abord elle vient le chercher pendant qu'on joue dans un autre salon, passe; c'est une espèce d'avance qu'une coquette peut se permettre, et qui n'engage à rien.

A l'un de vos rivaux j'ai fait prendre mon jeu.
. . . .

CLITANDRE.

Mais, de grace, pourquoi me nommer son rival?
Il vous aime, dit-on.

JULIE.

Sans doute, et vous?

CLITANDRE.

Madame,
Jamais...

JULIE.

Ah! vous voulez déguiser votre flamme;
Vous voulez m'adorer sans que j'en sache rien.
Eh! cessez d'affecter ce modeste maintien.
Vous m'aimez: tout est dit. Eh bien! mon cher Clitandre,
D'honneur, c'est un aveu que je brûlais d'entendre.

CLITANDRE.

Tout est dit! Permettez...

JULIE.

Allons, *regardez-moi*,
Je le veux.

CLITANDRE.

Volontiers.

JULIE.

Eh bien donc !

CLITANDRE.

Je vous voi.

JULIE.

Est-ce tout ?

CLITANDRE.

Les beaux yeux ! la charmante figure !

JULIE.

Fort bien, continuez.

CLITANDRE.

Tout est dit, je vous jure.

JULIE.

Non, non, vos yeux à moi m'en disent beaucoup plus.
Vous m'aimerez, Monsieur, vos soins sont superflus.

C'est justement la conversation de la Bélise de Molière avec un autre Clitandre; mais cette Bélise est donnée pour une vieille extravagante, et la coquette du *Misanthrope* parle un autre langage. C'est que Molière avait pris le modèle de sa coquette à la cour de Louis XIV, et qu'apparemment La Noue avait pris le sien dans le *Sopha* de Crébillon. Julie continue sur le même ton :

Vous vous rendez enfin !

CLITANDRE.

Vous me faites pitié.

Le joli dialogue ! Tout cela sera sifflé partout où

il y aura du bon sens et de la connaissance du monde et du théâtre. Ailleurs il lui dit :

On peut vous désirer ; mais vous aimer ! jamais.

Si les femmes ne sont pas trop fâchées qu'on les *désire*, je ne crois pas qu'elles soient flattées qu'on le leur dise de cette manière, ni qu'un homme qui a quelque politesse leur fasse un pareil compliment. C'est pourtant cet homme dont cette prétendue coquette devient éperdument amoureuse en quelques heures, et c'est ici un des plus grands inconvénients de la pièce et de toutes celles qu'on a faites sur ce plan, depuis Marivaux qui en a donné l'exemple. Vous ne trouverez dans aucun de nos bons comiques l'intérêt fondé sur ces passions subites qui naissent le matin et qui amènent un mariage le soir, ni de ces caractères changés et corrigés dans vingt-quatre heures : l'un et l'autre est également contraire à la vraisemblance morale et à l'intérêt dramatique. Ce sont là des sujets et des plans conçus à faux, et leur succès est un des symptômes de la décadence de l'art.

Ce même Clitandre débute avec Julie par un procédé qui n'est pas moins contraire que tout le reste aux convenances les plus communes. Julie lui fait dire de l'attendre, qu'elle voudrait lui parler, il répond :

Je n'ai pas le loisir.

Il rend à la femme de chambre une lettre que Julie lui a écrite ; il feint de croire que la lettre n'est pas pour lui ; la soubrette lui assure très positivement le contraire; elle va jusqu'à lui dire, en parlant de sa maîtresse :

Je sais son secret.
CLITANDRE.
Soit : je ne veux pas l'apprendre.
JULIE.
Vous savez fort mal vivre, au moins, monsieur Clitandre.

Assurément elle a raison; et quoique ce soit un manège connu de jouer l'indifférence pour piquer la coquetterie, ce n'est pas avec une femme à qui l'on doit des égards que l'on se permet de manquer si grossièrement aux premières règles de la politesse; mais aucun des personnages de la pièce n'a l'air de s'en douter. Un vieux comte, oncle du marquis, l'un des soupirants de Julie, personnage calqué sur vingt autres de la même espèce, se croit aussi en droit de se plaindre d'elle, et voici les adieux qu'il lui fait, à elle, au marquis et à Clitandre :

..... Je me vengerai d'un si sanglant outrage.
Toujours *en l'air*, toujours *trahissant* et trahis,
Faites un monde à part, et *soyez le mépris*
De tout le genre humain.

Je ne sais pas dans quel monde La Noue avait pu voir que ce langage fut de mise.

Le style ne vaut pas mieux : il y a quelques jolis vers; par exemple, ces deux-ci, qui furent remarqués dans la nouveauté :

Le bruit est pour le fat, la plainte est pour le sot :
L'honnête homme trompé s'éloigne et ne dit mot.

Mais en général le style est chargé de termes impropres, d'expressions fausses ou recherchées, et infecté d'un jargon qui depuis n'a eu que trop d'imitateurs. Je n'ai fait mention d'un si mauvais ouvrage que parce que son succès est un des scandales de nos jours.

La Harpe, *Cours de Littérature.*

LA PLACE (Pierre-Antoine de) naquit à Calais, en 1707, et mourut au commencement de 1792. Il s'appelait *le doyen des gens de lettres*, et dans les dernières années de sa vie il ne signait pas autrement; sur quoi on a dit qu'il se faisait le doyen d'un corps dont il n'était pas. Il peut être utile de faire voir comment cet homme, sans talent, sans esprit, sans connaissances, sans savoir même écrire en français, parvint cependant à une sorte de fortune dans les lettres; j'entends fortune d'argent: c'est la seule qu'il pût faire. Un petit précis à ce sujet peut fournir un article à des mémoires sur l'état des lettres dans l'ancien gouvernement; et un aperçu critique sur ses volumineux ouvrages prouvera ce que je viens de dire de ce prétendu *Nestor de la littérature.*

A l'âge de sept ans, on l'envoya de Calais, où il était né, à Saint-Omer, pour y étudier dans un collège de jésuites anglais, espèce de séminaire qui était en possession de fournir des prédicants et des missionnaires au parti catholique et jacobite d'Angleterre. On ne parlait guère qu'anglais dans cette maison. Le jeune homme apprit donc cette langue de la manière la plus sûre pour la bien savoir, c'est-à-dire en la parlant tous les jours; mais en même temps il désapprit si bien la sienne, qu'au sortir de ce collège, à l'âge de dix-sept-ans, il fut (de son aveu) obligé de se remettre à l'étude de sa langue naturelle, *qu'il avait oubliée*. Il faut croire qu'il ne fit pas de grands progrès dans cette étude; car il a écrit toute sa vie le français comme ceux qui en ignorent les premiers principes. Au reste, cette ignorance ne lui fit aucun tort : qu'importe de savoir sa langue lorsqu'on n'a pas de talent pour écrire? Mais la connaissance de l'anglais fut la cause de sa petite fortune.

Il était alors fort rare, même parmi les gens de lettres, d'étudier cette langue. Voltaire fut le premier qui la mit à la mode : les *Lettres sur les Anglais*, qui parurent en 1732, n'avaient pas besoin du bruit qu'elles firent par les ridicules persécutions qu'elles attirèrent à l'auteur; il suffisait, pour les faire lire avidement, de la foule de détails curieux et nouveaux sur les plus célèbres écrivains anglais, sur Shakspeare, Milton, Pope, Addisson, Locke, Congrève, Wicherley, et de la tournure originale et piquante de quelques morceaux de traduction de ces divers auteurs, alors fort peu connus en France, et que bientôt, grace à lui, tout le monde voulut connaître. C'est cette curiosité nouvelle qui contribua le plus à faire accueillir la faible traduction de l'*Essai sur l'homme*, par l'abbé Duresnel, et celle du *Paradis perdu*, par Dupré de Saint-Maur, et leur procura d'abord un succès fort au-dessus de leur mérite, au point que cette version du poème de Milton, en prose fort médiocre, parut un titre suffisant pour faire entrer l'auteur à l'Académie française.

La Place profita de ces circonstances pour risquer, en 1746, de faire jouer une *Venise sauvée*, assez fidèlement traduite d'Otway. Le fond du sujet était assez heureux et tragique, et avait fourni à La Fosse son *Manlius*, l'une des meilleures pièces du second rang, et à laquelle il ne manque, pour être du premier, que le style de Racine ou de Voltaire; mais il y avait long-temps qu'on n'avait joué ce *Manlius*. On annonça *Venise sauvée* comme un ouvrage absolument anglais, et en effet l'auteur n'avait retranché que les épisodes et les disparates grossières, qu'alors le moindre écolier était en état de rejeter, et que le goût du public, qui n'était pas encore corrompu, n'aurait pu supporter. Cette espèce de nouveauté, recommandée à l'indulgence par un compliment que récita un acteur aimé (Roselli), présentée comme le coup d'essai d'un jeune homme; cette énergie brute de la tragédie anglaise, faite pour piquer la curiosité à une époque où tout ce qui était anglais commençait à être de mode, tous ces motifs réunis firent adopter avec complaisance sur le théâtre de Paris, cet avorton du théâtre de Londres; et *Venise sauvée*, malgré l'incorrection et la faiblesse du style, malgré les fautes de toute espèce, eut une réussite passagère, et bien passagère; car ce ne fut que quarante ans après que l'auteur, persuadé qu'*il avait fait un bon ouvrage* (comme il le dit lui-même), obtint malheureusement, à force de sollicitations, qu'on remît au théâtre cette tragédie entièrement oubliée ; elle fut sifflée, et La Place prétendit que *c'était la cabale de Voltaire qui l'avait fait tomber.*

On n'avait pas attendu jusque-là pour ouvrir les yeux : peu de temps après la représentation de *Venise sauvée*, Lekain, dans ses débuts, fit reprendre *Manlius*, qui eut tout le succès qu'il méritait, et qu'il a toujours eu depuis. Chacun fut à portée de comparer, et l'on sentit que *Venise sauvée* ne valait pas une scène de *Manlius*.

La Place, qui n'était pas de cet avis, continua de faire des tragédies et des comédies, dont il serait bien inutile de rappeler les titres : la plupart ne purent même être jouées, à plus forte raison être lues. Cependant l'autorité du maréchal de Richelieu en fit jouer une intitulé *Adèle de Ponthieu*, que les comédiens s'obstinaient à refuser. La Place, pour piquer d'honneur le vieux gentilhomme de la chambre, lui adressa un quatrain, dans lequel il rapprochait aussi heureusement que modestement les deux plus beaux titres de gloire (selon lui) qui recommanderaient à la postérité la mémoire du maréchal :

Tu pris Minorque, et fis jouer *Adèle*.

Causa patrocinio non bona pejor erit. La Place, pour cette fois, n'avait plus de poète anglais derrière lui pour le soutenir ; *Adèle* était de son crû ; elle fut mal reçue, et abandonnée au bout de quelques jours. Il essaya, quinze ou vingt ans après, s'il serait plus heureux dans le comique : il donna une pièce en trois actes, qui n'alla pas jusqu'à la fin. Telle est l'histoire du talent dramatique de La Place.

Dans cet intervalle, il publia son *Théâtre anglais ;* c'est un recueil informe de pièces tant tragiques que comiques, traduites en tout ou en partie, ou analysées par extraits, en fort mauvaise prose, mêlée de temps en temps des plus mauvais vers. Cependant, comme c'était le premier ouvrage qui fit connaître bien ou mal un théâtre fort différent du nôtre, cette compilation se débita ; mais depuis qu'on s'est familiarisé davantage en France avec la langue et la littérature anglaise, ce recueil aussi mal fait que mal écrit, a été apprécié, et relégué parmi les livres qu'on ne lit plus.

Il fut plus heureux dans sa traduction de *Tom-Jones*, le seul ouvrage de lui qui soit resté : ce n'est pas qu'il n'ait défiguré et même étranglé inhumainement ce chef-d'œuvre de Fielding ; mais ce roman, le meilleur des romans, offre tant d'intérêt et de variété, que ceux qui ne savent pas l'anglais le liront toujours, même dans la plate version que nous en avons, jusqu'à ce qu'une meilleure plume vienne quelque jour venger Fielding.

La Place, qui, au défaut d'autres talents, était accort, souple, actif, et qui de plus était homme de plaisir et de bonne chère, s'était lié, particulièrement à ce dernier titre, avec des auteurs qui, sans être du premier ordre, avaient plus ou moins de mérite et de réputation, tel que Piron,

Duclos, Collé, Crébillon fils et autres, qui aimaient comme lui la table et le cabaret. Ces liaisons lui donnèrent accès chez le frère de la célèbre favorite Pompadour, le marquis de Marigni, le marquis de Vaudières, le marquis de Ménars, car il porta tour à tour le nom de ces trois marquisats : on sait que le sien était Poisson. La Place eut occasion de rendre un petit service à ce Poisson et à sa sœur ; c'est lui-même qui raconte ce fait *, et, quoiqu'il fût de son naturel grand hableur, il dit la vérité. Le ministère français avait fait acheter en Hollande l'édition entière d'une *Vie de madame de Pompadour*, écrite en anglais. On voulait en avoir la traduction, et d'une main sûre. Le marquis crut devoir s'adresser à La Place, qu'il connaissait pour un écrivain courtisan, grand faiseur de petits vers pour tout ce qui avait du pouvoir ou du crédit. La Place traduisit le livre en quinze jours ; et peu de temps après il eut pour récompense, vers 1762, le privilège du *Mercure*. Il prétend, il est vrai, que le marquis se fit un mérite, auprès de sa sœur, de cette traduction, dont il ne fit pas connaître l'auteur ; mais ce reproche est destitué de toute vraisemblance, et La Place mêle à un récit, qui d'ailleurs est vrai, un peu de ses hableries accoutumées. Que pouvait-il revenir au marquis de cette réticence ? Sa sœur savait trop combien il était ignorant, pour croire qu'il eût traduit un livre anglais ; et qu'importait alors que ce fût La Place ou un autre qui en fût le traducteur ? Et quel besoin encore

---

* Sous des noms anagrammatiques, dans ses *Pièces intéressantes et peu connues*.

le frère de la favorite, comblé de toutes sortes de graces, pouvait-il avoir auprès d'elle d'un mérite de cette nature? Cependant La Place crie à l'ingratitude des grands ; il semble croire que cette version devait lui valoir une grande fortune : on va voir que le privilège du *Mercure* en était une et trop grande pour lui, car il ne put pas la garder.

Ce privilège était une concession du gouvernement, une espèce de ferme donnée sous la condition de payer telle ou telle somme en pension, pour des gens de lettres que l'on voulait récompenser; et la ferme valait plus ou moins, selon les mains qui l'exploitaient. Celles de La Place ne furent pas heureuses : les abonnés désertèrent en foule, et au bout de trois ans il fallut lui retirer le privilège, parce que les pensions n'étaient plus payées; les pensionnaires perdirent même six mois de leur revenu, qui ne leur furent jamais remplacés. Veut-on savoir comment la cour traita cet homme à qui elle était obligée d'ôter un fond qu'il n'était pas en état de faire valoir ? Il eut 5,000 francs de pension de retraite, c'est-à-dire un traitement tel que n'en avait aucun des gens de lettres les plus distingués qu'il venait de dépouiller, puisque la plus forte pension n'était que de 2,000 francs. Lui seul, pour ses bons et loyaux services, en eut 5,000, dont il a joui jusqu'à l'année dernière, et toujours en se plaignant de ce que ses travaux et ses titres littéraires n'étaient pas appréciés. Il a rempli son recueil intitulé *Pièces intéressantes*, etc., d'historiettes relatives à lui-même, et il rappelle souvent avec autant de complaisance que d'emphase le temps où il était *breveté du Mercure de France :* mais parmi tant d'anecdotes qu'il débite à sa manière, il s'est bien gardé, comme de raison, d'insérer celle-là, non plus que le mot qui courut alors, que *le Mercure était tombé sur la place.* Ce n'était pas faute de flagorneries habituelles pour toutes les puissances du jour.

Le Mercure était alors renommé dans ce que nous appelons *le genre bête :* pour qu'il n'y manquât rien, on avait associé à La Place un certain Lagarde, qu'on appelait *Lagarde-Bicêtre* à cause de sa bonne réputation : c'était encore un protégé de la marquise de Pompadour, qui l'avait fait *breveter* (car tout se faisait alors par *brevet*) pour la partie des spectacles. Il s'en acquittait d'une manière si originale, que plus d'un curieux s'amusait à faire un recueil des phrases de Lagarde. En voici que leur singularité a fait retenir : « M. d'Auberval, si jus-
« tement célèbre *pour avoir perfectionné le genre in-*
« *fernal...* Cette pièce est *dramatique pour le théâ-*
« *tre, et pittoresque pour le tableau.* » Et en parlant de mademoiselle Lemaure, la fameuse cantatrice, il disait : « Mécanisme incompréhensible, par lequel
« cette inimitable actrice *trouve, dans le matériel*
« *même de son organe, l'intelligence motrice de son*
« *jeu.* » Lagarde-Bicêtre avait 2,000 francs d'appointements pour faire, à la journée, de ces phrases-là : ce n'était pas trop payé.

Nous ne dirons rien des romans de La Place, à peu près aussi oubliés que ses drames, si ce n'est de ceux pour qui tous les romans sont bons, et il' y a de ces gens là; mais il faut bien faire mention de l'idée assez bizarre qui lui vint un jour de faire, en quatre gros volumes, un recueil de toutes les *épitaphes* de la langue française. Ce n'était peut-être qu'un prétexte pour en imprimer quelques centaines de sa façon; mais ce qu'il y avait d'extraordinaire, c'est que beaucoup de ces épitaphes étaient faites pour des personnes vivantes, et sur-tout pour celles qui étaient de *ses amis* : c'était un petit cadeau qu'il leur faisait de leur vivant pour servir après leur mort ce que de raison, et un genre tout neuf de madrigal qu'il avait inventé pour varier la forme des louanges et des compliments. Il semble dire comme Boniface Chrétien:

Mourez quand vous voudrez, et comptez là-dessus.

Peut-être aussi voulait-il, d'une manière ou d'une autre, *faire l'épitaphe du genre humain.*

On imagine bien que son recueil mortuaire eut peu de lecteurs; mais il en trouva pour les *Pièces intéressantes et peu connues,* compilation d'une autre espèce, dans laquelle il vint à bout de duper fort adroitement le public. Voici comme il s'y prit : Duclos lui avait laissé un manuscrit intitulé *Mémorial:* c'était un composé d'anecdotes et de traits curieux que Duclos avait ramassé pour son usage, et que ses études et ses liaisons l'avaient mis à portée de bien choisir et de bien rédiger. La Place, qui faisait argent de tout, imprima ce *Mémorial,* qui fut enlevé en peu de jours; et voyant que le public était alléché par ce premier volume, que l'enseigne était achalandée, il en donna bien vite un second, où il y avait encore quelques morceaux de Duclos, qu'il tenait exprès en réserve. Ce second volume se débite aussi, quoiqu'il y eût déjà bien à déchoir du premier; et La Place, calculant fort bien que ceux qui avaient ces deux volumes voudraient avoir les suivants, en fait paraître successivement six autres, copiés sur les *ana*, sur les dictionnaires d'anecdotes, sur toutes les collections du même genre, et farcis de toutes les vieilleries les plus usées qu'il soit possible d'imaginer. Ce n'est pourtant que demi-mal encore quand il copie; mais il profite de l'occasion pour vider son portefeuille poétique et son sac d'historiettes; il donne impunément ses romances, ses épîtres, ses madrigaux, ses impromptus, etc.; il y fait rentrer même ses malheureuses *épitaphes*, et nous raconte (de quel ton, bon Dieu! et de quel style!) toutes les aventures *de M. L. P.*, tout ce qu'il a dit à ses amis à déjeûner ou à dîner, tout ce que ses amis lui ont dit, tout ce qu'il a fait pour eux, etc. etc. etc.; et tout cela s'appelle des *Pièces intéressantes et peu connues!* Il est sûr que, quand il nous donne ses vers, ce sont des *pièces peu connues;* mais il n'y avait que lui qui pût les donner comme *intéressantes;* et c'est ainsi qu'on se moque du public!

Tout ce qui, dans cette rapsodie de sept volumes (car il ne faut pas compter le premier), est de la façon du *doyen des gens de lettrés*, soit pour le choix, soit pour l'exécution, est vraiment un modèle de bêtise : il n'y a pas moyen de se servir d'un autre terme. Il faut voir quelle importance il met à des minuties, ce qu'il trouve de sel aux choses les plus insipides, avec quelle emphase il débite des trivialités! et une diction, une ignorance de la langue à peine compréhensible! La plupart de ses phrases sont construites de manière que plusieurs membres ne tiennent à rien, et qu'il est impossible de lier la fin avec le commencement. En voici un exemple pris entre mille; il s'agit des *Lettres de deux Français*, écrites de Vienne il y a trente ans, à la louange de Marie-Thérèse d'Autriche. « L'éditeur se fait un « plaisir de leur surprise lorsqu'ils verront, après « trente ans, dans ce recueil, ces mêmes lettres « qu'un déménagement imprévu vient de lui faire « retrouver dans un portefeuille dont il regrettait la « perte, *et dont l'hommage si légitimement dû* aux « rares et respectables qualités de l'impératrice-reine « ne lui permet pas de priver plus long-temps une « nation telle que la française, c'est-à-dire si bien « faite pour en connaître tout le prix, ainsi que « pour lui en savoir le plus grand gré. »

Le lecteur peut s'amuser à chercher dans cette phrase un sens qui puisse s'accorder avec la construction; quant à moi, ce que j'y vois de plus clair, c'est que La Place *devait l'hommage de son portefeuille aux rares qualités de l'impératrice-reine*, que *cet hommage ne lui permet pas de priver la nation française de ce même portefeuille*, d'autant que cette nation *est si bien faite pour connaître tout le prix de ce portefeuille, et pour lui en savoir le plus grand gré*.

Parmi les phrases grotesques, celle-ci est remarquable : « *Le testament politique* du maréchal de « Belle-Isle *n'est plus que probablement pas* de lui. »

Mais le fort de l'auteur, c'est le style niais. « On « trouve un exemple de cette espèce dans la vie « d'un de nos héros français, dont le courage intré- « pide nous disposait d'autant moins à l'imaginer « susceptible, qu'il est plus fait pour surprendre le « lecteur. »

Remarquez toujours les constructions ordinaires de l'auteur : c'est le héros qui est *susceptible d'un exemple*, et c'est le courage intrépide du héros qui *est fait pour surprendre le lecteur*; enfin, en d'autres termes, cet exemple est d'autant plus surprenant dans le héros, qu'il doit plus surprendre le lecteur.

Ailleurs : « Il laissa le duc *aussi effrayé que cons-* « *terné* d'une si vive leçon. »

Il est de la même force de pensée dans ses vers :

Dût le crime en frémir, toute âme honnête a droit
De rendre à la vertu l'hommage qu'on lui doit.

Cet axiome moral finit un chapitre, et il est profond. Madame Du Deffant disait d'une femme de sa société, qui débitait souvent des sentences de ce même genre: *Tout ce que dit cette dame est fort vrai.*

Cependant La Place n'est pas toujours si vrai; par exemple, lorsqu'en parlant de Diane de Poitiers : « *J'ai cru devoir*, dit-il, à cette femme singu- « lière, l'épitaphe suivante, etc. » Or, demandez-moi pourquoi *il a cru devoir une épitaphe à Diane*. Voilà une plaisante obligation !

Un dernier exemple d'ineptie, et finissons. Tout le monde a entendu citer ce mot célèbre de Pascal sur l'immensité de Dieu : « C'est un cercle dont le « centre est partout, et la circonférence nulle part. » La Place croit avoir découvert que cette idée sublime est empruntée d'une préface que mademoiselle de Gournay, mit au-devant d'une édition des *OEuvres de Montaigne*, en 1635. D'abord il se trompe dans le fait, en attribuant ce trait fameux à une femme qui était bien peu capable de le trouver : ce trait est originairement du savant Guillaume Duval *, professeur de philosophie grecque et latine dans l'Université de Paris, et se trouve dans une prière d'actions de graces (*oratio eucharistica*) adressée à Dieu, à la fin d'une analyse latine de la philosophie péripatéticienne, dont ce même Duval enrichit son édition en deux volumes in-folio des *OEuvres d'Aristote*, imprimée en 1629, et la meilleure que nous ayons : c'est de là que mademoiselle Gournay l'avait tiré. Voici la phrase latine : *Sphæra intelligibilis, cujus centrum ubiquè, circumferentia nullibi.* Sphère intel-

---

* « Cette belle expression, dit Voltaire, est de Timée de Locres : Pascal « était digne de l'inventer; mais il faut rendre à chacun son bien. » (*Remarques sur les Pensées de Pascal.*) La Harpe et Voltaire sont ici dans l'erreur. Cette pensée n'appartient ni au savant Guillaume Duval, ni à Timée de Locres; elle est d'Hermès Trismégiste : « Mercurius vocat Deum sphæram intellectua- « lem, cujus centrum ubiquè est, circumferentia vero nusquam. » *Herm. Trismeg.* liv. I, comment. XVIII, quæst. I, cap. 6. La Place ne se trompait pas en disant que cette pensée sublime était empruntée de la préface de mademoiselle de Gournay, qui du reste est loin de la donner comme sienne puisqu'elle dit : « Trismégiste appelle la déité, *cercle dont le centre est partout, la circonférence nulle part*. F.

lectuelle, dont le centre est partout, et la circonférence nulle part.

C'est assurément le plus petit tort qu'ait pu avoir La Place de ne pas connaître ce passage ; je crois bien qu'il n'avait de sa vie feuilleté Aristote. Mais ce qui confond, c'est la manière dont il renverse en entier la phrase de Pascal : *Cercle dont la circonférence est partout, et le centre nulle part.* Il est clair qu'il ne l'a pas entendue, et qu'il ne s'est pas aperçu que c'était la négation de circonférence qui marquait l'absence de toute limite, et par conséquent l'infini. Mais aussi de quoi ce pauvre homme s'avise-t-il de vouloir placer un trait de philosophie transcendante au milieu de ses historiettes ? Pourquoi ne songeait-il pas plutôt à apprendre l'orthographe, comme M. Jourdain ? Il écrit toujours *ne fusse que*, au lieu de *ne fût-ce*, et ce ne saurait être une faute d'impression, car le même mot revient cent fois dans tous les volumes, et toujours écrits de même....
Et ce sont là des *gens de lettres !*

La Harpe, *Cours de Littérature.*

LA ROCHEFOUCAULD (François, duc de), auteur des *Réflexions morales*, naquit en 1613.

Son éducation fut négligée ; mais la nature suppléa à l'instruction.

Il avait, dit madame de Maintenon, une physionomie heureuse, l'air grand, beaucoup d'esprit, et peu de savoir.

Le moment où il entra dans le monde était un

temps de crise pour les mœurs nationales : la puissance des grands, abaissée et contenue par l'administration despotique et vigoureuse du cardinal de Richelieu, cherchait encore à lutter contre l'autorité; mais à l'esprit de faction on avait substitué l'esprit d'intrigue.

L'intrigue n'était pas alors ce qu'elle est aujourd'hui : elle tenait à des mœurs plus fortes, et s'exerçait sur des objets plus importants. On l'employait à se rendre nécessaire ou redoutable ; aujourd'hui elle se borne à flatter et à plaire. Elle donnait de l'activité à l'esprit, au courage, aux talents, aux vertus même ; elle n'exige aujourd'hui que de la souplesse et de la patience. Son but avait quelque chose de noble et d'imposant, c'était la domination et la puissance; aujourd'hui, petite dans ses vues comme dans ses moyens, la vanité et la fortune en sont le mobile et le terme. Elle tendait à unir les hommes; aujourd'hui elle les isole. Plus dangereuse alors, elle embarrassait l'administration et arrêtait les progrès d'un bon gouvernement ; aujourd'hui, favorable à l'autorité, elle ne fait que rapetisser les âmes et avilir les mœurs. Alors, comme aujourd'hui, les femmes en étaient les principaux instruments; mais l'amour, ou ce qu'on honorait de ce nom, avait une sorte d'éclat qui en impose encore, et s'ennoblissait un peu en se mêlant aux grands intérêts de l'ambition; au lieu que la galanterie de nos jours, dégradée elle-même par les petits intérêts auxquels elle s'associe, dégrade et l'ambition et les ambitieux.

L'esprit de faction se ranima à la mort de Richelieu. La minorité de Louis XIV parut aux grands un moment favorable pour reprendre quelque influence sur les affaires publiques. M. de La Rochefoucauld fut entraîné par le mouvement général ; et des intérêts de galanterie concoururent à l'engager dans la guerre de la Fronde : guerre ridicule, parce qu'elle se faisait sans objet, sans plan, et sans chef, et qu'elle n'avait pour mobile que l'inquiétude de quelques hommes plus intrigants qu'ambitieux, fatigués seulement de l'inaction et de l'obéissance.

Il était alors l'amant de la duchesse de Longueville. On sait qu'ayant été blessé au combat de Saint-Antoine d'un coup de mousquet qui lui fit perdre quelque temps la vue, il s'appliqua ces deux vers connus de la tragédie d'*Alcyoné* de Du Ryer :

Pour mériter son cœur, pour plaire à ses beaux yeux,
J'ai fait la guerre aux rois ; je l'aurais faite aux dieux.

Lorsqu'il se brouilla ensuite avec madame de Longueville, il parodia ainsi ces vers :

Pour ce cœur inconstant, qu'enfin je connais mieux,
J'ai fait la guerre aux rois ; j'en ai perdu les yeux.

On voit par la vie du duc de La Rochefoucauld qu'il s'engageait aisément dans une intrigue, mais que bientôt il montrait pour en sortir autant d'impatience qu'il en avait mis à y entrer. C'est ce que lui reproche le cardinal de Retz, et ce qu'il attribue à une irrésolution naturelle qu'il ne sait comment expliquer.

Il est aisé, ce me semble, de trouver dans le caractère de M. de La Rochefoucauld une cause plus vraisemblable de cette conduite. Avec sa douceur naturelle, sa facilité de mœurs, son goût pour la galanterie, il lui était difficile de ne pas entrer dans quelque parti au milieu d'une cour où tout était parti, et où l'on ne pouvait rester neutre sans être au moins accusé de faiblesse. Mais, avec cette raison supérieure, cette probité sévère, cet esprit juste, conciliant et observateur, que ses contemporains ont reconnus en lui, comment eût-il pu s'accommoder long-temps de ces intrigues où le bien public n'était tout au plus qu'un prétexte; où chaque individu ne portait que ses passions et ses vues particulières, sans aucun but d'utilité générale; où les affaires les plus graves se traitaient sans décence et sans principes; où les plus grands intérêts étaient sans cesse sacrifiés aux plus petits motifs; qui étaient enfin le scandale de la raison comme du gouvernement?

L'esprit de parti tient à la nature des gouvernements libres : il peut s'y concilier avec la vertu et le véritable patriotisme. Dans une monarchie, il ne peut être suscité que par un sentiment d'indépendance, ou par des vues d'ambition personnelle, également; il y corrompt le germe de toutes les vertus, quoiqu'il puisse y mettre en activité des qualités brillantes qui ressemblent à des vertus.

C'est ce que M. de La Rochefoucauld ne pouvait manquer de sentir. Ainsi, quoiqu'il eût été une partie de sa vie engagé dans des intrigues de parti, où sa facilité et ses liaisons semblaient l'entretenir malgré lui, on voit que son caractère le ramenait à la vie privée, où il se fixa enfin, et où il sut jouir des charmes de l'amitié et des plaisirs de l'esprit.

On connaît la tendre amitié qui l'unit jusqu'à la fin de sa vie à madame de La Fayette. Les *Lettres de madame de Sévigné* nous apprennent que sa maison était le rendez-vous de ce qu'il y avait de plus distingué à la cour et à la ville par le nom, l'esprit, les talents, et la politesse. C'est au milieu de cette société choisie qu'il composa ses *Mémoires* et ses *Réflexions morales*.

Ses *Mémoires* sont écrits avec une élégance noble et un grand air de sincérité ; mais les évènements qui en font le sujet ont beaucoup perdu de l'intérêt qu'ils avaient alors. On ne peut trop s'étonner que Bayle * ait donné la préférence à ces *Mémoires* sur les *Commentaires de César*; la postérité en a jugé bien autrement. Nous nous en tiendrons à ce mot de M. de Voltaire, dans la *Notice des écrivains du siècle de Louis XIV* : « Les *Mémoires du duc de La « Rochefoucauld* sont lus, et l'on sait par cœur ses « *Pensées*. » C'est en effet le livre des *Pensées* qui a fait la réputation de M. de La Rochefoucauld. Nous ne le louerons qu'en citant M. de Voltaire : quels éloges pourraient avoir plus de grace et d'autorité ? « Un des ouvrages, dit ce grand homme **, qui con- « tribuèrent le plus à former le goût de la nation, « à lui donner un esprit de justesse et de précision, « fut le recueil des *Maximes de François duc de La*

---

* *Dictionnaire critique*, art. CÉSAR.
** *Siècle de Louis XIV*, ch. XXXII, DES BEAUX-ARTS.

« *Rochefoucauld*. Quoiqu'il n'y ait presque qu'une
« vérité dans ce livre, qui est que *l'amour-propre*
« *est le mobile de tout*, cependant cette pensée se
« présente sous tant d'aspects variés, qu'elle est
« presque toujours piquante : c'est moins un livre
« que des matériaux pour orner un livre. On lut
« avidement ce petit recueil : il accoutuma à penser,
« et à renfermer ses pensées dans un tour vif, pré-
« cis et délicat. C'était un mérite que personne n'a-
« vait eu avant lui en Europe depuis la renaissance
« des lettres. » Cet ouvrage parut d'abord anonyme.
Il excita une grande curiosité : on le lut avec avi-
dité, et on l'attaqua avec acharnement. On l'a réimprimé souvent, et on l'a traduit dans toutes les langues. Il a fait faire beaucoup d'autres livres; partout
enfin, et dans tous les temps, il a trouvé des admirateurs et des censeurs. C'est là, ce me semble, le
sceau du plus grand succès pour les productions de
l'esprit humain.

On a accusé M. de La Rochefoucauld de calomnier
la nature humaine : le cardinal de Retz lui-même
lui reproche de ne pas croire assez à la vertu. Cette
imputation peut avoir quelque fondement; mais il
nous semble qu'on l'a poussée trop loin.

M. de La Rochefoucauld a peint les hommes comme
il les a vus. C'est dans les temps de faction et d'intrigues politiques qu'on a plus d'occasions de connaître les hommes, et plus de motifs pour les observer : c'est dans ce jeu continuel de toutes les
passions humaines que les caractères se dévelop-
pent, que les faiblesses échappent, que l'hypocrisie

se trahit, que l'intérêt personnel se mêle à tout, gouverne et corrompt tout.

En regardant l'amour-propre comme le mobile de toutes les actions, M. de La Rochefoucauld ne prétendait pas énoncer un axiome rigoureux de métaphysique. Il n'exprimait qu'une vérité d'observation, assez générale pour être présentée sous cette forme absolue et tranchante qui convient à des pensées détachées, et qu'on emploie tous les jours dans la conversation et dans les livres, en généralisant des observations particulières.

Il n'appartenait qu'à un homme d'une réputation bien pure et bien reconnue d'oser flétrir ainsi le principe de toutes les actions humaines. Mais il donnait l'exemple de toutes les vertus dont il paraissait contester même l'existence. Il semblait réduire l'amitié à un échange de bons effets, et jamais il n'y eut d'ami plus tendre, plus fidèle et plus désintéressé. « La bravoure personnelle, dit madame de « Maintenon, lui paraissait une folie, et à peine s'en « cachait-il ; il était cependant fort brave. » Il donna des preuves de la plus grande valeur au siège de Bordeaux et au combat de Saint-Antoine.

Sa vieillesse fut éprouvée par les douleurs les plus cruelles de l'âme et du corps. Il montra dans les unes la sensibilité la plus touchante, et dans les autres une fermeté extraordinaire. Son courage ne l'abandonna jamais que dans la perte des personnes qui lui étaient chères. Un de ses fils fut tué au passage du Rhin, et l'autre y fut blessé. « J'ai vu, dit madame « de Sévigné, son cœur à découvert dans cette cruelle

« aventure; il est au premier rang de tout ce que je
« connais de courage, de mérite, de tendresse et de
« raison : je compte pour rien son esprit et ses agré-
« ments. »

La goutte le tourmenta pendant les dernières années de sa vie, et le fit périr dans des douleurs intolérables. Madame de Sévigné, qu'on ne peut se lasser de relire et de citer, peint d'une manière touchante les derniers moments de cet homme célèbre. « Son état, dit-elle, est une chose digne d'admira-
« tion. Il est fort bien disposé pour sa conscience;
« voilà qui est fait : mais du reste, c'est la maladie
« et la mort de son voisin dont il est question; il
« n'en est pas effleuré..... Ce n'est pas inutilement
« qu'il a fait des réflexions toute sa vie; il s'est ap-
« proché de telle sorte de ces derniers moments,
« qu'ils n'ont rien de nouveau ni d'étrange pour
« lui. »

Il mourut en 1680, laissant une famille désolée, et des amis inconsolables*.

Suard.

JUGEMENTS.

I

Les *Doctrines* de La Rochefoucauld sont beaucoup plus mauvaises que leur réputation. Elles s'ap-

---

* Parmi les nombreuses éditions des *Maximes et Réflexions morales de La Rochefoucauld*, on doit sur-tout distinguer celle que M. Lefèvre a publiée en 1822, avec un *Examen critique*, par M. Aimé-Martin. Le libraire Salmon vient de faire paraître La Bruyère, La Rochefoucauld et Vauvenargues, en 1 vol. in-18 (compacte).

puient sur l'égoïsme, vice honteux qui isole l'homme, mais que l'auteur confond à dessein avec l'amour de soi, sentiment conservateur, qui unit les sociétés. Il est donc indispensable de remarquer cette confusion, presque toujours inaperçue, parce qu'elle donne à son système une apparence de vérité : elle est le trait le plus subtil de son génie, et c'est ainsi que l'incertitude où il nous jette nous persuade trop souvent qu'il prend dans notre conscience le principe fondamental de son livre.

Je ne puis m'empêcher de remarquer que l'idée de soumettre toutes nos actions à un mobile unique (Maxime CCLXII), est peut-être la plus grande injure que l'homme ait jamais faite à l'homme. Les animaux n'ont reçu qu'un rayon d'intelligence qui, sous le nom d'instinct, règle leur vie entière, ils sont commandés par la nécessité : mais notre âme est une sphère parfaite d'intelligence et d'amour; elle s'étudie, se connaît et se juge. Le signe de son excellence est la liberté de choisir entre le bien et le mal, et la preuve de cette liberté, est le repentir qui nous presse lorsque ce choix est mauvais. Borner notre âme à une seule passion, c'est ravaler la nature de l'homme, c'est l'assimiler à l'instinct des animaux. Telle est la conclusion rigoureuse du livre des *Maximes* : il faut, ou rejeter le système, ou en subir les conséquences.

Frappé des vices de la cour, La Rochefoucauld s'est contenté de les peindre; il a vu l'homme ouvrage de la société; il a oublié l'homme ouvrage de Dieu. Son livre est un tableau du siècle, digne d'être étudié, et l'histoire y répand une vive lumière qui nous en fait reconnaître les personnages. A le considérer sous ce rapport, il offre des lignes admirables. Jamais, dans un espace si court, on ne renferma tant de vérités de détail, d'aperçus neufs, et de ces observations déliées qui entrent dans la partie perverse des cœurs. C'est quelquefois le pinceau de Tacite, ce n'est jamais son âme! Tacite nous émeut pour la vertu, La Rochefoucauld nous laisse froid devant la dégradation humaine : on voit que le but de son livre n'est pas de faire haïr le vice, mais de faire croire à son triomphe. Plein de cette pensée, il nie jusqu'à la possibilité de le combattre (Maxime CLXXVII). Sa confiance est dans le mal (Maxime CCXXXVIII), sa vertu dans l'intérêt, sa volonté dans la disposition des organes. (Maxime XLIV). Il commence par nous flétrir et finit par nous corrompre, et c'est en nous inspirant le mépris de notre cœur qu'il nous accoutume aux actions méprisables. Sent-on en soi quelque penchant à la vanité, à l'envie, à l'égoïsme, à l'ingratitude, on s'applique ses maximes insidieuses qui se gravent si facilement dans la mémoire; puis on se dit : La nature est ainsi faite; et l'on cesse de rougir de soi-même.

Pour écrire de la morale, il a manqué à La Rochefoucauld de bien connaître ce qui était vice et vertu. Il s'est égaré faute de définition, et ses erreurs ont été d'autant plus graves que son esprit avait plus d'étendue. Lorsque l'âme reste sans principes, les ténèbres semblent croître avec notre intelligence!

Vauvenargues, plus habile, posa le principe avant d'entrer dans la carrière : « Afin, dit-il, qu'une chose « soit regardée comme un bien par toute la société, « il faut qu'elle tende à l'avantage de toute la so- « ciété; » c'est le propre de la vertu. « Et afin qu'on « la regarde comme un mal, il faut qu'elle tende à « sa ruine, » c'est le propre du vice.

Ce principe que la mauvaise foi même ne saurait contester, est une réfutation complète du système de La Rochefoucauld : rien, dans ce système, ne tend à l'avantage de la société; tout, au contraire, y tend à sa ruine. Rapporter nos inclinations les plus naturelles, nos mouvements les plus imprévus, nos actions les plus innocentes à la vanité ou à l'intérêt; c'est méconnaître la vertu, et méconnaître la vertu, c'est anéantir l'homme.

La vertu est la loi sublime qui veille à notre conservation : sans elle il n'y aurait ni famille, ni société, ni genre humain. Voyez seulement ce que deviennent les familles qui ont un guide corrompu, et songez à ce que deviendrait un pays où les lois, qui sont la vertu des nations, ne réprimeraient rien. L'homme sans vertu est comme un peuple sans loi. Vous lui ôtez la force qui triomphe des passions, et vous vous étonnez de sa faiblesse ! Vous lui donnez le vice pour guide, et vous vous étonnez de sa perversité ! Vous saisissez habilement les bassesses, les ruses, les turpitudes de quelques âmes dépravées, vous les surprenez dans leur hypocrisie, et vous attribuez à tous la honte de quelques-uns ! C'est comme si vous écriviez au bas de la statue de Thersite ou de Néron : *Voilà l'homme!*

Celui qui a pu tracer un pareil tableau n'est pas loin de l'athéisme; toutes les doctrines immorales nous y poussent; et l'auteur y arrive enfin environné du cortège de tous les vices. Alors seulement, forcé de reconnaître qu'il n'y a rien d'immortel dans une créature sans vertu, il s'effraie de trouver le néant, et de ne pouvoir l'éviter. Voilà comment après nous avoir réduits à l'intelligence, il s'est vu dans la nécessité de réduire l'intelligence à rien : tant il est dangereux de calomnier l'humanité : l'injustice envers l'homme conduit presque toujours à l'impiété envers Dieu!

Aimé-Martin, *Examen critique des Maximes morales de La Rochefoucauld*. Introduction.

II.

Les deux hommes qui donnèrent le premier modèle de ce style précis qui fortifie la pensée en la resserrant, furent La Rochefoucauld et La Bruyère. Personne n'a porté ce mérite plus loin qu'eux; mais il ne faut pas oublier que, pour y parvenir, ils adoptèrent une méthode qui exclut d'autres avantages et dispense de beaucoup de difficultés. En écrivant par petits articles détachés, et faisant ainsi un livre d'un recueil de pensées isolées, ils s'épargnèrent, comme l'observait Boileau, le travail des transitions, qui est un art pour les bons écrivains, et un écueil pour les autres. Ils n'avaient besoin non plus, ni de plan, ni de méthode, ni de proportions, ni de cet intérêt général dont il est si difficile et si beau d'animer l'ensemble d'un ouvrage qui joint l'unité d'objet à l'étendue des détails. Ils ne s'occupaient qu'à faire valoir une seule idée à la fois, à en tirer le meilleur parti possible, pour passer ensuite à une autre sans aucune liaison qu'une étoile ou un alinéa. Mais en revanche ils se distinguèrent par les qualités propres à ce genre d'ouvrage; et la tournure réfléchie et les formes concises de leur style donnèrent à notre prose un caractère qui lui a été utile, et une sorte de beauté qu'il convenait de joindre à tous les titres qu'elle avait déjà.

Voltaire a dit que les *Maximes* de La Rochefoucauld était un des livres originaux du siècle de Louis XIV; et J. J. Rousseau n'a pas dissimulé son éloignement pour *ce triste livre*. Voltaire ajoute qu'il n'y a presque qu'une seule vérité, c'est que l'amour-propre est le mobile de toutes nos actions; et tous ces divers jugements sont fondés. On peut même aller plus loin, et dire que, non-seulement cet ouvrage attriste et flétrit l'âme, mais qu'il a un grand défaut en morale : c'est de ne montrer le cœur humain que sous un jour défavorable. Il y aurait peut-être tout autant de sagacité, et sûrement beaucoup plus de justice, à démêler aussi ce qu'il y a dans l'homme de noble et de vertueux. Croit-on que la vertu ne garde pas souvent son secret tout aussi bien que l'amour-propre, et qu'il n'y ait pas autant de mérite à l'apercevoir? Il y a de plus un avantage réel, celui de faire voir à l'homme tout ce qu'il porte en lui de principes du bien, de lui faire sentir tout ce dont il est capable, et de l'élever ainsi à ses propres yeux. Au contraire, en généralisant trop la satyre, il semble que tout le monde la mérite, et que par conséquent personne n'en soit flétri : là où l'on inculpe tous les hommes, nul ne peut être noté.

Les *Maximes* de La Rochefoucauld calomnient souvent la nature humaine, en supposant que ce qu'elle a de meilleur part d'un principe vicieux. « Cette clémence, *dont on fait une vertu*, se pratique « tantôt par vanité, quelquefois par paresse, souvent « par crainte, et presque toujours par tous les trois « ensemble. » D'abord, que signifient ces mots, *dont on fait une vertu ?* Quoi donc! la clémence n'en est-elle pas une ? Est-il sûr qu'elle n'ait jamais eu d'autre source que la *vanité*, la *paresse* ou la *crainte ?* Pourquoi donc ne naîtrait-elle pas, ou de la pitié, qui est si naturelle à tous les hommes, ou d'une bonté généreuse, naturelle aux grandes âmes ? César était-il *timide*, était-il *paresseux ?* et s'il sentit qu'il y avait quelque chose de plus noble à pardonner à tous les sénateurs prisonniers à Pharsale qu'à les faire tous égorger; si ce sentiment lui fit éprouver quelque satisfaction de lui-même, est-ce là ce que La Rochefoucauld appelle de *la vanité ?* Ce terme serait très impropre. *La vanité* est l'orgueil des petites choses : celui du vainqueur de Pharsale pardonnant aux Romains ne peut, dans aucun cas, s'appeler ainsi. Et puis, est-il bien sûr que le plaisir de faire une bonne action soit nécessairement de l'orgueil ? Si le contentement de la bonne conscience n'est pas autre chose, il ne faut donc plus croire au bonheur qu'elle procure, à ce bonheur regardé comme le plus pur de tous et le plus doux; car, certainement, l'orgueil n'est rien de tout cela, et Voltaire l'a caractérisé parfaitement par ce vers :

Il renfle l'âme, et ne la nourrit pas.

Ce que j'ai dit de la clémence de César, je le dis de celle de Titus, de Trajan, de Henri IV, de Louis XII. Pourquoi donc ne penserait-on pas qu'ils étaient cléments, tout simplement parce qu'ils étaient bons? N'y a-t-il point de bonté dans l'homme? La Rochefoucauld voudrait-il nous défendre de croire à la bonté?

« La constance des sages n'est que l'art de ren-
« fermer leur agitation dans leur cœur. »

Où est la preuve de cette assertion générale? Restreignez-la, elle sera aussi vraie que commune ; énoncée comme elle l'est, elle est démentie par cent exemples. Comment savons-nous que le calme apparent cache souvent *l'agitation* intérieure? Parce que, dans ce cas, quelque effort que l'on fasse, elle se trahit toujours par quelque indice; mais, lorsqu'on n'en voit paraître aucun, de quel droit affirmer que cette agitation existe? Sera-ce en jugeant du cœur d'autrui par le nôtre? Mais qui aura le droit de dire : Nul n'a plus de force d'âme que je n'en ai? L'accusation est donc gratuite : c'est vouloir en deux lignes infirmer le témoignage de tous les siècles, et l'hommage qu'ils ont rendu aux âmes fortes qui ont fait honneur à la nature humaine par leur inébranlable fermeté. Qui a dit à l'auteur des *Maximes* que Soranus et Thraséas étaient agités à leurs derniers moments, quand un observateur tel que Tacite les représente tranquilles? Et cet électeur de Saxe qui jouait aux échecs lorsqu'on vint lui annoncer qu'il fallait aller à l'échafaud, qui, pour toute réponse, demanda la permission d'achever la partie, la gagna, et alla mourir! Sommes-nous bien sûrs que sa *constance* ne fût qu'une agitation cachée? L'on dira peut-être qu'il n'est guères possible qu'un souverain quitte la vie avec une indifférence absolue, et qu'il aurait mieux aimé ne pas mourir. Je le crois, et c'est pour cela que j'admire sa *constance*; elle ne détruit pas la nature, elle la dompte, et si promptement, qu'on ne s'aperçoit pas du combat. Est-ce là de l'agitation? Non: c'est du vrai courage, qui n'est autre chose qu'une résignation tranquille à la nécessité. »

« La modération est une crainte de *tomber* dans
« l'envie et le mépris que méritent ceux qui s'eni-
« vrent de leur bonheur; c'est *une vaine ostenta-*
« *tion* de la force de notre esprit; enfin, la modé-
« ration des hommes dans leur plus haute élévation
« est un désir de paraître plus grands que leur
« fortune. »

Toujours des généralités qui font croire que l'observateur n'a vu l'homme que d'un côté, et que la différence des caractères lui échappe. Qui peut ignorer qu'il y a des hommes naturellement modérés, comme d'autres sont incapables de l'être; des hommes qui par eux-mêmes ne sont susceptibles d'aucune espèce d'enivrement, tandis que d'autres ont la tête tournée pour très peu de chose? Pour en bien juger, il n'y a qu'à les suivre dans leur conduite habituelle. Était-ce par une *vaine ostentation* que Catinat s'amusait à jouer aux quilles le lendemain d'une bataille gagnée? On pourrait le soupçonner, si d'ailleurs on avait vu son humeur dépendre de sa fortune; mais quand on le voit le même dans tous les moments, n'est-il pas très présumable qu'il était dans son caractère d'être de sang-froid dans toutes les circonstances, et qu'accoutumé à s'amuser des petites choses, comme à s'occuper des grandes, il ne voyait aucune raison pour que la victoire de la veille l'empêchât de faire sa partie de quilles le lendemain.

« L'orgueil est égal dans tous les hommes, et il
« n'y a de différence qu'aux moyens et à la manière
« de le mettre au jour. »

Je ne crois point du tout cette proposition vraie, pas même en mettant l'amour de soi à la place de l'*orgueil*; ce qui pourtant se rapprocherait de la vérité, du moins en ce sens, que l'amour de soi est commun à tous les hommes; et il leur est commun parce qu'il leur est nécessaire. Il ne devient un vice que par l'excès, et alors il s'appelle *orgueil*. Dire que cet orgueil *est égal dans tous*, c'est anéantir une vertu qui lui est opposée, la modestie. Il n'est pas vrai qu'elle ne consiste que dans les formes extérieures : prétendre que personne n'est véritablement plus modeste qu'un autre, c'est dire que nul homme n'a plus de bon sens qu'un autre homme; que nul n'est capable de restreindre par la réflexion l'idée trop avantageuse qu'il est tenté d'avoir de lui-même; que nul n'est assez raisonnable pour apprécier à leur juste valeur les avantages de la fortune, de la naissance et de la nature, et de compenser ce qu'il a par ce qui lui manque, ce qu'il sait par ce qu'il ignore. Or, cette assertion est démentie par l'expérience. Vous voyez de grands seigneurs estimer au juste le hasard de la naissance, et des bourgeois anoblis entêtés de leur noblesse d'un jour. Vous voyez des hommes instruits discuter avec réserve, et des ignorants qui tranchent sans discuter; des hommes d'un grand talent le révérer très sincèrement dans les autres, et de plats écrivains se mettre de la meilleure foi du monde au-dessus des plus grands génies. Si la maxime de La Rochefoucauld était vraie, il faudrait mettre sur la même ligne Racine, qui disait à son fils : *Corneille fait des vers cent fois plus beaux que les miens;* et ce rimeur écervelé*, qui de nos jours disait publiquement : *Il n'y a pas dans Voltaire un seul vers que je voulusse avoir fait.*

« La force et la faiblesse de notre esprit sont
« mal nommées; elles ne sont en effet que la bonne
« ou mauvaise disposition des organes du corps. »

Si La Rochefoucauld était matérialiste, on croirait qu'il a voulu dire que tout est physique dans nous; mais dans tout son livre il se montre très religieux. Il faut donc entendre sa pensée dans le sens de ces vers de Chaulieu :

> Bonne ou mauvaise santé
> Fait notre philosophie.

---

* Gilbert.

C'est une vérité poétique, c'est-à-dire du nombre de celles à qui l'on ne demande que de pouvoir être souvent appliquées avec fondement. Mais un moraliste doit écrire et penser avec une justesse plus sévère; et il est très faux que la force d'esprit dépende toujours de la disposition du corps. Il est démontré par des faits sans nombre, que cette force peut se trouver dans le corps le plus mal *disposé*. Quand le maréchal de Saxe, gonflé d'hydropisie, ne pouvant se mouvoir sans douleur, se faisait porter à Fontenoy dans une gondole d'osier, et disait en riant : *Il serait plaisant que ce fût une balle ou un boulet qui me fît la ponction*, la force de son âme était-elle *mal nommée ?* n'était-ce que *la bonne disposition de ses organes ?*

« L'amour de la justice n'est, en la plupart des « hommes, que la crainte de souffrir l'injustice. »

Je n'en crois rien du tout; c'est le cri de la conscience, c'est un sentiment qui précède toute réflexion. Il y a mille injustices que nous ne craignons pas de souffrir, et dont la seule idée nous révolte. En vérité, c'est un étrange projet, que celui d'anéantir toutes les vertus, la bonté, la justice, la modération, la modestie, etc.

Il ne lui restait plus qu'à détruire l'amitié. Voici ce qu'il en dit : « L'amitié la plus désintéressée « n'est qu'un commerce où notre amour-propre « se propose toujours quelque chose à gagner. »

Ne prend-il pas ici l'amour de soi pour l'amour-propre? On les confond souvent dans le langage philosophique : dans le langage usuel, on les distingue, et l'amour-propre ne se dit ordinairement que de l'amour de soi porté jusqu'à l'égoïsme, ou la présomption, c'est-à-dire jusqu'à tout rapporter à soi seul, ou présumer trop de ce que l'on vaut. Mais en morale, l'amour de soi n'est point vicieux en lui-même : il ne le devient que par l'excès : aussi la saine philosophie et la religion se réunissent-elles pour nous avertir de nous en défier sans cesse et de le combattre sans relâche, parce qu'il est toujours près de cet excès qui en fait un vice.

Tout amour* vient du ciel : Dieu nous chérit, il s'aime ;
Nous nous aimons dans nous, dans nos biens, dans nos fils
Dans nos concitoyens, sur-tout dans nos amis.
(VOLTAIRE.)

Cette doctrine est parfaitement conforme à la raison, et c'est en ce sens que Dieu nous ordonne expressément d'*aimer notre prochain comme nous-mêmes*. En effet l'amour de soi ou l'amour-propre bien réglé, soit qu'on les confonde ensemble, comme ont fait la plupart des moralistes, soit qu'on les considère séparément, sont des sentiments naturels et légitimes, donnés à l'homme pour l'attacher au soin de sa conservation, et lui inspirer le désir de se rendre meilleur. Si La Rochefoucauld a voulu dire que cet amour de nous entre dans *l'amitié la plus désintéressée*, c'est une vérité, et non pas un reproche, car nul ne peut se séparer absolument de lui-même. Mais s'aimer ainsi dans un autre n'est point *un commerce d'amour-propre*, du moins dans l'acception vulgaire de ce mot, qui répond à celle d'intérêt

---
* Bien ordonné, s'entend.

personnel : c'est au contraire l'usage le plus noble de cette heureuse faculté d'étendre nos sentiments hors de nous, et de nous retrouver dans autrui. On sait combien cet attrait réciproque a produit d'actions héroïques, et cet héroïsme ne sera pas détruit par la sentence équivoque et vague de La Rochefoucauld.

« Quelque éclatante que soit une action, elle ne
« doit pas passer pour *grande*, lorsqu'elle n'est pas
« l'effet d'un grand dessein. »

Oui, dans tout ce qui suppose de la réflexion : mais dans ce qui est instantané, dans ce qui est l'effet d'un sentiment prompt, dans tout ce qui tient à la pitié généreuse, dans ce qui est l'élan du courage, dans l'oubli de sa vie et de ses intérêts, n'y a-t-il point de *grandeur ?* Il semble que La Rochefoucauld ne voit rien de grand qu'en politique : il avait toujours la Fronde devant les yeux.

« Les rois font des hommes comme des pièces de
« monnaie ; ils les font valoir ce qu'ils veulent, et
« l'on est forcé de les recevoir selon leur cours, et
« non pas selon leur véritable prix. »

Comparaison plus ingénieuse que solide. Si cette pensée était vraie, tout homme vaudrait dans l'opinion, en raison de la place qu'il occupe dans le monde. Heureusement il n'en est pas ainsi ; et quand Louis XIV envoyait Villeroy commander à la place de Villars ou de Catinat, le dernier soldat de l'armée savait évaluer cette fausse *monnaie :* les chansons militaires du dernier siècle en sont la preuve.

« Les vertus se perdent dans l'intérêt, comme les
« fleuves se perdent dans la mer. »

Autre comparaison beaucoup plus fausse : tous les fleuves tendent à la mer, et la vertu ne tend point à *l'intérêt*, si ce n'est celui d'être bien avec soi et avec les autres, et ce n'est pas ce qu'on entend ordinairement par *intérêt*. Il serait plus vrai de dire que la vertu s'arrête souvent quand elle rencontre l'*intérêt* dans son chemin : c'est là sa véritable épreuve : Si la vertu est faible, elle recule ; si elle est forte, l'intérêt se range devant elle et lui fait passage.

« La constance en amour est une *inconstance*
« *perpétuelle*, qui fait que notre cœur s'attache
« *successivement* à toutes les qualités de la personne
« que nous aimons, donnant tantôt la préférence
« à l'une, tantôt à l'autre ; de sorte que cette cons-
« tance n'est qu'une inconstance arrêtée et renfer-
« mée dans un même objet. »

Ceci est bon pour une chanson ou un madrigal, et on l'y a vu vingt fois, mais n'est pas assez solide pour un livre de morale. C'est une subtilité frivole, d'imaginer que l'on aime sa maîtresse, aujourd'hui pour son teint, demain pour sa taille, ensuite pour sa chevelure, et puis pour sa conversation, etc. La vérité est que toutes ces choses ensemble sont hors de comparaison dans la personne aimée, tant qu'elle est aimée ; ce n'est pas que l'on ne convienne qu'elles peuvent être, absolument parlant, plus parfaites dans une autre ; mais dans ce qu'on aime, elles ont toujours un charme qui n'est point ailleurs ; et si l'on demande quel est ce charme, c'est l'amour.

Veut-on savoir ce que La Rochefoucauld pense

de l'amour ? Voici ce qu'il en dit : « Il est difficile
« de définir l'amour : ce qu'on *en peut dire*, est que
« dans l'âme c'est une passion de régner ; dans les
« esprits, c'est une sympathie ; dans le corps, ce
« n'est qu'une envie cachée et délicate de posséder
« ce qu'on aime après beaucoup de mystères. »

Je crois *qu'on en peut dire* tout autre chose, et
je doute que beaucoup de gens goûtent cette définition. On est souvent tenté de dire aux moralistes
qui parlent d'amour, comme à Burrhus :

Mais croyez-moi, l'amour est une autre science.

D'abord ce n'est point *une passion de régner*, car
celui des deux qui aime le plus est toujours le plus
gouverné. Ce n'est pas toujours une sympathie ; car
il y a des amants qui n'ont entre eux aucune conformité de caractère, d'esprit ni d'humeur, et qui
ne peuvent s'accorder sur rien, si ce n'est à s'aimer.
Quant au désir de posséder, *après beaucoup de
mystères*, je ne crois pas que ces *mystères-là* entrent
dans les vues de celui qui aime ; mais heureusement ils entrent dans l'amour, parce que l'attaque
est d'un côté, et la défense de l'autre ; et plus ces
mystères-là durent, plus il y a à gagner pour l'amour.
Au reste, je pense comme La Rochefoucauld, qu'il
est *très difficile à définir*; aussi ne le définirai-je
point, d'abord parce qu'il me convient d'être plus
réservé que lui, et puis parce que chacun ne définit que le sien.

« Nous ne pouvons rien aimer que par rapport
« à nous, et nous ne faisons que suivre notre goût

« et notre plaisir quand nous préférons nos amis
« à nous-mêmes. »

Maxime qui rentre dans l'explication que j'ai donnée ci-dessus, de l'amour de soi : explication dont un moraliste tel que La Rochefoucauld ne devait pas se dispenser. Il est vrai que, s'il l'eût donnée, il eût retranché la moitié de son livre, qui roule sur l'équivoque de l'amour de soi, qui est légitime, et de l'amour propre, qui est vicieux, dans l'acception usuelle qui en a fait l'abus de l'amour de soi.

« Il y a des gens de qui l'on ne peut jamais croire
« du mal sans l'avoir vu; mais il n'y en a point de
« qui il nous doive surprendre en le voyant. »

Exagération satyrique : l'étonnement est proportionné au défaut de probabilité; et très certainement il est des hommes en qui rien n'est plus improbable qu'un crime ou une bassesse.

« La folie nous suit dans tous les temps de la vie.
« Si quelqu'un paraît sage, c'est seulement parce
« que ses folies sont proportionnées à son âge et
« à sa fortune. »

Autre exagération qui ne peut passer que dans une satyre. Il serait assez difficile de nous dire quelles étaient les folies de Sully, du chancelier de L'Hospital; et comment accorder cette maxime avec celle-ci? « Qui vit sans folie n'est pas si sage qu'il « croit. » Il y a donc des gens qui n'ont point de *folie*; et de plus, on n'est pas *très sage* pour n'en pas avoir. Tout cela est-il bien clair et bien conçu? et au lieu de chercher à se faire deviner, ne vaudrait-il pas mieux s'assurer de ce qu'on veut dire?

« *On a fait une vertu de la modération* pour bor-
« ner l'ambition des grands hommes, et pour con-
« soler les gens médiocres de leur peu de fortune
« et de leur peu de mérite. »

Autant de mots, autant d'erreurs. L'homme ne fait point de *vertus*: la modération en est une, parce qu'elle est opposée à tous les excès, qui sont des vices. Les *grands hommes* ne sont point tous des *ambitieux*, et le désir de paraître modéré n'arrête point ceux qui ont de l'ambition ; et comment un moraliste peut-il faire entendre que la modération n'est le partage que des *gens médiocres?* Cette maxime est incompréhensible dans tous les points.

« La bonne grace est au corps ce que le bon
« sens est à l'esprit. »

Cela ne serait-il pas plus vrai du goût que du bon sens? Ce n'est pas que le premier ne suppose l'autre ; mais le bon sens tout seul ne donne point l'idée de la grace, et le goût donne au bon sens une délicatesse d'expression, qui est pour l'esprit ce qu'est pour le corps l'aisance et la justesse des mouvements.

« On s'est trompé lorsqu'on a cru que l'esprit et
« le jugement étaient deux choses différentes: le
« jugement n'est que *la grandeur de la lumière* de
« l'esprit ; cette lumière pénètre le fond des choses ;
« elle y remarque tout ce qu'il faut remarquer, et
« aperçoit celles qui sont imperceptibles. Ainsi il
« faut demeurer d'accord que c'est l'étendue de la
« lumière de l'esprit qui produit tous les effets qu'on
« attribue au jugement. »

Toutes ces idées manquent de justesse et de clarté. Dans le langage philosophique, l'esprit n'est que l'entendement, la faculté pensante, et ce n'est pas de celui-là qu'il s'agit ici. Dans l'usage commun, le manque d'expressions nécessaires pour rendre chacune de nos idées a fait donner génériquement ce nom d'esprit à l'une de ses qualités dont l'effet est le plus sensible dans la société, à la vivacité des conceptions. C'est-là ce qu'on nomme communément *esprit*, soit en parlant, soit en écrivant. et je crois qu'on a eu raison de le distinguer du *jugement*. Celui-ci désigne une autre qualité, la solidité des conceptions, et l'on sait combien l'une se rencontre souvent sans l'autre. *Le jugement* n'est pas non plus *la grandeur des lumières*: il n'en est que la netteté : *la grandeur des lumièers* appartient à l'esprit étendu ; le jugement appartient à l'esprit juste, et l'un ne suppose pas l'autre. Le premier embrasse beaucoup d'objets ; le second juge bien ceux qu'il aperçoit. L'on pourrait ajouter, en poussant plus loin cette distinction des diverses sortes d'esprits, que la sagacité démêle dans les objets de nos idées les différences difficiles à saisir ; que la profondeur en aperçoit les rapports les plus éloignés et les plus féconds ; que la finesse y distingue des nuances délicates et imperceptibles ; que l'élévation se porte vers ce qu'ils ont de plus noble et de plus haut ; que la force les assemble en grand nombre pour en tirer des effets ou des conséquences ; et toutes ces différences ne sont, en philosophie, que des modifications de la substance pensante, et dans l'acception vulgaire, différents dons de la nature, qui constituent les différentes sortes de talents.

Ce ne sont pas là les seules maximes qui soient susceptibles de censure ou de discussion : beaucoup ne sont que des répétitions les unes des autres : plusieurs sont extrêmement communes; plusieurs, mais en petit nombre, sont de mauvais goût. Il y en a qui pêchent par l'expression, comme d'autres par la pensée; mais il en est un plus grand nombre encore où l'une et l'autre sont d'une égale perfection. Le défaut général de cet ouvrage, c'est que la morale n'y est presque jamais que de la satyre. Malheureusement l'auteur avait vécu dans toute la corruption et toute la folie de la Fronde, guerre civile d'une espèce particulière, guerre d'humeur et de légèreté, essentiellement différente des autres guerres civiles, en ce que celles-ci, donnant à chacun toute l'énergie dont il est capable, tirent ordinairement de la foule quantité d'hommes inconnus à eux-mêmes et aux autres, et dont elles font de grands personnages : au lieu que la Fronde, n'étant qu'un vertige épidémique, rabaissa même les grands hommes au niveau de la multitude. On conçoit aisément que la philosophie d'un écrivain nourri à cette école n'ait guère été que de la misanthropie.

La Harpe, *Cours de Littérature*.

LA RUE (Charles de), né à Paris, en 1643, entra chez les jésuites, et y professa d'une manière distinguée les humanités et la rhétorique. Son talent pour la poésie s'annonça avec éclat, dès 1667, par un *Poëme* latin *sur les conquêtes de Louis XIV*. Le grand Corneille ayant mis ce poème, en vers français, présenta sa traduction au roi, et fit un tel éloge de l'original et du jeune poète, que dès lors ce monarque prit beaucoup d'estime pour le P. La Rue et la lui témoigna en toute occasion.

Animé d'un saint zèle pour la religion, le P. de La Rue désirait aller prêcher l'Évangile dans les missions du Canada, et en sollicita la permission de ses supérieurs; mais ceux-ci ayant reconnu en lui un talent distingué pour l'éloquence de la chaire, l'engagèrent à s'y livrer, et bientôt il fut considéré comme le prédicateur de son siècle qui débitait le mieux. Il porta souvent la parole devant Louis XIV à l'époque où de grandes infortunes succédèrent pour ce prince à quarante années de gloire et de prospérité.

Envoyé dans les Cévennes, pour y travailler à la conversion des calvinistes, le P. La Rue eut le bonheur d'en ramener plusieurs à la religion catholique et de la faire respecter des autres. Il mourut à Paris en 1725, à l'âge de quatre-vingt-deux ans, regretté des grands, auxquels il plaisait par son esprit, et des petits qu'il attirait par ses vertus et par son affabilité. On a de lui :

Des *Panégyriques* et des *Oraisons funèbres*, 3 vol. in-12, et des *Sermons* de morale, qui forment un avent et un carême, en 4 vol. in-8°, Paris : on les a réimprimés en 4 vol. in-12. Il a laissé aussi des pièces de théâtre; quatre livres de *Poésies latines*, Paris,

1680, et Anvers, 1693. Ses tragédies latines, *Lysimachus*, *Cyrus*, et celle de *Sylla*, qui est écrite en vers français, furent honorées, ainsi que ses premiers essais poétiques, du suffrage de Pierre Corneille. On dit que les comédiens de l'hôtel de Bourgogne se préparaient secrètement à jouer cette dernière pièce, et que l'auteur, en étant informé, obtint un ordre qui empêcha la représentation. Le P. La Rue a publié une édition de Virgile avec des notes très estimées, à l'usage du dauphin; en 1 vol. in-4°., et en 4 vol. in-12, et une édition d'Horace, avec des notes et une interprétation.

JUGEMENT.

La Rue, moins célèbre que Bourdaloue, pour les discours de morale, mais né avec un esprit plus souple et une âme plus sensible, réussit mieux dans le genre des éloges funèbres; il était en même temps poète et orateur; il avait, comme Fléchier, le mérite d'écrire en vers dans la langue d'Horace et de Virgile, mais il n'avait pas négligé pour cela la langue des Bossuet et des Corneille. Ceux qui l'avaient précédé dans cette carrière, avaient célébré des temps de prospérité et de gloire. Alors la France, en déplorant la mort de ses grands hommes, voyait de leurs cendres renaître, pour ainsi dire, d'autres grands hommes. Parmi les pertes particulières, le trône était toujours brillant; et les trophées publics se mêlaient souvent aux pompes funèbres des héros. La Rue fut l'orateur de la cour, dans cette époque qui succéda à quarante ans de gloire, lorsque

Louis XIV, malheureux et frappé dans ses sujets comme dans sa famille, ne comptait plus au-dehors que des batailles perdues, et voyait successivement dans son palais périr tous ses enfants.

Ce fut lui qui, en 1711, fit l'éloge du grand dauphin. Un an après, il rendit le même honneur à ce fameux duc de Bourgogne, élève de Fénelon. On sait que par une circonstance presqu'unique, l'orateur avait à déplorer trois morts au lieu d'une ; on sait que la jeune Adélaïde de Savoie, duchesse de Bourgogne, princesse pleine d'esprit et de graces, était placée dans le même cercueil, entre son époux et son fils. La coutume ridicule et barbare de citer toujours un texte, coutume dont les hommes de génie ont quelquefois tiré parti, produisit cette fois-là le plus grand effet. Le texte de l'orateur semblait être une prédiction de l'évènement, et il exprimait le triste spectacle qu'on avait sous les yeux, du père, de la mère et de l'enfant, frappés et ensevelis tous trois ensemble *.

Quand la consternation et la douleur sont dans une assemblée, il est aisé alors d'être éloquent. La Rue fit couler des larmes; et par la force de son sujet, et par les beautés que son génie sut en tirer. La peinture qu'il fait du duc de Bourgogne fera éternellement désirer aux peuples d'avoir un maître qui lui ressemble. On ne l'ignore pas; ce prince réunissait tout ce qui fait la vertu chez les particuliers comme chez les rois, des principes austères

---

* Quare facitis malum grande contrà animas vestras, ut intereat ex vobis vir, et mulier, et parvulus de medio Judæ!   Jerem., XLIV.

et une âme sensible. A vingt ans, il parut être au-dessus des erreurs, comme des faiblesses. Parmi toutes les séductions, il eut le courage de toutes les vertus. Simple, modéré, sans faste à la cour et dans celle de Louis XIV, si l'on en croit nos aïeux il eût gouverné comme Lycurgue, il eût été adoré comme Trajan. *Que pense-t-on de moi dans Paris?* demandait-il souvent. Il savait que sur le trône même on est dépendant de l'opinion, et que la renommée est plus absolue que les rois. Dans ces temps de désastres, où la famine et la guerre étaient unies, où nos campagnes étaient couvertes de mourants, et les champs de bataille couverts de morts, il était profondément affecté des malheurs publics. La vieillesse de Louis XIV, et les fléaux de la guerre, achevaient son éducation commencée par la vertu. *Si Dieu me donne la vie*, disait-il, *c'est à me faire aimer que j'emploierai tous mes soins.* Ainsi, dans les illusions d'une âme sensible, il composait ses romans du bonheur des autres, et jouissait d'avance d'une félicité qui n'était point encore. A la mort du grand dauphin, héritier de son rang, il refusa de l'être de ses pensions; il craignait d'ajouter le poids de son luxe au poids de la misère publique. Enfin, de douze mille francs qu'il avait par mois, il en employait onze à secourir des malheureux; et, dans sa dernière maladie, peu de temps avant d'expirer voulant honorer encore une fois l'infortune qu'il laissait sur la terre, il ordonna qu'on vendît ses pierreries pour la soulager.

Tel est le fond du tableau que nous présente l'orateur; il peint en même-temps la jeune duchesse de Bourgogne adorée de la cour, et dont les vertus aimables mêlaient quelque chose de plus tendre aux vertus austères et fortes de son époux; il la peint frappée comme lui; expirant avec lui, sentant et le trône, et la vie, et le monde qui lui échappaient; et répondant à ceux qui l'appelaient princesse : *Oui, princesse aujourd'hui, demain rien, et dans deux jours oubliée.*

On ne peut lire plusieurs morceaux de ce discours, et la fin sur-tout, sans attendrissement; mais ce qu'on ne croirait pas, c'est que dans un éloge funèbre du duc de Bourgogne, il se trouve à peine un mot qui rappelle l'idée de Fénelon. La politique intéressée craignit de rendre hommage à la vertu ; et l'orateur, même aux pieds des autels, n'osa oublier un instant que l'auteur de *Télémaque* était exilé. On ose dire que si le duc de Bourgogne, dans son tombeau, eût été capable d'un sentiment, il eût été indigné de cette faiblesse. Heureusement la mémoire de Fénelon est vengée : la postérité, qui n'a ni crainte, ni lâche respect, a élevé sa voix. Les noms du duc de Bourgogne et de Fénelon marchent ensemble à l'immortalité, et le genre humain reconnaissant ne sépare plus deux âmes vertueuses et sensibles qui s'étaient unies pour le bonheur des hommes.

Le même orateur a traité deux autres sujets moins pathétiques, sans doute, mais non moins intéressants, ce sont les éloges funèbres de deux grands hommes; l'un était ce maréchal de Luxem-

bourg, élève de Condé; impétueux et ardent comme lui, mais vigilant et ferme comme Turenne, quand il le fallait; persécuté par les ministres, et servant l'état; fameux par les victoires de Fleurus, de Leuze, de Steinkerque et de Nervinde, et qui, de dessus un champ de bataille, écrivit à Louis XIV cette lettre : « Sire, vos ennemis ont fait des merveilles, « vos troupes encore mieux : pour moi, je n'ai « d'autre mérite que d'avoir exécuté vos ordres; « vous m'avez dit de prendre une ville et de gagner « une bataille, je l'ai prise et je l'ai gagnée. » L'autre, qui avait un genre de mérite tout différent, était ce maréchal de Boufflers, fameux par la défense de Lille; appliqué et infatigable; d'ailleurs, excellent citoyen, et dans une monarchie, capable d'une vertu républicaine. On sait qu'en 1709, il offrit et demanda au roi d'aller servir sous le maréchal de Villars, dont il était l'ancien. C'était le trait de Scipion qui, vainqueur de Carthage, voulut être simple lieutenant en Asie : « Il souffrait, dit l'ora-
« teur, du peu de succès de nos armes..... Le siège
« de Mons ayant fait naître l'occasion d'une nou-
« velle bataille, il fut encore prêt à marcher. C'é-
« tait prolonger sa vie que de lui donner lieu de la
« perdre pour l'état; mais acceptant l'honneur de
« partager le péril, il refusa celui de partager le
« commandement. Droits spécieux, préférences d'âge
« et de rang, jalousies d'autorité, misérables inté-
« rêts, sources de tant de querelles entre des héros,
« vous ne prévalûtes jamais dans le cœur de celui-ci
« aux mouvements de son zèle : il promit son bras,

« ses conseils, sa vie, s'il était besoin, mais sous le
« même général qui commandait déjà l'armée; il eut
« beau cependant se dépouiller de ses titres, il les
« retrouva dans l'estime du général, dans le respect
« des officiers, et dans l'affection des soldats. Entre
« deux guerriers pleins d'honneur, l'autorité devient
« commune. »

Et au commencement de cet éloge funèbre, après avoir parlé des honneurs entassés sur la tête d'un seul homme : « Oublions ces titres vains, qui ne
« servent plus qu'à orner la surface d'un tombeau;
« ce n'est ni le marbre, ni l'airain qui nous font ré-
« vérer les grands. Ces monuments superbes ne font
« qu'attirer sur leurs cendres l'envie attachée autre-
« fois à leur personne; à moins que la vertu ne con-
« sacre leur mémoire, et n'éternise, pour ainsi dire,
« cette fausse immortalité, qu'on cherche inutile-
« ment dans des colonnes et des statues. »

Il nous rappelle ensuite les idées de Rome, de Sparte et d'Athènes, qui eussent honoré le maréchal de Boufflers, comme elles honorent leur Miltiade, leur Phocion, les Caton, les Décius et les Fabrice.

Enfin, prêt à commencer son éloge et à célébrer en lui tout ce qui peut caractériser un grand homme, il s'arrête, et demande pardon à son héros, de respecter si peu le dégoût qu'il avait pour les louanges, et le soin qu'il se donnait de les fuir autant que de les mériter : « Vous avez goûté assez long-temps, lui
« dit-il, le plaisir de votre modestie; laissez-nous
« rompre le silence que votre austérité nous impo-

« sait. Votre réputation n'est plus à vous ; c'est la
« seule et dernière vie qui vous reste encore parmi
« nous ; elle appartient à la renommée ; c'est à elle
« d'exercer son empire sur votre nom, pour le con-
« server aux siècles à venir avec encore plus d'auto-
« rité que la mort n'en prendra sur vos cendres pour
« les détruire. On a besoin de votre nom pour faire
« à nos descendants l'apologie de notre siècle ; ils
« douteront au moins de ses excès, quand ils sauront
« qu'il a produit en votre personne ce que nos pères
« avaient admiré dans les Duguesclin, les Bayard et
« les Dunois, pour la gloire des rois, le salut de la
« patrie et l'honneur de la vertu. »

Il n'y a personne qui, dans tous ces morceaux,
ne reconnaisse le ton d'un orateur. Ces trois éloges
funèbres firent la réputation de La Rue ; celui sur-
tout du maréchal Boufflers passe pour son chef-
d'œuvre *. La Rue a moins d'art, plus d'éloquence
naturelle, mais aussi moins d'éclat, et sur-tout moins
d'imagination dans le style que Fléchier. Bossuet
a créé une langue ; Fléchier a embelli celle qu'on
parlait avant lui ; La Rue, dans son style négligé,
tantôt familier et tantôt noble, sera plutôt cité
comme orateur que comme grand écrivain. Le plus
souvent il jette et abandonne ses idées sans s'en apercevoir, et l'expression naît d'elle-même. Cette négligence sied bien aux grands mouvements. Le sentiment, quand il est vif, commande à l'expression ;

* On a encore de lui l'oraison funèbre de Bossuet, celle du premier maréchal de Noailles, mort en 1709, et celle de Henri de Bourbon, père du
grand Condé.

et lui communique sa chaleur et sa force ; mais l'âme de La Rue n'est point en général assez passionnée pour soutenir toujours et colorer son langage : enfin, c'est peut-être de tous les orateurs celui qui a le plus approché de la marche de Bossuet; mais il est loin de son élévation, comme de ses inégalités : il n'est pas donné à tout le monde de tomber de si haut.

THOMAS, *Essai sur les Éloges.*

LAUJON (PIERRE), poète français, membre de l'institut, naquit à Paris, le 13 janvier 1727. Destiné au barreau par son père qui était procureur, il préféra se livrer à la litterature, préférence dont bien des avocats ont donné l'exemple.

Laujon dut à sa pièce de *Daphnis et Chloé* les encouragements les plus flatteurs de M. de Nivernois, de Bernis, d'Argental et d'Ayen; et la comtesse de Villemur le présenta à la marquise de Pompadour.

Attaché au duc de Clermont comme secrétaire d'abord de son cabinet, et ensuite de ses commandements, il le suivit à l'armée en qualité d'intendant militaire, et obtint la croix de St.-Louis.

Le duc de Clermont étant mort en 1770, Laujon fut choisi par le dernier prince de Condé pour être secrétaire des commandements du duc de Bourbon, son fils. Il devint l'ordonnateur des fêtes de Chantilly, emploi dont il s'acquittait avec un talent très ingénieux.

La révolution fit perdre à Laujon sa place et ses pensions, et le réduisit à une telle détresse qu'il fut obligé de vendre sa bibliothèque, sacrifice bien cruel pour un homme de lettres. Mais le malheur ne put briser sa lyre badine. Trop fier pour jouer le rôle de solliciteur, il continua à faire des chansons, et se montra fidèle aux statuts de cette société épicurienne, fondée en 1737, sous le titre de *caveau* par Piron, Collé, Panard, Gallet, Saurin, Favart et autres joyeux chansonniers.

M. de Portalis venait de mourir en 1807, laissant une place vacante à l'institut. Cette place fut accordée au chansonnier octogénaire, plutôt par égard pour sa vieillesse, que pour le mérite de ses opuscules. « Laissons-le passer par l'institut, disait « Delille en souriant. »

A la même époque les fondateurs du *caveau moderne* choisirent, pour président de leur société bachique, cet aimable doyen de la chanson, qui avait si bien fait ses preuves à l'*ancien caveau*, et qui sut encore payer son tribut en gais couplets.

Laujon termina à Paris sa longue carrière, le 13 juillet 1811. Son corps fut inhumé au cimetière du P. La Chaise.

Étranger à l'envie, Laujon se plaisait aux succès des autres, et cette qualité rare au Parnasse comme ailleurs, faisait ressortir davantage son heureux caractère. Le prince de Condé lui montra un jour un petit acte en vaudeville, composé par Grouvelle son secrétaire, en société avec Desprez, pour le théâtre de Chantilly, et lui demanda son avis. « Monseigneur, répondit-il, je n'en ai jamais fait d'aussi bon. »

Logé dans un appartement trop petit, Laujon n'avait pu y placer sa bibliothèque; il apprend qu'un de ses créanciers doit envoyer le lendemain pour le saisir, aussitôt il va chercher ses livres qui étaient en dépôt chez un de ses amis, et les fait rapporter à son domicile, afin, disait-il, de remplir ses devoirs d'honnête homme.

Parmi ses nombreux ouvrages on cite : *Daphnis et Chloé*, 1747; *Eglé*, 1751; *Sylvie*, 1766; *Ismène et Isménias* 1770, pièces représentées au théâtre de l'opéra; *Armide*, parodie, 1762; *L'Amoureux de quinze ans*, opéra comique en 3 actes, à l'occasion du mariage du duc de Bourbon; *Le Fermier cru sourd*, ou *les méfiances*, 1772; *Matroco*, 1778; *Le Poète supposé* 1782; *La nouvelle École des mères*; *L'école de l'amitié*, etc. Ces différentes pièces ont été représentées au théâtre des Italiens; *L'inconséquence* ou *les Soubrettes*, comédie en 5 actes en prose, 1777; *Le Couvent*, comédie en un acte, 1790, où l'on reconnaît l'influence du temps. Ces deux comédies ont été représentées au théâtre Français; *Le Juif bienfaisant*, comédie représentée en 1806, sur le théâtre de Rouen.

En 1771 il publia ses chansons sous le titre d'*a propos de société*, en 3 vol. Le 3ᵉ renferme des annonces de parades bien adaptées au genre grotesque des tréteaux.

L'année même de sa mort (1811) il fit imprimer, en 4 volumes, ses œuvres contenant un choix de ses pièces représentées et non représentées, et l'élite de ses opuscules, tels que fêtes, chansons, lanternes magiques et proverbes.

JUGEMENT.

On connaît de Laujon un grand nombre de chansons agréables, et qui pourraient rivaliser avec celles de Panard, de Collé et de Favart, avec lesquels il travailla souvent en société. Il avait même si bien saisi leur manière que, dans le genre de chacun d'eux, son nom peut être placé à côté du leur; il est chansonnier enfin dans le même sens que madame de la Sablière attachait au nom de *fablier* qu'elle donnait à La Fontaine.

Lorsque les graces étaient encore de mode sur notre scène lyrique, et qu'elles n'avaient pas abandonné son véritable domaine, c'est-à-dire les fictions d'Ovide, de l'Arioste et du Tasse, et le merveilleux que lui prêtaient ces fictions charmantes, pour se faire une triste ressource de nos plus belles tragédies qu'elle avilit en les dénaturant; lorsqu'une pastorale ingénieuse pouvait encore y être admise, de l'aveu de Polymnie, qui ne s'attendait guère à voir un jour parodier sur son théâtre les accents de Melpomène, l'auteur d'*Églé*, de *Daphnis et Chloé*, de *Sylvie*, d'*Ismène et Isménias*, avait joui long-temps, à ce théâtre des succès les plus brillants. Ce qui n'arrive guère aux opéra de nos jours.

M. Laujon, auteur de ces jolis ouvrages, a donné d'ailleurs, au théâtre qu'on appelait Italien, plusieurs pièces d'un autre genre qui n'ont pas moins réussi, et parmi lesquelles on doit distinguer surtout l'*Amoureux de quinze ans*, comédie agréable, un peu imitée de la *Magie de l'Amour* d'Autreau, mais plus délicatement traitée, et qui fut très applaudie pendant une longue suite de représentations.

Une anecdote singulière, qui peut servir de leçon, et qui, par cette raison-là même, nous paraît digne d'être conservée, causa la chute d'une autre pièce de l'auteur, donnée au théâtre Français en 1777, et dont nous avions porté le jugement le plus favorable. L'*Inconséquent* était son véritable titre; mais jouée par le conseil de Préville, sous celui des *Cinq Soubrettes*, qu'il crut piquant par sa singularité, et que nous n'approuvions pas, le public à qui ce titre ne promettait qu'une comédie d'intrigue, trompé dans l'idée qu'il en avait conçue, ne donna pas à l'ouvrage l'attention qu'il eût donnée à une pièce dont le titre lui eût annoncé une comédie de caractère, et cette méprise eut les suites les plus fâcheuses. Crébillon le fils et Collé, à qui l'auteur avait lu plusieurs fois cette même pièce, et qui en pensaient aussi favorablement que nous, n'aperçurent qu'à la représentation l'inconvénient de ce titre substitué mal à propos à celui que devait porter l'ouvrage, et qui en eût décidé le genre. L'évènement ne les empêcha pas de persister dans leur avis; et nous-mêmes nous croyons encore que si la pièce était reprise, et qu'on lui rendît le titre de l'*Inconséquent*, elle ferait beaucoup d'honneur à M. Laujon.

Sa petite comédie du *Couvent*, représentée avec

succès au même théâtre, il y a quelques années, nous paraît d'un genre à peu près semblable aux petites pièces du Théâtre d'éducation de madame de Genlis, et nous confirme dans l'opinion où nous sommes, que quelques-unes de ces pièces pourraient obtenir le même accueil.

On voit que M. Laujon a réuni plusieurs mérites. Marmontel, qui n'était pas toujours aussi judicieux, disait de lui, dans une lettre que nous avons vue : qu'il était fait pour donner des leçons dans l'art d'observer, en badinant, les convenances les plus délicates : talent qui suppose à la fois une justesse d'esprit peu commune, et une finesse de sentiment et de goût, non moins rare.

Le seul reproche qu'on serait en droit de lui faire, c'est d'avoir donné trop d'étendue au recueil qu'il a fait paraître sous le titre de ses *A propos de Société*. Tout ce qui n'est qu'à propos de société doit se borner à un recueil très court, et n'aura jamais qu'une existence tres fugitive.

PALISSOT, *Mémoires sur la Littérature.*

LE BAILLY (ANTOINE-FRANÇOIS), fabuliste distingué, est né à Caen le 4 avril 1758, et exerça d'abord la profession d'avocat dans sa ville natale. C'est en 1784, sous les auspices de Court de Gébelin, qu'il a commencé sa carrière littéraire par une fable sur la naissance d'un fils du duc d'Orléans. Depuis cette époque il a donné successivement : *Fables nouvelles, suivies de poésies fugitives*, Paris,

1784, in-12, et 1811, in-12; *Vies de Lefranc de Pompignan* et de plusieurs poètes et auteurs dramatiques, en tête des livraisons de *la petite bibliothèque des théâtres*, 1785, 86, 87, 88; *Corisandre ou les Fous par enchantement*, comédie-opéra, en société avec le comte de Linières, Paris, 1792, in-4°; *Notice sur les ouvrages de feu Grainville*, Paris, 1806, in-8°.; *OEnone*, opéra, *ibid.*, 1812; *Fables nouvelles*, Paris, 1814, in-12; *Diane et Endymion*, opéra, ballet, Paris 1814; *le Gouvernement des animaux ou l'Ours réformateur*, Paris, 1816, in-8°.; *Arion ou le pouvoir de la Musique*, Paris, 1817, in-8°. M. Le Bailly, nous a donné en 1823 une nouvelle édition de ses *Fables* qu'on regarde comme son principal titre littéraire.

JUGEMENT.

Le style de M. Le Bailly n'a ni l'élégance ni la gentillesse de celui de Florian; mais il a une simplicité plus vraie et plus franche, il y a quelque chose d'artificiel dans la naïveté de M. de Florian: ce fabuliste semble toujours se défier des défauts voisins de la naïveté; M. Le Bailly a plus d'abandon, il approche plus du grand modèle, si pourtant quelqu'un en approche; il a plus de ce qui paraît tenir au caractère et aux mœurs de l'auteur, autant qu'à son tour d'esprit; les écueils de la naïveté sont la platitude et la niaiserie: voilà ce dont s'est gardé M. de Florian avec un effort qu'on entrevoit: voilà ce dont s'est préservé M. Le Bailly, par instinct plus que par calcul; la niaiserie est un ton faux dans l'accent de la naïveté: elle trahit le manque d'ins-

piration et de vérité ; La Fontaine est quelquefois
négligé, incorrect, grossier même, il n'est jamais
niais : il ne pouvait pas l'être, parce qu'il était véritablement naïf ; la naïveté est la qualité la plus difficile à imiter. M. Le Monnier et M. l'abbé Aubert
la contrefont parfois très heureusement ; mais alors
même on voit qu'ils la contrefont : ils mettent un
pied puis l'autre, sur les traces de La Fontaine, ils
chancellent, ils bronchent souvent, et quelquefois
le terrain se dérobe tout-à-fait sous eux ; M. Le
Bailly marche d'un pas plus ferme et plus sûr. Il
invente aussi des appellations, il crée aussi des *sobriquets*, mais il les distribue avec une sage parcimonie ; il n'abuse pas de ce moyen séduisant, mais
dangereux, il ne croit pas qu'il suffise de fabriquer
quelques dénominations plus ou moins grotesques
pour être un La Fontaine ; mais où il me semble
avoir le mieux retracé la manière de son modèle,
c'est dans certaines pensées, dans certaines saillies,
dans de certains traits qu'il laisse échapper avec
abandon à travers la narration : ces coups de pinceau, qui sont presque toujours de main de maître,
me décèlent le meilleur écolier du grand fabuliste.

Tels sont les caractères généraux que j'ai cru remarquer dans les Fables de M. Le Bailly, en les
envisageant sous le point de vue le plus favorable ;
mais si l'on me demande quels sont les défauts que
je pourrais reprendre parmi tant de qualités estimables, je dirai que le premier de tous est la longueur excessive de quelques fables, dont l'étendue
me paraît heurter évidemment la nature et l'essence

même de l'apologue, qui compte la brièveté au nombre de ses principaux attributs: et je citerai pour exemple la fable intitulée: *l'Essaim d'Abeilles dans le carquois de l'Amour*, laquelle a près de cent vingt vers; celle qui a pour titre *l'Ours et le Loup*, et qui, ainsi que plusieurs autres, n'en a guère moins de quatre-vingts; *les deux Rats*, qui couvrent six pages; le *Tableau Allégorique*, le *Castor et l'Anta*. Le plus grand nombre cependant des apologues de M. Le Bailly, n'excède pas les bornes convenables; j'ajouterai que quelques-uns ne me semblent pas d'un choix assez heureux et d'un effet assez piquant; enfin, j'avouerai que le style, sans être à beaucoup près d'une simplicité nue et plate, comme celui de quelques-uns des imitateurs de La Fontaine lesquels paraissent n'avoir pas vu combien sa diction est toujours pleine, fournie, élégante, sans cesser jamais d'être naturelle et simple, j'avouerai, dis-je, que le style des fables dont je m'occupe en cet instant, manque quelquefois de cette richesse et de cette élégance qui se concilient mieux qu'on ne pense avec la naïveté de l'apologue, et me semble un peu dépourvu de cette finesse qui donne tant de prix à la naïveté, quand elle vient s'y joindre.

Dussault, Annales littéraires.

FABLES CHOISIES.

I. Le Tableau allégorique, ou le Peintre, le Nouvelliste, le Capitaine corsaire et le Médecin.

On l'a dit avant moi, j'ose m'en prévaloir:
    Oui, l'apologue est un miroir;

Mais, dans cette glace fidèle,
C'est son voisin qu'on cherche, on ne veut pas s'y voir.
Contons à ce propos une fable nouvelle ;
Chez un peuple étranger j'en ai pris le sujet :
L'auteur fut habitant des bords de la Tamise.
   Or maintenant voici le fait,
   Que je vais narrer à ma guise.
Émule de Calot, un jeune peintre anglais
   S'exerçait au genre burlesque.
Il forme un jour, de cent bizarres traits,
Un tableau tout ensemble et moral et grotesque :
La Tamise circule au fond de ce tableau ;
Des ballots entassés encombrent ses rivages ;
Un ours, planté debout sur le pont d'un bateau,
   Est le premier des personnages.
Son œil creux est caché sous un large chapeau ;
Une hache, un damas pendent à sa ceinture ;
   Et mon lourdeau, le nez en l'air,
   Flairant quelque riche capture,
Semble attendre un bon vent pour se mettre à la mer.
   Mais quelle est cette autre merveille
Qui fait tant ricaner un groupe de plaisants ?
   Pourquoi ces éclats si bruyants ?
M'y voici : je découvre un petit bout d'oreille.
C'est maître Aliboron, en docteur transformé.
Son chef est affublé d'une perruque énorme ;
On dirait, à le voir, de sa lancette armé,
Qu'il attend quelque ânon pour le tuer en forme.
   Par un dernier coup de pinceau
   Couronnons enfin le tableau.
Là paraît un hibou qui porte des lunettes ;
Entouré de papiers, il rêve, il se nourrit
   De la lecture des gazettes :

Jugez combien il a d'esprit !
Ce tableau, si ma Muse a bien su le décrire,
    Offrait ample matière à rire :
    Aussi gens de tous les états
Accouraient pour le voir, et riaient aux éclats.
    Chacun complimente l'artiste.
Il faut en excepter un seul des curieux :
    C'est Patridge, le nouvelliste,
Qui se croit important, lorsqu'il n'est qu'ennuyeux.
« — Ne devinez-vous pas, dit-il, troupe crédule,
« Que ce peintre malin vous tourne en ridicule ?
« Par exemple, parlez, capitaine Stribord,
    « Vous, le plus dur de nos corsaires,
    « Qui maudissez les vents contraires,
« N'êtes-vous pas cet ours arrêté dans le port ?
    « — Goddam ! je crois que tu me bernes,
« Lui répond le marin outré d'un tel discours ;
    « Mais toi qui me prends pour cet ours,
    « Digne orateur de nos tavernes,
« C'est toi seul que l'artiste a peint dans ce hibou.
« Oui, s'écrie une voix qui part on ne sait d'où,
« C'est Patridge lui-même. O comble d'insolence !
« Réplique ce dernier. Ah ! j'en donne ma foi :
« Si la cour à l'instant ne répare l'offense,
« Je ne me mêle plus des affaires du roi. »
Chacun lui rit au nez ; il écume de rage.
Johnston, le médecin, ignorant personnage,
L'aborde en plaisantant, veut lui tâter le pouls ;
Mais Patridge lui dit : « Observez bien cet âne ;
« Votre confrère Gall, sans vous toucher le crâne,
« Avouerait qu'on a peint le mignon d'après vous. »
    A cette apostrophe sanglante,
Johnston veut répliquer, mais il reste confus,

Lorsqu'il entend cent voix s'écrier en chorus :
« C'est le docteur Johnston que l'âne représente. »
    Patridge alors reprend avec fureur :
« Écoutez, capitaine, et vous aussi, docteur :
« Ce peintre nous a fait une injure commune,
      « En nous désignant tous les trois.
      « Eh bien ! Messieurs, plus de rancune,
« Et contre l'insolent portons plainte à la fois. »
    La foule rit, le trio tonne ;
L'artiste cherche en vain à se justifier,
    Protestant qu'en particulier,
    Il n'a voulu blesser personne.
On ne l'écoute pas. La cause fait du bruit ;
Elle est portée enfin au tribunal suprême,
    J'entends celui du public même :
    Par lui le procès est instruit.
Or les noms des plaignants que ce juge condamne
Passent bientôt de la ville aux faubourgs :
    Dans le corsaire on ne voit plus qu'un ours,
Dans Patridge un hibou, dans le docteur un âne.
      A quoi bon vous mettre en courroux,
Si vous reconnaissez vos traits dans quelque fable ?
Il n'est, en pareil cas, qu'un parti raisonnable :
    Ne dites mot : corrigez-vous.

II. Le Chameau et le Bossu.

    Au son du fifre et du tambour,
Dans les murs de Paris on promenait un jour
    Un chameau du plus haut parage ;
Il était fraîchement arrivé de Tunis,
Et mille curieux, en cercle réunis,
Pour le voir de plus près lui fermaient le passage.
Un riche, moins jaloux de compter des amis

Que de voir à ses pieds ramper un monde esclave,
Dans le chameau louait un air soumis.
Un magistrat aimait son maintien grave,
Tandis qu'un avare enchanté
Ne cessait d'applaudir à sa sobriété.
Un bossu vint, qui dit ensuite :
« Messieurs, voilà bien des propos ;
« Mais vous ne parlez pas de son plus grand mérite.
« Voyez s'élever sur son dos
« Cette gracieuse éminence ;
« Qu'il paraît léger sous ce poids !
« Et combien sa figure en reçoit à la fois
« Et de noblesse et d'élégance ! »
En riant du bossu, nous faisons comme lui ;
A sa conduite en rien la nôtre ne déroge,
Et l'homme tous les jours dans l'éloge d'autrui,
Sans y songer, fait son éloge.

III. Le Sage et le Conquérant.

Sorti vainqueur de cent combats,
Et fier d'avoir porté le deuil et les alarmes
Jusques aux plus lointains climats,
Un nouveau Tamerlan visitait les états
Soumis au pouvoir de ses armes.
Un sage, par hasard, accompagnait ses pas ;
Sage, qui ne le flattait pas ;
Mais on vantait son talent oratoire,
Et l'adroit conquérant l'admettait à sa cour,
Espérant le charger un jour
Du soin d'écrire son histoire.
Épuisés de fatigue, ils arrivent tous deux
Au sommet d'un roc sourcilleux,
Où le Tartare enfin s'arrête,

LE BAILLY.

Jaloux de contempler sa dernière conquête :
    C'était jadis une vaste cité,
Qu'embellissaient les arts, enfants de l'opulence;
Mais en proie au pillage, à la férocité,
Ce n'était plus alors qu'une ruine immense.
Le sage, à cet aspect, se sent glacé d'horreur.
    « Regarde, lui dit le vainqueur,
« C'est là que j'ai livré dix assauts, vingt batailles;
    « Là que les ennemis surpris,
      « M'ont abandonné leurs murailles;
« Ici, que par milliers des soldats aguerris
    « Ont rencontré leurs funérailles.
« Quels beaux titres de gloire ! Ils sont partout écrits.
« Ah ! lui répond le sage, osez-vous bien le croire ?
    « Non, je ne vois autour de ces remparts
« Que cendres, que débris et qu'ossements épars :
    « Vainement j'y cherche la gloire. »

IV. Les Métamorphoses du Singe.

Gille, histrion de foire, un jour par aventure,
    Trouva sous sa patte un miroir :
Mon singe au même instant de chercher à s'y voir.
« O le museau grotesque ! ô la plate figure !
    « S'écria-t-il, que je suis laid !
« Puissant maître des dieux, j'ose implorer tes graces :
    « Laisse-moi le lot des grimaces;
« Je te demande au reste un changement complet. »
Jupin l'entend, et dit : « Je consens à la chose.
« Regarde, es-tu content de ta métamorphose ? »
Le singe était déjà devenu perroquet.
Sous ce nouvel habit mon drôle s'examine
Aime assez son plumage, et beaucoup son caquet;
Mais il n'a pas tout vu. « Peste ! la sotte mine

« Que me donne Jupin ; le long bec que voilà !
« J'ai trop mauvaise grace avec ce bec énorme :
   « Donnez-moi vite une autre forme. »
   Par bonheur en ce moment-là
Le seigneur Jupiter était d'humeur a rire :
Il en fait donc un paon ; et cette fois, le sire,
Promenant sur son corps des yeux émerveillés,
   S'enfle, se pavane, et s'admire ;
   Mais las ! il voit ses vilains pieds ;
   Et mon impertinente bête
A Jupin derechef adresse une requête.
« Ma bonté, dit le dieu, commence à se lasser :
« Cependant j'ai trop fait pour rester en arrière,
« Et vais de chaque état où tu viens de passer
   « Te conserver le caractère,
   « Mais aussi plus d'autre prière ;
« Que je n'entende plus ton babil import un. »
A ces mots, Jupiter lui donne un nouvel être.
   Et qu'en fait-il ? un petit-maître.
Depuis ce temps, dit-on, les quatre n'en font qu'un.

LE BEAU (CHARLES) historien français, naquit à Paris le 15 octobre 1701, de parents honnêtes, mais peu favorisés de la fortune.

Ce laborieux écrivain annonça de bonne heure son ardeur infatigable pour l'étude. Il sacrifiait son sommeil au travail, et pour échapper à la surveillance des maîtres, cachait, sous un vase de nuit, une bougie allumée.

Un Racine surpris entre ses mains, lui ayant attiré des reproches sévères, Le Beau, dans son dépit, quitta brusquement le collège Sainte-Barbe, et alla terminer ses études au collège du Plessis, où ses progrès rapides et sa profonde érudition lui valurent, à l'âge de vingt-six ans, une chaire de seconde.

Le Beau s'étant marié en 1736, la place qui lui avait été accordée comme célibataire, lui fut retirée. Cependant il fut bientôt dédommagé de cette disgrace, et obtint la chaire de rhétorique, au collège des Grassins.

Le cardinal Melchior de Polignac venait de mourir, en 1741, laissant imparfait son poëme latin l'*Anti-Lucretius*. L'abbé de Rothelin chargea Le Beau d'en remplir les lacunes; et de le produire au jour. Il s'acquitta de sa tâche avec talent et l'édition fut finie en 1747.

L'année suivante (1748) l'Académie des inscriptions et belles-lettres l'admit au nombre de ses associés, et, s'enrichit de ses ouvrages. Bougainville son secrétaire perpétuel et traducteur de l'*Anti-Lucrèce*, ayant donné sa démission en 1755, Le Beau, qui pourtant n'était pas encore dans la classe des pensionnaires, fut investi de cette nouvelle dignité, à laquelle on joignit celle de trésorier.

En 1752, il avait été nommé professeur d'éloquence au Collège Royal. Ce n'était pas assez pour cet intrépide et zélé professeur; on fonda pour lui une chaire de grec au collège des Grassins.

Le Beau mourut le 13 mars 1778, laissant des ouvrages fort estimés, dont le plus important est son *Histoire du Bas-Empire en commençant à Constantin le-Grand*, 1757, et années suivantes, 27 vol. Cet ouvrage n'a été terminé qu'en 1811, par Ameilhon, continuateur, à partir du volume vingt-deuxième. M. de Saint-Martin en publie en ce moment une excellente édition, imprimée par Firmin Didot. On a encore de Le Beau : *Opera latina*, recueillis sous le titre de *Carmina, Fabulæ, Narrationes, Orationes,* etc., 3 vol. in-8º, 1782; deuxième édition très augmentée, 2 vol. in-8º, 1816. On y peut joindre *le parallèle curieux des fables en vers latins de Le Beau avec La Fontaine, et tous les poètes latins qui ont traité les mêmes fables*, 1785, 1 volume in-8º. On trouve l'Éloge de Le Beau, par Dupuis, dans le quarante-deuxième volume des *Mémoires de l'Académie des inscriptions et belles-lettres.*

MORCEAUX CHOISIS.

I. Hormisdas dans les fers, à ses sujets révoltés.

Témoins et auteurs de mes maux, votre prisonnier est votre roi. Je ne vois plus que l'insulte dans ces regards où je voyais le respect et la crainte. Adoré jusqu'à ce jour, revêtu de la pourpre la plus éclatante, maître du plus puissant empire qu'éclaire le soleil, le dieu suprême de la Perse, me voilà chargé de fers, couvert d'opprobres, réduit à la plus affreuse misère. Je vous suis odieux, et votre haine vous persuade que je mérite ces horribles traitements : mais qu'ont mérité mes ancêtres, ces monarques victorieux, fondateurs de cet empire, qui ont transmis à leur postérité les droits qu'ils ont acquis à vos respects par leurs actions immortelles ?

Les outrages dont vous m'accablez retombent sur eux : oui, tous les Sassanides gémissent avec moi dans un cachot ténébreux; ils sont avec moi couchés dans la poussière. Les Artaxercès, les Sapor, les Chosroës, tremblent avec moi sous les regards d'un geolier impitoyable; ils attendent le bourreau.

Mais si les droits les plus sacrés sont effacés de vos cœurs, si les lois n'ont plus de pouvoir, si vous foulez aux pieds la majesté souveraine, la justice, la reconnaissance, écoutez encore une fois votre prince, écoutez mon amour pour la Perse; il respire encore malgré vos outrages, et il ne s'éteindra qu'avec moi. Satrapes et seigneurs, vous tenez entre vos bras les colonnes du plus noble, du plus puissant, du plus ancien empire de l'univers : la révolte les ébranle aujourd'hui, c'est à vous de les affermir; c'est à vous de soutenir ce vaste édifice, dont la chute vous écraserait. Que deviendra votre pouvoir, s'il ne reste plus d'obéissance? Serez-vous grands, si tout se dérobe sous vos pieds? La sédition confond les rangs; elle élève la poussière des états; elle rompt cette chaîne politique qui descend du prince jusqu'au dernier de ses sujets. Il faut qu'un vaisseau périsse, si chacun des matelots s'érige en pilote, et ne prend l'ordre que de son caprice. Vous êtes maintenant agités d'une violente tempête; Varame a les armes à la main; il débauche vos troupes, il soulève vos provinces, il menace d'envahir, de mettre à feu et à sang la Perse entière. Quel moment choisissez-vous pour vous défaire de votre roi? Jamais un chef ne vous fut plus nécessaire. Et ce chef, sera-ce Chosroës ? Je sais que vous jetez les yeux sur lui : croyez-en celui qui l'a vu naître, celui qui a vu croître ses inclinations perverses que les soins paternels n'ont pu réformer. Faut-il que j'accuse mon fils ! mais ce fils malheureux serait le fléau de la Perse. Jamais je n'aperçus en lui aucun des caractères de la majesté royale : sans génie, sans élévation dans l'âme, esclave de ses passions, impétueux dans ses désirs, livré sans réflexion à tous ses caprices, emporté, intraitable, inhumain, aussi avide d'argent qu'indifférent pour l'honneur et la gloire, ennemi de la paix, également incapable de se gouverner et d'écouter un bon conseil; jugez des qualités de son cœur par cet air sombre et farouche qu'il porte dans ses regards !

Si vous êtes obstinés à changer de prince, si vous ne pouvez souffrir Hormisdas, il vous offre un roi : c'est un frère de Chosroës; mais il ne l'est pas d'esprit et de caractère. Plus heureux qu'Hormisdas, plus digne de régner que Chosroës, il fera revivre ces monarques sages et généreux dont la mémoire vous est précieuse. Hélas ! j'ai marché sur leurs traces. N'ai-je pas étendu leurs conquêtes ? Interrogez les Turcs, qui vous paient aujourd'hui le tribut qu'ils vous avaient imposé; interrogez les Dilimnites, que j'ai forcés dans leurs montagnes à plier sous le joug qu'ils refusaient de porter; interrogez les Romains, qui pleurent la perte de Martyropolis.

Mais oubliez tous mes triomphes; ce n'est plus à mes yeux qu'un songe brillant, qui ne me laisse que la misère et l'attente d'une mort cruelle. Je

consens à m'oublier moi-même. C'est à vous à prendre un parti dont la Perse n'ait pas à se repentir.
Histoire du Bas-Empire.

II. Bendoës, allié de la famille royale, répond à Hormisdas.

Généreux Perses, que la haine de la tyrannie réunit dans les mêmes sentiments, entendez-vous votre tyran, qui, du fond de sa prison, prétend encore régner sur vos têtes? Il vous parle avec empire, il vous prescrit des lois, il accuse son fils, il dispose d'un sceptre qu'on a justement arraché de ses mains sanguinaires. Malgré la pesanteur de sa chute, il n'est pas encore revenu de l'ivresse où l'a plongé le pouvoir souverain dont il a tant abusé. Il ose vous donner des conseils, lui qui n'a pas su se conseiller lui-même. Quel garant vous produira-t-il de la sûreté de ses avis? Sera-ce sa fortune? il est dans les fers, et voudrait sans doute vous communiquer ses malheurs. Non, Hormisdas, nous n'avons point eu de part à tes crimes, nous ne partagerons pas tes disgrâces.

De quel front ose-t-il donc condamner les révoltés, lui qui s'est révolté le premier contre toutes les lois de la Perse? de quel front ose-t-il s'associer à ses ancêtres, dont il déshonore la mémoire? Son règne n'a été qu'un brigandage; son trône qu'un échafaud funeste, que ce bourreau de la Perse a trempé du sang de ses sujets. Jetez les yeux sur le Tygre, gonflé de tant de cadavres ensevelis dans ses eaux. Il aurait souhaité faire de la Perse entière un vaste sépulcre; monstre affamé de carnage, qui ne voulait régner que sur des morts.

C'est bien à lui de décider du mérite de ses enfants : c'est bien à lui de nous désigner un monarque; il n'en a jamais connu les devoirs. Cesse, Hormisdas, de parler en maître; cesse de nous représenter nos lois; elles s'élèvent sur ta tête, elles t'écrasent, et tu n'en dois plus sentir que la rigueur. Père dénaturé autant que barbare monarque, tu te venges sur ton fils de l'impuissance où tu es maintenant de tourmenter tes sujets. Tu ne nous présentes le plus jeune, que pour outrager les droits de la nature ; tu t'efforces de prolonger tes crimes au-delà même de ta vie.

Tu te fais honneur des tributs que nous paient les Turcs : les devons-nous à ton courage? Tu ne tiras jamais l'épée que contre tes sujets : c'est la bravoure de nos soldats qui nous a soumis cette nation barbare. Tu nous parles des Dilimnites : ta cruauté les avait soulevés. Hélas! aussi misérables, mais plus aveugles et plus lâches que ce peuple généreux, nous t'avons prêté nos bras pour le réduire, lorsque nous devions l'imiter.

Oses-tu nous dire que les Romains pleurent la perte de leurs villes ! ils rient bien plutôt de nos défaites; les bords de l'Araxe fument encore du sang de nos guerriers.

Tes trésors regorgent d'or et d'argent; mais nos maisons sont vides : nos villes, nos campagnes sont le théâtre de la plus affreuse misère. Tyran impitoyable, qui dévores tes peuples, qui te repais de leur sang, plus semblable aux tigres de l'Hyrcanie qu'aux autres habitants de tes états, délivre nos yeux de ta présence, retourne dans ces sombres cachots que tu remplissais de nos frères; vas y attendre ton supplice; que ta mort répare les maux que ta naissance a causés à la Perse; que, pour le salut de l'humanité entière, elle apprenne à l'univers qu'un roi cesse de l'être, qu'il perd même tout droit à la vie, dès qu'il devient l'ennemi de son peuple.

Ibid.

LEBOSSU (RENÉ), religieux genovéfain, naquit en 1631. Les conseils de son père Jean Lebossu, seigneur de Courbevoye et avocat général, l'exemple de sa mère et de sa sœur religieuses à l'abbaye du Val-de-Grace, le prémunirent contre la corruption de son siècle, et une bonne éducation développa ses heureuses dispositions pour la piété et pour les lettres. Après avoir fait ses premières études à Nanterre, il entra à Sainte-Geneviève où il prit l'habit des chanoines réguliers, le 24 juillet 1649. A peine sorti du noviciat, il fut chargé de donner ses soins aux enfants élevés à Saint-Vincent de Senlis, et en 1657 il reçut la prêtrise. A peu près à la même époque, ses goûts le déterminèrent à reprendre les humanités qu'il avait interrompues pour suivre le cours de ses autres études, et bientôt maître dans cet art, il se livra à l'enseignement de la rhétorique. Il avait professé pendant dix ou douze ans, lorsqu'il songea à la retraite et revint à l'abbaye de Sainte-Geneviève, où, en qualité de bibliothécaire, il contribua à former la bibliothèque de ce nom. Il la quitta de nouveau en 1677 pour aller à Chartres occuper la place de prieur de l'abbaye de Saint-Jean, et il y termina son honorable carrière à l'âge de quarante-neuf ans.

Lebossu avait toutes les qualités propres à faire un homme distingué; une imagination vive mais réglée, un caractère doux et tranquille, de la droiture et une âme naturellement chrétienne: il se faisait remarquer par son esprit qui paraissait pourtant plus dans ses ouvrages que dans la conversation. Son amour pour le travail le rendit d'un accès difficile. On a de lui un *Parallèle de la philosophie de Descartes et d'Aristote*, Paris, 1694, in-12, fait dans l'intention de les concilier : *il ne savait pas*, dit Voltaire, *qu'il fallait les abandonner l'un et l'autre* : Lebossu était plus capable, ajoute l'abbé de Feller, de raisonner sur des chimères anciennes et modernes, que de les détruire, mais il fut bien dédommagé du peu de succès de son premier ouvrage, par celui de son *Traité du Poëme épique*. La Haye, 1714, in-12. (*Voyez* ÉPOPÉE.)

LEBRUN (PIERRE) est né à Paris le 29 décembre 1785. Quelques premiers essais de poésie, faits à l'âge de dix à douze ans, et mis sous les yeux de M. François-de-Neufchâteau, alors ministre de l'intérieur, lui valurent une place d'élève au Prytanée français. Le seul de ses ouvrages d'enfance qu'on ait imprimés, est une fable qui fut publiée et remarquée dans les journaux du temps. Les études de M. Lebrun furent brillantes et rapides; elles présageaient les triomphes littéraires, si bien mérités qu'il a obtenus depuis. Son goût et son talent pour la poésie française particulièrement, réalisaient déjà d'heureuses espérances. Une pièce de vers, intitulée *mes Souvenirs*, produisit une vive impression, dans une distribution solennelle de prix, où assistaient Ducis, Bernardin de Saint-Pierre et tout ce que la France possédait de plus éminent dans toutes les carrières et dans tous les genres. Très jeune encore, M. Lebrun durant une maladie de son professeur de rhétorique, fut chargé de le remplacer par intérim. Napoléon qui affectionnait particulièrement le Prytanée de Saint-Cyr, l'ayant visité dans cet intervalle, fut très étonné de trouver dans la chaire de rhétorique un jeune professeur portant l'uniforme des écoliers. C'est dans cette circonstance que Napoléon ayant demandé à Lebrun à quoi il se destinait : « A chanter votre gloire, » lui répondit le jeune poète.

Entré dans le monde, M. Lebrun s'y montra fidèle au culte des muses. Une ode à la grande armée, publiée à l'époque de la bataille d'Iéna, fut particulièrement remarquée de Napoléon, qui la crut d'abord du lyrique Lebrun. Informé du véritable auteur de cette pièce, où respire le plus haut talent poétique, l'empereur lui donna une pension de 1200 francs. Depuis cette époque, l'académicien Le Brun Écouchard manifesta peu de bienveillance pour son homonyme, qui s'en vengea en faisant sur sa mort une ode d'apothéose, comparable aux plus belles productions du Pindare français. M. Lebrun, inspiré souvent par la gloire nationale, a publié plusieurs morceaux sur nos diverses campagnes. En 1814, il fit jouer sa tragédie d'*Ulysse* qui obtint un succès d'estime, que plusieurs reprises de cet ouvrage ont constaté. On y trouve un style de l'école la plus pure, un goût parfait, et une étude approfondie des modèles antiques.

En 1817, l'académie couronna un *poème sur l'étude*, où M. Lebrun se distingua sur-tout dans la diction, digne d'un élève de Racine et de Boileau*. En 1820, *Marie Stuart*, tragédie, obtint la réussite la plus brillante, et durant cinquante représentations attira la foule au théâtre Français. Cet ouvrage que l'on joue encore très souvent, et toujours avec le même succès, annonce, ce qu'il est très rare de rencontrer aujourd'hui, un talent vraiment dramatique. M. Lebrun a imité Schiller, mais comme un homme d'un haut talent en imite un autre, en se créant tous les droits d'une invention nouvelle. Le style de Marie Stuart, qui tient le milieu entre celui de la tragédie héroïque et de la haute comédie, est parfaitement approprié à l'époque, à l'action, aux personnages; aussi produit-il, sans le secours de ces vers ambitieux, amenés en dépit de toutes les convenances, le plus puissant effet. En 1822, M. Lebrun, publia un poème lyrique *sur la mort de Napoléon*. Il existe encore de luiune tragédie in-

---

* *Voyez* t. XV, p. 366 de notre *Répertoire* quelques vers de cette pièce remarquable cités en note. H. P.

titulée *Evandre et Pallas*, non représentée, et imprimée à un petit nombre d'exemplaires; c'est son premier ouvrage. On y remarque des traits fort heureux, et un esprit nourri de l'antiquité*.

Extrait de la *Biographie des Contemporains.*

MORCEAUX CHOISIS.

I. Plaintes et reproches de Marie Stuart à Élisabeth.

Par où commencerai-je ? Et comment à ma bouche
Prêterai-je un discours qui vous plaise et vous touche?
Accorde-moi, mon Dieu, de ne point l'offenser!
Émousse tous les traits qui pourraient la blesser!
Toutefois, quand d'un mot mon destin peut dépendre,
Sans me plaindre de vous, je ne puis me défendre.
Oui, vous fûtes injuste et cruelle envers moi.
Seule, sans défiance, en vous mettant ma foi,
Comme une suppliante, enfin, j'étais venue;
Et vous, entre vos mains vous m'avez retenue.
De tous les souverains blessant la majesté,
Malgré les saintes lois de l'hospitalité,
Malgré le droit des gens et la foi réclamée,
Dans les murs d'un cachot vous m'avez enfermée.
Dépouillée à la fois de toutes mes grandeurs,
Sans secours, sans amis, presque sans serviteurs,
Au plus vil dénûment dans ma prison réduite,
Devant un tribunal, moi reine, on m'a conduite.
Enfin, n'en parlons plus. Qu'en un profond oubli

---

* M. Lebrun a fait représenter il y a quelques mois une tragédie intitulée *le Cid d'Andalousie*. Le souvenir dangereux du chef-d'œuvre de Corneille, des négligences et des bizarreries de style auxquelles les précédents ouvrages de l'auteur n'avaient pas accoutumé le public, des retranchements maladroits imposés par la censure, ont nui au succès de cet ouvrage, qui se distingue par d'heureuses innovations faites à notre sytème dramatique.

H. Patin.

Tout ce que j'ai souffert demeure enseveli.
Je veux en accuser la seule destinée.
Contre moi, malgré vous, vous fûtes entraînée;
Vous n'êtes pas coupable, et je ne le suis pas;
Un esprit de l'abyme, envoyé sur nos pas,
A jeté dans nos cœurs cette haine funeste,
Et des hommes méchants ont achevé le reste.
La démence a du glaive armé contre vos jours
Ceux dont on n'avait point invoqué le secours.
Tel est le sort des rois : Leur haine en maux féconde
Enfante la discorde, et divise le monde.
J'ai tout dit. C'est à vous, ma sœur, de nous juger.
Entre nous maintenant il n'est point d'étranger.
Nous nous voyons enfin. Si j'ai pu vous déplaire,
Parlez; dites mes torts; je veux vous satisfaire.
Ah! que ne m'avez-vous dès l'abord accordé
L'entretien par mes vœux si long-temps demandé!
Vous n'auriez pas, ma sœur, en ce jour déplorable,
Une telle entrevue, et dans un lieu semblable.
Marie Stuart, act. III, sc. 4.

II. Melvil à la reine Élisabeth, pour la détourner du meurtre de Marie Stuart.

Madame, on vous abuse alors que de Marie
On vous fait redouter les complots et la vie :
C'est dans sa seule mort qu'est tout votre danger.
Vivante, on l'oubliait; morte, on va la venger.
Les peuples désormais ne vont plus voir en elle
Celle qui menaçait leur croyance nouvelle,
Mais une reine esclave au mépris de ses droits,
Mais le sang de Henri, la fille de leurs rois.
Demain entrez dans Londres, où naguère adorée
Vous traversiez les flots d'une foule enivrée,
Au lieu de ces longs cris, de ces regards joyeux,

Qui frappaient votre oreille et qui suivaient vos yeux,
Vous trouverez partout cette crainte muette,
D'un peuple mécontent menaçant interprète,
Ce silence glacé, dont, terrible à son tour,
Il avertit les rois qu'ils n'ont plus son amour.
Vous n'acheverez pas. D'une tache éternelle
Vous ne souillerez point une vie aussi belle,
Madame ; vous craindrez que l'équitable voix,
Qui dicte après leur mort le jugement des rois,
Rangeant Stuart parmi les injustes victimes,
Ne place son trépas sur la liste des crimes.
Vous craindrez que la voix de vos accusateurs,
Couverte maintenant par le bruit des flatteurs,
N'aille un jour, soulevant l'inexorable histoire,
Devant son tribunal citer votre mémoire.
Vous frémissez. Je tombe à vos sacrés genoux :
Si ce n'est pour Stuart, grace, grace pour vous!

Ibid, act. IV, sc. 2.

LE BRUN (PONCE-DENIS ÉCOUCHARD), célèbre poète lyrique de notre siècle, naquit à Paris, en 1729, dans l'ancien hôtel du prince de Conti, au service duquel son père était employé. Une imagination heureuse et hardie, cultivée par de bonnes études, qu'il fit au collège Mazarin, annonça de bonne heure quel serait son genre de talent. Dès l'âge de douze ans, il versifiait avec facilité, et, parmi les pièces échappées à sa première jeunesse, il en est plusieurs que son éditeur n'a pas jugées indignes de figurer dans le recueil de ses œuvres.

Ces premiers essais attirèrent sur le jeune poète

la bienveillance du prince de Conti, qui, voulant d'ailleurs récompenser les services de Le Brun le père, accorda au fils la place de secrétaire de ses commandements. Cet emploi, aussi honorable que lucratif, donna à Le Brun une grande facilité pour se livrer à son goût pour la poésie; et, par une seconde faveur, non moins précieuse de la fortune, le fils du grand Racine se chargea de l'initier dans les secrets de son art, et l'encouragea sur-tout à ne prendre que les anciens pour modèles.

Une ode que Le Brun publia en 1755, *sur les Désastres de Lisbonne*, prouva qu'il avait su profiter des leçons d'un tel maître. En 1760 il adressa une ode à Voltaire pour lui recommander une petite nièce du grand Corneille, qui était réduite à une extrême pauvreté *; et il eut ainsi le bonheur de contribuer à une belle action.

Marié la même année à une épouse aimable et vertueuse qu'il a célébrée sous le nom de *Fanny*, Le Brun fut heureux avec elle pendant quatorze ans; mais il ne sut point conserver la bonne intelligence qui régnait entre eux : sa femme le quitta et plaida en séparation; la mère et la sœur de Le Brun déposèrent contre lui dans le procès. Il perdit sa cause; mais né avec un caractère fier et irascible, il se vengea de ses juges, et, ce qui est le plus im-

---

* Le Brun ignorait, dit Palissot, et Voltaire lui-même ignora long-temps qu'il existait une petite fille de Corneille, non moins malheureuse, et qui aurait eu des droits plus légitimes à ses bienfaits. Le vertueux Malesherbes, instruit de son infortune, avait pris pour elle le tendre intérêt et les soins d'un père, lorsqu'il fut enlevé à la France par un de ces assassinats révolutionnaires dont on voudrait pouvoir éteindre jusqu'au souvenir.

pardonnable encore, de sa mère et de sa sœur, par les épigrammes les plus mordantes.

D'un autre côté, il avait perdu son emploi à la mort de son bienfaiteur, et n'avait obtenu qu'une modique pension assez mal payée. Enfin, pour comble d'infortune, la banqueroute du prince de Guémené lui enleva dix-huit mille livres, qui étaient les seuls débris qu'il eût sauvés du naufrage, et il se vit réduit tout-à-coup à un état voisin de la misère.

Le chagrin qu'il en ressentit l'empêcha pendant quelques temps de poursuivre ses travaux littéraires ; il cessa de travailler à un grand poème intitulé : *les Veillées des Muses*, qui était déjà fort avancé et qui est resté imparfait. Mais la fortune, long-temps cruelle, lui sourit enfin. M. de Calonne, nouvellement appelé au contrôle général des finances, lui obtint du roi une pension de deux mille livres, et le poète reconnaissant, lui prodigua des éloges dans ses vers. Il célébra aussi dans des odes pompeuses la bienfaisance et la grandeur royale : mais l'on vit bientôt que la muse de Le Brun s'attachait au bienfait et non au bienfaiteur. Dès que la révolution vint ébranler le pouvoir qu'il avait chanté, il se montra l'un des plus acharnés à l'attaquer, et ne perdit même pas son enthousiasme révolutionnaire au temps de la terreur. Les torts de Le Brun en ce genre ont été d'autant plus grands qu'ils ont eu tout l'éclat qu'ils pouvaient recevoir d'un grand talent. Il fut le poète de la démagogie, obtint de la convention un logement au

Louvre, modéra ses opinions lorsque les temps furent eux-mêmes plus modérés, et après avoir déclamé avec tant de violence contre la tyrannie des rois, et célébré en vers pleins d'enthousiasme et d'énergie ce qu'il appelait la liberté, il finit par brûler son encens devant le premier consul ; obtint une pension de six mille francs, et entra dans l'institut presqu'à sa formation.

Ce poète parvint à un âge avancé, sans autre infirmité qu'une cécité presque complète. Il mourut à Paris le 2 septembre 1807.

L'irascibilité de son caractère et ses variations d'opinion lui attirèrent un grand nombre d'ennemis. Il était impérieusement porté vers l'épigramme. On en compte jusqu'à six cent trente-six dans le recueil de ses œuvres, et plusieurs d'entre elles sont contre des amis intimes de l'auteur ; mais s'il se montra désavantageusement sous le rapport du caractère et des qualités du cœur, on n'en doit pas moins rendre justice à son talent. « Il possédait au
« suprême degré, dit un critique, l'énergie, l'en-
« thousiasme, l'élévation, et surtout ce que l'on
« nomme la couleur poétique ; mais son élévation
« tient quelquefois de l'enflure et sa hardiesse du
« néologisme. Ses odes, qui sont son plus beau titre
« à la gloire littéraire, étincellent de beautés su-
« blimes : on y remarque ces écarts essentiels et
« heureux qui constituent ce beau désordre que
« Boileau appelle *un effet de l'art.* On l'a nommé
« pendant sa vie le *Pindare français;* mais la pos-
« térité ne lui a pas conservé ce titre glorieux. »

Le Brun projetait de donner une édition de ses *œuvres;* et elle était attendue avec d'autant plus d'impatience, que le public ne connaissait de lui qu'un petit nombre d'odes et d'épigrammes, bien faites pour exciter la curiosité : elles ont été recueillies et publiées depuis par M. Ginguené, son ami, Paris, 1811, 4 vol. in-8°, avec une notice sur sa vie. Le premier volume contient six livres d'*Odes* ; le second, quatre livres d'*Élégies*, deux d'*Épîtres*, des fragmens des *Veillées du Parnasse* et du *Poëme de la nature*, des *Traductions en vers*, et quelques *Pièces* de la jeunesse de l'auteur; le troisième, six livres d'*Épigrammes* et les *Poésies diverses;* le quatrième enfin, la *Correspondance* de Le Brun avec Voltaire, Buffon, de Belloy, etc., et quelques morceaux en prose sur divers sujets de littérature.

L'éditeur a cru devoir supprimer plusieurs productions écrites pendant la révolution, et dont la mémoire n'est point assez honorable à l'auteur.

JUGEMENTS.

I.

L'ode française, même entre les mains de Malherbe et de Jean-Baptiste Rousseau, n'avait pas acquis toute l'élévation dont elle est susceptible. M. Le Brun, dans la plupart des siennes, nous paraît s'être approché beaucoup plus du caractère de l'ode antique. L'inspiration et l'enthousiasme doivent être, comme on le sait, le caractère essentiel de ce genre de poésie, et M. Le Brun a certainement l'une et l'autre à un degré très éminent.

Sa manière est en général si brillante, que quelques critiques l'ont accusé d'avoir mis trop de luxe dans sa richesse, et d'avoir sacrifié le naturel, qui est le vrai charme du style, à une vaine recherche d'ostentation et de magnificence.

Nous nous félicitons d'avoir annoncé les premiers, et lorsque M. Le Brun semblait encore se cacher à la renommée, son *poème de la Nature*, que nous regardons comme un de ses plus beaux ouvrages. Cependant nous doutons qu'il l'achève, et nous croyons qu'il s'est aperçu trop tard que le plan qu'il avait adopté ne comportait pas l'unité d'un poème régulier. Il l'avait divisé en quatre chants : La Vie champêtre, la Liberté, le Génie et l'Amour. Nous avons vu les deux premiers presque finis; le troisième l'était complétement; mais l'auteur ne nous a jamais lu qu'un très petit nombre de fragments du dernier, et nous le soupçonnons de l'avoir abandonné. Il ne nous a pas confié son secret; mais nous croyons l'avoir pénétré; et nous pensons que M. Le Brun, très jeune encore, ayant conçu son plan, qui eût demandé une méditation plus mûre, s'est aperçu, à mesure qu'il l'exécutait, que sa division ne remplissait pas l'étendue de son sujet. En effet un poème intitulé *de la Nature*, présentait, à ce qu'il nous semble, quelque chose de trop indéterminé et de trop vaste, pour se réduire aux quatre chants que nous venons d'indiquer. Ces chants, d'ailleurs, ne nous paraissent pas avoir entre eux une liaison assez intime pour qu'il en résulte un ensemble, et nous les regardons plutôt comme quatre poèmes séparés; que comme un tout parfaitement assorti : mais quelle élévation, quelle pompe, quelle richesse de poésie !

A l'exception de la poésie dramatique, il n'est guère de genres que son génie n'ait embrassés. Nous connaissons de lui des *Élégies* qui ne sont pas inférieures à ses *Odes*, de belles *Épîtres*, et beaucoup d'*Épigrammes* du meilleur sel. Peut-être même est-il remarquable que nos deux poètes lyriques, Jean-Baptiste Rousseau et M. Le Brun, soient précisément les deux auteurs qui aient le plus excellé dans ce dernier genre, où Boileau, quoique éminemment satyrique, n'a réussi que médiocrement.

PALISSOT. *Mémoires sur la Littérature.*

II.

Le Brun est, à mon avis, un écrivain qui a de la chaleur et de l'enthousiasme; mais son feu ressemble trop souvent à celui de certaines matières qui répandent plus de fumée qu'elles ne jettent de flammes; et son enthousiasme a presque toujours quelque chose de pénible et de forcé : il ne conçoit jamais bien ses sujets, et le mauvais sens règne dans ses idées, comme le mauvais goût dans ses expressions; il veut toujours être hardi, et il est presque toujours malheureux dans ses hardiesses; il a créé peu de beautés de style, quoiqu'il n'ait cessé de prétendre témérairement, pendant près de soixante années, à ce genre de création; il a tourmenté, vexé, dénaturé, défiguré la langue, dans ses compositions ambitieuses ; il est rare que le terme propre vienne se placer sous sa plume barbare, et cette continuelle impropriété des mots est un des vices les plus choquants de ses ouvrages : il ne connaît point le naturel, auquel il substitue sans cesse le bizarre et le gigantesque, il effarouche les graces par la grossière et lourde affectation de son pédantesque néologisme, qu'il porte jusque dans les sujets légers, voluptueux et badins. C'est un peintre audacieux, dont les compositions sont généralement mal entendues, dont le dessin est incorrect, dont les couleurs sont heurtées, crues, sans délicatesse, sans nuances ; mais qui, parmi tant de défauts, rencontre quelquefois un trait heureux et brillant, laisse quelquefois échapper d'instinct un de ces coups de pinceau qui révèlent une main supérieure.

Dussault, *Annales littéraires*.

III.

La fiction de *l'ode à Buffon* n'est pas heureuse. Le sujet est une maladie qui fit craindre pour les jours de M. de Buffon.

« Madame de Buffon, dit l'auteur, était morte
« l'année précédente à la fleur de son âge. Elle joi-
« gnait à la beauté toutes les graces de l'esprit. »

Le poète feint que l'Envie, irritée contre M. de Buffon, va chercher la Fièvre et l'Insomnie pour attaquer les jours d'un grand homme. Non-seulement cette idée de mettre l'envie en œuvre est une machine un peu usée ; mais quel rapport d'ailleurs de l'envie à la fièvre et à l'insomnie? Car il faut toujours qu'il y ait un rapport entre les idées morales et les fictions poétiques ; c'est ce qui fait le charme de celles-ci, et ce qui en fonde l'effet. On peut croire que l'Envie ne dort guère ; mais jamais la Fièvre n'a été à ses ordres. Les motifs qu'elle emploie pour exciter contre son ennemi les deux divinités infernales dont elle implore le secours, sont-ils bien justes et bien raisonnables ?

Noires divinités ! *un demi-dieu nous brave ;*
La Gloire est son amante, et la Mort son esclave.
Son titre d'immortel partout choque mes yeux.
Chaque instant de sa vie ajoute à mon supplice ;
   Son roi même est complice,
Et prétend m'insulter par un marbre odieux.

Quoi ! *je serais l'Envie !* Eh ! qui pourrait le croire,
S'il jouissait vivant de cet excès de gloire !
Vengez-moi : terminez *ces brillants attentats.*
Allez, courez, *volez ;* que *vos flammes funestes*
   Chassent *les feux célestes,*
Qui sauveraient Buffon des glaces du trépas.

Il n'y a pas un mot dans ces deux strophes qui ne soit un contre-sens. Passons à l'auteur de faire de l'Insomnie une divinité infernale, quoique la fiction soit un peu forcée ; mais que veut dire cet hémistiche : *un demi-dieu nous brave !* Quoi ! M. de Buffon brave la Fièvre et l'Insomnie ! Qu'est-ce que cela veut dire ? et quelle maladresse de le faire appeler *un demi-dieu* par l'Envie elle-même ! C'est précisément parce qu'elle ne veut pas qu'un homme devienne *un demi-dieu*, que l'Envie se déchaîne contre le mérite.

La Gloire est son amante, et la Mort son esclave.

Et qu'importe à la Fièvre et à l'Insomnie que la *Gloire* soit l'*amante* de M. de Buffon! et comment peut-on dire d'un grand écrivain que *la Mort est son esclave ?* c'est tout au plus ce qu'on pourrait dire d'un grand médecin. Quel amas d'idées vides de sens! c'est donc là ce qu'on est convenu d'appeler aujourd'hui de la poésie!

Son roi même est complice.

Complice! de quoi, ou de qui? On entend très bien Ariane, lorsqu'elle dit :

Le roi, vous et les dieux, vous êtes tous complices.

Mais, lorsqu'on n'a parlé de rien, ce mot *complice*, qu'on ne sait à quoi rapporter, n'est qu'une faute de langage.

Quoi! je serais l'Envie!

Cet hémistiche rappelle celui-ci du *Lutrin : Suis-je donc la Discorde ?* Mais quand la Discorde parle ainsi elle vient de s'expliquer d'une manière convenable. Rien n'est plus aisé que d'employer à tort et à travers les allégories et les formules consacrées par les maîtres de l'art; mais ce n'est point ainsi qu'on se place à côté d'eux.

Vengez-moi : terminez *ces brillants attentats.*

Sans nous arrêter à l'inconcevable idée des *brillants attentats* d'un écrivain philosophe, pourquoi l'Envie veut-elle que la Fièvre et l'Insomnie la vengent? quel intérêt y ont-elles? Voilà ce qu'il fallait motiver. Dans Homère, dans Virgile, dans tous les grands poètes, quand une divinité demande le secours d'une autre, elle donne des raisons plausibles de cette alliance; ici, où sont-elles?

Allez, courez, *volez ; que vos flammes funestes*
    Chassent les feux célestes, etc.

L'inconséquence des idées se joint partout à l'impropriété des termes ; faire *voler* la Fièvre, la Fièvre *à la marche inégale!* donner des *flammes* à l'Insomnie! et les feux célestes, qui n'ont jamais signifié que les astres ou les météores, mis à la place du feu céleste qui anime les humains! C'est abuser étrangement du principe qui recommande le pluriel en poésie ; c'est par une suite de ce même abus du même principe que l'auteur emploie plusieurs fois le mot *essorts*, qui n'a jamais été français :

Dirigent vers Buffon leurs sinistres essorts...
    Son âme ardente et pure,
Dans ses brillants essorts, planait sur la nature.

Quel style! Le début de l'ode est peut-être encore plus extraordinaire :

Cet astre, *roi du jour, au brûlant diadème,*
Lance d'aveugles feux, et s'ignore lui-même ;
Il éclaire le monde, et ne le connaît pas ;
Mais *l'astre du génie, intelligent, sublime,*
    Du ciel *perce l'abyme,*
L'embrasse, et des dieux même ose y suivre les pas.

Analysez cette strophe, il en résultera le plus in-

intelligible amphigouri. Permettons au poëte d'appeler le soleil *roi du jour*, expression beaucoup moins heureuse et beaucoup moins claire que celle de père du jour, de lui donner un *brûlant diadème*, tel qu'on pourrait le donner à Vulcain dans la mythologie grecque, ou à Satan dans la théologie chrétienne ; mais qu'est-ce que le soleil *lançant d'aveugles feux, et s'ignorant lui-même ?* De deux choses l'une : ou le soleil est ici personnifié, ou il ne l'est pas. S'il ne l'est pas, c'est tout naturellement un globe de feu, un être inanimé ; il est tout simple qu'il s'ignore lui-même, et si simple, que ce n'est pas la peine de le dire, du moins de cette manière ; mais s'il est *roi du jour*, et s'il a *un brûlant diadème*, il est donc personnifié : alors ce n'est autre chose qu'Apollon, le dieu de la lumière et des arts, qui ne *lance* point *d'aveugles feux*, et qui ne *s'ignore point lui-même*. Cette conséquence est d'autant plus nécessaire, que toute l'ode est fondée sur la mythologie ancienne, puisqu'elle anime l'envie, la fièvre, l'insomnie ; qu'on y fait intervenir une ombre, les Parques, etc. Qu'a donc voulu dire l'auteur ? Il a voulu nous apprendre que *l'astre du génie* était intelligent. Un *astre intelligent !* Qu'il *perçait l'abyme du ciel*, et qu'il *l'embrassait*, etc.

Il est donc bien évident que l'on peut écrire un ouvrage entier sans s'être entendu soi-même, sans s'être rendu compte d'une seule idée. On a beau dire, ce caractère est plus particulier qu'aucun autre aux productions de notre siècle. Voilà ce qu'à produit cette foule d'énergumènes, qui, dans vingt journaux à leurs ordres, et dans mille brochures de leur composition, répètent avec une emphase si monotone les mots de génie, de coloris, de chaleur ; et, quand ils les ont vaguement accumulés, pensent avoir répondu à tout, et rejettent loin d'eux avec tant de mépris la raison, la clarté, le naturel, le jugement, le goût, la pureté, la précision ; enfin, tout ce dont faisaient cas *de petits esprits*, tels que Virgile, Racine, Voltaire, oracles éternels de la *pusillanime médiocrité*.

Cette sorte d'exagération, que l'on prend pour de la force, peut-elle être plus clairement marquée que dans la strophe où le poète veut peindre la Fièvre et l'Insomnie sortant des enfers pour aller exécuter les ordres de l'Envie ?

> Elle dit ; et courant le long des rives sombres,
> Ces monstres font frémir jusqu'au tyran des ombres.
> L'Érèbe est effrayé de les avoir produits ;
> Et le fatal instant, où leur essaim barbare
>   S'envole du Tartare,
> Semble adoucir l'horreur des éternelles nuits.

Deux monstres ne peuvent guère former un essaim ; mais qui croirait qu'il est question de la Fièvre et de l'Insomnie ? et que dirait de plus l'auteur, s'il faisait sortir des enfers le Fanatisme, la Vengeance, la Discorde, etc. ? La manie des grands mots n'examine pas s'il s'agit de petites choses.

Nous voudrions pouvoir opposer à tant de fautes quelques strophes d'une beauté réelle ; mais à peine y en a-t-il une de cette espèce : voici celle qui nous a paru la meilleure :

Que vois-je? ah! cette main si rapide et si sûre,
Qui d'un trait enflammé sut peindre la nature,
Se glace, et sent tomber son immortel pinceau;
Et déjà sur ses yeux qu'allumait le génie
      La Fièvre et l'Insomnie
Ont des pâles douleurs étendu le bandeau.

L'idée d'introduire l'ombre d'une épouse s'efforçant de fléchir le roi des enfers en faveur de M. de Buffon, est beaucoup meilleure que la première fiction qui amène le danger de l'historien de la nature; et ce vers,

Sois sensible deux fois aux larmes de l'amour,

a été cité avec raison comme un vers heureux : presque tout le reste est d'un style pénible, contourné, obscur, offensant à la fois la langue et l'oreille :

Et les bords du Léthé *t'en devinrent* plus doux.
. . . .
Nos cœurs et nos penchants *suivaient un même cours*, etc.
. . . .
Dès mon aurore, hélas! *plongée aux sombres rives*, etc.
. . . .
A peine elles touchaient *au seuil du noble asyle*, etc.

Sont-ce là des vers lyriques? Les termes parasites sont encore un des défauts de l'auteur; le mot *rouler* revient trois fois dans cinq strophes :

Sur un axe *rouler* dans l'océan des airs, etc.
. . . .

Devant son char tonnant *roule* en vain les orages, etc.
. . . .
Là, dans l'immensité l'éther *roule ses ondes*, etc.

et un moment après on trouve encore :

La nuit avec horreur *roule* son char d'ébène.

Le mot *immortel* revient encore plus souvent. Ces défauts sont moins graves que ceux que nous avons été obligé de relever ; mais ils se font sentir dans un ouvrage de cent cinquante vers. C'en est encore un, aux yeux des juges sévères, que d'emprunter des hémistiches connus par leur beauté, et de les placer moins heureusement. Tout le monde sait ces beaux vers de Rousseau :

Lachésis apprendrait à devenir sensible,
Et le double ciseau de sa sœur inflexible
    Tomberait devant moi.

M. Le Brun a mis :

Lachésis s'en émeut : Clotho *devient sensible ;*
    Mais *sa sœur inflexible*
Déjà presse le fil entre ses noirs ciseaux.

Voilà encore une occasion de comparer la manière moderne avec celles des modèles du bon style. Rousseau, dans ses belles odes, a mérité ce titre par son harmonie et son expression. Quel tableau du moment où les divinités de l'enfer s'attendrissent, dans ces trois vers que nous venons de citer ! Quel heureux accord de l'image qu'ils expriment avec le mouvement de la phrase ! et comme elle tombe d'une manière admirable par ce vers pittoresque :

   Tomberait devant moi!

On voit tomber le ciseau. Voilà de la vraie poésie : elle n'est pourtant ni bizarre ni baroque. Il n'a pas fallu *créer une langue* pour trouver ces beautés, il n'a fallu qu'avoir l'oreille et l'imagination sensibles. Voulez-vous voir M. Le Brun exprimer la même chose dans ces vers où il peint la Parque attendrie en faveur de M. de Buffon ?

Tes pleurs, nouvelle Alceste, ont sauvé ton époux :
Tu vois le noir ciseau pardonner à sa proie ;
   Un cri *marque ta joie*,
Et les bords du Léthé t'en deviennent plus doux.

Le noir ciseau pardonne à sa proie! Écoutez les prédicateurs de la nouvelle doctrine, vous allez les voir dans l'admiration. Voilà de ces choses, disent-ils, *qui séparent un homme du vulgaire des versificateurs.*

C'est que cela jamais n'a rien dit comme un autre.

Mais comparez le *ciseau* qui *pardonne* au *ciseau* qui *tombe*, et jugez entre une image naturelle et vraie, et une expression recherchée. Comme la première est touchante! et comme l'autre est froide! Comment ne s'aperçoit-on pas que ce n'est pas le *ciseau* qu'il fallait attendrir, que ce n'est pas lui qui doit *pardonner!* Et *la proie* d'un *ciseau!* autre espèce de recherche tout aussi déplacée. *Un cri marque ta joie* est peut-être pis que tout le reste, parce que ce vers est glacial! Quoi! le cri de joie qui échappe à l'âme au moment d'un bonheur inespéré est un cri qui *marque la joie!* Voilà de ces fautes qui tuent.

L'Épître sur la Plaisanterie est meilleure que l'ode. Ce n'est pas qu'il n'y ait encore beaucoup de fautes, que le style n'en soit décousu, trop chargé d'épithètes et de termes abstraits; mais il y a des vers bien tournés dans cette pièce, qui n'est d'ailleurs qu'un commentaire de quelques vers de Boileau, dans l'*Épître sur le Vrai.*

> Quelle gloire en effet, pour tout être qui pense,
> De vieillir dans ces jeux d'enfantine démence,
> D'avilir son esprit, noble présent des dieux,
> Au rôle indigne et plat d'un farceur ennuyeux,
> Qui, payant son écot en équivoques fades,
> Envie à Taconnet l'honneur de ses parades;
> Et même en cheveux gras, parasite bouffon,
> Transporte ses tréteaux chez les gens du bon ton.

Ces vers sont dans le style de l'épître satyrique ainsi que les deux suivants, et quelques autres

> Je plains le malheureux qui s'est mis dans la tête
> De plaire aux gens d'esprit à force d'être bête, etc.

Ceux-ci sont d'un mérite fort supérieur :

> D'une gaîté sans frein rejetez la licence,
> Et respectez les dieux, la pudeur et l'absence.
> Qu'un ami par vos mains ne soit point immolé :
> En vain le repentir honteux et désolé
> Court après le bon mot aux ailes trop légères;
> Il perd ses pas tardifs et ses larmes amères.
> L'amour-propre offensé ne pardonne jamais.

Voilà des vers du bon genre et qui prouvent un talent poétique, qui s'élèverait plus souvent, s'il n'était corrompu par le détestable goût qui a fait tant de progrès, et s'il voulait suivre de meilleurs modèles. Un ami éclairé et sincère ne passerait point à M. Le Brun des vers tels que ceux-ci :

Psyché, du sentiment n'emprunte que *les armes*.

Les armes du sentiment ! A quoi a-t-il pensé ?

L'aimable verité rit *dans des coupes d'or*.

Pourquoi *dans des coupes d'or ?* Les festins les plus magnifiques sont-ils les plus gais ? Rien n'est plus faux que cette image; mais l'auteur aime à employer le mot de *coupe*. Dans l'ode dont nous venons de parler, il fait boire à M. de Buffon *la coupe de la gloire*. Se flatterait-il de nous faire comprendre bien clairement ce que c'est que *la coupe de la gloire ?*

Nous ne pouvons donner à M. Le Brun un meilleur conseil que celui de tâcher de suivre dans la poésie les mêmes principes de style que M. de Buffon a suivis dans sa prose éloquente, où il a su être élevé sans enflure, noble sans recherche, énergique sans roideur et sans obscurité *.

La Harpe, *Cours de Littérature*.

---

* On ne pourrait pas dire précisément que Le Brun ait toujours suivi ce conseil, mais il a rencontré depuis des inspirations plus heureuses, qu'une critique si sévère ne pouvait le faire espérer. Plusieurs de ses odes et de ses épigrammes le placent à côté des modèles du genre.   H. Patin.

LE BRUN.

MORCEAUX CHOISIS.

I. Dieu et son essence.

De cet Être infini, l'infini te sépare.
Du char glacé de l'Ourse aux feux du Sirius
Il règne : il règne encore où les cieux ne sont plus.
Dans ce gouffre sacré quel mortel peut descendre?
L'immensité l'adore, et ne peut le comprendre,
Et toi, songe de l'être, atome d'un instant,
Égaré dans les airs sur ce globe flottant,
Des mondes et des cieux spectateur invisible,
Ton orgueil pense atteindre à l'Être inaccessible !
Tu prétends lui donner tes ridicules traits ;
Tu veux, dans ton Dieu même, adorer tes portraits !

  Ni l'aveugle hasard, ni l'aveugle matière,
N'ont pu créer mon âme essence de lumière.
Je pense : ma pensée atteste plus un Dieu
Que tout le firmament et ses globes de feu.
Voilé de sa splendeur, dans sa gloire profonde,
D'un regard éternel il enfante le monde.
Les siècles devant lui s'écoulent, et le Temps
N'oserait mesurer un seul de ses instants.
Ce qu'on nomme destin n'est que sa loi suprême :
L'immortelle nature est sa fille, est lui-même.
Il est; tout est par lui : seul être illimité,
En lui tout est vertu, puissance, éternité.
Au-delà des soleils, au-delà de l'espace,
Il n'est rien qu'il ne voie, il n'est rien qu'il n'embrasse.
Il est seul du grand Tout le principe et la fin,
Et la création respire dans son sein.
Poëme de la Nature.

II. Louis XIV et son siècle.

Eh quoi ! ton âme sombre et tes yeux éblouis

N'osent-ils contempler le siècle de Louis?
Ce règne étincelant de génie et de gloire,
Attachait à nos lis les arts et la victoire.
Clio savait alors, d'un éternel burin,
Graver les noms fameux dans ses fastes d'airain,
Et, dans sa coupe d'or, l'auguste poésie
Aux sublimes vertus présentait l'ambroisie.
Louis, amant des arts, grand même en ses plaisirs,
Les reçut à sa cour, leur fit d'heureux loisirs.

Des talents adorés persécuteur injuste,
Vois briller à la fois dans cette cour auguste,
Bossuet, Fénelon, Racine, Despréaux,
De l'altière ignorance invincibles fléaux.
Alors des courtisans Boileau fut l'aristarque;
Racine à Marly même introduisait Plutarque;
Racine, dont la muse et les tendres douleurs
Ont des yeux de son roi fait couler tant de pleurs.
Rodogune y marchait rivale d'Athalie;
Molière y sut conduire et Tartufe et Thalie.
La Fontaine, sublime en ses naivetés,
Laissa couler des vers par les Graces dictés.
Alors nos demi-dieux, Condé même et Turenne,
Descendaient de l'Olympe aux bords de l'Hippocrène.
Et Corneille et Louis, les savants, les guerriers,
Marchaient d'un pas égal, ceints des mêmes lauriers.

Quel spectacle de voir ces têtes immortelles
Se prêter leurs rayons, mêler leurs étincelles,
Éclairer, embellir la plus noble des cours,
Et tous ces grands destins y commencer leur cours!
Les muses devançant nos légions altières,
Ont de la France alors reculé les frontières;
Et leurs mains ont porté les conquêtes des arts
Où n'ont jamais atteint les conquêtes de Mars.

Louis sut qu'un héros n'est pas long-temps illustre,
Si du flambeau des arts il n'emprunte son lustre;
Et son règne fertile en esprits excellents
Par de nobles bienfaits implora leurs talents.

Tous ces lauriers rivaux que ses mains cultivèrent,
Pour ombrager sa tête en foule s'élevèrent.
Des arts qui l'entouraient la sublime clarté
Fit rejaillir sur lui leur immortalité.

Oses-tu démentir le plus grand des monarques,
Et ce règne, vainqueur de l'envie et des Parques,
Où le Français, rival des Grecs et des Latins,
A de Rome et d'Athène assemblé les destins?
Vois Lysippe et Myron, Scopas, Vitruve, Apelle,
Renaissant à la fois, quand Louis les appelle.
Là, Mansard dessina ces portiques divins;
Ici, Le Nôtre à Flore éleva ces jardins.
Là, Pomone attendait l'œil de la Quintinie;
Là, Pujet sur le marbre a soufflé son génie.
Le Brun peignait alors d'une immortelle main
Ces deux héros vainqueurs du Granique et du Rhin.
Le Brun, digne en effet de tracer leur image,
De la terre avec eux sut partager l'hommage.

O nom que l'art d'Apelle a deux fois consacré,
Puisses-tu par ma lyre être encore illustré!
Puisse l'amour des arts qui brûle dans mon âme,
Se tracer vers l'Olympe une route de flamme!

Siècles des vrais talents par Louis caressés,
Beaux jours de nos aïeux, seriez-vous éclipsés?
Ombre du grand Rousseau, pardonne à ta patrie
L'arrêt d'une Thémis que ta gloire a flétrie;
Et que du moins un siècle ouvert par Richelieu,
Donne en fermant son cours Voltaire et Montesquieu,

Nobles et derniers fruits du plus brillant des âges !
Ainsi pour réparer ses antiques feuillages,
Un palmier que la terre a vu briller long-temps
Jette encor deux rameaux, honneur de ses vieux ans.

Ibid.

III. Aux Français ; ode publiée en 1762*.

L'hiver n'enchaîne plus les foudres de Bellone ;
La gloire vient d'ouvrir le cirque des guerriers ;
Et de ses fiers amants déjà l'espoir moissonne
    D'innombrables lauriers.

Je vois de toutes parts, dans leur pompe homicide,
Etinceler le glaive et flotter les drapeaux.
Mars agite son casque, et Pallas son égide,
    Et la Mort ses flambeaux.

Français, ressaisissez le char de la victoire.
Aux armes, citoyens ! Il faut tenter le sort :
Il n'est que deux sentiers dans les champs de la gloire
    Le triomphe ou la mort.

Celui que Mars couronne au bout de la carrière
Sur ses pâles rivaux lève un front radieux ;
Et la palme qui luit sur sa tête guerrière
    Le place au rang des dieux.

La palme suit de près un espoir magnanime ;
Le doute des succès déjà touche aux revers.
Accourez, combattez ; la France vous anime ;
    Les prix vous sont offerts.

L'entendez-vous gémir cette auguste patrie ?
Elle vous tend les bras, et ses yeux sont en pleurs ;
Ses lauriers sont épars ; sa guirlande flétrie
    Implore des vengeurs.

---

* Les généraux qui commandaient alors l'armée française, étaient le prince-comte de Clermont, les ducs de Contades et de Soubise.

« O mes fils ! vous dit-elle, ô douleur trop amère !
« Quel ombre vient ternir vos palmes et mes lis ?
« D'un peuple généreux je me croyais la mère :
  « N'êtes-vous plus mes fils ?

« Jadis, quand la victoire enflammait vos ancêtres,
« Le Capitole eut peine à sauver ses Romains ;
« La maîtresse du monde eut vos aïeux pour maîtres ;
  « Rome fut dans leurs mains.

« Que devient aujourd'hui cette audace si fière ?
« Du destin des héros n'êtes-vous plus jaloux ?
« Prêts à franchir de Mars la sanglante carrière,
  « Soldats, où fuiriez-vous ?

« Vous, guerriers ! vous, Français ! vous, mes fils ! si vous l'êtes,
« Vengez-moi, vengez-vous ; osez être vainqueurs :
« Les périls, les combats sont les seules retraites
  « Ouvertes aux grands cœurs.

« Revenez, ô mes fils, avec ou sur vos armes !
« Ainsi Sparte guerrière éleva ses enfants,
« Contente de les voir au retour des alarmes
  « Ou morts ou triomphants.

« Si la mort, qui toujours suit les fuites honteuses,
« Dans l'éternelle nuit vous plongeait à mes yeux,
« De quel œil vous offrir aux ombres belliqueuses
  « De vos braves aïeux ?

« Un seul de leurs regards saurait trop vous confondre ;
« Que diraient les Clissons, les Dunois, les Bayards ?
« Enfants des voluptés, qu'oseriez-vous répondre
  « A ces enfants de Mars ?

« Là, vous verrez Moncalm, ombre chère et sanglante ;
« Ce sang coula pour moi, pour venger mes revers :

« S'il respirait encor, l'Amérique tremblante
   « N'eût point reçu de fers.

« Que dis-je, l'Amérique?... On insulte mes rives;
« L'Anglais m'ose ravir et la terre et les eaux!
« Français, verrai-je encor mes dépouilles captives
   « Enrichir ses vaisseaux?

« O mes fils!... » A ces mots le trouble, les alarmes
De sa voix maternelle interrompent le cours.
Français, vous l'entendez; c'est la patrie en larmes
   Qui vous tient ce discours.

Vengez-là; repoussez des nations jalouses;
De vos aïeux du moins défendez le tombeau,
Vos pères, vos foyers, le lit de vos épouses,
   Et vos fils au berceau.

Quels sont vos ennemis? Des lâches, des parjures,
Implorant tour à tour et bravant les traités,
Des restes fugitifs de légions obscures,
   Par vous-mêmes domptés.

Vous n'eûtes pour vainqueur ni le fer homicide,
Ni ces pièges de flamme échappée en volcans :
Votre ennemi fatal, c'est ce luxe timide
   Corrupteur de vos camps.

C'est cet orgueil jaloux, ces haines intestines
Qui, divisant les chefs, immolent le soldat :
Malheur à qui s'élève en foulant les ruines
   Des lois et de l'état!

Sur le vaisseau public il faut veiller sans cesse
Pour triompher des vents, des rochers et des mers :
Un seul moment encor de sommeil ou d'ivresse,
   Et ses flancs sont ouverts!

LE BRUN.

Sachez que nos destins sont enfants de nous-mêmes.
La fortune est un nom ; le hasard a des lois,
Et ne fait point, sans nous, flotter les diadèmes
    Sur la tête des rois.

Pourquoi de vos malheurs rendre les dieux complices ?
Nos revers sont toujours l'ouvrage de nos mains :
Ce qu'on nomme du sort les aveugles caprices
    Sont les jeux des humains.

De Crevelt, de Minden si la triste mémoire
Imprimait dans vos cœurs ou la honte ou l'effroi,
Rappelez-vous Lawfeld, rappelez-vous la gloire
    Des champs de Fontenoi.

Du sang de nos rivaux ces plaines sont fumantes ;
Le soc y vient heurter leurs ossements épars ;
Et l'Escaut roule encor, jusqu'aux mers écumantes,
    Les casques et les dards.

Les palmes d'Hastembeck, filles de votre audace,
Et Minorque soumise à vos premiers efforts,
Tout devait, dissipant la terreur qui vous glace,
    Enflammer vos transports.

Ah ! si de vos lauriers la tige s'est flétrie,
Vrais Achilles, quittez les myrtes de Scyros :
Combattre pour la gloire et venger sa patrie
    Est le sort d'un héros.

Plus brûlant que ces feux qui des sombres Ardennes
Embrasent les forêts de sapin en sapin ;
Plus fier que l'aquilon précipitant les chênes
    Du haut de l'Apennin,

Il vole, il fait briller la flamme vengeresse ;
La terreur le devance, et la mort suit ses coups :

Le fer, le feu, le sang échauffe encor l'ivresse
De son noble courroux.

Dans les plaines de Mars s'il doit trouver sa tombe,
Sa tombe est un autel respectable aux guerriers;
Et couvert de cyprès, heureux vainqueur, il tombe
Sur un lit de lauriers.

Ainsi tomba jadis dans les champs de Ravène,
Entouré d'Espagnols immolés par son bras,
Ce Nemours indompté que Mars suivait à peine
Dans le feu des combats.

Vous eussiez vu la Gloire, en ces moments funestes,
De son voile de pourpre entourant ce héros,
Le porter tout sanglant sur les voûtes célestes,
Loin des yeux d'Atropos.

Mais celui dont la fuite ose acheter la vie
Revient, les yeux baissés, par de sombres détours;
Il craint tous les regards : la peur, l'ignominie,
Enveloppent ses jours.

C'est l'opprobre éternel des bords qui l'ont vu naître,
Du sein qui l'a nourri, des flancs qui l'ont porté;
D'un père, d'une épouse il se voit méconnaître;
Ses fils l'ont rejeté.

Vil aux yeux de l'amour, vil aux yeux du courage,
Lui-même il se dédaigne; il respire l'affront;
Le fardeau de la vie est un poids qui l'outrage
Et lui courbe le front.

Soldats! vouez ce glaive aux dangers de la France;
Ne quittez point ce fer de carnage altéré,
Que ce fer n'ait éteint sa soif et sa vengeance
Dans un sang abhorré!

Dédaigne l'impuissante rage
S'il vous manque des chefs, du fond des rives sombres
Évoquons Luxembourg, ou Turenne, ou Villars :
Héros de nos aïeux : marchez, augustes ombres,
  Devant nos étendards.

Toujours on vit l'audace enchaîner la fortune ;
Faites à la victoire expier son erreur ;
Dans le sein d'Albion, chez les fils de Neptune
  Renvoyez la terreur.

Tels d'affreux léopards, dans leurs courses sanglantes,
Ravagent de Barca les déserts escarpés ;
Mais l'aspect d'un lion, roi des plages brûlantes,
  Les a tous dissipés.

Dieux ! avec quels transports une épouse, une mère,
Vont presser le vainqueur entre leurs bras chéris !
Qu'il est beau de couvrir les cheveux blancs d'un père
  Des lauriers de son fils !

Ce fils verra les siens, un jour dans sa vieillesse,
Autour de lui pressés, suspendus à sa voix,
Éveiller leur audace, enflammer leur jeunesse
  Au bruit de ses exploits.

C'est alors que ma lyre, amante du courage,
Consacrant ce mortel par d'immortels accents,
Fera d'un nom si beau retentir d'âge en âge
  Tout l'empire des temps.

IV. Ode à Buffon, contre ses détracteurs.

Buffon laisse gronder l'envie ;
C'est l'hommage de sa terreur :
Que peut sur l'éclat de ta vie
Son obscure et lâche fureur ?
Olympe, qu'assiège un orage,

Des aquilons tumultueux :
Tandis que la noire tempête
Gronde à ses pieds, sa noble tête
Garde un calme majestueux.

Pensais-tu donc que le génie
Qui te place au trône des arts,
Long-temps d'une gloire impunie
Blesserait de jaloux regards?
Non, non; tu dois payer la gloire;
Tu dois expier ta mémoire
Par les orages de tes jours :
Mais ce torrent, qui dans ton onde
Vomit sa fange vagabonde,
N'en saurait altérer le cours.

Poursuis ta brillante carrière,
O dernier astre des Français!
Ressemble au dieu de la lumière;
Qui se venge par des bienfaits.
Poursuis; que tes nouveaux ouvrages
Remportent de nouveaux outrages
Et des lauriers plus glorieux :
La gloire est le prix des Alcides;
Et le dragon des Hespérides
Gardait un or moins précieux.

C'est pour un or vain et stérile
Que l'intrépide fils d'Éson
Entraîne la Grèce docile
Aux bords fameux par la toison :
Il emprunte aux forêts d'Épire
Cet inconcevable navire
Qui parlait aux flots étonnés;
Et déjà sa valeur rapide

LE BRUN.

Des champs affreux de la Colchide
Voit tous les monstres déchaînés.

Il faut qu'à son joug il enchaîne
Les brûlants taureaux de Vulcain ;
De Mars qu'il sillonne la plaine
Tremblante sous leurs pieds d'airain :
D'un serpent, l'effroi de la terre,
Les dents fertiles pour la guerre
A peine y germent sous ses pas,
Qu'une moisson vivante, armée
Contre la main qui l'a semée,
L'attaque, et jure son trépas.

S'il triomphe, un nouvel obstacle
Lui défend l'objet de ses vœux :
Il faut par un dernier miracle
Conquérir cet or dangereux ;
Il faut vaincre un dragon farouche,
Braver les poisons de sa bouche,
Tromper le feu de ses regards :
Jason vole, rien ne l'arrête.
Buffon, pour ta noble conquête
Tenterais-tu moins de hasards ?

Mais si tu crains la tyrannie
D'un monstre jaloux et pervers,
Quitte le sceptre du génie ;
Cesse d'éclairer l'univers :
Descends des hauteurs de ton âme ;
Abaisse tes ailes de flamme ;
Brise tes sublimes pinceaux :
Prends tes envieux pour modèles,
Et de leurs vernis infidèles
Obscurcis tes brillants tableaux.

Flatté de plaire aux goûts volages,
L'esprit est le dieu des instants :
Le génie est le dieu des âges ;
Lui seul embrasse tous les temps.
Qu'il brûle d'un noble délire
Quand la gloire autour de sa lyre
Lui peint les siècles assemblés,
Et leur suffrage vénérable
Fondant son trône inaltérable
Sur les empires écroulés.

Eût-il, sans ce tableau magique,
Dont son noble cœur est flatté,
Rompu le charme léthargique
De l'indolente Volupté ?
Eût-il dédaigné les richesses ?
Eût-il rejeté les caresses
Des Circés aux brillants appas,
Et, par une étude incertaine,
Acheté l'estime lointaine
Des peuples qu'il ne verra pas ?

Ainsi l'active chrysalide,
Fuyant le jour et le plaisir,
Va filer son trésor liquide
Dans un mystérieux loisir.
La nymphe s'enferme avec joie
Dans ce tombeau d'or et de soie
Qui la voile aux profanes yeux,
Certaine que ses nobles veilles
Enrichiront de leurs merveilles
Les rois, les belles et les dieux.

Ceux dont le présent est l'idole
Ne laissent point de souvenir :
Dans un succès vain et frivole

LE BRUN.

Ils ont usé leur avenir.
Amants des roses passagères,
Ils ont les graces mensongères
Et le sort des rapides fleurs ;
Leur plus long règne est d'une aurore:
Mais le temps rajeunit encore
L'antique laurier des neuf sœurs.

Jusques à quand de vils Procustes
Viendront-ils au sacré vallon,
Souillant ces retraites augustes,
Mutiler les fils d'Apollon ?
Le croirez-vous, races futures ?
J'ai vu Zoïle aux mains impures,
Zoïle outrager Montesquieu !
Mais quand la Parque inexorable
Frappa cet homme irréparable,
Nos regrets en firent un dieu.

Quoi ! tour à tour dieux et victimes,
Le sort fait marcher les talents
Entre l'Olympe et les abymes,
Entre la satire et l'encens !
Malheur au mortel qu'on renomme !
Vivant nous blessons le grand homme ;
Mort, nous tombons à ses genoux.
On n'aime que la gloire absente :
La mémoire est reconnaissante ;
Les yeux sont ingrats et jaloux.

Buffon, dès que, rompant ses voiles,
Et fugitive du cercueil,
De ces palais peuplés d'étoiles
Ton âme aura franchi le seuil,
Du sein brillant de l'empyrée
Tu verras la France éplorée

T'offrir des honneurs immortels,
Et le Temps, vengeur légitime,
De l'envie expier le crime,
Et l'enchaîner à tes autels.

Moi, sur cette rive déserte
Et de talents et de vertus,
Je dirai, soupirant ma perte :
Illustre ami, tu ne vis plus !
La nature est veuve et muette;
Elle te pleure ! et son poète
N'a plus d'elle que des regrets :
Ombre divine et tutélaire,
Cette lyre qui t'a su plaire
Je la suspends à tes cyprès !

V. Ode tirée du psaume CXXXVIII.

Le Seigneur écoute ma plainte;
Mes cris ont attiré ses regards paternels;
J'ai percé la majesté sainte
Dont l'éclat l'environne, et le cache aux mortels.

Mes regrets, mes clameurs funèbres
Au lever de l'aurore imploraient son appui;
Je l'invoquais dans les ténèbres,
Et mes tremblantes mains s'élevaient jusqu'à lui.

Dans les plus cruelles alarmes,
Aux douleurs, aux remords, à la crainte immolé,
Je m'excitais moi-même aux larmes :
Mais Dieu se fit entendre, et je fus consolé.

Je suivais jusqu'aux premiers âges
Ses soins pour nos aïeux, son amour, ses bienfaits.
Par-tout s'offraient des témoignages
De ce qu'il fit pour eux, sans se lasser jamais.

Quoi ! m'écriais-je, il fut leur père,
Leur chef, leur conducteur en tout temps, en tout lieu ;
Oublira-t-il dans sa colère,
Que nous sommes son peuple, et qu'il est notre Dieu ?

Non, l'espérance m'est rendue ;
Je sens fuir loin de moi les périls que je crains :
Dieu soutient mon âme abattue,
Et ce prompt changement est l'œuvre de ses mains.

J'ai rappelé dans ma mémoire
Des bontés du Seigneur l'inaltérable cours :
Mon cœur méditera sa gloire,
Et ma bouche aux mortels l'annoncera toujours.

Eh ! quel Dieu plus grand que le nôtre ?
Quel Dieu peut égaler sa force et son pouvoir ?
Israël n'en aura point d'autre ;
Lui seul de nos tyrans a confondu l'espoir.

Dieu puissant, du sein de la nue
Ta main guidait Jacob par l'Égypte investi :
Les flots troublés l'ont reconnue,
Et du son de ta voix leur gouffre a retenti.

Tes cris, semblables au tonnerre,
Jusqu'au fond de l'abyme ont porté la terreur ;
Et les fondements de la terre,
Par ta course ébranlés, ont tressailli d'horreur.

Le tourbillon qui t'environne
Vomit des traits brûlants qui répandent l'effroi ;
Les éclairs brillent, le ciel tonne,
La mer frémit, recule, et s'ouvre devant toi.

Ton char dans ces routes profondes
Ne laisse point de trace, et court à l'autre bord.

Pharaon te suit dans les ondes :
Il y cherche ton peuple; il y trouve la mort.

Israël, après mille obstacles,
Va remplir le désert de ses cris triomphants :
Seigneur, un seul de tes miracles
Anéantit l'Égypte, et sauve tes enfants.

VI. Épigrammes.

Contre Palissot.

Palissot, par gaieté, fit une tragédie;
C'est sa meilleure comédie.

Sur la nomination de l'abbé Leblanc à l'Académie où l'abbé Delille n'était pas encore admis.

Deux poètes chez vous ne font point résidence;
Sur Delille et Leblanc votre choix se méprit;
Delille à l'Institut manque par son absence,
Leblanc par absence d'esprit.

Contre un Barbier.

Lambin, mon barbier et le vôtre,
Rase avec tant de gravité,
Que, tandis qu'il rase un côté,
La barbe repousse de l'autre.

Épigramme-Madrigal.

Philis n'a point d'esprit, mais sa bouche est si belle,
Qu'à celle de Vénus elle peut s'égaler;
Je ne l'écoute point quand je suis auprès d'elle,
Mais je la regarde parler.

Le Procès.

Polydore obtient audience;
Il gagne un procès d'importance :
Le fond était de mille écus;
Les frais sont de deux mille et plus;

Tous dépens compensés, il se trouve insolvable;
De nouveau pour les frais on vient le chicaner :
　　S'il en gagne encore un semblable,
　　C'est assez pour le ruiner.

Sur l'Imprimerie.

Maudit soit le premier dont le mobile airain
Sut au papier muet inspirer la parole !
　　Un imprimeur qui me désole,
Vient de m'estropier trois vers dans un quatrain.

Sur La Harpe *.

Oh ! La Harpe est vraiment un professeur unique :
Il nous parle si bien de vers, de poétique,
Qu'instruit par ses leçons, on ne peut désormais
　　Lire un seul des vers qu'il a faits.

Sur Domergue.

　　Ce pauvre Urbain que l'on taxe
　　D'un pédantisme assommant,
　　Joint l'esprit du rudiment
　　Aux graces de la syntaxe.

Au voleur.

On vient de me voler... — Que je plains ton malheur !
— Tous mes vers manuscrits... — Que je plains le voleur !

LE FRANC (JEAN-JACQUES, marquis DE POMPIGNAN), naquit à Montauban le 17 août 1709. Sa famille s'était distinguée dans la magistrature, et lui-même il fut destiné d'abord à suivre cette carrière. Il avait étudié avec de brillants succès sous

---

* Voyez, t. IX, p. 190, une autre épigramme de Le Brun contre La Harpe.　　　　　　　　　　　　　　　　　　F.

le P. Porée, il s'adonna ensuite avec beaucoup de zèle et d'ardeur à l'étude des lois et de la jurisprudence, et bientôt il fut nommé avocat-général à la cour des aides de Montauban. Dès-lors on vit paraitre dans Le Franc cet amour pour la justice et la vérité dont il fit preuve toute sa vie, et qui excita contre lui une haine presque générale. Il entreprit de faire réformer plusieurs abus; il prononça à ce sujet un discours où son zèle, comme il lui arriva depuis encore, alla un peu trop loin : il s'emporta, et ceux qui se crurent attaqués le firent condamner à l'exil.

Déjà il avait commencé sa carrière littéraire. La tragédie de *Didon*, le petit drame des *Adieux de Mars*, joués, la première en 1734, l'autre en 1735, avaient mérité les applaudissements de la capitale. Son exil peut-être nous a valu *le Voyage de Languedoc et de Provence*, auquel on peut joindre sa *Dissertation sur le nectar et l'ambroisie*. Ces deux petits ouvrages sont un mélange d'une prose correcte et élégante, et de vers généralement faciles.

Cette disgrace ne fut pas de bien longue durée. Quoiqu'elle l'eût un peu dégoûté de ses anciennes fonctions, il accepta néanmoins la place de premier président à la même cour, place qu'avaient occupée avant lui et son père et son oncle, et il obtint même ensuite une charge de conseiller honoraire au parlement de Toulouse. Il chercha encore à faire prévaloir la justice et la vérité contre un grand nombre d'abus; mais dégoûté peut-être de ne pas voir ses démarches réussir à son gré, enrichi en outre par un mariage fort avantageux, il résolut de se livrer entièrement à son goût pour l'étude, et il ne conserva plus que le titre honoraire de la charge qu'il avait occupée.

Jusqu'alors la vie de Pompignan avait été partagée entre l'étude des lettres et l'exercice des fonctions publiques; dès ce moment il ne s'occupa plus que de littérature. Ses *Poésies sacrées* parurent à deux reprises. La première partie fut imprimée en 1751, la seconde en 1755. Le recueil complet forme cinq livres, d'*Odes traduites des Psaumes*, de *Cantiques*, de *Prophéties*, d'*Hymnes* et de *Discours philosophiques*; il est accompagné de notes qui prouvent assez d'érudition. Il y joignit par la suite deux autres livres d'*Odes*, tant sacrées que profanes, parmi lesquelles il est inutile sans doute pour nos lecteurs, que nous citions celle où le poète a célébré la mort de J.-B. Rousseau.

Le Franc était alors comblé d'honneurs : il avait fondé une académie à Montauban ; celle des jeux floraux lui avait rendu de grands hommages; et le parlement de sa ville natale s'honorait de le compter parmi ses membres. La voix publique l'appelait à l'Académie française; il y fut nommé à l'unanimité vers la fin de 1759. C'était pour lui une espèce de triomphe; ce fut aussi le commencement de ses nouvelles disgraces. Nous l'avons vu poursuivi dans sa patrie, dégoûté de la magistrature pour avoir mis un zèle immodéré à attaquer les abus; il osa cette fois se déclarer contre les philosophes déjà bien répandus en France, et il se déchaîna contre eux avec véhémence, même dans son discours de réception, ce qui, peut-être, n'était pas tout-à-fait dans les convenances. Il fut applaudi par la multitude ; mais il s'était fait des ennemis redoutables, et on ne tarda pas à remarquer parmi eux Voltaire qui savait si bien manier l'arme du ridicule, et qui ne s'oublia pas dans cette occasion. Le nouvel académicien fut bientôt accablé d'épigrammes et d'injures, auxquelles on joignit aussi la calomnie. Il chercha à se justifier des accusations mensongeres qui se répandaient sur son compte, et s'en plaignit au roi lui-même dans un mémoire qu'il lui adressa. Enfin, persécuté, poussé à bout par les sarcasmes et l'acharnement de ses ennemis, il ne parut plus au Louvre, et se retira à la campagne.

Ce fut là que dans une retraite profonde, et presque dans la solitude, il passa sa vieillesse, cultivant toujours la littérature, cherchant sans cesse de nouvelles sources de plaisir dans les œuvres de Racine qu'il avait essayé de qualifier dans une lettre adressée à l'auteur du poème de *la Religion* en 1751. Il trouva sans doute aussi des consolations bien douces dans la charité et la bienfaisance qu'il exerçait envers tous les malheureux. Ses dernières années ne furent point exemptes de peines ; il tomba dans un chagrin et une langueur qui lui ôtèrent toutes les forces de son génie. Il mourut à Pompignan le 1er novembre 1784, âgé de près de soixante-quinze ans. « Je pardonne de bon cœur,
« dit-il quelques instants avant sa mort, sans
« restriction, et dans la plénitude de mon âme, à

« toutes les personnes qui m'ont si amèrement af-
« fligé. » Ces dernières paroles peuvent bien sans
doute faire croire que ce ne fut point par haine et
jalousie qu'il se conduisit comme il l'a fait à l'é-
gard des philosophes et de Voltaire, mais par amour
pour la vérité.

Outre les ouvrages que nous avons déjà cités,
on a de lui une traduction complète des *Géorgiques*,
de quelques morceaux de *l'Énéide*, d'Ovide et
d'Horace. Il s'était aussi exercé en prose sur plusieurs
dialogues de Lucien et sur les tragédies d'Eschyle;
mais d'autres traducteurs l'ont depuis fait oublier.
Il composa plusieurs tragédies et opéra dont les
noms même ne sont pas connus; deux livres d'é-
pîtres, des poésies diverses et plusieurs autres ouvrages en prose. On lui attribue l'édition de ses œuvres en six volumes in-8°, qui parut l'année de sa
mort; si elle est réellement de lui, il est étonnant
qu'on n'y trouve ni son discours de réception à
l'Académie française, ni l'éloge historique qu'il
composa pour le duc de Bourgogne. Au reste, c'est
principalement aux ouvrages que nous avons cités
plus haut qu'il faut recourir pour connaître le caractère particulier de son talent, la mesure de son
génie, et le degré de gloire qu'il a mérité.

JUGEMENTS.

I.

Pompignan a fait, comme Rousseau, des odes sacrées, dans lesquelles on trouve de belles strophes,

peu d'inspiration, et par conséquent il est resté dans ce genre au-dessous de son modèle. L'ode qu'il a faite sur la mort de ce poète célèbre, est une de celles qui l'en approcherait le plus; cependant elle nous paraît manquer encore de cet enthousiasme qui est à la poésie lyrique le feu sacré dont Prométhée anima Pandore. Rousseau lui-même ne l'eut pas toujours; aussi croyons-nous qu'avant M. Le Brun, l'ode n'avait point encore acquis, dans notre langue, toute l'élévation dont elle est susceptible; en un mot, les mouvements rapides et passionnés de l'ode antique.

La tragédie de *Didon* s'est conservée au théâtre par le mérite d'un style pur, élégant, et qui présente quelquefois des beautés dignes d'un élève de Racine. Ce mérite est devenu si rare, qu'il a suffi pour distinguer Pompignan du vulgaire des poètes; et, parmi les pièces du second ordre, il en est véritablement très peu que l'on pût comparer à *Didon*.

Les éditeurs qui ont recueilli ses ouvrages auraient dû se dispenser d'imprimer sa traduction en vers des *Georgiques*. Elle avait eu de la réputation tant qu'elle était restée dans son porte-feuille, et avant que celle de M. l'abbé Delille parût. Mais la traduction en prose qu'il a faite des tragédies d'Eschyle, manquait à notre littérature et prouve que Pompignan avait étudié les modèles de l'art en homme digne de les imiter.

PALISSOT, *Mémoires sur la Littérature.*

II.

Le Franc de Pompignan était né avec plus de talent que La Motte pour la poésie; quoique sa *Didon* ne soit pas aussi intéressante qu'*Inès*, elle est beaucoup mieux versifiée; ses odes ont en général un caractère d'inspiration et de verve, qui manque totalement à celles de La Motte; il a plus d'harmonie, plus de flexibilité, plus de variété, plus d'images. Cependant ses poésies profanes ne s'élèvent guère au-dessus du médiocre, excepté dans un petit nombre d'endroits. Son *Ode sur la mort de J.-B. Rousseau* est presque la seule de ce genre, où l'on puisse remarquer l'empreinte d'un talent supérieur; on y distingue sur-tout deux strophes de la plus grande beauté, et, par un bonheur que les poètes seuls peuvent apprécier, l'une de ces strophes est la première de la pièce. L'auteur commence par un tableau magnifique du deuil de la nature, à la mort d'Orphée, début heureux, que les plus grands lyriques auraient envié, et qu'aucun d'eux n'aurait pu surpasser du côté de l'exécution; l'autre strophe, plus belle encore, est restée dans la mémoire de tous les amateurs, et il suffit de l'entendre une fois pour la retenir. Le poète parle des accusations, vraies ou fausses, mais qu'il suppose calomnieuses, auxquelles la réputation de Rousseau a été exposée. Le morceau est tout entier d'inspiration, et du caractère le plus sublime :

>   Le Nil a vu sur ses rivages
>   Les noirs habitants des déserts,

Insulter par des cris sauvages
L'astre brillant de l'univers :
Cris impuissants, fureurs bizarres !
Tandis que ces monstres barbares
Poussaient d'insolentes clameurs,
Le dieu, poursuivant sa carrière,
Versait des torrents de lumière
Sur ces obscurs blasphémateurs.

Rousseau n'a rien de plus majestueux que cette strophe. Quelle image ! Et combien cette coupe du huitième vers : *Le dieu poursuivant sa carrière*, est heureuse et magnifique !

Cette ode et celle de Racine le fils sur l'*Harmonie* sont les plus beaux morceaux de poésie lyrique qui aient été faits depuis Racine et Rousseau jusqu'à nos jours, sans exception aucune, a dit M. de La Harpe, en appuyant sur ce dernier trait, ni des morts ni des vivants.

Les *Poésies sacrées* de Le Franc sont la partie la plus brillante de ses ouvrages ; elles parurent dans l'intervalle de 1751 à 1755, et furent recueillies dans une édition magnifique en 1762; elles ne reçurent que des applaudissements à leur naissance, de la part de tous les journalistes du temps; ce concert de louanges fut un peu troublé par quelques épigrammes de Voltaire ; mais les épigrammes ne prouvent rien, non plus que les louanges exagérées. La critique impartiale a remarqué depuis qu'il fallait d'abord établir une différence entre les diverses parties de ce recueil; en effet, M. Le Franc a beaucoup mieux réussi dans les cantiques et dans les prophéties, que dans les psaumes, qui demandent plus de sensibilité et d'onction : sa verve était dans sa tête beaucoup plus que dans son cœur; le sentiment est l'écueil où il vient échouer, c'est par l'imagination qu'il brille. Il s'en faut d'ailleurs beaucoup qu'il se soit mis à l'abri de la censure, dans la partie même qui était le mieux appropriée à son talent.

Dussault, Annales littéraires.

III.

La *Didon* de Le Franc, jouée en 1734, avec un succès qui s'est toujours soutenu depuis, était un sujet favorable sur un théâtre où domine l'amour, *touchant sur-tout quand il est malheureux* *; et toute amante abandonnée est tellement sûre d'exciter la pitié, que Médée elle-même, malgré tous ses crimes, ne laisse pas d'en inspirer. La conduite de *Didon* est calquée, moitié sur la *Bérénice* de Racine, moitié sur l'opéra de Métastase. Le Franc a pris du poète italien l'épisode d'Iarbe, qui, sous le personnage d'un ambassadeur, vient déclarer son amour à la reine de Carthage, et lui laisse le choix de la guerre ou de la paix. Le Franc lui doit aussi l'idée heureuse de faire triompher Énée du roi de Gétulie avant de s'éloigner de Carthage; en sorte que l'important service qu'il rend à Didon couvre ce qu'il peut y avoir d'odieux à l'abandonner, après les bienfaits qu'il en a reçus. Achate fait auprès d'Énée le même rôle que Paulin auprès de Titus :

---

* Marmontel, *Épître aux poètes.*

Paulin oppose à l'amour de son maître les lois de l'État et la majesté de l'empire; Achate combat l'amour d'Énée par l'intérêt des Troyens et par les oracles qui les appellent à régner en Italie. Les alternatives de la passion et du devoir sont balancées et graduées à peu près de même dans les deux pièces; mais la différence est grande dans l'exécution, qui dépendait sur-tout de la poésie de style. Dans cette partie, l'auteur de *Didon*, placé entre Virgile et Racine, ne pouvait pas soutenir la comparaison; et ce qui fait bien sentir la supériorité de ces deux grands maîtres, c'est que l'imitateur, qui est si loin d'eux, n'est pourtant pas sans mérite. En général il écrit avec assez de pureté, quelquefois avec élégance et noblesse; mais si l'on excepte deux ou trois morceaux où, avec l'aide de Virgile, il s'élève jusqu'au pathétique, il est d'ailleurs rarement au-dessus du médiocre. Plus correct que l'auteur d'*Ariane*, il a bien moins de mouvement, de chaleur et d'abandon; il n'a pas su profiter à cet égard de tout ce que Virgile pouvait lui fournir, même en mettant de côté la perfection d'un style que seul Racine pouvait égaler. Un des plus grands défauts de celui de *Didon*, ce sont de froides sentences et de longues moralités, toujours si déplacées dans les situations où le cœur seul doit être occupé. Il y a plus : souvent elles sont mêlées d'idées fausses. Didon vient d'ouvrir son cœur à ses deux confidentes, de leur déclarer le choix qu'elle a fait d'Énée, au préjudice d'Iarbe; elle finit l'acte par ces vers :

Quoi! du rang où je suis déplorable victime,
Faut-il sacrifier un amour légitime,
Et, nourrissant toujours *d'ambitieux projets*,
Immoler mon repos à *de vains intérêts !*
N'ajoutons rien aux soins de la grandeur suprême :
Trop de tourments divers *suivent le diadème*,
Et le destin des rois est assez rigoureux,
Sans que l'amour les rende encor plus malheureux.

Indépendamment de la froideur et de la faiblesse de ces vers, cette fin d'acte, qui devait être le résumé de la situation et des sentiments de Didon, manque de sens et de vérité. Il n'est point question de *nourrir d'ambitieux projets*, mais seulement de pourvoir à la sûreté de son État naissant, et ce ne sont point là de *vains intérêts* : cette expression est très fausse : le salut de ses peuples menacés par le roi de Gétulie n'est rien moins qu'*un vain intérêt*. Que signifie ce vers :

N'ajoutons rien aux soins de la grandeur suprême ?

Il ne s'agit pas d'y *ajouter*; il s'agit de s'en occuper, et certainement il doit entrer dans ces *soins* d'écarter le péril qui menace ses états. Cet autre vers :

Trop de tourments divers *suivent le diadème...*

pèche contre la justesse des figures : on dirait bien que trop de tourments suivent la royauté; ce sont toutes expressions abstraites; mais le mot de diadème forme une image, et l'on ne peut se figurer *des tourments suivant un diadème*. Les deux derniers vers,

Et le destin des rois est assez rigoureux,
Sans que l'amour les rende encor plus malheureux ;

ne disent pas non plus ce qu'ils doivent dire. Ce n'est pas de l'amour en lui-même qu'elle veut parler, puisqu'elle s'y livre ; elle veut dire que le trône exige assez d'autres sacirfices, sans y joindre ceux de l'amour. C'est beaucoup de fautes en huit vers, et j'en pourrais citer d'autres où il n'y en a pas moins ; mais il y a des beautés dans les scènes entre Énée et Didon. La conduite de la pièce est sage et régulière : c'est un de ces ouvrages qui prouvent que la médiocrité peut être estimable, et l'on sait bien que ce vers de Boileau,

Il n'est point de degrés du médiocre au pire,

n'est qu'une hyperbole poétique, dont l'objet est d'épouvanter les nombreux aspirants à la palme de la poésie. S'il fallait prendre ce vers à la lettre, tout ce qui ne serait pas au premier rang ne serait rien, et l'estime publique a fait voir qu'il y avait de l'honneur et du mérite dans le second.

Le Franc eut beaucoup plus de talent poétique que La Motte : sa *Didon* n'est pas aussi touchante qu'*Inès*, mais elle est mieux écrite. Sa traduction des *Géorgiques* n'a jamais été lue, et ne mérite pas plus de l'être que *l'Iliade* de La Motte. Mais ses imitations des *cantiques* et des *prophéties* de la Bible, et même deux ou trois de ses *psaumes*, tous ces différents morceaux connus sous le nom de *Poésies sacrées*, ont obtenu le suffrage des connaisseurs, pour qui un trait de satyre* lancé par une main ennemie n'est ni le jugement de la raison, ni la condamnation du talent. Il n'est pas fort étonnant que des poésies religieuses n'aient pas eu beaucoup de vogue dans un temps où la religion elle-même n'était plus (s'il est permis de s'exprimer ainsi) de mode chez les Français qui font entrer la mode dans tout. C'est la philosophie qui avait pris sa place, sous les auspices de Voltaire et des encyclopédistes, et c'est à l'histoire à marquer, dans la comparaison des deux siècles (celui-là et le précédent), le caractère de ces deux empires opposés, et les différents effets qu'ils ont produits.

Nous avons aussi du même auteur quelques odes profanes, toutes pour le moins fort médiocres, et dont on ne peut tirer qu'une bonne strophe, qui se trouve dans l'ode composée en l'honneur de Clémence Isaure, fondatrice des jeux floraux de Toulouse. Le poète vient de citer quelques écrivains qui eurent une lueur de talent dans les siècles d'ignorance, sans pouvoir en dissiper les ténèbres; ce qui amène cette comparaison fort juste et fort bien exprimée :

> Ainsi quand le flambeau du monde
> Loin de nous parcourt d'autres cieux,
> Et qu'une obscurité profonde
> Cache les astres à nos yeux,

---

* *Sacrés* ils sont, car personne n'y touche.
VOLTAIRE.

> Souvent une vapeur légère
> Forme une étoile passagère,
> Dont l'éclat un instant nous luit;
> Mais elle rentre au sein de l'ombre,
> Et par sa fuite rend plus sombre
> Le voile immense de la nuit.

Cette fin de strophe est d'une harmonie expressive.

Mais il faut excepter de ces productions avortées une pièce qui mérite une mention particulière, et qui, en se réunissant aux meilleures des *Poésies sacrées* de l'auteur, lui compose un assez grand nombre de beaux morceaux pour lui assurer la place du second de nos lyriques. Il reste encore loin du premier, je l'avoue; et il s'en faut qu'il égale généralement la richesse, l'harmonie, l'élégance soutenue de Rousseau; mais n'est-ce rien d'être le premier après lui, dans un genre difficile où nous avons vu tant d'essais infructueux et tant d'aspirants oubliés? Cette ode, où il semble que le sujet ait porté l'auteur, a pour titre : *La mort de Rousseau.* Il y a quelques strophes un peu faibles; mais les bonnes sont plus nombreuses, et deux sont de la plus grande beauté; et ce qui n'est pas malheureux dans une ode, la première est une de ces deux-là :

> Quand le premier chantre du monde
> Expira sur les bords glacés
> Où l'Hèbre effrayé dans son onde
> Reçut ses membres dispersés,
> Le Thrace, errant sur les montagnes,

Remplit les bois et les campagnes
Du cri perçant de ses douleurs :
Les champs de l'air en retentirent,
Et dans les antres qui gémirent
Le lion répandit des pleurs.

Ce début est beau comme l'antique, beau comme Horace et Pindare. Rien n'est plus heureux que de commencer ici par la mort d'Orphée; et ce tableau était le seul où *le lion répandant des pleurs*, qui est d'un si grand effet, pût se trouver naturellement placé. Et quelle marche et quel nombre dans toute la strophe ! L'autre est encore au-dessus; elle est même depuis long-temps fameuse * parmi les amateurs : c'est le plus magnifique emblème du

---

* Il n'est pas hors de propos de rappeler comment elle l'est devenue : c'est un exemple assez singulier du besoin qu'a souvent l'opinion publique d'être particulièrement avertie, sur-tout dans certains genres d'ouvrages, dont la renommée ne s'entretient guère avec éclat, parce que la mode en est passée, et c'est ce qui est arrivée à l'ode parmi nous. Celle de Le Franc, *sur la mort de Rousseau*, était imprimée depuis plus de vingt ans ; et quoique passant ma vie avec des gens occupés de littérature et de poésie, objets qui, d'ailleurs, occupaient alors plus ou moins la société, jamais je n'avais entendu parler de cette pièce à personne, ni vu aucun écrit où l'on en parlât. Je fus frappé de ce silence, comme de l'ode elle-même, quand je la lus dans les OEuvres de Le Franc. La strophe dont il s'agit se grava sur-tout dans ma mémoire, et j'en étais tout plein lors de mon premier voyage à Ferney en 1763. Je trouvai bientôt l'occasion d'en parler à Voltaire sans aucun air d'affectation, à table, et en présence de vingt personnes. J'eus soin seulement de ne pas nommer l'auteur. Je me défiais un peu de l'homme, et je voulais l'avis du poète. Il jeta des cris d'admiration ; c'était sa manière quand il entendait de beaux vers : jamais il ne les a écoutés froidement. « Ah ! mon Dieu ! que cela est beau ! Eh ! qui est-ce qui a fait « cela ? » Je m'amusai quelque temps à le faire deviner ; enfin je nommai Pompignan. Ce fut comme un coup de théâtre; les bras lui tombèrent ; tout le monde fit silence et fixa les yeux sur lui. — « Redites-moi la strophe. »

génie éclairant les hommes, tandis qu'il en est persécuté.

> Le Nil a vu sur ses rivages
> Les noirs habitants des déserts
> Insulter par leurs cris sauvages
> L'astre éclatant de l'univers.
> Cris impuissants! fureurs bizarres!

Je la répétai; et l'on peut s'imaginer avec quelle sévère attention elle fut écoutée. « Il n'y a rien à dire, la strophe est belle. »

Il y avait pourtant une faute dans cette strophe, et une faute grave, qui sûrement n'eût pas échappé à Voltaire, si je n'avais pris sur moi de la faire disparaître en la récitant, comme je fis depuis quand je l'imprimai; et c'est une circonstance qui prouve, plus que tout le reste, combien cette ode a toujours été peu connue. La strophe au moins fit grand bruit quand je l'insérai dans un morceau *sur la poésie lyrique*, et bientôt tout le monde la sut par cœur, mais telle que je l'avais présentée, et apparemment sans que personne allât la chercher dans les œuvres de l'auteur, car personne n'a jamais observé le changement notable que j'ai cru devoir faire dans un vers. Il y a en effet dans le texte : *Crime impuissant! Fureurs bizarres!* J'ai substitué *cris* impuissants! et assurément cela n'était pas difficile; et cette répétition, qui s'offre d'elle-même, a de la grace. Mais cette expression, *crime impuissant*, est très vicieuse, et déparait cette superbe strophe.

Le crime ne peut être ni *puissant* ni *impuissant* que lorsqu'il est personnifié, et il ne l'est point ici et ne saurait l'être. Il y a là, tout ensemble, impropriété et recherche. Heureusement cette seule tache a disparu, et la strophe est restée : on la retrouve partout, jusque dans le *Dictionnaire historique*, où ces sortes de citations sont très rares. Sans doute les auteurs auront pensé comme le successeur de Pompignan à l'Académie française, l'abbé, depuis cardinal Maury, qui, dans son discours de réception, voulait *que pour tout éloge, on gravât cette strophe sur la tombe de Pompignan*; et il ne manqua pas de la réciter. J'avoue que je trouve là un défaut de convenance bien marqué. L'idée eût été bonne en elle-même, si Le Franc n'eût jamais fait que cela de bon; mais réduire à ce point celui qui a fait *Didon* et de *belles odes sacrées*, c'est le confondre avec les auteurs dont il n'est resté qu'un quatrain ou un sixain; et ce n'est pas là un éloge convenable.

Tandis que ces monstres barbares
Poussaient d'insolentes clameurs,
Le dieu, poursuivant sa carrière,
Versait des torrents de lumière
Sur ces obscurs blasphémateurs.

Je ne connais point de plus grande idée rendue par une plus grande image, ni de vers d'une harmonie plus imposante; il n'y a pas, dans Rousseau même, de strophe que je préférasse à celle-là. En voici d'autres qui ne la déparent point.

La France a perdu son Orphée.
Muses, dans ces moments de deuil;
Élevez le pompeux trophée
Que vous demande son cercueil.
Laissez, par de nouveaux prodiges,
D'éclatants et dignes vestiges
D'un jour marqué par vos regrets :
Ainsi le tombeau de Virgile
Est couvert du laurier fertile
Qui par vos soins ne meurt jamais.

Du sein des ombres éternelles,
S'élevant au trône des dieux,
L'Envie offusque de ses ailes
Tout éclat qui blesse ses yeux.
Quel ministre, quel capitaine,
Quel monarque vaincra sa haine
Et les injustices du sort?
Le temps à peine les consomme,
Et quoi que fasse le grand homme,
Il n'est grand homme qu'à sa mort.

> Favoris, élèves dociles
> De ce ministre d'Apollon,
> Vous à qui ces conseils utiles
> Ont ouvert le sacré vallon,
> Accourez, troupe désolée ;
> Déposez sur son mausolée
> Votre lyre qu'il inspirait :
> La mort a frappé votre maître
> Et d'un souffle a fait disparaître
> Le flambeau qui vous éclairait.
>
> Et vous, dont sa fière harmonie
> Égala les superbes sons,
> Qui reviviez dans ce génie
> Formé par vos seules leçons ;
> Mânes d'Alcée et de Pindare,
> Que votre suffrage répare
> La rigueur de son sort fatal ;
> Dans la nuit du séjour funèbre
> Consolez son ombre célèbre,
> Et couronnez votre rival.

Tous ces mouvements sont lyriques, tous ces vers sont nombreux, et cette fin est digne du commencement. En un mot, cette ode et celle de Racine le fils sur l'*Harmonie*, qui passera bientôt sous nos yeux, sont sans contredit (et je comprends, pour cette fois, les vivants avec les morts sans exception) les deux plus belles qu'on ait faites depuis Rousseau.

Les *Poésies sacrées*, dont une partie parut en 1751, une autre en 1755, et qui furent enfin réunies dans une fort belle édition in-4° en 1761, ne reçurent d'abord que des éloges unanimes de tous les journalistes du temps. Ils étaient alors en fort petit nombre : le *Journal des savants*, celui de *Trevoux*, *le Mercure*, *l'Année littéraire* de Fréron, étaient à peu près les seules feuilles périodiques qui circulassent en France; et ce qui prouve qu'en aucun temps les journalistes n'ont décidé de la fortune des ouvrages, c'est que les *Poésies sacrées*, aussi préconisées qu'il est possible, sans être censurées nulle part, n'eurent cependant aucun succès dans le monde, n'y firent que très peu de sensation; et le luxe typographique, alors assez rare, n'empêcha pas l'édition in-4° de rester chez le libraire. Rien ne contribua plus peut-être au discrédit de ces *Poésies* qu'un panégyrique si extraordinaire en effet, qu'il sera toujours cité comme un phénomène unique en ce genre, du moins par les curieux de littérature; car s'il fit dans son temps un bruit prodigieux, il est depuis bien des années dans l'oubli. Le marquis de Mirabeau l'économiste, père du comte de Mirabeau le *révolutionnaire*, s'avisa tout-à-coup de se porter pour législateur en poésie, après avoir voulu l'être en administration, en agriculture, en finances : il donna pour raison de cette prétention nouvelle, à laquelle personne ne s'attendait, l'extrême passion qu'il avait eue long-temps pour la poésie, avant que l'amour du bien public l'eût concentré tout entier dans l'économie politique. Mais les dix années qu'il disait avoir données aux études littéraires prouvent seulement qu'il y a des passions malheureuses; et personne n'en douta quand on lut sa Dissertation en deux cents pages in-4°, plus longue du double que le recueil de *Poésies* dont il rendait compte. Ce n'est pas qu'il n'y montre quelque connaissance superficielle des livres hébreux, si facile à puiser partout, et notamment dans les excellents écrits que le savant abbé Fleury avait composés sur cette matière. Mais d'ailleurs ce Mirabeau était bien la plus mauvaise tête qui ait jamais été frappée du soleil de notre midi, et le plus extravagant écrivain dont les travers aient signalé cette époque, qui commençait à être parmi nous celle d'un délire endémique. Celui de sa Dissertation ne pouvait du moins faire de mal qu'à lui-même et au poète qu'il divinisait (vous verrez tout à l'heure que c'est bien le mot propre); mais ce mal, qui ne pouvait être qu'une somme prodigieuse de ridicule, dut nécessairement nuire beaucoup dans l'opinion à l'auteur qui avait le malheur d'être l'objet d'un culte si insensé, et qui, par une faiblesse à peine concevable, bien loin de désavouer de toute sa force ces folles adulations, qui ne pouvaient que le compromettre, les adopta solennellement en les faisant insérer dans sa grande édition. On ne revient point de surprise qu'un homme d'un âge plus que mûr, et qui devait être éclairé par la religion encore plus que par la prudence humaine, ait imaginé de placer à côté de son ouvrage, qui devait lui faire honneur, un monument de démence dont il n'y a point d'exemple, et n'ait pas craint de s'en avouer le complice. Il n'y a qu'une seule explication plausible d'un si étrange scandale; mais elle rentre dans un des caractères généraux du XVIII⁰ siècle, et ce n'est pas encore ici que je dois les examiner.

Il n'y a que des citations qui puissent vous faire comprendre l'effet que dut produire cette Dissertation imprimée par Pompignan lui-même ; et comme elles sont fort amusantes en ce qu'elles ne ressemblent à rien, je les étendrai assez pour vous donner une idée complète, et de la tête et du style de l'auteur. Ensuite, dans le détail des louanges où il se répand, je prendrai l'occasion d'établir les vérités opposées : ce n'est pas la première fois que j'ai employé cette sorte d'examen contradictoire qui rend la critique doublement utile, en combattant d'un côté le mauvais style, et de l'autre le mauvais jugement ; mais je dois avant tout vous avertir que cette censure des *psaumes* de Le Franc, l'une de ses plus faibles compositions, n'est point du tout l'appréciation générale de son talent, qui ne se manifeste guère ici que dans deux odes, mais qui brille souvent dans les *cantiques* et les *prophéties*.

Fréron, aussi peu mesuré dans la louange que dans le blâme, et jugeant toujours l'homme beaucoup plus que l'écrivain, n'avait pas épargné l'encens à un président de cour souveraine, ni à un homme de qualité son panégyriste. Vous en jugerez par un seul trait. « M. Le Franc, avait-il dit, est « peut-être aussi bon poète, aussi bon versificateur « que Virgile. » C'est ce que la voix unanime des connaisseurs avait dit du seul Racine, et ce que Fréron seul était capable de dire de Pompignan, s'il n'eût pas existé un marquis de Mirabeau. Ce même Fréron n'avait pu cependant s'empêcher de trouver un peu d'excès dans des louanges qui n'étaient jamais mêlées de la plus légère apparence d'improbation. Il eut le courage d'observer (et c'était beaucoup pour lui) que c'était aller un peu trop loin que de dire, comme le marquis de Mirabeau, « qu'il n'y avait point de vers dans ce recueil « où l'on ne trouvât tout ce qu'il y a de sublime, « d'harmonieux, de touchant et de noble dans la « poésie. » Il prend la liberté de lui représenter le plus humblement qu'il peut « qu'il n'est ni vrai-« semblable, ni possible que tout soit beau dans un « ouvrage. » Cela n'avait jamais été mis en doute: on peut dire même plus, c'est que *tout* ne doit pas être *beau*, puisque toute composition, d'après la nature du sujet, doit avoir ses nuances, sa progression, ses variétés. Ce qui serait à désirer, et ce qui n'est pas possible en rigueur, c'est que tout soit bien, c'est-à-dire soit ce qu'il doit être ; et c'est ce que parmi nous Racine atteint si souvent, si habituellement qu'il ne lui reste d'imperfections que celles qui sont inséparables de l'humanité. Mais le marquis de Mirabeau ne reconnaît la vérité générale de ce principe que jusqu'au moment où Le Franc a écrit, et il soutient que dès-lors il y a eu exception. Voici ses termes : « Je n'hésite pas à « croire que le journaliste se trompe, et les *Poésies* « *sacrées* de M. de Pompignan réclament contre « cette décision. » Cela est positif, et la Dissertation tout entière tend à prouver cette perfection absolue. On demandera peut-être comment on peut soutenir pendant deux cents pages in-4° ce ton d'admiration continue, dont après tout les expressions sont bornées; et c'est ici qu'il convient de montrer quelles formules d'éloge l'auteur a su employer; elles sont tout aussi extraordinaires que ses décisions. Passons les expressions de *chef-d'œuvre*, d'*ouvrage divin*, d'*inestimable ouvrage*, et autres semblables répétées à tout moment; il n'y a là rien de neuf. Mais voici des traits qui n'appartiennent qu'à la manière de l'auteur : « Il n'y a pas « dans ces nombreuses poésies une seule pièce, et « à peine une seule stance qui n'ait frappé quelqu'un « d'admiration... M. Le Franc est un écrivain d'un tel « ordre, que la postérité le transposera d'un demi « siècle.... » Et à propos de ceux qui ne partageraient pas tout-à-fait les extases où il est devant *son auteur* (c'est ainsi qu'il l'appelle), il prononce cet anathème : « Nous devons nous défier de la légèreté « de nos décisions, *comme d'un penchant au parri-* « *cide*. » S'il avait dit seulement *du penchant à l'homicide*, je pourrais deviner (ce que pourtant on ne peut deviner que d'un fou) qu'il a voulu dire qu'il faut se défier de la disposition à juger légèrement des ouvrages, comme du penchant à tuer l'auteur. Cela serait encore un peu fort : car enfin ce serait tout au plus de mauvais auteurs maltraités qui pourraient avoir quelque *penchant* à se défaire de leur censeur; et cela n'est pas sans exemple. Mais dans cette foule de lecteurs qui décident bien ou mal des écrits que l'on publie, je suis persuadé qu'il n'y en a pas un qui voulût faire le moindre mal à l'écrivain qui l'ennuie le plus. Pour ce qui est du *parricide*, je ne saurais même conjecturer ce qu'il fait là, ni ce qui a pu passer par la tête de l'auteur : ce n'est pas une grande perte. Il continue ses hyperboles. « Rousseau n'avait pas « osé toucher aux *cantiques* et aux *prophéties*. « *C'est ce qu'a fait M. Le Franc avec un succès qui* « *ne saurait trop étonner, et qui me fait sentir un* « *frisson comparable aux approches du néant....* « C'est le chef-d'œuvre de l'intelligence et du tra- « vail, que de les avoir mis à notre portée avec « tant de force et de clarté : les *odes* enfin ont plus « de son, les *cantiques* plus d'exactitude, mais le « tout ensemble *est éblouissant de beautés; et le* « *détail, au milieu de ce tapage de vives couleurs,* « *est aussi fini que la plus parfaite miniature.* »

Tout ce *tapage* d'admiration (pour parler le langage grotesque de l'auteur) vous paraîtra encore plus plaisant quand vous aurez entendu la pièce citée immédiatement à l'appui de tous ces beaux éloges : elle n'est pas longue; c'est la traduction du psaume premier : *Beatus qui non abiit.* Voici les deux premières strophes :

> Heureux l'homme que dans le piège
> Les méchants n'ont point fait tomber ;
> Qui souffre en paix, sans succomber
> Au conseil pervers qui l'assiège ;
> Et qui, fidèle à son devoir,
> Dans la chaire où le crime siège
> Eut toujours horreur de s'asseoir !

> Plein du zèle qui le dévore,
> Inébranlable dans sa foi,
> Sans cesse il médite la loi
> D'un dieu bienfaisant qu'il adore.
> De cet objet délicieux
> La nuit sombre, l'humide aurore
> Ne détourne jamais ses yeux.

C'est sur cette mauvaise prose rimée que s'extasie le panégyriste. « Vous conviendrez aisément, « dit-il, que l'harmonie de ces strophes est parfaite, « et que jamais on ne fit de vers plus châtiés et « plus sonores. » Il faut être dépourvu de toute connaissance et de toute oreille pour ne pas s'apercevoir que ces vers, loin d'être *sonores*, sont destitués, je ne dis pas seulement de l'harmonie périodique essentielle à la strophe lyrique, mais n'ont pas même le nombre qui doit se faire sentir dans chaque vers en particulier pour le distinguer de la prose, et c'est là d'abord un de ces vices généraux qui rendent la lecture de ces *psaumes* si sèche et si rebutante. L'auteur, à l'exemple de La Motte semble n'y avoir cherché que la précision. Il n'est pas dur comme lui; mais il est rare qu'il ait le sentiment du rhythme; qualité la première de toutes dans l'ode, et sans laquelle il n'y a point de poésie lyrique. C'est là qu'il faut indispensablement que les vers soient de la musique, ou ce ne sont plus des vers. On ne chante plus ceux-là, comme autrefois, sur la lyre; mais elle doit se retrouver dans la mélodie du poète, qui ne saurait être ici trop savante, trop variée, trop expressive. La recherche de la concision est encore une autre erreur de Pompignan, sur-tout dans une traduction des *psaumes*. Il est reconnu qu'il faut renoncer ici à tirer avantage de la brièveté brusque et tranchante des phrases hébraïques, qui est l'opposé de notre poésie, et n'a rien d'analogue au génie de notre langue. Racine et Rousseau l'ont senti tous deux ; tous deux ont suivi le seul procédé que pût comporter ici une traduction en vers, celui de la paraphrase, partout ailleurs un défaut ; c'est ici une nécessité, et heureusement encore cette nécessité est pour le grand talent une source féconde de beautés. Un des caractères de l'original est de réveiller une foule d'idées et de sentiments avec fort peu de paroles : développez ce fond, et s'il ne vous enrichit pas, c'est que vous êtes pauvre sans remède, c'est que vous n'avez ni compris ni senti les livres saints, dont J.-J. Rousseau disait qu'*ils parlaient à son cœur*. Quelques exemples vont rendre tout ceci plus sensible : j'en rappellerai un dont je me suis servi ailleurs, mais qui trouve ici tout naturellement sa place. On a cité mille fois comme un trait des plus sublimes de l'Écriture ce verset d'un psaume : « *Vidi impium*, etc. J'ai vu l'impie exalté « dans sa gloire et haut comme les cèdres du Liban ; « j'ai passé, il n'était plus. » Le grand Racine a voulu s'approprier ce trait ; et, trop habile dans son art pour ne pas voir que cette rapidité sublime ne pouvait être rendue en deux vers français avec un effet digne de l'original, il s'est retourné vers les moyens de sa langue. Il a fait une période de six vers, cinq pour la gloire de l'impie, un pour sa chute ; et c'est ainsi qu'il est parvenu à s'approcher de l'original.

J'ai vu l'impie, etc.

Je sais que, comme sublime proprement dit cela n'égale pas même le latin de la Vulgate. Eh ! qui pourrait égaler ce qui est inspiré ? Mais comme poésie française, cela est magnifique ; et c'est ainsi (toute proportion gardée d'ailleurs) qu'il faut toujours traduire en vers les livres sacrés. Mais reconnaît-on seulement des vers dans les deux strophes que vous avez entendues ? Une simple prose vaudrait cent fois mieux, pourvu qu'elle fût fidèle, et cette version de Le Franc ne l'est même pas. Elle s'éloigne des pensées de l'original, et y substitue de froides chevilles, *fidèle à son devoir, inébranlable dans sa foi, un Dieu bienfaisant qu'il adore, sa loi qui est un objet délicieux*, il n'y a pas un mot de tout cela dans le psalmiste ; et tout cela, il faut le dire, n'est qu'un centon d'écolier. *Qui souffre en paix sans succomber* offre d'abord un sens complet ; et lorsqu'on entend, à l'autre vers, qu'il ne s'agit que de *succomber..... au conseil pervers qui l'assiège*, l'oreille et l'intelligence sont déroutées, et rejettent une chose si misérable. De plus, il n'est pas question de souffrir ; c'est un vrai contre-sens dans ce psaume, qui, d'un bout à l'autre, ne peint que le bonheur des justes. Que signifient ces deux derniers vers :

> La nuit sombre, l'humide aurore
> Ne détourne jamais ses yeux ?

Et pourquoi donc *la nuit sombre*, qui est le temps de la méditation, et l'*aurore* dont *l'humidité*, ne fait rien là, mais qui est, pour le juste qui s'éveille, le premier moment de l'action de graces, *détourneraient-elles ses yeux de la loi de Dieu?* Cela n'a pas de sens : que de fautes sans excuse, et pas même un bon vers! le reste ne vaut pas mieux.

>Tel un arbre, que la nature
>Plaça sur le courant des eaux,
>Ne redoute pour ses rameaux
>Ni l'aquilon ni la froidure.

La *froidure* et l'*aquilon* sont à peu près la même chose : c'est la cause et l'effet; et pourquoi donc cet arbre, parce qu'il *est placé sur le courant des eaux*, ne *redoute-t-il pas l'aquilon?* On n'en voit pas la raison, et il fallait en indiquer une : c'est là, comme en mille endroits, qu'il faut suppléer à la brièveté du texte.

>Dans son temps il donne des fruits...

Cela est mot à mot dans le psaume; *Fructum dabit in tempore suo;* mais cela est trop uni, trop nu pour des vers, et l'auteur ne l'a pas relevé par ces deux-ci :

>Sous une éternelle verdure,
>Par la main de Dieu reproduits.

L'*éternelle verdure* n'est qu'une cheville insignifiante : mais le marquis de Mirabeau n'en affirme pas moins que cette strophe est *animée, vivante et brillante d'harmonie.*

> Tes jours, race impie et perfide,
> Tes jours ne coulent point ainsi.

Race impie et perfide n'est pas mélodieux, et *ne coulent point ainsi*, est une triste chute dans un vers lyrique : sur-tout la répétition du mot *jours*, qui ne dit rien, est bien loin de remplacer cette répétition du texte, qui tombe sur l'idée principale, et qui a tant de vivacité : *Non sic impii, non sic*. Comment ne sent-on pas cela ?

> Leur éclat, bientôt obscurci,
> S'éteint dans leur course rapide;
> Comme on voit en un jour *brûlant*
> Les vils débris du chaume aride
> S'évanouir au gré du *vent*.

Vent et *brûlant* riment beaucoup trop mal dans une ode; et que font ici *les vils débris du chaume aride ?* Ne valait-il pas mieux, puisqu'il n'est pas possible de faire mieux que Racine, conserver les deux vers qu'il a tirés de ce même endroit, et très fidèlement ?

> Qu'ils soient comme la poudre et la paille légère
> Que le vent chasse devant lui.

Voilà comme on rend ces images si vives de l'Écriture. La dernière strophe redouble les transports du panégyriste, qui a pris pour du sublime une emphase puérile, précédée de platitudes.

> Mais le juste dans sa carrière
> Se prépare un bonheur sans fin.
> Le pécheur du séjour divin
> Ne verra jamais la lumière...

Fort bon pour le catéchisme et pour le prône, mais non pas pour des vers.

>   Et mille foudres allumés
>   Brûleront jusqu'à la poussière
>   Où ses pas furent imprimés.

C'est là que le panégyriste reconnaît l'*invention des hommes inspirés*, *une fin digne d'un chef-d'œuvre et d'un poème entier en cinq stances*. Il y a peu d'*invention* à gâter deux superbes vers de Racine dans *Athalie :*

>   ..... Et qu'un sang pur par mes mains épanché,
>   Lave jusques au marbre où ses pas ont touché.

Il est ridicule d'*allumer mille foudres pour brûler la poussière ;* c'est là précisément *la grande ouverture de bouche* pour ne rien dire, selon l'expression d'Horace. Mais ce qui est plus fâcheux, c'est qu'un pareil phébus remplace une fin de psaume qui dans le texte est d'une grande force de sens et d'expression. En voici la version littérale : « Aussi les impies ne soutiendront pas le dernier « jugement, et les pêcheurs ne paraîtront pas dans « l'assemblée des justes ; car Dieu connaît la voie « des justes ; et celle des impies périra avec eux. » Ces sortes d'expressions, *Dieu connaît la voie des justes*, doivent toujours être conservées, parce qu'elles sont caractéristiques, et ne se trouvent dans aucun autre style que celui de la Bible.

Presque tous les autres psaumes de Pompignan sont de cette même manière, c'est-à-dire fort au-dessous du médiocre, si l'on en excepte quelques

vers très clair-semés. Ce n'est pas la peine d'entasser des citations qui ne vous montreraient que le même résultat, ni même toutes les folies du panégyriste, qui, après vous avoir fait rire un moment, ne tarderaient pas à vous ennuyer. Mais je ne puis me dispenser, pour faire honneur au génie de Molière, de rapprocher quelques phrases du marquis de Mirabeau de celles dont se servent les *Femmes savantes* pour louer des vers de Cotin. Vous ne me soupçonnerez pas l'intention de mettre sur la même ligne Cotin et LeFranc, même quand celui-ci est mauvais : j'ai déjà mis sous vos yeux des preuves de son talent, et vous en verrez beaucoup d'autres. Mais il est bon de remarquer avec quelle vérité Molière a fait parler les sots qui louent les sottises, et en même temps combien les meilleures leçons sont inutiles aux mauvais esprits, puisqu'au bout de cent ans nous rencontrons un écrivain qui s'énonce absolument dans le même goût qu'Armande et Bélise. Il dit à propos de deux de ces stances que vous venez d'entendre : « Je vous de-
« mande si vous n'avez pas senti une sorte de paix
« et de tranquillité d'oreille, d'âme et de cœur....
« Si ce mouvement vous a échappé, récitez ces
« deux stances, écoutez, *et voilà le sentiment.* » Je dirai, moi, avec tous ceux qui savent leur Molière : Voilà bien sa Philaminte écoutant Trissotin :

On se sent, à ces vers, jusques au fond de l'âme
Couler je ne sais quoi qui fait que l'on se pâme.

Et un moment après, les trois savantes en *chorus* :

On n'en peut plus... on pâme... on se meurt de plaisir...
De mille doux frissons vous vous sentez saisir.

Mirabeau n'a pas laissé échapper les *frissons*, comme vous l'avez vu ; mais il y a joint, ce qui est bien à lui, *les approches du néant*.

Dédommageons-nous un moment de toutes ces pauvretés, en jetant les yeux sur quelques beaux endroits de ces *psaumes*. On ne peut disconvenir qu'en général le traducteur ne manque également de l'élégance nombreuse qui appartient à l'ode, et de l'onction pénétrante qui appartient au psalmiste. Mais il avait de la verve ; elle s'échauffe quand il travaille sur un de ces psaumes qui, par les grands mouvements et les figures hardies, rentrent dans la classe des compositions purement prophétiques. C'est ceux-là qu'il aurait dû toujours choisir de préférence, comme plus analogues à son talent ; car il n'a de chaleur que dans l'imagination, et n'en a point dans l'âme ni dans le cœur. Mais quand son imagination est allumée par le modèle qu'il a devant lui, il en reçoit une impulsion vive, quoique momentanée, et retrouve même l'expression et le nombre qu'ailleurs il n'a presque jamais. C'est ce qui lui est arrivé quelquefois en travaillant sur le psaume *Exsurgat Deus*, et plus souvent sur celui de la création, *Benedic, anima mea* : ce sont les deux seuls qui chez lui aient du mérite, sur-tout le dernier. Je ne dirai rien du fameux psaume *Super flumina*, qu'on a beaucoup vanté dans Pompignan : il n'y a guère mieux réussi que tant d'autres qui ont essayé de traduire ce chef-d'œuvre. La version de Le Franc a quelque élégance, mais ni sensibilité ni mouvement : elle n'est pas en tout au-dessus du médiocre. J'aime mieux ce début de l'*Exsurgat*.

Dieu se lève : tombez, roi, temple, autel, idole.
Au feu de ses regards, au son de sa parole,
    Les Philistins ont fui.
Tel le vent dans les airs chasse au loin la fumée;
Tel un brasier ardent voit la cire enflammée
    Bouillonner devant lui.

Les trois premiers vers sont d'une impétuosité qu'on ne saurait trop louer dans une exorde de ce genre. Les trois derniers ne se soutiennent pas de même. L'un est tout entier d'*Athalie* :

Comme le vent dans l'air dissipe la fumée,
La voix du Tout-Puissant a chassé cette armée.

Les deux autres sont pris de Rousseau, et devaient du moins être mieux adaptés à la place où ils sont. Rousseau avait dit :

    Ou comme l'airain enflammé
    Fait fondre la cire fluide
Qui bouillonne à l'aspect du brasier allumé.

Vous voyez qu'il n'y a pas une expression que Le Franc n'ait empruntée; mais il a laissé de côté la plus nécessaire, celle d'où dépend la justesse de la comparaison, *fait fondre la cire fluide*, ce que Rousseau s'est bien gardé d'oublier; car l'idée du prophète est que *les ennemis ont été dissipés devant le Seigneur comme la cire fond à l'approche du feu*, et le rapport est parfaitement juste. Il est incomplet quand la cire ne fait que *bouillonner*. L'expression est fort belle, mais Rousseau ne s'en était servi que comme d'un trait de plus qui achevait la peinture sans la charger, et il n'avait pas manqué le trait principal : son imitateur aurait dû faire comme lui.

> Souverain d'Israël, Dieu vengeur, Dieu suprême,
> Loin des rives du Nil tu conduisais toi-même
>   Nos aïeux effrayés.
> Parmi *les eaux du ciel*, les éclairs et la foudre,
> Le mont de Sinaï, prêt à tomber en poudre,
>   Chancela sous tes pieds.

Les eaux du ciel sont ici hors de propos; mais la strophe marche et se termine bien. Le sujet du psaume est le transport de l'Arche sur la montagne de Sion : c'est ce qui est tracé dans la strophe suivante, qui pouvait être meilleure, mais où du moins le vers est assez ferme :

> Sion, quelle auguste fête,
> Quels transports vont éclater !
> Jusqu'à ton superbe faîte
> Le char de Dieu va monter.
> Il marche au milieu des anges,
> Qui célèbrent ses louanges,
> Pénétrés d'un saint effroi.
> Sa gloire fut moins brillante
> Sur la montagne brûlante
> Où sa main grava sa loi.

Je passe sur une multitude de fautes qui ne justifieraient que trop les détracteurs de Pompignan, s'il n'eût pas mieux fait ailleurs : il n'y a peut-être pas une strophe qui n'en présente plus ou moins, et la plus grande de toutes est toujours l'absence du bon. Le goût de l'auteur ne va pas même jusqu'à le préserver des fautes choquantes, comme son oreille ne l'avertit pas des chutes désagréables de la plupart de ses strophes :

>Le Seigneur écoute ma plainte;
>Mes cris ont attiré ses regards paternels.
>J'ai *percé la majesté* sainte
>Dont l'éclat l'environne et le cache aux mortels.

La majesté sainte est de Racine : mais ce n'est pas lui qui aurait *percé la majesté*. Cela n'est pas tolérable : on ne *perce* aucune *majesté*, encore moins celle-là que toute autre. Ailleurs il fait *accourir* Dieu, il le fait crier; et Dieu n'*accourt* pas et ne *crie* pas. Il lui dit :

>Et les fondements de la terre,
>Par ta course ébranlés, ont tressailli d'*horreur*.

L'*horreur* est ici un terme très impropre : dans ces sortes d'occasions elle doit être caractérisée particulièrement, comme dans ce vers d'*Iphigénie* :

>Le ciel brille d'éclairs, s'entr'ouvre, et parmi nous
>Jette une *sainte horreur* qui nous rassure tous.

On peut, devant l'Éternel, tressaillir de crainte et de respect, mais non pas d'*horreur*. Qu'il est rare de se rendre un compte exact de la valeur des mots ! On les emploie sans discernement, comme on les a lus sans réflexion, et c'est ainsi qu'on écrit mal.

>Pourquoi, seigneur, *de nos alarmes*
>*Veux-tu faire encor tes plaisirs?*

En vérité on ne saurait pardonner de semblables contre-sens à un homme occupé sans cesse de l'Écriture. Jamais on n'y trouvera rien de pareil ; nulle part on n'y verra *le Seigneur se faire un plaisir de nos alarmes* : ces expressions sont un vrai scandale. Mais voici du moins une bonne strophe que je rencontre ; elle fait partie de cette belle allégorie du psaume où Israël est comparé à une vigne que Dieu lui-même a plantée et cultivée :

> Du milieu des vastes campagnes,
> Cette vigne que tu chéris
> Élève ses *bourgeons** fleuris
> Jusques au faîte des montagnes.
> Les cèdres rampent à ses pieds ;
> Ses rejetons multipliés
> Bordent au loin les mers profondes ;
> Le Liban nourrit ses rameaux ;
> Et l'Euphrate roule ses ondes
> Sous l'ombrage de leurs berceaux.

Mais le psaume où il a été le mieux inspiré, le seul même où le bon l'emporte sur le mauvais (car ce mélange est partout, et dans les *prophéties* et les *cantiques* comme ici), c'est celui de la création, qu'en effet on peut appeler un morceau inspirant : il ne s'agit pas ici de comparaison avec l'original. Racine et Rousseau n'y atteindraient pas. Nous n'examinerons que ce qui est bien en soi, et d'ailleurs peu de lecteurs en chercheront davantage.

> Inspire-moi de saints cantiques ;

---

* *Bourgeons* est trop petit pour un si grand tableau. Mais c'est la seule faute ; elle est légère.

Mon âme bénis le Seigneur;
Quels concerts assez magnifiques,
Quels hymnes lui rendront honneur?
L'éclat pompeux de ses ouvrages,
Depuis la naissance des âges,
Fait l'étonnement des mortels.
Les feux célestes le couronnent,
Et les flammes qui l'environnent
Sont ses vêtements éternels.

Ainsi qu'un pavillon tissu d'or et de soie,
Le vaste azur des cieux sous sa main se déploie.
Il peuple leurs déserts d'astres étincelants.
Les eaux autour de lui demeurent suspendues;
      Il foule aux pieds les nues,
      Et marche sur les vents*.

Fait-il entendre sa parole?
Les cieux croulent, la mer gémit,
La foudre part, l'aquilon vole,
La terre en silence frémit.
Du seuil des portes éternelles
Des légions d'esprits fidèles
A sa voix s'élancent dans l'air:
Un zèle dévorant les guide,
Et leur essor est plus rapide
Que le feu brûlant de l'éclair,

*Il remplit*** du chaos les abymes funèbres,
Il affermit la terre et chassa les ténèbres.
Les eaux couvraient au loin les rochers et les monts;
Mais au son de sa voix les ondes se troublèrent,

  * Mauvaise rime, déjà remarquée ailleurs.
  ** *Combla* serait mieux, et d'autant mieux qu'il marquerait le passé, et ôterait l'équivoque du présent, qui est ici un défaut.

Et soudain s'écoulèrent
Dans leurs gouffres profonds.

La strophe suivante ne serait pas au-dessous de celles-là, si les derniers vers n'avaient pas été mal conçus, précisément parce que l'auteur a voulu enchérir sur ce qu'il valait mieux conserver.

Les bornes qu'il leur a prescrites
Sauront toujours les resserrer.
Son doigt a tracé les limites
Où leur fureur doit expirer.

Bien des gens (et je suis du nombre) préféreront ce beau vers de Racine le fils, qui se grave dans la mémoire dès qu'on l'entend :

La rage de tes flots expire sur tes bords.
(*Poëme de la Religion.*)

La mer, dans l'excès de sa rage,
Se roule en vain sur le rivage
Qu'elle épouvante de son bruit.

Ces trois vers sont les meilleurs de la strophe :

Un grain de sable *la divise :*
L'onde approche, le flot se brise,
Reconnaît son maître et s'enfuit.

Un grain de sable la divise ne forme aucun sens ; c'est un vrai galimatias, et *le flot qui reconnaît son maître* ne me plaît en aucune manière : cela devient petit à force de vouloir être grand. On voit bien que l'auteur a voulu mettre en action ces mots du livre de Job : « *Je lui ai dit: Tu viendras jusque-là,*

« *et tu n'iras pas plus loin**. » Eh bien ! c'était cela qu'il fallait mettre en vers.

Je passe deux strophes faibles : en voici une où des détails fort simples et fort communs sont très heureusement relevés par l'élégance et le nombre, mérite qu'on voudrait voir plus souvent dans ce recueil :

>Les troupeaux dans les prés vont chercher leur pâture;
>L'homme dans les sillons cueille sa nourriture;
>L'olivier l'enrichit des flots de sa liqueur;
>Le pampre coloré fait couler sur sa table
> Ce nectar délectable,
> Charme et soutien du cœur.

Dans cette pièce (et c'est la seule) l'auteur tombe rarement, et c'est ce qui fait que je cède au plaisir de citer, espérant que vous le partagerez avec moi.

> Le souverain de la nature
> A prévenu tous nos besoins;
> Et la plus faible créature
> Est l'objet de ses tendres soins.
> Il verse également la sève,
> Et dans le chêne qui s'élève,
> Et dans les humbles arbrisseaux :
> Du cèdre, voisin de la nue,
> La cime orgueilleuse et touffue
> *Sert de base* au nid des oiseaux.

J'avoue que *sert de base* me paraît une tache. Je conçois bien l'idée du contraste; elle est belle et fournie par l'original; mais outre que *sert de base* est un peu prosaïque pour une ode, le contraste,

---

* *Huc usque venies, et non procedes amplius.*

pour être trop marqué, perd son effet. Il y a de l'affectation à faire du cèdre la *base* d'un *nid*, si souvent suspendu sur des branches; ce qui même est tout autrement admirable. Ces trois vers devraient être refaits.

> Le daim léger, le cerf et le chevreuil agile
> S'ouvrent sur les rochers une route facile.
> Pour eux seuls de ses bois Dieu forma l'épaisseur,
> Et les trous tortueux de ce gravier aride,
>   Pour l'animal timide
>   Qui nourrit le chasseur.

Il fallait de l'art pour faire passer le mot *trous* à la faveur d'une épithète pittoresque et de la tournure du vers, et ce mérite doit être remarqué dans un poète.

> Le globe éclatant qui dans l'ombre
> Roule au sein des cieux étoilés,
> Brilla pour nous marquer le nombre
> Des ans, des mois renouvelés.
> L'astre du jour, dès sa naissance
> Se plaça dans le cercle immense
> Que Dieu lui-même avait décrit;
> Fidèle aux lois de sa carrière,
> Il retire et rend la lumière
> Dans l'ordre qui lui fut prescrit.

Ce dernier vers est un peu sec; et l'auteur néglige trop souvent une chose assez essentielle, le soin de bien terminer ses strophes. Je conviendrai encore si l'on veut, qu'ici ce qui est bon peut laisser souvent à des juges, qui auraient le droit d'être difficiles, l'idée d'un mieux qui ne serait pas l'ennemi du bien. Mais ceux-là même sauront mieux que d'autres combien la difficulté était grande, et que, pour la surmonter seulement jusqu'à ce point, il fallait un degré de talent qui n'est point du tout à mépriser.

> La nuit vient à son tour : c'est le temps du silence.
> De ses antres *fangeux* la bête alors s'élance,
> Et de ses cris aigus *étonne* le pasteur :
> Par leurs rugissements les lionceaux demandent
> L'aliment qu'ils attendent
> Des mains du créateur.

Fangeux n'est pas une épithète bien choisie. Les *antres* sont d'ordinaire abrités : pourquoi seraient-ils *fangeux*, si ce n'est dans un certain temps? Il valait mieux choisir une épithète d'un caractère général. *Étonne le pasteur* n'est pas juste non plus : *effraie* le serait davantage si ce n'est que personne n'est plus accoutumé que cette espèce d'homme à entendre la nuit le cri des animaux. Mais le fond des idées, quoique fort affaibli, est si beau, qu'il soutient le traducteur. La strophe suivante est beaucoup meilleure :

> Mais quand l'aurore renaissante
> Peint les airs de ses premiers feux,
> Ils s'enfoncent pleins d'épouvante
> Dans leurs repaires ténébreux.
> Effroi de l'animal sauvage,
> Du Dieu vivant brillante image,
> L'homme paraît quand le jour luit.
> Sous ses lois la terre est *captive*;

Il y commande, il la cultive
Jusqu'au règne obscur de la nuit.

Captive est une expression d'autant plus mal choisie, que, suivant les principes de notre religion, la nature, originairement sujette de l'homme innocent, est rebelle aujourd'hui : il a conservé les moyens de la soumettre, mais au prix du travail, et l'état de révolte subsiste toujours : c'est ce qu'on appelle le mal physique, suite du mal moral, dans la philosophie chrétienne, qui devait être celle de notre auteur. Encore une strophe, et ce sera la dernière :

Privés de tes regards célestes,
Tous les êtres tombent détruits,
Et vont mêler leurs tristes restes
Au limon qui les a produits.
Mais par des semences de vie,
Que ton souffle seul multiplie,
Tu répares les coups du temps ;
Et la terre, toujours peuplée,
De sa fange renouvelée
Voit renaître ses habitants.

Les reproches qu'on pourrait faire ici au poète tomberaient beaucoup moins sur sa versification, qui est assez soignée, que sur sa composition générale, trop éloignée du texte, dont il néglige trop l'esprit et les mouvements, et c'est un grand tort. En général, il y aurait beaucoup à gagner à suivre de près un tel modèle, autant du moins que peuvent le permettre les convenances de notre langue et de notre versification ; et le psaume *Benedic*, en particulier offrait, sous ce point de vue, de précieux avantages. Le Franc semble n'y avoir vu que la partie descriptive; et il l'aurait bien autrement animée, s'il eût saisi tout ce qu'il y a de sentiments dans ce psaume, qui n'est en effet qu'un épanchement continuel d'admiration et de reconnaissance envers le Créateur : d'où il résulte, dans le texte, des impressions affectueuses qui servent partout de liaisons et de transitions pour les objets descriptifs. Tous ces sentiments tiennent peu de place, il est vrai; mais ils sont de beaucoup d'effet, tant ils ont de naturel et de vérité. C'est là ce qu'on peut appeler l'huile des livres saints : elle coule dans les vers de Racine, et leur communique sa douceur et son parfum; elle se fait moins sentir dans ceux de Rousseau, quoique pourtant elle n'y manque pas tout-à-fait, et notamment le cantique d'Ézéchias en est rempli; elle manque totalement dans les *Poésies* de Le Franc; et c'est ce qui fait qu'elles n'auront jamais beaucoup de lecteurs. Partout sa versification est plus ou moins pénible et tendue; point de cette facilité entraînante qui éloigne l'idée du travail et de l'effort; et un homme d'esprit et de goût * l'avait fort bien caractérisé dans un badinage fort ingénieux **, qui parut il y a quarante ans, et où l'ombre de Voltaire, courant de nuit chez ses amis et ses ennemis, trouvait ici Piron *qui dormait*, et là Pompignan qui criait : *Où est mon Richelet ?*

Avec de telles dispositions, il fallait que Pom-

---

* M. Sélis.
** *Relation de la mort et de la confession* de M. de Voltaire.

pignan se connût bien peu pour tenter la version du *Miserere*, psaume qui abonde en pathétique autant que cette version est remarquable en sécheresse et en froideur. Mais ce qui est bien plus singulier, c'est d'aller prendre parmi tant d'autres le psaume CXVIII, le plus long de tous et le plus simple, mais dont la simplicité, toujours la même, et l'uniformité d'idées, qui roulent toutes sur le même objet, l'éloge de la loi divine, se refusent à la poésie lyrique, au point qu'il fallait ne douter de rien pour imaginer d'en faire une ode, et une ode de plus de cinq cents vers. Quels vers ! En voici des échantillons.

Vrai dans l'effet de tes promesses,
Relève un pécheur prosterné.
J'ai fait l'aveu de mes faiblesses,
Seigneur, et tu m'as pardonné.
Assure en moi le caractère
D'un mortel repentant, sincère,
Tout occupé de ta grandeur,
Mon âme, au bruit de ta colère
Se dissout presque de terreur.

Dans l'aversion du mensonge
Forme et nourris mes sentiments.
Mon esprit *ne pense, ne songe*
Qu'à tes divins commandements.
Ouvre mon cœur à ta sagesse,
Et n'ôte point à ma faiblesse
L'appui visible de ton bras.
Rien n'égalera *ma vitesse*
Quand je marcherai sur tes pas.

Il faut être juste envers tout le monde : quand on fait trois ou quatre cents vers de suite, tous écrits dans ce goût, peut-on se plaindre d'un lecteur à qui le livre tomberait des mains ? Il y perdrait pourtant, et je lui dirais : Passez vite aux livres suivants; il y a encore beaucoup à élaguer, mais il y a aussi à recueillir. Je ne m'arrêterai que sur ce qui est de cette dernière espèce.

C'était un beau champ pour la poésie que ce *cantique* sur le passage de la mer Rouge, analysé par nos plus habiles rhéteurs*, comme un modèle du plus sublime enthousiasme, de la plus belle marche lyrique, celle qui est à la fois d'une rapidité entraînante et d'une imposante majesté. Pompignan ne s'en est approché que dans trois ou quatre strophes, et c'est sur-tout la rapidité qu'il a le mieux rendue. Tout le commencement ne vaut rien ; voici l'endroit où il commence à entrer en verve :

La mer alors, la mer qui baigne leur empire,
    De toutes parts les investit.
    Son propre roi, qu'elle engloutit,
Disparaît dans l'abyme où sa fureur expire.
J'ai vu chefs et soldats, coursiers, armes, drapeaux,
    Au bruit des vents et du tonnerre,
    Comme le métal ou la pierre,
Tomber, s'ensevelir dans le gouffre des eaux.

Ta droite a signalé sa force inépuisable,
Seigneur; où sont ces rois contre ta loi durable
    Follement conjurés ?

---

* Hersan et Rollin. Voyez cette analyse, t. IV, p. 69.   F.

De leur impiété quel sera le salaire ?
Je les cherche ; où sont-ils ? Le feu de ta colère
　　Les a tous dévorés.

C'est là sans doute de la vivacité, du feu ; mais tout languit un moment après, sur-tout à côté du texte littéral. « L'ennemi disait : Je poursuivrai et j'atteindrai ; je partagerai les dépouilles, et mon âme sera rassasiée ; je tirerai mon glaive, et ma main tuera. »

Notre ennemi disait : Je poursuivrai ma proie.
Leur sang, *leur propre sang* inondera leur voie
　　Jusqu'au fond des déserts.

Leur propre sang est une cheville insupportable ; et de quel autre sang donc s'agirait-il ? Est-ce là le cas de la répétition ? Est-il temps de s'arrêter quand il faut courir ? Eh ! que devient ce trait si énergique : *Je poursuivrai et j'atteindrai ; persequar et comprehendam ?* Le traducteur rend l'un et omet l'autre : cela devait être inséparable. Je sais qu'un pareil laconisme ne peut guère avoir lieu dans nos vers ; mais dans une strophe qui en a six ne pouvait-on du moins faire passer la chaleur qui est dans le texte ? Elle achève de s'éteindre dans les vers suivants :

Je les dépouillerai, j'assouvirai ma haine.
Ils étaient sous le joug ; ils ont brisé leur chaîne :
　　Qu'ils rentrent dans mes fers.

Tout cela est glacé, tout cela est mort. Où donc est ce mouvement terrible : *Je tirerai mon glaive et ma main tuera ?* Vraiment après cela, il s'agit bien de *rentrer dans les fers!* L'Égyptien ne parle que de tout exterminer, et c'était en effet tout son dessein et toute sa politique; l'histoire sainte en fait foi. Quoi de si pauvres chevilles sur un fond si riche! cela fait souffrir: et soit amour du texte sacré, soit impatience d'une si misérable version, je n'ai pu me refuser celle qui est venue comme d'elle-même sous ma plume, et que je risque d'offrir à votre indulgence:

> L'ennemi s'écriait, déjà bouillant de joie:
> Je poursuivrai l'esclave et j'atteindrai ma proie.
> Le glaive est dans ma main: il brille, il va frapper;
> Il frappe, immole, et livre à ma rage assouvie
>   La dépouille et la vie
> De ces vils fugitifs qui croyaient m'échapper.

Comment peut-on être froid? disait Voltaire dans une de ses lettres. Et cette question, dont tant d'ouvrages lui donnaient la solution, n'était que la saillie d'un poète dont la froideur n'a guère été le défaut. Mais si jamais elle peut paraître presque incompréhensible et plus inexcusable qu'ailleurs, c'est quand on traduit la poésie des livres saints.

La strophe suivante est meilleure:

> Ils le disaient; et leurs blasphêmes
> Sont étouffés au sein des flots.
> Dieu fait retomber sur eux-mêmes
> L'audace de leurs vains complots.
> Grand Dieu, que tu fais de prodiges!
> Ces dieux d'erreur et de prestiges
> Ont-ils pu s'égaler à toi?
> Terrible maître des empires,

> Les chants mêmes que tu m'inspires
> Me pénètrent d'un saint effroi.

Sans doute Moïse était *inspiré* d'un bout à l'autre de ce *cantique*; mais Pompignan l'était-il lorsqu'il n'a tiré qu'une strophe excessivement faible de l'un des endroits les plus lyriques qui puissent enflammer un poète? Vous aller en juger sur une prose littérale. Le chantre hébreu veut peindre la consternation répandue dans toutes les contrées voisines à la nouvelle d'un évènement aussi miraculeux que le passage de la mer Rouge : « Les peuples l'ont appris et se sont vainement irrités; la consternation et les douleurs ont saisi les Philistins. Alors se sont troublés les princes d'Édom; les puissants de Moab ont tremblé; Chanaan a été glacé d'effroi. Seigneur, que la peur et l'épouvante fondent ainsi sur tous nos ennemis; qu'à l'aspect de votre bras puissant ils soient immobiles comme le marbre, jusqu'à ce que votre peuple passe, Seigneur, jusqu'à ce qu'il soit passé, le peuple qui est à vous. »

Et Pompignan :

> De la Palestine alarmée
> Je vois la rage et la douleur.
> Tous les princes de l'Idumée
> Sont dans le trouble et dans l'horreur.
> Moab quitte ses champs fertiles;
> Ses soldats restent immobiles
> Sous ton glaive victorieux.
> Dans l'effroi mortel qui les glace,

Seigneur, sur ton peuple qui passe
Ils n'oseraient lever les yeux.

Sans parler même de tout ce qui manque à ces vers, dont la plupart en méritent à peine le nom, quel amas de contre-sens! On dirait que l'auteur ne s'entend pas lui-même. Moab ne *quitte* point *ses champs*, il n'y a nulle raison pour cela; et s'il *quitte ses champs*, comment *ses soldats restent-ils immobiles?* Et comment sont-ils *immobiles sous un glaive victorieux* dont ils sont encore fort loin, et qui ne les attaqua que bien des années après? Comment enfin *n'osent-ils lever les yeux* sur ce qui est si loin de leur vue? Mais ce qu'il y a de pis, c'est qu'on ne revoit rien là de cette poésie de l'original, qui semble vous donner des vers tout faits, et vous en fait faire comme malgré vous; car il est à remarquer qu'ici le poète hébreu a précisément le ton d'Horace et de Pindare, et procède partout comme eux : l'hébraïsme n'est que dans quelques locutions. D'ailleurs, c'est tout simplement l'ode antique dans toute sa beauté; il n'y a ici ni écarts ni secousses : ce n'est pas une prophétie, c'est un chant d'allégresse et de triomphe : et Le Franc n'a vu là qu'une pauvre strophe! Aussi n'a-t-il rien rendu, absolument rien. Pour moi, j'avoue qu'en ne comptant que les beautés de l'original, je n'ai pas cru que ce fût trop de quatre strophes pour développer le tableau si énergiquement resserré dans le texte. Si l'on ne peut pas s'approprier de lingot! eh bien il faut tâcher du moins de parfiler de l'or.

Les peuples l'ont appris : le bruit de tes vengeances
   A franchi les déserts immenses,
Les sommets de Basan et les bords du Jourdain.
Des enfants de Moab les tribus opulentes
   Se cachent sous leurs tentes ;
Et leurs boucliers d'or ont tremblé dans leurs mains.

Édom en a frémi : son orgueilleuse audace
   En vain affectait la menace :
Ses chefs gardent encore un silence d'horreur.
Le Philistin se tait dans sa rage impuissante,
   Et, pâle d'épouvante,
Il n'a pu proférer que des cris de terreur.

De tous tes ennemis qu'elle soit le partage.
Leur âme est dans l'effroi quand leur bouche t'outrage.
Que toujours devant toi la peur fonde sur eux.
Qu'ils soient tels qu'à nos yeux ces bustes inutiles,
   Ces marbres immobiles,
   Dont ils ont fait leurs dieux.

Que sans cesse enchaînés dans cet effroi stupide
   Sous ton bras puissant qui nous guide,
Ils regardent passer ton peuple triomphant.
Qu'il passe, et touche enfin au fortuné rivage,
   Promis pour héritage
Au peuple que Dieu même a choisi pour enfant.

Vous avez vu que je ne relève guère les fautes que dans les endroits où elles sont auprès des beautés. En voici pourtant une que je ne dois point passer sous silence, ne fût-ce que pour faire voir jusqu'où le traducteur tombe trop souvent, soit faiblesse, soit défaut de goût ; et comme j'en pourrais citer beaucoup de semblables, vous en concluerez que j'aime bien mieux épuiser l'éloge du bon que la censure du mauvais. C'est dans le commencement de ce cantique et sur ces paroles de la Vulgate : *Equum et ascensorem dejecit in mare* :

>L'Égypte en vain combattait;
>Il en triomphe, *il foudroie*
>*Le cavalier qui se noie*
>Sous le coursier qu'il montait.

C'est apprêter à rire que de *foudroyer* celui *qui se noie*; et vous voyez que, dans l'auteur hébreu, il n'est point du tout question de *foudroyer*; c'est une bien lourde méprise.

Un autre *cantique*, celui que Moïse, avant sa mort, adressa aux enfants d'Israël, est en général d'un style tempéré, que le traducteur soutient assez également d'un bout à l'autre : c'est un des morceaux où il y a le plus de correction et d'élégance, et le moins de taches. Mais je préfère de vous faire entendre ce qui s'élève davantage par le sujet et le style. Tels sont ces différents endroits du *cantique de Débora*, l'un des meilleurs du recueil.

>Une femme s'oppose à leurs progrès funestes;
>Mère de sa patrie, elle en sauve les restes,
>Qui des fers d'un tyran ne pouvaient échapper.
>Dieu s'ouvre à la victoire une nouvelle voie :
>>Le chef qu'il nous envoie
>A combattu sans arme et vaincu sans frapper.

>Les débris de leur camp sont épars dans la plaine.
>Le torrent de Cison dans ses gouffres entraîne

Les cadavres impurs dont ces bords sont couverts.
Sous cet horrible poids sa course est arrêtée,
　　Et son onde infectée
Mêle des flots de sang à l'écume des mers.

Le *cantique d'Anne*, composé tout entier de strophes de quatre vers de trois pieds suivis d'un alexandrin, n'est remarquable que par le mauvais choix d'un rhythme aussi ingrat que bizarre : la versification y répond; elle est partout fort au-dessous du médiocre.

Le cantique de David sur *la mort de Saül et de Jonathas* devait être de l'intérêt le plus touchant, mais ce n'est pas par-là que brille le traducteur. Cependant les deux dernières strophes de cette pièce, d'ailleurs extrêmement inégale, ne sont pas dénuées de sentiment. Le poète s'adresse aux filles d'Israël :

Vous adoriez leur empire
C'en est fait, ils ont vécu.
Dieu loin de nous se retire,
Et l'idolâtre a vaincu !
Quels nouveaux guerriers s'avancent ?
Quels vils ennemis s'élancent ?
Des vallons de Jezraël ?
Par des armes méprisées
Comment ont été brisées
Les colonnes d'Israël ?

Héros du peuple fidèle,
Prince tendre et généreux,
Tu meurs ! ô douleur mortelle,
Pour ton ami malheureux !
O Jonathas ! ô mon frère !

>Je t'aimais comme une mère
>Aime son unique enfant.
>Avec toi notre courage
>Disparaît comme un nuage
>Qu'emporte un souffle de vent.

Il n'y a rien à extraire du sixième cantique; et il est fâcheux que le suivant commence par ces quatre vers :

>*Tu fus* la roche inaccessible,
>Seigneur, qui défendit mes jours.
>*Tu fus* le guerrier invincible
>Par qui je triomphai toujours.

Avec ces deux *tu fus*, quand c'était déjà trop d'un, on n'embouche pas la trompette fort harmonieusement. Cette pièce n'est pourtant pas sans beautés, témoin ces deux strophes, où David peint l'éclatante protection que Dieu lui avait accordée contre la ligue des peuples voisins :

>Soudain sa colère allumée
>Cause d'affreux embrasements.
>Des monts entourés de fumée
>Il soulève les fondements.
>Sous ses coups l'univers chancelle ;
>Son front de fureur étincelle
>Contre un peuple séditieux.
>Devant lui marche son tonnerre ;
>Et, pour descendre sur la terrre,
>Sous ses pieds il courbe les cieux.

Après le vers de Rousseau,

>Abaisse la hauteur des cieux...*

---
* *Voyez* la remarque de La Harpe sur ce vers, tom. IV pag. 132.   F.

il n'est pas malheureux d'avoir trouvé ces deux-là.

> Sa voix gronde au sein des nuages
> Pour effrayer les imposteurs.
> Ses traits, sa foudre et ses orages
> Ont détruit mes persécuteurs.
> Tout conspire à punir leurs crimes;
> Jusqu'au fond de leurs noirs abîmes,
> Les flots émus se sont ouverts;
> Et dans leur cavité profonde
> Des remparts ébranlés du monde
> Les fondements sont découverts.

Il est triste encore que le cantique qui a pour titre, *Les dernières paroles de David*, commence par celles-ci, qui ne sont sûrement pas d'un poète :

> Voici l'instruction dernière
> D'un monarque choisi de Dieu;
> Voici dans son dernier adieu,
> Son cœur, son âme tout entière.

Le reste est aussi faible que cet exorde est ridicule. Le *cantique de Tobie* et celui de *Judith* ne valent guère mieux, non plus que le suivant, celui d'*un Juif dans les fers;* et sur trois *cantiques d'Isaïe*, deux sont encore au-dessous; le troisième est meilleur, mais peu au-dessus du médiocre. Celui d'*Ézéchiel* est fort supérieur, et l'exécution en était très difficile : c'est une allégorie continuelle, que le traducteur a fort bien rendue, mais qui ne pourrait être citée sans explication. Le cantique où le même prophète prédit la ruine de Tyr offre des morceaux plus saillants. Voici le meilleur; les autres, quoique avec des beautés, sont mêlés de trop de fautes pour être cités :

>Tu vis l'Italie et la Grèce
>T'offrir, dans un tribut nouveau,
>Leur industrie et leur richesse
>Pour l'ornement de ton vaisseau.
>L'Égypte, de ses mains habiles,
>A tissu tes voiles mobiles
>Du lin cueilli dans ses sillons;
>Et l'Élide à tes pieds tremblante,
>A de sa pourpre étincelante
>Formé tes riches pavillons.

Pompignan a rendu avec quelque énergie les sombres et effrayantes peintures qui distinguent les visions d'Ézéchiel; celle, par exemple, où il représente le roi d'Égypte descendant aux enfers, dont il trouve les avenues occupées par les images et les tombeaux d'une foule de rois et de chefs barbares qui, comme lui, ont opprimé les nations :

>C'est là qu'Assur habite, et que d'un peuple immense
>Il voit autour de lui, dans un affreux silence,
>   Les sépulcres rangés.
>De crainte à son aspect la terre fut frappée :
>Il périt; les soldats et leur roi sous l'épée
>   Tombèrent égorgés.

>Élam est en ces lieux : ses honneurs l'abandonnent;
>De ses guerriers vaincus les tombeaux l'environnent,
>   De ténèbres couverts.
>Les pays qu'il troubla détestent sa mémoire;
>Du milieu des combats il fut jeté sans gloire
>   Dans le fond des enfers.

Je crois qu'il eût été beaucoup mieux et plus conforme à l'esprit du texte de dire :

> La mort a d'un seul coup précipité sa gloire
>   Dans la nuit des enfers.

Mais achevons le tableau :

> Ils en ont occupé les innombrables routes,
> Sur des lits que la mort dans ces obscures voûtes
>   Elle-même a dressés :
> Sujets incirconcis, souverains infidèles,
> Qui tous dans le séjour des ombres éternelles
>   Sans ordre sont placés.
>
> Vois ces princes du Nord dont la gloire s'efface ;
> Vois ces bras sans vigueur, et ces fronts sans menace,
>   Et ces yeux sans regards...

Ces deux vers sont d'une expression sublime.

> Fantômes que la mort en esclaves châtie,
> Eux dont jadis la main sur nous appesantie
>   Brisait tous nos remparts.
>
> O monarques tombés*, où sont vos diadèmes ?
> Et vous, hommes puissants, dont les fureurs extrêmes**
>   Tourmentaient l'univers.
> Où sont tous vos projets, vos grandeurs redoutables ?
> Les cachots du sommeil, au jour impénétrables,
>   Vous tiennent dans les fers.

Le livre des prophéties est celui où la versification de l'auteur est plus égale, plus correcte, et même plus coulante que partout ailleurs : sa verve y est plus soutenue, et c'est là qu'il a le plus d'élé-

---

* Il y a dans le texte : *O monarques du Nord !* répétition faible.
** Hémistiche parasite qu'il ne faut jamais se permettre dans une ode.

vation et de force, et le moins de taches et de négligences. Le mérite de la difficulté vaincue ne peut être apprécié que par ceux qui connaissent également notre poésie et celle de l'Écriture ; mais il y avait de plus une difficulté particulière qu'il était très important de surmonter, et dont il ne paraît pas s'être assez occupé : c'était de remplir les lacunes par des transitions rapidement explicatives, mais assez claires pour avertir toujours le lecteur des moments où le prophète passe d'un objet à un autre, des désastres prochains aux révolutions heureuses qui les répareront ; et, faute de cette précaution, il y a des endroits couverts de nuages, et où le lecteur le plus instruit ne peut plus suivre l'ordre des prédictions et des évènements : il semble alors que le prophète dise le pour et le contre ; ce qui n'est pas, et ce qu'il fallait éclaircir. L'homme inspiré, *le voyant* (comme disaient les Hébreux), pouvait quelquefois envelopper jusqu'à un certain point, et selon les desseins de Dieu, des prédictions qui ne devaient être manifestes que dans un temps donné ; mais le traducteur, libre de choisir dans ces prophéties, doit toujours être clair pour le lecteur. A cet inconvénient près, qui même n'est pas fréquent, tout ce livre est pénétré de l'esprit des livres saints ; mais comme cet esprit s'exprime souvent d'une manière fort éloignée de nos idées et de notre goût, il y a ici de belles choses qui ne peuvent le paraître qu'à ceux qui se sont familiarisés avec l'original. Telle serait la peinture tracée par Ézéchiel des désordres infâmes de Samarie et de Jérusalem, allégoriquement représentées comme deux sœurs également coupables, deux épouses adultères, mais avec une vérité et une force de couleurs dont Juvénal n'approche pas, et qui pourrait causer une sorte de surprise et même d'épouvante à ceux qui, trop accoutumés à cet art si commun de parer ou du moins de déguiser le vice, ne se souviendraient pas que l'Esprit saint, qui ne ménage pas nos hypocrites délicatesses, n'a dû songer qu'à peindre ce qui est horrible et abject, de manière à n'inspirer que l'horreur et le mépris. C'est peut-être un des morceaux où le traducteur a le plus signalé les ressources de son talent. Sans blesser en rien la décence, il couvre de la noblesse du style poétique les crimes de la barbarie et les turpitudes de la débauche. Voici d'abord les sacrifices abominables dont Voltaire a parlé dans *la Henriade*;

Lorsqu'à Moloch, leur dieu, des mères *gémissantes*
Offraient de leurs enfants les entrailles fumantes.

Ces deux vers sont très médiocres; et l'épithète *gémissantes*, contraire à la vérité historique, affaiblit extrêmement un tableau qui devait faire frémir. Le fait est que ces monstres dénaturés, qui n'étaient plus des femmes ni des mères, poussaient des hurlements d'une joie infernale pour étouffer le cri des innocentes victimes que les flammes consumaient dans un vêtement d'osier. C'est ce que le prophète, et après lui l'imitateur français, ont peint fidèlement, et en y joignant même ce qui a toujours été plus commun qu'on ne pense, le mélange des voluptés, des cruautés et des profanations. C'est Dieu qui parle ici au prophète, que suivant la dénomination usitée dans l'Écriture, il appelle *fils de l'homme* :

Achevez, fils de l'homme, achevez mes vengeances.
De ces coupables sœurs publiez les offenses;
Que le bras de la mort commence à les saisir :
Monstres qui se faisaient, pour braver ma colère,
   Un jeu de l'adultère,
   Et du meurtre un plaisir.

D'un culte réprouvé prêtresses détestables,
Ces femmes ont offert à des dieux exécrables
Les enfants que pour moi leurs flancs avaient conçus;
Elles ont présenté ces victimes tremblantes,
   Et dans ses mains brûlantes
   Moloch les a reçus.

Tandis qu'ils expiraient dans des feux sacrilèges,
Leurs mères au mépris des plus saints privilèges,
Violaient le repos de mes jours solennels,
Et portaient sans effroi jusqu'en mon sanctuaire
   Leur cri tumultuaire
   Et leurs jeux criminels.

Tu t'abreuvais, barbare, et de sang et de larmes;
Et dans le même instant tu préparais tes charmes
Pour les jeunes amants dans ta cour appelés.
Les parfums précieux dont on me doit l'hommage
   Déjà pour ton usage
   Dans tes bains sont mêlés.

  Dans l'art de plaire et de séduire,
  Tu vantais tes lâches succès;
  Ton cœur, que je n'ai pu réduire,

Inventait de nouveaux excès.
Tu rassemblais les Ammonites,
Les Chaldéens, les Mohabites,
Les voluptueux Syriens :
Et, toujours plus insatiable,
Tu fis un commerce effroyable
De tes plaisirs et de tes biens.

D'autres reçoivent des largesses
Pour prix de leurs égaremens;
Mais toi tu livras tes richesses
Pour récompenser tes amants.
Tu laissais aux femmes vulgaires
L'honneur d'obtenir des salaires
Qui d'opprobre couvraient leur front :
Pour mieux surpasser tes rivales,
Tes tendresses plus libérales
Achetaient le crime et l'affront.

Ma sévérité, toujours lente,
N'a point éveillé tes remords.
Tu quittes, transfuge insolente,
Le Dieu vivant pour des dieux morts.
Quoi donc ! oubliras-tu, perfide,
Femme ingrate, mère homicide,
Que je t'arrachai du tombeau,
Et te sauvai, par ma puissance,
Des opprobres de ton enfance
Et des douleurs de ton berceau ?

Je ne dis pas que tout soit ici absolument irréprochable; mais je n'y vois rien qui nuise à l'effet du nombre et de l'élégance, qui se font sentir partout.

On sait que les caractères de la Divinité, opposés

aux extravagances de l'idolâtrie, sont un des sujets sur lesquels revenaient le plus souvent les envoyés célestes chargés de faire rougir les Israélites de leur penchant à l'idolâtrie. Aussi nulle part la grandeur du souverain Être n'a été exprimée par des images plus sensibles, plus frappantes et plus variées. C'est Dieu même qui, dans Isaïe, après avoir reproché à Israël ses dieux faits de la main des hommes continue ainsi :

> Mais moi, qui m'a fait ? qui suis-je ?
> Parlez à la terre, aux flots :
> Ils attestent le prodige
> Qui les tira du chaos.
> La sphère où l'homme voyage
> Au Dieu dont elle est l'ouvrage
> Sert de siège et de degré.
> Le firmament, qui la couvre,
> N'est qu'un pavillon qui s'ouvre,
> Et se referme à mon gré.

> Levez les yeux sur les voiles
> Des célestes régions :
> J'y rassemblai des étoiles
> Les nombreuses légions.
> Cette lumineuse armée,
> Dans une plaine enflammée,
> Marche et s'arrête à mon choix.
> Par leur nom je les appelle ;
> Nulle à mes lois * n'est rebelle,
> Et chacune entend ma voix.

---

* Il y a *à mes cris*, et c'est une faute où Le Franc est tombé plus d'une fois. La voix de Dieu peut se caractériser de bien des manières, selon les circonstances ; mais je ne crois pas qu'elle doive jamais s'appeler un cri.

Rien n'est plus connu que cette vision d'Ézéchiel, qui, au milieu d'un champ couvert d'ossements, reçut de Dieu l'ordre de souffler sur ces restes arides, et les vit se couvrir de chair et se lever de terre vivants. Ces détails, favorables aux couleurs neuves, sont en même temps hérissés de difficultés dans notre langue. Voici deux strophes, dont la première n'est pas sans quelque tache; mais je n'en vois point dans la seconde, et toutes deux sont généralement belles. C'est le prophète qui raconte :

>Dieu dit, et *je répète à peine*[*]
>Les oracles de son pouvoir,
>Que j'entends partout, dans la plaine,
>Ces os avec bruit se mouvoir.
>Dans leurs liens ils se replacent :
>Les nerfs croissent et s'entrelacent ;
>Le sang inonde ses canaux ;
>La chair renaît et se colore :
>Mais une âme manquait encore
>A ces habitants des tombeaux.
>
>Mais le Seigneur se fit entendre,
>Et je m'écriai plein d'ardeur :
>« Esprit, hâtez-vous de descendre !
>« Venez, Esprit réparateur ;
>« Soufflez des quatre vents du monde,
>« Soufflez votre chaleur féconde
>« Sur ces corps près d'ouvrir les yeux. »
>Soudain le prodige s'achève,

---

* Ce vers est peu agréable à l'oreille. Il était si aisé de mettre :

Dieu parle, et je redis à peine, etc.

Mais l'auteur n'avait pas l'oreille assez difficile.

Et ce peuple de morts se lève,
Étonné de revoir les cieux.

Nous avons dans les poètes anciens et modernes plusieurs peintures de campagnes affligées de la sécheresse : je doute qu'il y en ait une qui soit à comparer à la strophe suivante, au moins pour la force du trait :

L'air n'a plus de zéphirs, le ciel est sans rosée.
Les animaux mourants, sur la terre embrasée,
Ne trouvent sous leurs pas ni fleuves ni ruisseaux;
Et le feu souterrain, dans sa brûlante course,
Jusqu'au fond de leur source
A dévoré les eaux.

On a cité autrefois, et avec une juste admiration, cette strophe, tirée de la *prophétie de Joël*, et qui joint le sublime d'idée et d'image à la force d'expression, qui fait le mérite des vers que vous venez d'entendre. Ici Dieu s'adresse aux Iduméens, qui se flattent de se dérober à ses coups sous l'abri de leurs montagnes et de leurs rochers ?

Quand, pour fuir loin de ma puissance,
Tu suivrais l'aigle qui s'élance
Jusqu'à la source des éclairs,
Le souffle seul de ma vengeance
T'anéantirait dans les airs.

La *prophétie de Nahum contre Ninive* a fourni à Pompignan une de ses meilleures odes, où il a choisi très judicieusement le rhythme de celle de Rousseau sur la bataille de Péterwaradin, la strophe de dix vers de trois pieds et demi, si favorable à tout ce qui demande une marche vive et rapide : le sujet est le siège de Ninive, capitale des Assyriens, prise et détruite par les Mèdes :

> Tyrans, le vainqueur s'avance ;
> J'aperçois ses pavillons.
> Une multitude immense
> Ravage au loin les sillons.
> Peuple saint, reprends courage ;
> Cet épouvantable orage
> Gronde sur tes ennemis.
> Le Seigneur, par leurs alarmes,
> Commence à venger les larmes
> Et le sang de ses amis.
>
> Au signal qui les appelle,
> Les drapeaux flottent dans l'air.
> Toute l'armée étincelle
> De pourpre, d'or, et de fer.
> Quels cris confus retentissent !
> Les coursiers fougueux hennissent.
> Quel bruit d'armes et de chars !
> Le front du soldat s'enflamme,
> Et la fureur de son âme
> Éclate dans ses regards.
>
> Au souvenir de ses pères,
> Assur, dédaignant la mort,
> Des phalanges étrangères
> Sur ces murs soutient l'effort,
> Mais en vain son industrie
> Oppose à tant de furie
> De nouveaux retranchements :

Les flots s'ouvrent une route ;
Le temple tombe, et sa voûte
Écrase ses fondements.

Que de captifs qu'on enchaîne !
Que de femmes dans les fers !
O Ninive ! ô souveraine
De tant de peuples divers !
Sous les eaux ensevelie,
En vain ta voix affaiblie
Demande encor du secours ;
Sourds à ta plainte mourante,
Tes enfants, pleins d'épouvante,
T'abandonnent pour toujours.

Nations victorieuses,
Arrachez de ses palais
Ces richesses orgueilleuses *
Qu'elle dut à ses forfaits.
O jour lugubre et funeste !
Tout meurt ou fuit, il ne reste
Que des cœurs désespérés,
Que des fantômes stupides,
Que des visages livides
Par la peur défigurés.

Dans la *prophétie d'Habacuc*, je choisirai de préférence deux strophes contre l'idolâtrie, parce qu'on est toujours étonné de la fertilité d'invention qu'ont signalée les écrivains sacrés sur ce sujet, qu'ils semblent ne pouvoir épuiser : et il faut avouer que cette démence véritablement puérile, qui a régné si long-temps dans le monde entier, sous les yeux

---

* Il y a *précieuses*, épithète beaucoup trop faible.

et de l'aveu de tous les philosophes de l'antiquité, le seul Socrate excepté, était pour l'esprit humain un reproche éternel, qui n'a été effacé que par le christianisme.

>Voilà donc les faveurs insignes
>Que vous recevez de vos dieux.
>De ces divinités indignes,
>Mortels, vous remplissez les cieux ;
>Des colosses jetés en fonte
>. Sont l'objet d'un culte nouveau,
>Et l'artisan troublé se prosterne sans honte
>Devant ces dieux muets, enfants de son ciseau.

>Le sculpteur a dit à la pierre :
>Sois un dieu, je vais t'adorer.
>Il a dit à ce tronc étendu sur la terre :
>Lève-toi, je vais t'implorer.
>D'un bois rongé des vers ou d'un marbre insensible
>L'idolâtre fait son appui.
>Mais le Seigneur habite un temple incorruptible :
>Que l'univers se taise et tremble devant lui.

Après avoir passé quinze ans à traduire des poésies religieuses, Pompignan essaya dans le même genre des compositions originales, et fit un livre d'*hymnes*, qui est le quatrième de son recueil, et sans comparaison le moindre. L'auteur est ici d'une médiocrité qui ne permet aucune observation, parce qu'on ne pourrait tempérer la critique par aucune louange. On voit que cet auteur a toujours manqué d'invention. La manie de contredire, qui fait dire si gratuitement tant de sottises, a fait tout à l'heure encore exalter au delà de toute mesure sa tragédie de *Didon*, que je crois de très bonne foi avoir mise à la place qu'elle méritait. On s'est récrié sur le plan, dont j'avais moi-même loué la sagesse et l'art; et l'on n'aurait pas prétendu que je dusse aller plus loin et trouver du *génie* dans ce qui est copié, si l'on avait seulement pris la peine d'ouvrir Métastase, où l'on aurait retrouvé tout ce qu'il y a dans ce plan d'heureusement inventé, le déguisement d'Iarbe, et la victoire qui fait le dénouement. Le reste est à Virgile. Qu'est-ce donc qui peut appartenir à Le Franc? Le dialogue et la versification, qui ne sont pas en général au-dessus du médiocre, et j'appelle médiocre ce qui est mêlé de bon et de mauvais, sans que rien s'élève aux grandes beautés. Voilà la vérité; et quel autre intérêt pourrais-je avoir que celui de la vérité, quand il s'agit d'un homme qui s'était retiré du monde avant que j'y fusse entré, que je n'ai vu de ma vie, et avec qui je n'eus jamais rien à démêler?

A quelle distance de Santeuil et de Coffin il est resté dans ses *hymnes*! Il n'y en a qu'un de passable celui de l'Épiphanie, dont je citerai deux strophes :

> Berceau par les rois respecté,
> Témoin de leur obéissance,
> Tu vis leur suprême puissance
> Adorer la Divinité
> Dans les faiblesses de l'enfance
> Et les maux de l'humanité.

Le ciel s'ouvre aux humains, la mort fuit, l'enfer gronde;
Venez, peuples, venez aux pieds du roi des rois :

Il commence au berceau la conquête du monde ;
 Il l'achèvera sur la croix.

C'est dans un de ces hymnes qu'il appelle le démon *le tyran des énergumènes.* Je conçois, quoique avec peine, qu'une expression si hétéroclite puisse à toute force venir à la tête de l'homme qui compose; mais qu'elle passe sous sa plume et reste sur le papier, cela est fort, et ne s'explique pas aisément d'un auteur qui n'était pas de la dernière classe. Il n'en est pas ici comme de Mirabeau, qui avait imprimé, à propos d'un *cantique* qui sûrement n'a jamais fait verser de larmes à personne: « Quicon-« que ne pleurera pas de ces vers, *ne pleurera ja-« mais que d'un coup de poing.* »

Il n'y avait rien à dire; cela était de sa force et cadrait fort bien avec le reste. Ce qui peut paraître plus étonnant, et ce qui m'a fort surpris en effet, c'est qu'il ait effacé ce trait sublime quand sa Dissertation fut insérée dans le recueil des *Poésies sacrées.* Il faut, ou que les éclats de rire aient été jusqu'à lui, ou que Pompignan ait pris sur lui-même de rayer les derniers mots de la phrase. Ce fut sans doute une légère reconnaissance de tous les hommages qu'on lui prodiguait dans cet écrit; car, même en ôtant *le coup de poing,* la phrase, telle qu'elle est demeurée (*quiconque ne pleurera pas de ces vers, ne pleurera jamais*), est encore passablement ridicule, mais d'un ridicule assez vulgaire, et du moins *le coup de poing* la rendait piquante.

Le projet de tirer des livres sapientiaux les *discours philosophiques* qui forment la dernière partie du recueil ne me paraît pas bien conçu, du moins sous les rapports de la composition poétique. Le mérite de ces livres, à n'y considérer que l'écrivain moraliste, consiste sur-tout dans une grande profondeur de sens, et dans la précision des tournures sentencieuses : c'est le caractère naturel d'un livre de maximes. Il s'y joint une foule de traits infiniment heureux, et qu'on pourrait avec succès employer séparément en les plaçant à propos. Mais les délayer dans de longs discours en vers alexandrins, c'est s'exposer à une sorte de monotonie invincible, qui nuirait à l'ouvrage le plus parfait. La paraphrase, seul moyen possible pour le traducteur ou l'imitateur (comme on voudra), a ici un effet tout contraire à celui qu'elle obtient dans la poésie lyrique empruntée des livres hébreux : cette poésie-là ne saurait avoir trop d'images et de mouvements, c'est la richesse qui lui est propre ; mais la marche didactique d'un discours moral est nécessairement plus ou moins uniforme, et produit en peu de temps un ennui insurmontable, et d'autant plus que l'on n'a pas ici la ressource si féconde de pouvoir passer *du plaisant au sévère*, ou *du sévère au plaisant* : tout est *sévère* dans les leçons de la sagesse divine, même leur douceur, qui n'a jamais la mollesse séduisante des productions mondaines. Ces réflexions n'empêchent pas que ces *discours* ne soient généralement estimables, sur-tout parce qu'il est possible de les rendre fort utiles. La versification, quoique souvent un peu languissante, est assez pure : il y a des vers heureux et des morceaux bien faits. L'inconvénient le plus sensible, c'est que, ces livres sapientiaux étant une source publique où tout le monde a puisé depuis tant de siècles, quantité de ces sentences ont reparu dans une foule d'ouvrages de toute espèce ; en sorte qu'il n'est plus guère possible de leur donner un air de nouveauté et de les tirer de la classe des lieux communs. Mais cet inconvénient n'en est pas un pour un âge à qui tout est nouveau, pour la première jeunesse, à qui l'on pourrait faire apprendre des morceaux extraits de ces *discours*, avec d'autant plus de fruit, que les principes sont parfaits, les vers d'assez bon goût, et que la mesure et la rime les graveraient aisément dans la mémoire. Il y aura toujours à profiter dans des leçons telles, par exemple, que celle-ci :

Voulez-vous dans vos cœurs conserver la justice ?
Obéissez à Dieu, vous dépendez de lui :
Aux lois, aux magistrats ; leur force est votre appui :
A Dieu plus qu'au roi même ; il vous a donné l'être,
Et des maîtres du monde il est le premier maître.
Si ce vaste univers est plein de malheureux,
Si l'homme s'abandonne à des crimes honteux,
Si l'autel est souillé par un pontife impie,
Si l'innocent proscrit perd l'honneur et la vie,
Gardons-nous d'accuser les célestes décrets :
De tant d'évènements les principes secrets
Surpassent des humains la faible intelligence ;
Et ce n'est point encore le temps de la science :
Le philosophe en vain la cherche jour et nuit ;
Plus l'orgueil veut l'atteindre, et plus elle nous fuit.
Dieu n'a point dans ses lois demandé nos suffrages ;
Recevons ses bienfaits, contemplons ses ouvrages,

LE FRANC DE POMPIGNAN.

Jusqu'au jour où ses feux viendront nous éclairer :
C'est à lui de savoir, c'est à nous d'ignorer.

Et ailleurs :

Aimez qui vous instruit ; aimez l'ami sincère
Dont l'œil sur vos défauts porte un regard austère.
S'il se tait, sur son front vous lisez vos erreurs ;
Son silence vaut mieux que le cri des flatteurs.
Que m'importe le son de leurs clameurs serviles ?
J'estime autant le bruit de ces rameaux fragiles,
Dont le bois pétillant, des flammes consumé,
Tombe réduit en cendre aussitôt qu'allumé.

C'est là une de ces comparaisons dont l'Écriture abonde, et qui sont aussi frappantes de justesse que brillantes d'images. Souvent on rencontre aussi des maximes admirables, rendues en un seul vers et presque mot à mot, telles que celle-ci de Salomon :

Un royaume désert est la honte du prince.

Le portrait d'un bon prince est tracé avec intérêt, et relevé encore par deux comparaisons très poétiques :

Son front calme et serein dissipe les alarmes ;
Les yeux à son aspect ne versent plus de larmes ;
C'est le soleil du pauvre et l'astre du bonheur :
La terre et les humains ressentent sa faveur.
Telle est au point du jour cette fraîche rosée,
Secours délicieux d'une plante épuisée,
Source de ces parfums qu'au retour du printemps
Exhalent à l'envi les jardins et les champs.
Telle est la douce pluie en automne attendue,
Qui sans bruit, sans orage, à grands flots répandue,

Vient donner aux raisins trop durcis par l'été,
Leur sève*, leur couleur et leur maturité.

Une autre comparaison représente très fidèlement les calomniateurs anonymes, qui s'imaginent couvrir tout ce que l'impudence a de plus odieux par ce que la lâcheté a de plus vil; infamie qui est de tous les temps, mais plus commune aujourd'hui que jamais, et plus inexcusable depuis que la licence des écrits a été autorisée pour dispenser les auteurs du soin de se cacher. On en est venu au point que la plupart des journaux, espèce d'écrits où il n'est pas décent de traiter avec le public sans se nommer, devenus l'ouvrage de tout le monde, ne sont plus celui de personne:

Fuyez cet imposteur dont la haine timide
Ne lance qu'en secret son aiguillon perfide,
Reptile venimeux qui s'approche sans bruit,
Mord sans qu'on l'aperçoive, et sous l'herbe s'enfuit.

Un de ces discours est tout entier contre la *calomnie*, et il se distingue des autres par la chaleur et la véhémence que l'auteur y répand: aussi n'est-ce plus guère une traduction ni une imitation; c'est en total sa propre cause qu'il défend, et ses ennemis qu'il combat: *facit indignatio versum*. C'est un acte d'accusation, malheureusement trop justifié depuis, contre les sophistes de son temps, devenus les maîtres de ceux du nôtre, qui, infiniment au-dessous d'eux en esprit et en talent, les ont surpassés dans tout le reste. On s'attend bien que

---

* Il y a *leur couleur transparente*, qui ne vaut rien du tout.

Voltaire est à la tête : il n'est nommé nulle part, mais désigné plus d'une fois. Je laisse de côté tout ce qui est personnel, et j'aime mieux rappeler des leçons aujourd'hui d'autant plus dignes d'attention, qu'alors elles furent perdues comme tant d'autres, et eurent le sort des prophéties de Cassandre, qui ne furent reconnues pour telles qu'après l'évènement.

Le poète s'adresse à toutes les puissances :

Vous, dont l'exemple ajoute à la force des lois,
Organes de Dieu même, ô magistrats ! ô rois !
Loin de vous, loin des lieux où l'équité préside,
Chassez, exterminez toute langue perfide,
Tout calomniateur que de honteux succès
Ont rendu plus hardi, plus noir dans ses excès.
Quel reproche pour vous, si l'honneur, l'innocence,
De votre ministère accusaient l'indolence !
Et que serait-ce encor si des faits diffamants
Surprenaient par malheur vos applaudissements ;
Si vos fronts, destinés à foudroyer le vice,
D'un horrible libelle accueillaient la malice ?
A ces vils assassins pardonnez, je le veux ;
Mais qu'au moins vos regards soient des arrêts contre eux.
Car ne présumez pas qu'en flattant leur licence,
Vous détourniez de vous son aveugle insolence.
Vous riez, mais tremblez : vos noms auront leur tour ;
Dans ces fastes affreux ils rempliront leur jour.
Il n'est rien de sacré que le méchant n'insulte,
Mœurs et gouvernement, Dieu lui-même et son culte.
Qui blasphème le Ciel, fait-il grace aux humains ?
Les dards empoisonnés qui partent de ses mains
Se croisent dans les airs, se combattent sans cesse ;

Il les jette au hasard, mais quelquefois il blesse, etc.
. . . .
La renommée alors, leur fidèle soutien,
Prompte à grossir le mal, froide à vanter le bien,
Entend sans écouter, multiplie, exagère,
Et répète en fuyant leur clameur mensongère.
Le peuple s'abandonne à ces discours trompeurs,
Reçoit des préjugés et se repaît d'erreurs.
Le sage s'en indigne ; oui, mais la voix du sage
Se perd dans l'océan de ce monde volage.
C'est d'un cri sans écho la faible autorité.
Dans ce choc de rumeurs, que peut la vérité?
Elle marche à pas lents, le mensonge a des ailes, etc.

Oui, mais la vérité, avec son *pas lent*, est comme le châtiment; elle ne laisse pas que d'arriver : et le mensonge, avec ses *ailes*, est comme le crime; il finit toujours par être pris sur le fait.

Ainsi la calomnie, en tout lieu détestée,
Est pourtant répandue aussitôt qu'enfantée.
Son auteur en triomphe, et se fait un appui
De tout mortel impie ou méchant comme lui.
Non qu'il soit plus heureux dans sa lâche victoire,
Ses actions d'avance ont flétri sa mémoire.
Comme lui ses pareils, endurcis aux affronts,
Portent le déshonneur imprimé sur leurs fronts.
Il n'est point de laurier qui le couvre ou l'efface.
En vain redoublent-ils leur frénétique audace :
Plus ils méprisent tout, plus le mépris les suit.
Qui l'eût cru cependant, de tant d'horreurs instruit,
Que ces hommes moqueurs, fiers des plus vils suffrages
Oseraient sans rougir prétendre au nom de sages ;
Qu'ils diraient à la terre : « Écoutez nos leçons.

« Cherchez-vous la vertu ? c'est nous qui l'enseignons.
« Comme nous soyez droits, équitables, sincères,
« Modestes, pleins de zèle et d'amour pour vos frères. »
Les fourbes ! ô sagesse ! ô don venu du ciel !
As-tu mis ta douceur dans des vases de fiel,
Ta candeur dans la bouche où règne l'artifice,
Ta droiture en des cœurs voués à l'injustice ?
Sous des masques hideux reconnais-tu les traits
Que l'univers adore en tes divins portraits ? etc.
. . . .
Du moins si la raison dont ils vantent l'empire,
Suspendait quelquefois cet insolent délire,
Commandait à leur langue ou retenait leur main
Prête à porter les coups du mensonge inhumain ;
Si le remords terrible épouvantait leur âme ;
De leurs lâches complots s'ils déchiraient la trame ;
Si cette humanité qu'ils célèbrent toujours
Était dans leur conduite ainsi qu'en leurs discours !
Ah ! ne l'espérez pas d'une implacable secte.
Rendre le vrai douteux et la vertu suspecte,
C'est leur première étude et leur plus cher désir,
Imposteurs par système, et méchants par plaisir.

    De tout ce que vous avez entendu de cet écrivain, on peut conclure que, malgré tout ce qui lui a manqué, il conservera en plus d'un genre des titres à l'estime de la postérité. Il y aurait un service à lui rendre, comme à beaucoup d'autres auteurs qui ont comme enseveli ce qu'ils ont fait de bon dans de volumineuses éditions où peu de gens vont le chercher : on pourrait faire deux volumes, de sa *Didon*, qui ne se lit pas sans quelque plaisir, d'un choix de ses odes, de son petit ouvrage *sur le nectar et l'ambroisie*, mêlé de prose et de vers, et de sa traduction des tragédies d'Eschyle. On fera plus de bien aujourd'hui en diminuant le nombre des livres qu'en cherchant à l'augmenter; cette nouvelle spéculation pourrait n'en être pas une de librairie, mais c'en serait une de goût et d'utilité.

Pompignan était d'ailleurs un littérateur très-instruit; il avait même appris l'hébreu pour y étudier les livres saints; mais on ne s'aperçoit pas qu'il ait tiré aucun parti de cette laborieuse entreprise; car un de ses défauts, comme je l'ai déjà dit, est de n'avoir pas saisi dans la poésie des prophètes les mouvements et les tours qui pouvaient passer avec succès dans la nôtre, et qui auraient enrichi la sienne. Mirabeau, qui ne manque pas, lorsque par hasard il dit une vérité, de la gâter par l'exagération, prétend qu'une *vaste érudition* est la seule nourriture des talents supérieurs; que sans elle le génie n'est jamais propre qu'aux choses d'agrément. Cela est outré et démenti par les faits. S'il eût dit qu'un grand fond d'instruction, de bonnes études littéraires était l'aliment et le soutien du talent, il aurait eu raison, en parlant comme tout le monde. Mais la *vaste érudition* est beaucoup trop; et cette phrase est d'un homme qui ne connaît pas la valeur des termes. Corneille, Racine et Despréaux étaient en même temps des hommes de génie et d'excellents littérateurs, mais eux-mêmes en savaient trop pour prétendre au titre de savant; et si on leur eût parlé d'une vaste érudition, ils auraient renvoyé cet éloge aux Montfaucon et aux Mabillon. Voltaire eut des connaissances assez étendues, mais extrêmement superficielles, vu le caractère de son esprit, qui dévorait beaucoup plus qu'il ne digérait. Un tort bien plus grave, et qui fait qu'aujourd'hui il n'y a pas un homme instruit qui fasse cas de son érudition, c'est qu'elle est presque partout mensongère, en histoire, en antiquités, en philologie, en philosophie. C'était l'effet nécessaire de cette irréligieuse manie qui l'obligeait à tout falsifier, tout dénaturer, pour l'intérêt d'un mauvaise cause qu'il n'est pas possible de défendre autrement.

La Harpe, *Cours de Littérature.*

MORCEAUX CHOISIS.

Voyez les nombreux passages cités par La Harpe et l'article BIBLE du *Répertoire*, t. IV, p. 311-335.

LEGOUVÉ (GABRIEL-MARIE-JEAN-BAPTISTE), membre de l'Institut et de la Légion-d'Honneur, naquit à Paris le 23 juin 1764. Son père, célèbre avocat, émule des Élie de Beaumont, des Gerbier, des Target, lui traça, par ses vertus, et par ses talents, le chemin qu'il avait à suivre. « Je vous sou-
« haite, mon cher ami, dit-il à son fils en mourant
« (1782), une vie aussi pure et une mort aussi
« douce que la mienne. » Il avait composé, dans ses loisirs, une tragédie, intitulée *Attilie*, qui n'a pas été représentée.

Legouvé resta dans la première jeunesse, riche à la fois des dispositions naturelles les plus heureuses, des bienfaits de l'éducation la plus soignée, et des dons de la fortune la plus honorablement acquise. La gloire seule lui manquait, et son jeune cœur en était avide. Aussi, il ne tarda pas à se distinguer dans la carrière poétique. Il traduisit des fragments de Lucain; mais bientôt, voulant ajouter le titre de poète à celui de versificateur, il se livra à ses propres idées.

Il publia d'abord, *la mère des Brutus à son mari revenant du supplice de ses fils*, héroïde, faible par le fond, remarquable par la forme. Elle fut imprimée, avec deux pièces du même genre, par M. Laya, son condisciple, sous le titre d'*Essais de deux amis*, 1786, in-8°. Quelque temps après, les deux amis firent recevoir au théâtre Français une comédie en deux actes et en vers de dix syllabes, qui n'a pas été représentée.

La Mort d'Abel, sa première tragédie (en trois actes), dont il avait emprunté le sujet à Gessner, révéla son mérite en 1792. Le rôle de Caïn est empreint de la plus terrible énergie.

Sa tragédie d'*Épicharis et Néron*, obtint en 1794 un succès éclatant. Il était courageux de mettre en scène à cette époque l'odieux tyran des Romains, devenu personnage de circonstance. Montrer de la pitié pour le malheur, et de l'horreur pour le crime, n'en était-ce pas un aux yeux de nos farouches proconsuls.

Quintus-Fabius, dont le sujet est tiré du *Papirio* d'Aposto-Zeno, fut représenté en 1795, et fort applaudi.

Il donna au théâtre Louvois, en 1798, *Lau-*

rence, tragédie qui eut peu de succès, et qui n'a pas été imprimée.

Étéocle et Polynice, sa cinquième tragédie, représentée en 1799, offre de belles scènes. L'auteur avoue qu'il en a pris le dénouement dans Alfieri et dans le roman des *Pénitents noirs*.

Sa sixième et dernière tragédie, *la Mort de Henri* IV (juin 1806) fut l'objet des plus vives critiques, et des plus beaux éloges. On lui reprocha d'avoir, contrairement à l'histoire, attribué à la reine Marie de Médicis l'assassinat de son époux.

C'est ici que s'arrêta Legouvé, dans la carrière dramatique, malgré les exhortations du vénérable Ducis, qui lui dit dans une épître :

Mais à sa noble cour Melpomène t'appelle ;
A tes premiers penchants, à ses faveurs fidèle,
Il est temps, Legouvé, que des succès nouveaux
Au théâtre Français signalent tes travaux.

Divers poèmes tels que *les Sépultures*, *les Souvenirs*, *la Mélancolie* et *le Mérite des femmes*, où brillent toutes les richesses de la versification sont encore des titres de gloire pour Legouvé. On sait de quelle faveur jouit ce dernier poème, où il s'est plu à

Célébrer des humains la plus belle moitié,

et qu'il a dédié à sa femme.

Les autres ouvrages de Legouvé sont : *Doria*, drame lyrique (musique de Méhul), en communauté avec M. d'Avrigny. Un nouveau troisième acte pour l'opéra, intitulé *Montano et Stéphanie*, musique de Berton. Une portion des vaudevilles, intitulés *M. de Bièvre ou l'abus de l'esprit*, 1799, etc. *Christophe-Morin* ou *que je suis fâché d'être riche*, 1801. Des *épigrammes* qu'il lançait malgré sa douceur, aux détracteurs de ses ouvrages. *L'Énéide sauvée*, poème que la mort ne lui a pas permis de terminer. Un discours en prose qu'il prononça à l'ouverture d'un cours de poésie latine au collège de France, où il suppléait Delille, et des *Poésies légères*.

La gloire, la fortune et l'amitié devaient embellir sa vie, mais le souhait de son père expirant ne s'accomplit pas. Sa raison s'affaiblit avec sa santé, et la chute grave qu'il fit dans le parc du château d'Ivry, chez madame de Parny (mademoiselle Contat) acheva la perte de l'une et de l'autre.

Il traîna encore pendant deux années sa pénible existence, et mourut le 30 août 1812, à l'âge de quarante-huit ans, laissant un fils à qui le chef de l'instruction publique, M. de Fontanes, servit de père adoptif. Legouvé a été inhumé au cimetière de Montmartre, près de sa femme, qu'il aimait tendrement, et dont la mort prématurée porta le désordre dans ses facultés intellectuelles. On a gravé sur son tombeau les vers suivants qui terminent son poème des *Souvenirs*:

Quelquefois mes amis s'entretiendront de moi....
Je reste dans leurs cœurs, je vivrai dans leurs larmes.
Ce tableau de la mort adoucit les alarmes,
Et l'espoir des regrets que tout mortel attend,
Est un dernier bonheur à son dernier instant.

Legouvé déclamait les vers aussi bien qu'il les faisait. Mademoiselle Sainval lui donnait des leçons qu'il se chargea de transmettre à notre célèbre tragédienne, mademoiselle Duchesnois. Il fut quelque temps directeur du *Mercure*; et l'un des collaborateurs des *Veillées des Muses* et de *la Nouvelle Bibliothèque des Romans*.

Au nombre de ses amis, il comptait avec orgueil le bon Ducis, « dont il obtint les conseils dans sa jeu-
« nesse, l'amitié dans son âge mûr et les larmes à sa
« mort. »

JUGEMENTS.

I.

La traduction française du poème allemand de Gessner, intitulé *la Mort d'Abel*, fit naître à M. Legouvé l'idée de mettre en tragédie ce sujet intéressant, qui remonte aux premiers jours du monde, et pour qui cette singularité même est une espèce de mérite. A l'exception de la forme dramatique qui appartient à M. Legouvé, tous les détails de la pièce sont empruntés, presque littéralement, de cette traduction, et ne lui ont coûté que la peine de les mettre en vers ; mais il a su leur donner l'élégante simplicité qui convenait au sujet ; et cette tragédie, regardée comme un ouvrage d'un caractère à part, eut un succès qui l'a conservée jusqu'à présent au théâtre : nous croyons même que, dans le genre tragique, elle est encore ce que l'auteur a fait de mieux.

Épicharis, ou *la Mort de Néron*, qu'il a donnée depuis, nous parut un choix malheureux. Mais le vice du sujet n'est pas le seul défaut d'*Épicharis*. Au lieu du poète Lucain qui n'y produit aucun effet, et qui n'a rien de tragique, le personnage de Sénèque était celui qui devait s'offrir le plus naturellement à la pensée de l'auteur. Ce personnage, vraiment digne de la tragédie, en fournissant à M. Legouvé des beautés d'un ordre supérieur, pouvait couvrir en quelque sorte le vice de son sujet. L'idée d'introduire pour la première fois sur la scène un poète célèbre, fut sans doute le motif qui décida sa préférence pour Lucain ; il crut y voir une nouveauté piquante, et ce n'était au fond qu'une idée de jeune homme.

Malgré ces défauts, *Épicharis* fut accueillie et devait l'être, sinon par estime pour l'ouvrage, du moins en faveur de plusieurs détails qui commandaient l'indulgence. Quoique le style n'en fût pas éminemment tragique, il n'était pas d'une main vulgaire. Les remords de Néron, en rappelant peut-être un peu trop ceux de Charles IX, dont la mémoire était toute récente, parurent tracés avec force. La pièce enfin confirmait les espérances que *la Mort d'Abel* avait données.

Ces espérances ne sont pas éteintes, puisque l'auteur est encore dans l'âge des progrès; mais elles ne furent remplies ni par sa tragédie de *Laurence*, ni par celle de *Quintus-Fabius*, et moins encore par son *Étéocle*. Les malheurs d'OEdipe et de sa famille sont usés depuis long-temps au théâtre, comme ceux de la famille d'Agamemnon, et tout ce qui tient à la guerre de Troie. C'était d'ailleurs de la part de M. Legouvé, une témérité trop grande que d'oser lutter contre *les Frères ennemis* de Racine. Il est bien vrai que cette tragédie, qui fut le premier essai de ce grand poète, est fort éloignée de la perfection de ses autres ouvrages : mais n'eût-elle que la scène d'entrevue d'Étéocle et de Polynice, en présence de Jocaste, au quatrième acte, et le magnifique récit qui termine la pièce, c'en était assez pour que M. Legouvé dût s'interdire un sujet qui, en le supposant mieux traité, dans quelques-unes de ses parties, qu'il n'avait pu l'être par l'inexpérience du jeune Racine, ne lui laissait que l'espérance d'en éviter les défauts, sans qu'il osât se promettre d'atteindre à ses beautés. Quel est en effet le poète pour qui Racine faible encore ne serait pas un prédécesseur très dangereux? Voltaire lui-même ne se permit qu'une seule fois de lutter avec lui dans un sujet à peu près semblable, et l'on sait à quelle distance *Zulime* est de *Bajazet*.

On voit que dans la carrière du théâtre M. Legouvé ne paraît pas appelé jusqu'ici à de grands succès ; et ce n'est que lorsqu'il a connu la véritable mesure de son talent, qu'il est enfin parvenu au rang qu'il occupe dans la littérature actuelle. Il a donné, presque sans intervalles, plusieurs petits poèmes, tels que *les Souvenirs*, *la Mélancolie*, *les Sépultures*, tous remarquables par une élégance peu commune ; et si l'invention n'en est pas très brillante, on ne peut nier du moins qu'il ne porte à un degré, très rare aujourd'hui, le talent d'écrire. C'est ce qu'il vient de prouver sur-tout par un dernier poème, dont il s'est épuisé plusieurs éditions en moins d'une année, et qu'il a intitulé *le Mérite des Femmes*.

L'objet de ce poème nous en fit présager le succès. L'auteur, en se déclarant ouvertement le chevalier d'un sexe à qui l'on est toujours sûr de plaire par le courage, s'était proposé de le venger des emportements satiriques de Juvénal et des plaisanteries de Boileau. Rassuré par l'adresse qu'il avait mise dans le choix de son sujet, et fier d'ailleurs de l'appui que cette belle moitié du genre humain ne manquerait pas de lui prêter, il osa se mesurer sans crainte avec ces redoutables athlètes; et l'on imagine bien que la reconnaissance des femmes concourut de tout son pouvoir au succès de son ouvrage. Mais il faut convenir aussi qu'en combattant pour les graces, il eut l'avantage d'en être souvent inspiré, et que si l'ordonnance de son poème n'est pas en général très heureuse, on y trouve presque partout des vers pleins d'élégance et des détails charmants.

Le soin avec lequel il a revu les différentes éditions de ce poème, prouve qu'il en a fait son ouvrage de prédilection; et véritablement c'est avec le poème des *Souvenirs* ce que l'auteur nous paraît avoir écrit de plus agréable.

PALISSOT, *Mémoires sur la Littérature*.

II.

Peu de temps après le *Marius* de M. Arnault, parut la tragédie de *la Mort d'Abel*, composée par

M. Legouvé. Cette heureuse imitation de Gessner ne pouvait manquer d'obtenir un grand succès. On y remarque à la fois la couleur aimable du rôle d'Abel, la couleur sombre et tragique du rôle de Caïn, l'extrême simplicité du plan, l'élégante pureté de la diction, beaucoup de beautés et peu de défauts. La tragédie d'*Épicharis et Néron* n'a pas eu moins d'éclat au théâtre. Ce n'est point ici le Néron naissant de *Britannicus*, un tyran qui va choisir entre le crime et la vertu : c'est Néron tout entier, dans la perfection de sa tyrannie, et par-là même dans une situation moins dramatique. Mais les rôles d'Épicharis et du célèbre Lucain jettent de l'intérêt dans la pièce, et la terreur est portée au plus haut point dans la catastrophe. Loin de son palais qu'il a déserté, Néron, réfugié dans un humble asyle, y reçoit sans cesse, et coup sur coup, des nouvelles de plus en plus effrayantes, jusqu'au moment où il se tue pour échapper à la mort des esclaves. L'agonie dure un acte entier : c'est beaucoup; mais l'horreur que le personnage inspire soutient l'attention des spectateurs; ils jouissent de la longueur même de ses remords et de ses tourments; c'est Néron qui meurt. Après avoir peint dans *Fabius*, l'austérité des armées romaines, et cette discipline inflexible qui lui soumit trente nations, M. Legouvé, remontant jusqu'à ces tragiques familles dont les crimes et les malheurs retentissent depuis vingt siècles sur toutes les scènes, a traité dans *Étéocle et Polynice* un sujet désigné par Boileau comme indigne de l'épopée, et qui peut-être n'est guère plus convenable au théâtre. Racine, il est vrai, l'avait choisi, mais dans sa jeunesse, quand il n'était pas Racine encore, et qu'il n'avait pas approfondi le grand art qui lui doit sa perfection. M. Legouvé n'a pas craint des difficultés qu'il a su franchir en partie; il a distingué par des nuances bien saisies les deux personnages principaux, quoiqu'ils soient à peu près également odieux. Une action sagement conduite, et des scènes fortement dialoguées, rendent sa pièce recommandable. En faisant paraître OEdipe dans les deux derniers actes, comme on le voit intervenir dans *les Phéniciennes* d'Euripide, il a trouvé le moyen de répandre quelque intérêt sur un sujet ingrat, et plus terrible que tragique. Le même poète essayant la tragédie moderne, n'a pas cru que le sujet de *la Mort de Henri* IV fût impossible à traiter. Sa pièce a réussi, mais elle a essuyé de nombreuses critiques. On a sur-tout reproché à l'auteur d'avoir trop légèrement impliqué dans l'assassinat de Henri IV le duc d'Épernon, la cour d'Espagne, et jusqu'à la reine Marie de Médicis. Les réponses de M. Legouvé sont dignes d'examen. A-t-il outre-passé toutefois les privilèges du théâtre, au moins à l'égard de Marie? Qu'il nous soit permis de laisser la difficulté indécise. En pénétrant au cœur de l'ouvrage, ne serait-on pas obligé d'avouer que le personnage de Henri IV exigeait une touche plus ferme et plus franche? Des querelles de ménage, pour être conformes à la vérité historique, atteignent-elles la hauteur de la tragédie et d'un héros consacré par de si chers souvenirs?

On pouvait agiter ces questions avec la politesse qui devrait toujours distinguer des écrivains français, et la mesure convenable, en jugeant les productions d'un homme de mérite : mais il fallait en même temps savoir apprécier l'habileté dont l'auteur a fait preuve, soit dans l'action générale, soit dans les diverses parties de son ouvrage ; les ressources qu'il a déployées dans les scènes difficiles ; les morceaux éloquents qu'il a semés dans le beau rôle de Sully ; enfin, cette versification mélodieuse que nous avons déjà remarquée dans ses petits poèmes, et que, loin des illusions du théâtre, les lecteurs aiment à retrouver encore dans les tragédies qu'il a publiées.

M. J. Chénier, *Tableau de la Littérature française.*

MORCEAUX CHOISIS.

I. Terreurs de Néron.

Mon trône est renversé !
De l'univers entier je me vois repoussé !
Me voilà seul, portant la haine universelle !
Puisse-t-on ignorer le lieu qui me recèle !
Qu'au moins mes jours sauvés !...Dois-je former ces vœux ?
N'avoir d'autres palais que ces caveaux affreux,
D'autre cour, que leur deuil, leur silence et leur ombre,
Et ne voir d'autre jour que cette clarté sombre !
Ah ! cette vie horrible est semblable au trépas...
Où suis-je ? un songe affreux... Non, non, je ne dors pas...
De mon cœur soulevé c'est un secret murmure...
Je m'entends appeler meurtrier et parjure.
Je le suis... Mais quels cris, quels lugubres accents !
Une sueur mortelle a glacé tous mes sens.

Ne me trompai-je pas? Je crois voir mes victimes...
Je les vois; les voilà!... Du fond des noirs abymes
S'élancent jusqu'à moi des fantômes sanglants;
Ils jettent dans mon sein des flambeaux, des serpents;
Je ne puis me soustraire à leur troupe en furie...
Arrêtez!... Est-ce toi, vertueuse Octavie?
Tu suis contre Néron un trop juste transport :
Qu'oses-tu m'annoncer? Ah! je t'entends... la mort!
La mort! tu viens aussi me l'annoncer, mon frère!
Mais que vois-je, grands dieux! Agrippine! ma mère!
Tous les morts aujourd'hui sortent-ils du tombeau?
Meurs! meurs! criez-vous tous. Quel supplice nouveau!
Contre moi l'univers appelle la vengeance,
Et la tombe elle-même a rompu son silence!
Je n'en puis plus douter la mort, la mort m'attend!
Et comment soutenir ce redoutable instant?

Epicharis et Néron, act. V, sc. 4.

II. Mort de Henri IV.

Nul secours, de la mort ne saurait le défendre.
Suivant de près ses pas, je viens de tout apprendre.
Il n'a pu dire, hélas! qu'un mot: Je suis blessé!
Et quand du scélérat dont le fer l'a percé,
Ses gardes désarmaient la main ensanglantée,
Sa grande âme soudain dans les cieux est montée...

..... Des citoyens les transports douloureux
Égalent la rigueur de ce coup désastreux.
Quel spectacle!... d'abord la voiture fermée
A caché son trépas à leur vue alarmée;
Et ses restes sanglants vers ces augustes lieux
S'avançaient ramenés d'un pas silencieux.
De ce sombre mystère encor plus inquiète,
La foule les suivait, triste, pâle, muette,

Et semblait, en silence attendant son malheur,
Dans son âme tremblante amasser la douleur.
Mais à peine on arrive, à peine se découvre
Ce corps inanimé que l'on transporte au Louvre,
Ce ne sont que des cris, des larmes, des sanglots;
L'air au loin retentit de ces lugubres mots:
« Malheureux, que du ciel accable la colère,
« Nous perdons dans ce jour notre appui, notre père!
« Quel exécrable monstre a pu percer jamais
« Ce cœur, qui chaque jour médita des bienfaits? »
En rappelant ainsi sa bonté, sa vaillance,
Le peuple sur son corps avec ardeur s'élance;
Il le couvre de pleurs, cherche à le ranimer
En l'approchant des cœurs dont il se fit aimer.
Mais, trop sûrs que ce soin ne peut rien pour sa vie,
Leur chagrin s'aigrissant va jusqu'à la furie.
Les uns poussent au ciel les plus horribles vœux;
D'autres frappent leur sein, arrachent leurs cheveux;
Ceux-ci courent au loin comme des frénétiques;
Ceux-là du Louvre même embrassent les portiques:
Plus d'un y tombe mort; plus d'un autre, en hurlant,
Se roule et se meurtrit sur le pavé sanglant;
Enfin, chacun maudit ou veut fuir la lumière,
Et l'affreux désespoir remplit la ville entière.
Ah! qui mérita mieux de si touchants regrets?
Sa mort ne mettra pas en deuil les seuls Français;
Elle ira, de sa gloire en tous lieux escortée,
Jeter l'affliction dans l'Europe attristée:
De nos ennemis même elle obtiendra des pleurs;
Elle sera l'objet des plus longues douleurs!
Et, parlant comme nous de ce roi qu'on adore,
Nos derniers descendants le pleureront encore.

La Mort de Henri IV, act V.

III. L'Histoire.

Avant qu'on vît briller sa lumière féconde,
Les temps se succédaient dans une nuit profonde,
Les peuples tour à tour, par l'ennui dévorés,
Sur la terre passaient l'un de l'autre ignorés,
Les grands évènements n'avaient point d'interprètes;
Les débris étaient morts, et les tombes muettes.
L'histoire luit : soudain les temps ont reculé,
L'ombre a fui, les tombeaux, les débris ont parlé ;
Les générations s'entendent et s'instruisent,
Et de l'esprit humain les travaux s'éternisent.
O charmes de l'étude! ô sublimes récits!
Dans quels transports le sage, à son foyer assis,
Suit les nombreux combats et d'Athène et de Rome,
A travers deux mille ans applaudit un grand homme,
Consulte l'orateur et le guerrier fameux,
Partage les revers des peuples grands comme eux,
Voit l'empire romain, sous le fer des Vandales,
De ses vils empereurs expier les scandales;
Et, bientôt déchiré par divers potentats,
Son cadavre fécond enfanter cent états ;
Retrouve en d'autres lieux, sur la sanglante arène,
Marcius dans Condé, Scipion dans Turenne,
Et, rempli des héros et des faits éclatants,
Ainsi que tous les lieux, embrasse tous les temps!
Les Souvenirs.

IV. Le Cimetière de campagne.

Où suis-je? à mes regards un humble cimetière
Offre de l'homme éteint la demeure dernière.
Un cimetière aux champs! quel tableau! quel trésor !
Là ne se montrent point l'airain, le marbre, l'or;

Là ne s'élèvent point ces tombes fastueuses,
Où dorment à grands frais les ombres orgueilleuses
De ces usurpateurs par la mort dévorés,
Et, jusques dans la mort, du peuple séparés.
On y trouve, fermés par des remparts agrestes,
Quelques pierres sans nom, quelques tombes modestes,
Le reste dans la poudre au hasard confondu.

Salut, cendre du pauvre ! Ah ! ce respect t'est dû.
Souvent ceux dont le marbre immense et solitaire
D'un vain poids après eux fatigue encor la terre,
Ne firent que changer de mort dans le tombeau ;
Toi, chacun de tes jours fut un bienfait nouveau.
Courbé sur les sillons, de leurs trésors serviles
Ta sueur enrichit l'oisiveté des villes ;
Et, quand Mars des combats fit retentir le cri,
Tu défendis l'état après l'avoir nourri.
Enfin, chaque tombeau de cet enclos tranquille
Renferme un citoyen qui fut toujours utile.
Salut, cendre du pauvre, accepte tous mes pleurs.

Mais quelle autre pensée éveille mes douleurs ?
Tel est donc de la mort l'inévitable empire,
Vertueux ou méchant, il faut que l'homme expire.
La foule des humains est un faible troupeau
Qu'effroyable pasteur, le temps mène au tombeau.
Notre sol n'est formé que de poussière humaine ;
Et, lorsque dans les champs l'automne nous promène,
Nos pieds inattentifs foulent à chaque pas
Un informe débris, monument du trépas...
Voilà de quels pensers les cercueils m'environnent.
Mais, loin que mes esprits à leur aspect s'étonnent,
De l'immortalité je sens mieux le besoin,
Quand j'ai pour siége une urne, et la mort pour témoin.

La Mélancolie.

V. La tendresse maternelle.

Avec notre existence,
De la femme pour nous le dévoûment commence.
C'est elle qui, neuf mois, dans ses flancs douloureux,
Porte un fruit de l'hymen trop souvent malheureux,
Et, sur un lit cruel long-temps évanouie,
Mourante, le dépose au portes de la vie.
C'est elle qui, vouée à cet être nouveau,
Lui prodigue les soins qu'attend l'homme au berceau.
Quels tendres soins! Dort-il, attentive, elle chasse
L'insecte dont le vol ou le bruit le menace;
Elle semble défendre au réveil d'approcher.

La nuit même d'un fils ne peut la détacher;
Son oreille de l'ombre écoute le silence;
Ou, si Morphée endort sa tendre vigilance,
Au moindre bruit rouvrant ses yeux appesantis,
Elle vole, inquiète, au berceau de son fils,
Dans le sommeil long-temps le contemple immobile,
Et rentre dans sa couche, à peine encor tranquille.
S'éveille-t-il, son sein, à l'instant présenté,
Dans les flots d'un lait pur lui verse la santé.
Qu'importe la fatigue à sa tendresse extrême?
Elle vit dans son fils, et non plus dans soi-même,
Et se montre aux regards d'un époux éperdu
Belle de son enfant à son sein suspendu.
Oui, ce fruit de l'hymen, ce trésor d'une mère,
Même à ses propres yeux est sa beauté première.

Voyez la jeune Isaure, éclatante d'attraits,
Sur un enfant chéri, l'image de ses traits,
Fond soudain ce fléau qui, prolongeant sa rage,
Grave au front des humains un éternel outrage.

D'un mal contagieux tout fuit épouvanté;
Isaure sans effroi brave un air infecté.
Près de ce fils mourant elle veille assidue.
Mais le poison s'étend et menace sa vue :
Il faut, pour écarter un péril trop certain,
Qu'une bouche fidèle aspire le venin.
Une mère ose tout; Isaure est déjà prête;
Ses charmes, son époux, ses jours, rien ne l'arrête;
D'une lèvre obstinée elle presse ces yeux
Que ferme un voile impur à la clarté des cieux;
Et d'un fils, par degrés, dégageant la paupière,
Une seconde fois lui donne la lumière.
Un père a-t-il pour nous de si généreux soins?

Bientôt d'autres bontés suivent d'autres besoins :
L'enfant, de jour en jour, avance dans la vie;
Et, comme les aiglons, qui, cédant à l'envie
De mesurer les cieux dans leur premier essor,
Exercent près du nid leur aile faible encor,
Doucement soutenu sur ses mains chancelantes,
Il commence l'essai de ses forces naissantes.
Sa mère est près de lui : c'est elle dont le bras,
Dans leur débile effort, aide ses premiers pas;
Elle suit la lenteur de sa marche timide;
Elle fut sa nourice, elle devient son guide;
Elle devient son maître au moment où sa voix
Bégaie à peine un nom qu'il entendit cent fois :
Ma Mère est le premier qu'elle l'enseigne à dire,
Elle est son maître encor dès qu'il s'essaye à lire;
Elle épèle avec lui dans un court entretien,
Et redevient enfant pour instruire le sien.
D'autres guident bientôt sa faible intelligence.
Leur dureté punit sa moindre négligence.
Quelle est l'âme où son cœur épanche ses tourments?

Quel appui cherche-t-il contre les châtiments?
Sa mère! elle lui prête une sûre défense,
Calme ses maux légers, grands chagrins de l'enfance;
Et, sensible à ses pleurs, prompte à les essuyer,
Lui donne les hochets qui les font oublier.

Mérite des femmes.

LE GRAND (MARC-ANTOINE), fils d'un chirurgien-major des Invalides, et qui fut comme Molière auteur et acteur tout à la fois, naquit à Paris le même jour où la comédie française perdait cet homme inimitable, le 17 février 1673. Il n'a laissé ni comme auteur ni comme comédien un nom bien fameux; on se rappelle encore cependant les services qu'il rendit au Théâtre-Français en y ramenant le public; et s'il y réussit, il le dut encore plus à ses pièces et à leur singularité qu'à sa tournure et à son jeu comique. Il était d'une petite taille, nous disent les chroniques de ce temps, et sa figure était presque repoussante; quelque talent qu'il eût pu avoir d'ailleurs, pour la déclamation, ces défauts qui choquent les spectateurs, l'exposaient, malgré tous ses efforts, à la rigueur du parterre; heureusement pour lui qu'il y rémédiait et qu'il en tirait quelquefois même une sorte d'avantage, graces à son esprit et à son sang-froid. «Messieurs, disait-il un jour qu'on
« l'avait encore plus mal reçu que de coutume, en
« annonçant le spectacle du lendemain, il vous est
« plus aisé de vous accoutumer à ma figure, qu'à
« moi d'en changer. » Ces défauts étaient encore plus choquants dans la tragédie; un jour qu'on l'ac-

cueillait assez mal, lors de son entrée en scène dans le rôle de *Thésée*, il s'appliqua, sans se déconcerter, les premières paroles qu'il avait à prononcer, et, montrant le parterre, il dit :

> Quel est l'étrange accueil qu'on fait à votre père,
> Mon fils?...

Et le public désarmé par ses traits de présence d'esprit, changeait ses murmures en applaudissements. Le Grand mourut le 7 janvier 1728, âgé de cinquante-six ans. On a recueilli son *Théâtre*, en 4 vol. in-12, Paris, 1731—42—72.

JUGEMENT.

Le Grand est, après Dancourt, celui qui a le plus fourni au théâtre de ces sortes de pièces qu'on trouvait souvent à la fin du spectacle, sans que l'on se souvint même du nom de l'auteur, avant que nous eussions des feuilles et des affiches qui tous les jours ont soin de nous l'apprendre. Le dialogue est beaucoup moins ingénieux que celui de Dancourt ; mais il y a toujours dans ces pièces quelques scènes divertissantes, comme dans celles de Poisson, dont *le Procureur arbitre* et *l'Impromptu de Campagne* valent bien *l'Aveugle clairvoyant* et *le galant Coureur*, qui sont ce que Le Grand a fait de plus agréable. Au reste, cet auteur-comédien avait une extrême facilité, qui fut souvent une ressource pour ses camarades, plutôt qu'un titre de réputation pour lui. Dans les différentes révolutions qu'éprouvait le Théâtre-Français lorsque le goût du spectacle, renfermé dans une classe peu nombreuse, n'était pas, comme aujourd'hui, une mode dominante et un besoin universel; dans le temps où les comédiens, avec les plus grands talents et les plus grands efforts, n'étaient pas sûrs d'une recette qui valût seulement la moitié de ce que leur vaut aujourd'hui l'invention des petites loges, si heureuse pour eux et si funeste pour le théâtre, Le Grand prenait toutes sortes de formes pour rappeler le public, que l'Opéra, les Italiens et la Foire enlevaient de temps en temps à la scène française. C'est alors que Le Grand, pour satisfaire les différentes fantaisies du jour, affichait des nouveautés de toute espèce, des ballets, des pièces à spectacle, comme *le Roi de Cocagne*, *les Amazones modernes*, *la Nouveauté*, *le Triomphe du Temps*. Il poussa l'amour du vaudeville jusqu'à jouer *Cartouche* le jour même qu'il fut exécuté. L'affluence fut proportionnée à la célébrité du héros; et l'empressement du public fut tel, qu'on ne laissa pas finir la première scène de la grande pièce, et qu'on demanda de tous côtés, à grands cris, à voir sur la scène Cartouche qui était encore sur la roue. La pièce eut douze représentations très suivies; et si ce n'était le choix du sujet, qui est fort étrange, ce n'est peut-être pas ce que Le Grand a fait de plus mauvais.

La Harpe, *Cours de Littérature*.

LEIBNITZ (guillaume-godefroi, baron de), né à Leipsick en 1646. Après avoir fait ses premières études, il s'enferma dans la nombreuse bibliothèque que son père lui avait laissée, et s'adonna entièrement aux sciences. Poètes, orateurs, historiens, jurisconsultes, théologiens, philosophes, mathématiciens, il ne donna l'exclusion à aucun genre de littérature. Les princes de Brunswick, instruits de ses talents pour l'histoire, lui confièrent celle de leur maison. Il parcourut toute l'Allemagne pour ramasser les matériaux de cet édifice, et passa de là en Italie, où les marquis de Toscane, de Ligurie et d'Est, sortis de la même souche que les princes de Brunswick, avaient leurs principautés. De retour de ce voyage en 1690, il commença à faire part au public de la récolte abondante qu'il avait faite dans ses savantes courses. Son mérite, connu bientôt dans toute l'Europe, lui procura des pensions et des charges honorables. L'électeur Ernest-Auguste le fit, en 1696, son conseiller privé de justice; il l'était déjà de l'électeur de Mayence et du duc de Brunswick-Lunebourg. En 1699, il fut mis à la tête des associés étrangers de l'Académie des sciences de Paris; il n'avait tenu qu'à lui d'y avoir place beaucoup plus tôt, et avec le titre de pensionnaire. Dans un voyage qu'il fit en France, on voulut l'y fixer fort avantageusement, pourvu qu'il quittât le luthéranisme; mais, tout tolérant qu'il était, il rejeta cette condition. Il inspira à l'électeur de Brandebourg le dessein d'établir une académie des sciences à Berlin, et en fut fait président. Un champ non moins vaste et non moins glorieux s'ouvrit à lui en 1711. Le czar le vit à Torgau, et ce législateur de barbares traita Leibnitz avec la considération qu'un sage couronné a pour un sage qui mériterait la couronne. Il lui fit un magnifique présent, lui donna le titre de son conseiller-privé de justice, avec une pension considérable. L'empereur d'Allemagne ne le récompensa pas moins généreusement que celui de Russie; il lui donna le titre de conseiller-aulique avec une forte pension, et lui fit des offres considérables pour le fixer dans sa cour. La vie de Leibnitz ne fut marquée que par des évènements flatteurs, si l'on en excepte la dispute de la découverte du *Calcul différentiel*. Cette querelle couvait sous la cendre depuis 1699; elle éclata en 1711. Les admirateurs de Newton accusèrent le philosophe allemand d'avoir dérobé à celui-ci l'invention de ce calcul. La chose n'était pas aisée à prouver; Keill l'en accusa pourtant à la face de l'Europe. Leibnitz commença par réfuter cette imputation avec beaucoup d'impétuosité dans les journaux de Leipsick, et finit par se plaindre à la société royale de Londres, en la demandant pour juge. L'examen des commissaires nommés pour discuter les pièces de ce grand procès ne lui fut point favorable. La société royale donna à son concitoyen l'honneur de la découverte; et pour justifier son jugement, elle le fit imprimer avec toutes les pièces qui pouvaient servir à appuyer l'arrêt. Les autres tribunaux de l'Europe savante jugèrent Leibnitz avec moins de sévérité, et peut-être avec plus de justice. Bien des gens pensèrent que le philosophe anglais et le philosophe allemand pouvaient avoir saisi chacun la même lumière et la même vérité. Ce qui les confirma dans leurs opinions, c'est qu'ils ne se rencontraient que dans le fond des choses; ce que l'un appelait *fluxions*, l'autre le nommait *différences*. L'infiniment petit était marqué, dans Leibnitz, par un caractère plus commode et d'un plus grand usage que le caractère employé par Newton. Leibnitz n'apprit qu'avec un chagrin mortel la perte de son procès; et, par une faiblesse qui fait bien voir le peu de ressources de la philosophie, ce chagrin le consuma peu à peu, et hâta, dit-on, sa mort, arrivée le 14 novembre 1716, à soixante-dix ans, à Hanovre. Ce philosophe ne s'était point marié, et la vie qu'il menait ne lui permettait guère de l'être. Il ne réglait point ses repas à de certaines heures, mais selon ses études; il n'avait pas de ménage, et était peu propre à en avoir. Il était toujours d'une humeur gaie, mais il se mettait aisément en colère; il est vrai qu'il en revenait aussitôt. On l'a accusé de n'avoir été qu'un rigide observateur de la loi naturelle, et d'avoir aimé l'argent. Quoiqu'il eût un revenu très considérable, il vécut toujours assez grossièrement. Sa mémoire était admirable; toujours prêt à répondre sur toutes sortes de matières, il mérita que le roi d'Angleterre l'appelât son *dictionnaire vivant*. C'était le savant le plus universel de l'Europe; mais il poussa l'amour de cette universalité si loin, qu'il se fit de fausses idées sur une infinité de choses qu'il n'avait pu approfondir assez pour en avoir de justes. Ce goût qu'il avait pour l'universalité des talents, et peut-être l'ambition d'être envisagé comme un homme qui n'ignorait rien, l'engagea à joindre à ses autres titres de gloire celui de poète. Il fit un poème *sur la conquête de la Terre-Sainte*, qui ne servit qu'à le rendre ridicule, et à prouver la réflexion de l'abbé Desfontaines, touchant la difficulté d'allier une grande étude de la géométrie avec les richesses de l'imagination et le génie des belles-lettres ; de même que ses idées romanesques et paradoxales vérifient l'observation de Pascal et de Scaliger, touchant l'influence de la géométrie sur les autres facultés intellectuelles.

Nous avons de Leibnitz : 1° *Scriptores rerum brunswicarum*, en trois volumes in-folio, 1707 ; recueil utile pour l'histoire générale de l'Empire et l'histoire particulière d'Allemagne. 2° *Codex juris gentium diplomaticus*, avec le supplément, publié sous le titre de *Mantissæ codicis juris*, etc., Hanovre, 1693, deux volumes in-folio. C'est une composition de différents traités pour servir au droit public, précédés d'excellentes préfaces. Il y remonte aux premiers principes du droit naturel et du droit des gens. 3° *De jure suprematûs ac legationis principum Germaniæ*, 1687, sous le nom supposé de *César Furtsner*; ouvrage composé pour faire accorder aux ambassadeurs des princes de l'Empire, non électeurs, les mêmes prérogatives qu'aux princes d'Italie. 4° Le premier volume des *Mémoires de l'Académie de Berlin*, en latin, in-4°, sous le titre de *Miscellanea berolinensia*. 5° *Notitia opticæ promotæ*, dans les ouvrages posthumes de Spinosa. 6° *De arte combinatoriâ*, 1690, in-4°. 7° Une foule de *Questions de physique et de mathéma-*

tiques, résolues ou proposées dans les journaux de France, d'Angleterre, de Hollande et sur-tout de Leipsick. Ce fut dans ce dernier journal qu'il inséra, en 1684, les *Règles du calcul différentiel.* 8° *Essais de Théodicée sur la bonté de Dieu, la liberté de l'homme*, Amsterdam, 1747, deux volumes in-12. Fruit d'une métaphysique singulière et fausse à plusieurs égards, mais qui ne manque pas de vues justes et profondes. Il y a de bonnes réflexions contre les manichéens ; mais l'auteur semble donner dans l'extrémité contraire, en niant l'existence du mal, ou la défigurant de manière à ne pas s'y reconnaître. Son *Optimisme* a donné à un philosophe, moins amateur de systèmes, l'occasion de faire les réflexions suivantes : « 1° L'on ne peut
« nier que, par rapport à Dieu, tout soit bien,
« parce que Dieu ne saurait rien faire qui soit mal,
« quoiqu'il puisse augmenter le bien et le perfec-
« tionner à l'infini. 2° Par rapport à l'homme, con-
« sidéré dans cette vie précisément et dans l'espé-
« rance de l'avenir, il est certain que tout n'est pas
« bien ; et c'est insulter à ses maux que d'oser lui
« dire le contraire. 3° Le système de l'optimisme,
« qui, pris dans le sens de ses partisans, n'est qu'un
« raffinement métaphysique, né dans une imagi-
« nation plus riante que vraie, se vérifie en quel-
« que sorte dans la personne de l'homme juste,
« dont les vertus s'accroissent dans le malheur, et
« chez qui l'attente du bien à venir est toujours un
« soulagement aux maux présents. Dans l'une et
« dans l'autre fortune, il jouit en paix de son Dieu,

« comme il jouit de lui-même ; il jouit avec trans-
« port de toute la nature ; il jouit sans crainte et
« sans envie de tout ce qu'il y a de bon dans les
« autres ; il supporte sans aigreur, sans amertume,
« le mal qui s'y rencontre et qu'il ne peut y cor-
« riger ; il prête à tout ce qu'il voit, le jour le plus
« favorable ; il embellit tout ce qu'il touche ; il sait
« que Dieu a placé dans les souffrances mêmes le
« germe de la félicité de ses enfants. Les sentiments
« de patience, de paix, de consolation, d'espérance,
« qui accompagnent cette connaissance, font de cette
« vie même une vie heureuse. La paille est séparée
« du grain sous la main du batteur. L'huile coule
« épurée, après avoir passé sous la meule, qui a
« brisé l'amande et ses enveloppes. La même main
« qui s'appesantit sur le juste, l'éprouve et le puri-
« fie, tandis que le pécheur se désespère et se damne.
« *Creatura enim tibi factori deserviens, exardescit*
« *in tormentum adversus injustos, et lenior fit ad*
« *benefaciendum his qui in te confidunt.* Sap. XVI.
« *Diligentibus Deum omnia cooperantur in bonum.*
« Rom. VIII. *Una eamdemque vis irruens bonos pro-*
« *bat, purificat, eliquat ; malos vastat, damnat, ex-*
« *terminat.* August. » 9° Plusieurs *Écrits de méta-*
physique, sur l'espace, sur le temps, sur le vide,
sur la matière, sur l'union du corps et de l'âme, et
d'autres objets qu'il discute quelquefois en homme
d'esprit plutôt qu'en philosophe profond. Il semble
moins chercher à expliquer la manière dont les
choses existent réellement qu'à proposer d'ingénieuses hypothèses, propres à embarrasser ceux

qui voudraient les attaquer, ce que l'on voit surtout dans ses *Monades*, imaginés pour donner une idée des premiers éléments de la matière ; et dans son *Harmonie préétablie*, destinée à rendre compte de l'union du corps et de l'âme. Du reste, si Leibnitz a échoué dans ces recherches, il est dans le cas de tous les savants qui ont essayé de remonter aux principes des choses, et à franchir les barrières qui environnent le sanctuaire de la nature. « Plus « on avance en l'observant, dit un physicien, plus « elle semble devenir secrète, et repousser ceux qui « l'approchent de trop près. » (*Voyez* le *Catéchisme philosophique*, tome 3, n° 418.) Les idées politiques de Leibnitz peuvent être mises à côté de ses idées métaphysiques. Il voulait réduire l'Europe sous une seule puissance quant au temporel, et sous un chef unique quant au spirituel. L'empereur et le pape auraient été les chefs de ces deux gouvernements, l'un du premier, et l'autre du second. Il ajoutait à ce projet celui d'une *langue universelle philosophique* pour tous les peuples du monde ; projet imaginé long-temps avant lui, et proposé encore après lui, mais que ni la philosophie ni la politique ne parviendront à réaliser. « Ne doutons pas, a dit « quelqu'un à cette occasion, que la diversité des « langues ne soit l'ouvrage de celui qui répandit la « confusion parmi les hommes, lorsqu'ils étaient « encore réunis dans l'usage d'une seule, et qui, en « répartissant sur la terre ces tribus éparses, les dif- « férenciâ par leur langage autant que par les bornes « de leurs habitations, comme dit l'apôtre, et le

« temps circonscrit de leur gloire et de leur durée. « *Definiens statuta tempora et terminos habitationis* « *eorum*. Act. XVII. » 10° *Theoria motus abstracti et motus concreti*, contre Descartes. 11° *Accessiones historiæ*, deux volumes in-4°; recueil d'anciennes pièces. 12° *De origine Francorum disquisitio*, réfutée par le P. Tournemine, jésuite, et par dom Vaissette, bénédictin. 13° *Sacro-Sancta Trinitas, per Nova inventa logica, defensa*, contre Wissovatius, neveu de Socin. Il y a de très bonnes idées. L'auteur prouve que non-seulement une bonne logique n'est pas contraire à la croyance de ce mystère, mais qu'elle fournit des arguments propres à repousser victorieusement les attaques des sociniens. Effectivement, il en est de ce mystère comme des autres que la révélation nous a manifestés, et que Dieu nous ordonne de croire. La raison ne les enseigne pas, ne les prouve pas, mais elle les défend du reproche de contradiction et d'impossibilité. 14° Des *Lettres* à Pellisson, sur la tolérance civile des religions, Paris, 1692, in-12, avec les réponses de Pellisson. 15° Plusieurs volumes de *Lettres*, recueillies par Kortholt. 16° Des *Poésies latines et françaises*; elles prouvent l'observation que nous avons faite sur le peu de talent qu'il avait pour ce genre de compositions. Malgré une certaine originalité de caractère, et un penchant assez marqué pour les idées extrordinaires ou même bizarres, Leibnitz avait des principes auxquels il tenait. Né dans une religion qui n'a point de base assurée, il vécut dans une espèce de fluctuation qui lui fit former le projet de se réunir aux catholiques; projet pour lequel il fut quelque temps en correspondance avec Bossuet[*]. Il fut toujours zélé pour le christianisme. Il ne parlait des livres saints qu'avec respect. « Ils sont remplis, disait-il, d'une morale nécessaire aux hommes. » On ne croyait pas encore de son temps que le verbiage philosophique ou philantropique pouvait remplacer l'Évangile. Il parlait presque toujours honorablement de l'Église romaine et de ses pontifes; il reconnaissait hautement les avantages qu'elle avait sur les sectes séparées de sa communion. « Voilà, dit-il dans une « de ses lettres, la Chine ouverte aux jésuites, le pape « y envoie nombre de missionnaires. Notre peu « d'union ne nous permet pas d'entreprendre ces « grandes conversions. » Quelques-uns ont écrit qu'il était mort dans le sein de l'Église romaine; mais cela ne paraît pas fondé. Cependant M. de Murr, savant protestant, dans son *Journal pour les arts et la littérature*, septième partie, fait mention d'un manuscrit de Leibnitz, qu'on garde dans la bibliothèque électorale de Hanovre, « où, dit-il, la « doctrine catholique, dans les points même aux« quels les protestants sont le plus opposés, est « défendue avec tant d'ardeur, que si on ne con« naissait pas l'écriture de Leibnitz par mille et mille « feuilles écrites de sa main, on ne pourrait le croire

---

[*] La *Biographie universelle* attribue à Bossuet la rupture des négociations commencées avec Leibnitz, dans la note à la page 624, tome 23; mais à la page 599, elle en a assigné le véritable motif dans les dispositions de l'électeur de Hanovre. On devrait éviter des contradictions dans le même article.

« l'auteur de cet ouvrage. » M. Dutens a publié le recueil des *OEuvres complètes de Leibnitz*, en six volumes in-4°, 1767 et 1768 ; et peu de temps après, on a imprimé son *Esprit*, à Lyon, deux volumes in-12. Cet ouvrage de M. Émery, supérieur de Saint-Sulpice, reparut à Paris en 1803, sous le titre de *Pensées de Leibnitz sur la religion*, deux volumes in-8°. On a publié en 1819, *Exposition de la doctrine de Leibnitz sur la religion*, in-8°. C'est la traduction française du *Systema theologicum* de Leibnitz, ouvrage qui était resté manuscrit dans la bibliothèque de Hanovre. M. Émery, ayant appris l'existence de ce manuscrit, en sollicita l'envoi lorsque les armées françaises se furent emparées de cette ville. Ce fut par l'intermédiaire de M. Grégoire (ancien évêque de Blois), avec qui M. Émery avait des rapports de science, qu'il obtint la communication de ce précieux manuscrit, qui, suivant M. de Murr, devait faire plus de sensation que tous les autres écrits de Leibnitz. M. Émery en ayant fait une copie exacte, se proposait de le publier, mais la mort l'en empêcha. M. Garnier, son héritier, l'a confié depuis à M. Mollevault, à qui nous devons la traduction du *Systema theologicum*. M. de Genoude en a été l'éditeur; mais cette édition fourmille de fautes d'impression. On en prépare une nouvelle plus exacte et plus soignée.

Dictionnaire historique de FELLER.

LE MAISTRE (ANTOINE), avocat au parlement de Paris, naquit dans cette ville en 1608. Son père, Isaac Le Maistre, occupait la charge de maître des comptes, et sa mère, Catherine Arnauld, était une sœur du fameux Arnauld qui se distingua dans la solitude de Port-Royal. Lancé de bonne heure dans l'étude du barreau, le jeune Le Maistre plaida avec beaucoup de succès dès l'âge de vingt-un ans, et devint un des avocats français les plus célèbres. Nommé conseiller-d'état, il venait de refuser la charge d'avocat-général au parlement de Metz, lorsqu'il se retira à Port-Royal où il mourut en 1658, âgé de près de cinquante-un ans. On a de lui des *Plaidoyers*, dont la vogue a beaucoup diminué. « On en peut lire quelques-uns, dit d'Aguesseau, « où l'on trouve des traits qui font regretter que « son éloquence n'ait pas eu la hardiesse de mar- « cher seule, et sans ce cortège nombreux d'ora- « teurs d'historiens, de pères de l'Église, qu'elle « mène toujours à sa suite. » (*Quatrième instruction*). Ils sont en effet hérissés d'une érudition fatigante; on y trouve aussi de l'affectation et du mauvais goût. Le Maistre a encore laissé une *Traduction* du *Traité du sacerdoce*, de St.-Jean-Chrysostome, qu'il a fait précéder d'une bonne préface, in-12, et une *Vie de saint Bernard*, in-4° et in-8°. Quelques éditions portent le nom du sieur Lamy, au lieu de celui de l'auteur; la *Traduction* de plusieurs traités de ce père; des *Écrits* en faveur de Port-Royal; la *Vie de D. Barthélemi; des Martyrs*, avec du Fosse, Paris, 1663, in-4°; Liége, 1697, in-8°. Le libraire

Buisson a publié une édition des *OEuvres choisies de Le Maistre*, Paris, 1806, in-8°, précédée d'un morceau sur l'éloquence, par Bergasse.

Voyez le jugement de La Harpe sur Le Maistre, art. BARREAU, tome II, page 453 du *Répertoire*, et l'éloquent morceau cité par Marmontel, p. 440-442.

LEMERCIER (NÉPOMUCÈNE-LOUIS), membre de l'Académie française, est né à Paris en 1770. Poète aussi précoce que fécond, il s'annonça dès l'âge de seize ans par une tragédie intitulée *Méléagre* qui n'eut qu'une représentation, mais qui n'en donna pas moins une idée très avantageuse du jeune auteur. Il publia ensuite *Lovelace*, comédie, 1792; *le Lévite d'Ephraim*, tragédie, 1795; *le Tartufe révolutionnaire*, comédie, 1795; *Agamemnon*, tragédie qui parut en 1797, avec beaucoup de succès, et qui est considérée comme le meilleur des ouvrages dramatiques de l'auteur; *la Prude*, comédie, 1797; *Ophis*, tragédie, 1799; *les quatre Métamorphoses*, poème, 1800; *Pinto*, comédie en prose, 1801; *Homère et Alexandre*, poème, 1801; *les trois Fanatiques*, poème, 1801; *Ismael au désert, ou l'Origine du peuple arabe*, scène orientale, 1802; *Un de mes songes, ou quelques vers sur Paris*, 1802; *Isule et Orovèse*, tragédie, 1803; *les Ages français*, poèmes, 1803; *Hérologue, ou Chants du poète-roi*, et *l'Homme renouvellé*, récit moral en vers; *Traduction des vers dorés de Pithagore, et de deux Idylles de Théocrite*, 1806; *Épitre à Talma*, 1807; *Essais poétiques sur la théorie newtonienne*, 1808; *Plaute, ou la Comédie latine*, comédie, 1808; *Baudoin, empereur*, tragédie, 1808; *Christophe Colomb*, comédie historique en vers, 1809; *Ode sur le doute des vrais philosophes à qui les faux zélés imputent l'athéisme*, 1813; *Épître à Bonaparte, sur le bruit répandu qu'il projetait d'écrire des commentaires historiques*, 1814; *Épître à Bonaparte sur le bonheur de la vertu*, 1814; *Réflexions d'un français sur une partie factieuse de l'armée française*, 1815; *Charlemagne*, tragédie, 1816; *le Frère et la Sœur jumeaux*, comédie, 1816; *le faux Bonhomme*, comédie, 1817; *la Panhypocrisiade*, poème, 1817; *le Complot domestique, ou le Maniaque supposé*, comédie, 1817; *Saint Louis*, tragédie, 1819; *la Démence de Charles VI*, tragédie, 1820; *Frédégonde et Brunehaut*, tragédie, 1821; *le Corrupteur*, comédie, 1822; *les Voyages de Scarmentade*, comédie en 4 actes; le poème de *Moïse*, et une traduction en vers des *Chants populaires de la Grèce moderne*. M. Lemercier a publié, en 1817, son *Cours analytique de littérature générale, tel qu'il a été professé à l'Athénée*, Paris, 3 vol. in-8°.

JUGEMENT.

M. Lemercier, touchant à l'extrême jeunesse et presque à l'enfance, avait essayé le genre tragique. Il y a quinze ans, ces essais renouvelés promirent davantage; on entrevit même dans *le Lévite d'Éphraïm* quelques lueurs d'un beau talent qui se révéla bientôt, et brilla de tout son éclat dans la tragédie d'*Agamemnon*. Là, nul incident inutile; la marche est à la fois rapide et sage; Eschyle et Sénèque sont imités, mais avec indépendance. Le caractère artificieux et profond d'Égisthe, les agitations de Clytemnestre qui résiste avec faiblesse et succombe à l'ascendant du crime, le rôle naïf d'Oreste adolescent, et bien plus encore les scènes pleines de verve de la prophétesse Cassandre, ont déterminé les suffrages publics en faveur de cette pièce, regardée par les connaisseurs comme un des ouvrages qui ont le plus honoré la scène tragique à la fin du XVIIIe siècle. Depuis, et même dans *Ophis*, qui d'ailleurs est loin d'être sans beautés, M. Lemercier semble inférieur à lui-même. Il vient de faire imprimer une tragédie non representée. Son héros principal est *Baudoin*, comte de Flandre, celui qui, durant les croisades de Philippe-Auguste, osa fonder à Constantinople l'éphémère empire des Latins. Il y a de grands traits dans cet ouvrage, moins, il est vrai, dans les rôles de Baudoin et de son épouse, que dans ceux du Vénitien Dandolo, et d'Athanasie, sainte et prophétesse. Cette Cassandre chrétienne et la pièce entière produiraient peut-être au théâtre un effet imposant et religieux, si d'habiles acteurs étaient secondés par un auditoire attentif. Elle contient pourtant des choses hasardées, l'auteur s'en permet dans presque toutes ses productions. Il faut tout dire : on lui reproche d'avoir contracté des habitudes de style que les spectateurs et les lecteurs ne sauraient prendre aussi vite que lui. A force de vouloir être neuf, il a, dit-on, dans le choix des mots et des tournures, une recherche plus pénible qu'originale. Nul n'est plus en état que M. Lemercier de peser ces observations, et d'y faire droit, s'il y trouve quelque justesse. Doué d'un esprit étendu, brillant et facile, il n'a qu'à redevenir naturel, assuré qu'il lui est impossible d'être vulgaire. A ce prix, de nouveaux succès l'attendent, et la scène française doit compter sur lui, puisqu'il a fait Agamemnon.

M. J. Chénier, *Tableau de la Littérature française.*

MORCEAU CHOISI.

Apparition du Spectre de Thyeste à Égisthe.

Thyeste! tu verras Agamemnon puni;
Qu'Oreste même expire à ses destins uni!
Chère ombre, apaise-toi! calmez-vous, Euménides!
Vous avez au berceau proscrit les Pélopides:
Oreste n'est-il pas l'héritier de son rang?
Périssent lui, son fils, Électre, et tout son sang!...
Ils mourront sous ce fer, que l'exécrable Atrée
Remit dès mon enfance à ma main égarée,
Lorsqu'un affreux serment, de ma bouche obtenu,
M'arma contre Thyeste, à moi-même inconnu.
Un dieu seul me ravit à ce noir parricide.
O mon père!... pourquoi ton spectre errant, livide,
Assiège-t-il mes pas? Il me parle, il me suit,
Sous ce même portique, au milieu de la nuit.
Ne crois pas qu'une erreur, dans le sommeil tracée,
De sa confuse image ait troublé ma pensée:
Je veillais sous ces murs, où de son souvenir
Ma douleur recueillie osait s'entretenir;
Le calme qui régnait à cette heure tranquille

Environnait d'effroi ce solitaire asyle ;
Mes regards sans objet dans l'ombre étaient fixés ;
Il vint, il m'apparut, les cheveux hérissés,
Pâle, offrant de son sein la cicatrice horrible ;
Dans l'une de ses mains brille un acier terrible,
L'autre tient une coupe... ô spectacle odieux !
Souillée encor d'un sang tout fumant à mes yeux.
L'air farouche, et la lèvre à ses bords abreuvée :
« Prends, dit-il, cette épée à ton bras réservée ;
« Voici, voici la coupe où mon frère abhorré
« Me présenta le sang de mon fils massacré ;
« Fais-y couler le sien que proscrit ma colère,
« Et qu'à longs traits encor ma soif s'y désaltère. »
Il recule à ces mots, me montrant de la main
Le Tartare profond dont il suit le chemin.
Le dirai-je ? sa voix, perçant la nuit obscure,
Ce geste, et cette coupe, et sa large blessure,
Ce front décoloré, ses adieux menaçants...
J'ignore quel prestige égara tous mes sens :
Entraîné sur ses pas vers ces demeures sombres,
Gouffre immense où gémit le peuple errant des ombres,
Vivant, je crus descendre au noir séjour des morts.
Là, jurant et le Styx et les Dieux de ses bords,
Et les monstres hideux de ses rives fatales,
Je vis, à la pâleur des torches infernales,
Les trois sœurs de l'enfer irriter leurs serpents,
Le rire d'Alecton accueillir mes serments ;
Thyeste les reçut, me tendit son épée,
Et je m'en saisissais, quant à ma main trompée
Le vain spectre échappa poussant d'horribles cris.
Je fuyais... Je ne sais à mes faibles esprits
Quelle flatteuse erreur présenta sa chimère.
Il me sembla monter au trône de mon père ;

Que, de sa pourpre auguste héritier glorieux,
Tout un peuple en mon nom brûlait l'encens des dieux,
Je vis la Grèce entière à mon joug enchaînée,
La reine me guidant aux autels d'Hyménée,
Et mes fiers ennemis, consternés et tremblants,
Abjurer à mes pieds leurs mépris insolents.

Agamemnon, act. I, sc. 1.

LEMIERRE (ANTOINE-MARIN), poète tragique et didactique, membre de l'Académie française, naquit à Paris, le 18 avril 1733.

Son père, ruiné par le système de Law, fit de grands sacrifices pour cultiver ses heureuses dispositions, et le mit au collège des Jésuites. Lemierre répondit à son attente, et se distingua dans ses études. Le célèbre P. Porée, professeur de rhétorique, le regardait comme son meilleur élève. On lit dans le recueil intitulé : *Musæ rhetorices*, une jolie pièce de vers latins qui lui valut un prix.

La mort de son père lui ayant enlevé toutes ses ressources pendant qu'il achevait sa philosophie, il fut obligé, pour subvenir à ses besoins, de solliciter à l'église de Saint-Paul la place d'aide-sacristain. Le jeune poète sut alors se créer un genre d'occupations lucratives ; et du fond de la sacristie, il inspira la chaire évangélique. Il composait des sermons, et les fournissait, au taux ordinaire d'un louis, à des abbés qui pouvaient s'appliquer cette épigramme de Boileau si connue :

On dit que l'abbé Roquette

Prêche les sermons d'autrui;
Moi! qui sais qu'il les achète,
Je soutiens qu'ils sont à lui.

Cependant un certain abbé de Lavaux eut assez de délicatesse pour nommer l'auteur du sermon qu'il avait acheté, et pour lui restituer les éloges qu'avait obtenus son éloquence. Instruit de cette aventure l'abbé d'Olivet voulut faire connaissance avec Lemierre, et lui confia la correction des épreuves de sa belle édition de Cicéron.

Il était sous-maître de rhétorique au collège d'Harcourt, lorsqu'il fit sa première tragédie, *Astyage*, que les comédiens refusèrent, en lui accordant toutefois ses entrées au théâtre. Ce refus ne le découragea pas. Il se soumit à d'autres juges, et concourut pour les prix que proposaient les Académies de province. Il les remporta presque tous; l'Académie française le couronna même pour ses poèmes sur la *Sincérité*, l'*Empire de la mode*, l'*Utilité des découvertes faites dans le siècle de Louis XIV*, et le *Commerce*. Ce dernier renferme le vers fameux qu'il appelait modestement le *vers du siècle*, et qu'un plaisant appela le *vers solitaire*, parce qu'il est perdu dans un fatras d'idées bizarres ou insignifiantes :

Le trident de Neptune est le sceptre du monde.

A ces opuscules succéda la tragédie d'*Hypermnestre* que les comédiens rejetèrent encore impitoyablement, mais qui fut reçue et jouée en 1738, par la protection de l'académicien Châteaubrun secrétaire du duc d'Orléans. Le public se montra moins sévère qu'eux, et vengea Lemierre de leurs injustes dédains par un vif enthousiasme.

Lemierre fut admis ensuite chez le fermier général Dupin comme simple employé, et devint le collègue de J.-J. Rousseau. Dupin, admirant le talent poétique de Lemierre voulut être son Mécène, et lui donna le logement et la table avec une pension. Rien ne pouvant plus alors enchaîner la verve de notre poète, il composa les tragédies suivantes :

Térée, (1761); *Idoménée*, (1764); *Artaxerce* (1766); *Guillaume-Tell; La veuve du Malabar*, qui n'obtint d'abord qu'un succès d'estime; mais qui plus tard, grace à l'acteur Larive, fut beaucoup mieux accueillie : *Céramis*, qui éprouva une chute complète et *Barnevelt*, qui fut représentée sur le théâtre de la nation, le 30 juin 1790. Deux poèmes estimés ajoutèrent encore à la réputation de Lemierre : *La peinture* (1769), imitée en partie du poème latin de l'abbé de Marsy, et *les Fastes* ou *les Usages de l'année* (1779).

Lemierre a fait paraître en 1782 un recueil de *Poésies légères*. Il avait encore composé une tragédie intitulée *Virginie*, qui n'a jamais été représentée ni imprimée. Elle devait être jouée après *Barnevelt*, mais il la retira.

Les scènes sanglantes de la révolution enlevèrent le calme à son esprit, et effarouchèrent sa Muse. Quand on lui demandait de nouvelles tragédies, « A quoi bon, disait-il, la tragédie court les rues. » Bientôt son imagination se troubla; il se croyait sans cesse environné d'assassins. Sa mémoire se perdit peu à peu, ses facultés intellectuelles s'éteignirent, et après avoir langui huit ou dix mois, dans un état d'enfance, il mourut le 4 juillet 1793 à Saint-Germain-en-Laye, où il s'était retiré.

Tous les biographes s'accordent à louer ses vertus. La douceur, la bienveillance, la franchise, constituaient son caractère. Étranger à l'envie, il jouissait du triomphe de ses rivaux, et se plaisait à protéger les jeunes poètes qui se lançaient dans la lice.

On ne saurait trop louer sa piété filiale. Sa mère, pour vivre avec plus d'économie, s'était retirée à Villers-le-Bel, à quatre lieues de Paris. Tous les mois ce vertueux fils lui portait la faible rétribution de ses ouvrages dramatiques. Quel spectacle touchant de voir l'auteur de *Guillaume Tell*, se mettre en route appuyé sur un bâton, et portant un panier rempli des provisions que lui donnait pour elle la marquise de Chénonceaux, sa généreuse hôtesse! Le froid ni la chaleur ne pouvaient retarder sa marche. L'amour le plus tendre allégeait son fardeau, et le conduisait plein de joie aux genoux de cette bonne mère.

A soixante ans, Lemierre se remaria avec une jeune et aimable femme qui ne put lui refuser sa tendresse. Il l'appelait son ange, et disait gracieusement : « Je passe de temps en temps la main sur « ses épaules pour savoir s'il ne lui viendrait pas des « ailes. »

Ses sentiments s'exprimaient par des idées bizarres et piquantes. Un soir, dans une rue isolée, un homme lui demande l'heure assez brutalement ; il tire son épée, *regarde à l'aiguille*, répond-il, en lui présentant la pointe. Il se promenait un jour à grands pas, seul, sur le théâtre, on lui demanda ce qu'il y faisait : « Je prends la mesure d'une tragédie. »

Lemierre ne fut reçu à l'Académie française que le 25 janvier 1781, en remplacement de l'abbé Batteux. Les quarante ne s'étaient pas pressés d'ouvrir les portes de leur sanctuaire au poëte noble et fier qui savait que le mérite ne doit pas aller audevant des honneurs. Mais ils n'osèrent braver l'opinion publique qui depuis long-temps lui avait désigné sa place. Son discours de réception est un monument de grandeur d'âme. Nous invitons à le méditer ceux qui veulent rehausser leur talent par l'éclat d'un beau caractère. Écoutons-le : « La place que vous m'accordez est d'autant plus flatteuse pour moi, que ne l'ayant sollicitée que par mes écrits, je serais presque tenté de croire que je n'ai eu affaire qu'à des juges..... Toujours animé de l'ambition de mériter les honneurs des lettres, j'ai pensé que, pour y parvenir, il ne fallait s'appuyer que de ses travaux ; qu'il était permis de ne vous connaître que par votre renommée, et que chercher à concilier vos voix autrement que par des efforts littéraires, c'était surprendre vos suffrages, usurper votre adoption, mendier la gloire, et dès lors s'en rendre indigne. »

Sa plume était incorruptible ; elle se serait brisée dans ses mains plutôt que de se vendre et de se prostituer. Si les écrits de Lemierre ne sont pas toujours un modèle de goût, nous ne craignons pas de dire que sa noble conduite est un bel exemple à suivre.

On lui a reproché un amour-propre, une vanité sans bornes. Il croyait ses pièces supérieures à celles des autres poètes, et l'avouait sincèrement. Ses amis lui pardonnaient facilement cette manie ; et peut-être, doit-on n'y voir que de la bonhomie et de l'ingénuité.

Un jour qu'il assistait à la représentation de sa pièce favorite *la Veuve du Malabar*, ses amis lui firent remarquer, en plaisantant, le vide de la salle : « Tout est plein, répondit-il, mais cette salle est construite d'une manière si étrange, que vraiment je ne sais où ils se cachent. » Une autre fois, dans une semblable circonstance, il s'écria : « Société peu nombreuse, mais bien choisie ! » Le parterre accueillant fort incivilement sa tragédie de *Céramis* à la première représentation, il répétait : « Croient-ils donc qu'on leur donnera tous les jours des *Veuves du Malabar*. » Se croyant seul dans la bibliothèque d'un de ses amis, il paostropha sérieusement un buste de Voltaire, et lui dit avec abandon : « Ah ! que tu voudrais bien avoir fait ma *Veuve!* » Lorsqu'il se présenta aux comédiens pour demander qu'on remît cette tragédie au théâtre, « Messieurs, leur dit-il, il n'y a pas de *Veuve* qui n'ait ses *reprises;* je viens vous demander celle de la *Veuve du Malabar*. »

Il disait plaisamment, en comparant ses poésies légères à celles de Voltaire : « Entre Voltaire et moi il n'y a qu'un saut de loup. »

La nature lui avait accordé une imagination active et féconde; mais il manquait de goût, et ses vers sont hérissés d'âpreté et de rudesse.

Fréron appelait son style *rocailleux*. Mademoiselle Clairon disait qu'elle était *obligée de cracher ses vers*. La Harpe accablait de critiques notre aimable poète, qui se contentait de dire : « Que M. de La Harpe garde sa correction et son élégance, et qu'il me laisse ma verve. » M. J. Chénier lui a lancé cette épigramme en style de Chapelain :

Lemierre, ah ! que ton *Tell* avant-hier me charma !
J'aime ton ton pompeux, et ta rare harmonie.
  Oui des foudres de son génie
  Corneille lui-même t'arma.

Il a paru une édition des OEuvres de Lemierre avec une notice sur sa vie, par R. Perrin. Paris, 1810, 3 vol. in-8°.

Félix Parent.

JUGEMENTS.

I.

Quoique dur, sec et recherché dans ses vers, Lemierre en faisait quelquefois de très heureux, mais en trop petit nombre pour se faire pardonner la longue persévérance avec laquelle il fatigua le public de ses pièces de théâtre.

Toutes ses études dramatiques semblaient n'avoir eu pour objet que l'effet de la pantomime, et la perspective de la scène. C'est véritablement ce qu'il entendait le mieux, et la nature paraissait en avoir fait un décorateur plutôt qu'un poète. Cependant il péchait moins par le fond des pensées que par la bizarrerie de l'expression. Ses vers ressemblaient trop à de la prose contournée avec effort, et à laquelle on aurait attaché des rimes, comme par gageure : on peut s'en former une idée par ces lignes prises au hasard dans sa tragédie de *Guillaume Tell*:

Hâte-toi ; fais marcher sous *diverse* conduite,
Vers les *divers* châteaux, notre intrépide élite,
Tandis qu'*avec Vaerner*, moi j'irai *sur le lac*,
Dans l'ombre de la nuit m'emparer de Kusnac.

En veut-on de plus bizarres encore, tirés de la même pièce ?

Je pars, *j'erre en ces rocs où partout* se hérisse
Cette chaîne de monts qui couronnent la Suisse.

Ses pièces fugitives joignaient, à cette singulière mélodie, une originalité plus étrange encore, et dont lui seul avait le secret. Il croyait, par exemple, louer la célèbre mademoiselle Dangeville, en lui disant :

Ta folâtre férie accordait des cerveaux
Les chanterelles élastiques.

On trouve, en parcourant ses poésies, *un peuple qui tombe dans l'ornière de la routine ; — une onde guéable ouvrant ses lames, et sur laquelle les chars rencontrent les bateaux, de manière que les rou-ets croissent les rames, tandis que des fleuves rient dans leurs barbes limoneuses, de ces petites rivières qu'on passe au gué.*

On y trouve cette agréable antithèse sur la ville de Tours :

>Ville que de tout temps signale
>Son archevêque et ses pruneaux;

Et cette idée pittoresque sur un château qui, à la vérité, n'a ni pruneaux, ni archevêque, mais qui, en revanche, a l'avantage d'être vu de loin, *parce qu'il dresse ses girouettes illustres.*

Enfin, c'est dans ces mêmes poésies qu'on est étonné de voir

>Les deux fils du siècle d'airain;
>Ces deux fougueux antagonistes,
>*Le Tien*, *le Mien* le front serein,
>De leurs calculs brûler les listes,
>Sourire, et se donner la main.

Quelque invraisemblables que ces citations puissent paraître, nous prions les lecteurs de croire qu'il n'entre ici de notre part, ni la moindre infidélité, ni la plus légère altération.

Nous n'avons pas, à beaucoup près, épuisé les citations ridicules que nous aurions pu nous permettre. Tout le monde connaît ce vers que son originalité seule a fait retenir, et qu'on ne croirait pas de notre langue, pour peu qu'on mît de rapidité à le pronocer :

Opéra *sur roulette*, et qu'on porte *à dos d'homme.*

Il en est un plus étrange encore, et qui mettrait en défaut l'articulation la plus exercée :

Peins d'Assas, montre en *lui huit* efforts héroïques.

Mais ce qui n'est pas moins étonnant que ces vers, c'est qu'il est arrivé à l'auteur d'en faire d'excellents, et qui seraient avoués de nos meilleurs poètes.

Nous ne citerons pas ce vers isolé :

Le trident de Neptune est le sceptre du monde,

que peut-être on a trop vanté, qui prouverait seulement qu'il n'est pas d'écrivain si médiocre à qui le hasard ne puisse procurer une bonne fortune; mais il n'en est pas de même d'une suite de vers bien faits, heureusement enchaînés l'un à l'autre, et qui supposent nécessairement du talent : or on en trouve de ce genre, en petit nombre, il est vrai, mais assez pour étonner, dans les plus mauvais ouvrages de Lemierre. Boileau lui-même, qui savait apprécier mieux que personne le mérite des difficultés vaincues, n'eût-il pas applaudi ce morceau brillant sur l'Anatomie, que tout le monde a remarqué dans le poème de la Peinture? n'eût-il pas été frappé de cette ingénieuse fiction du même ouvrage, si bien imaginée, et si bien rendue dans ces vers pleins d'harmonie?

Il est une stupide et lourde Déité;
Le Thmolus autrefois fut par elle habité :
L'Ignorance est son nom; la Paresse pesante
L'enfanta sans douleur aux bords d'une eau dormante, etc.

Trouverait-on, dans beaucoup de nos tragédies modernes, des vers d'une expression plus gracieuse à la fois et plus touchante que ces vers qu'on pourrait croire de Racine, et que nous n'avons jamais entendus sans plaisir dans la *Veuve du Malabar ?*

Elle va donc mourir; hélas! que je la plains!
Brillante encor d'attraits, et dans la fleur de l'âge,
Ah! qu'il est douloureux d'exercer ce courage,
Et d'éteindre au tombeau des jours remplis d'appas,
Que la nature encor ne redemandait pas!

Enfin n'est-ce pas l'inspiration la plus heureuse qui a dicté à Lemierre, dans son poëme des *Fastes*, cette charmante description d'un clair de lune?

Mais de Diane au ciel l'astre vient de paraître,
Qu'il luit paisiblement sur ce séjour champêtre!
Éloigne tes pavots, Morphée, et laisse-moi
Contempler ce bel astre aussi calme que toi,
Cette voûte des cieux mélancolique et pure,
Ce demi-jour si doux levé sur la nature,
Ces sphères qui, roulant dans l'espace des cieux,
Semblent y ralentir leurs cours silencieux,
Du disque de Phébé la lumière argentée
En rayons tremblottants sous ces eaux répétée,
Ou qui jette en ce bois, à travers les rameaux,
Une clarté douteuse et des jours inégaux.
Des différents objets la couleur affaiblie,
Tout repose la vue et l'âme recueillie.
Reine des nuits, l'amant devant toi vient rêver,
Le sage réfléchir, le savant observer :
Il tarde au voyageur dans une nuit obscure,
Que ton pâle flambeau se lève et le rassure.
Le ciel d'où tu me luis est le sacré vallon,
Et je sens que Diane est la sœur d'Apollon.

On a peine à concevoir que cette suite de vers heureux soit du même homme qui s'en est permis de si barbares ou de si grotesques. C'est même à regret que nous croyons y remarquer une inconvenance. L'auteur, dans l'avant-dernier vers, paraît se représenter le ciel comme un vallon, et il n'a pas senti combien ces deux images étaient inconciliables. M. Le Brun, qui en a jugé comme nous, a pris la peine de corriger cette faute en changeant ainsi le vers défectueux :

L'asyle où tu me luis est le sacré vallon,
Et je sens que Diane, etc.

Cette leçon ne laisse rien à désirer dans ce morceau plein d'élégance et de grace.

On serait tenté de croire que le hasard seul avait part à ces beautés qui se trouvent semées de loin en loin dans les ouvrages de Lemierre : car, s'il en eût eu le sentiment, lui-même n'eût pu s'empêcher d'être frappé du contraste qu'elles présentent avec le style dont il avait contracté la malheureuse habitude. Quoi qu'il en soit, nous lui devions la justice de les faire remarquer comme des exceptions heureuses, qu'on chercherait vainement dans certains poètes qui se croyaient infiniment supérieurs à Lemierre, et dont la petite réputation s'éteindra peut-être avant la sienne.

PALISSOT, *Mémoires sur la Littérature.*

II.

Un écrivain que nous retrouverons à l'article du théâtre, et qui, à force de faire de mauvais vers et de dire tout seul du bien de ses vers, finit par réunir aux ridicules d'un très médiocre poète ceux d'un métromane renforcé, Lemierre trouva le moyen, en s'appuyant fort adroitement sur un poète latin moderne qui lui fournissait les idées et les images, de faire un poème sur *la Peinture*, dont la versification est généralement beaucoup plus passable que celle de ses tragédies, et de temps en temps beaucoup meilleure qu'à lui n'appartient. Il n'est pas le seul qui ait prouvé par un exemple semblable que les poètes d'un rang subalterne peuvent, en traduisant, s'élever un peu au-dessus d'eux-mêmes, d'abord, parce que, dispensés de rien créer, ils peuvent mettre tous leurs soins à écrire; ensuite parce qu'ils échappent à un danger beaucoup plus commun qu'on ne pense, celui d'exprimer mal ce qu'on a mal conçu.

L'auteur nous dit dans son Avertissement : « J'a-
« vais envie de traduire en vers le poème de l'abbé de
« Marsy sur *la Peinture* : les beautés dont il est
« rempli font regretter qu'elles ne soient pas con-
« nues de tous les lecteurs ; mais les meilleures tra-
« ductions ne sont guère que les *réverbérations* des
« ouvrages originaux... Je me suis donc déterminé
« à commencer le mien, sans renoncer pourtant à
« profiter de tout ce qui m'avait frappé dans le poète
« latin. »

Il est difficile d'en *profiter* davantage ; car, en annonçant qu'il n'a pas voulu *traduire*, il traduit le plus souvent. Sa marche est exactement celle de l'abbé de Marsy : il traite comme lui du dessin, ensuite des couleurs, puis de l'invention, et de ce qu'on appelle la poésie d'un tableau ; il donne les mêmes préceptes, et cite les mêmes exemples : les pensées, les transitions, les images sont presque partout celles du poëte latin ; enfin la version est souvent littérale dans des morceaux de quarante à cinquante vers. Voilà donc son poëme réduit à n'être presque, suivant les termes de l'auteur qu'une *réverbération* : elle est souvent loin de remplacer la lumière; mais quelquefois elle jette des clartés assez vives, et même des lueurs brillantes.

Voici son exorde :

Je chante l'art *heureux* dont le *puissant* génie
Redonne à l'univers une nouvelle vie,
Qui, par l'accord charmant des couleurs et des traits,
Imite et *fait saillir* les formes des objets,
Et prêtant à l'image une vive imposture,
Laisse hésiter notre œil entre elle et la nature.

Cet exorde est à lui ; aussi est-il faible et vague. Deux épithètes dans le premier vers; *fait saillir les formes*, qui est beaucoup plus de la sculpture que de la peinture; la langueur du dernier vers, qui, tient surtout à cette expression prosaïque, *laisse hésiter :* tout cela ne forme pas un début heureux. L'invocation est beaucoup meilleure : l'auteur a tiré un fort bon parti de l'histoire vraie ou fausse de Dibutade :

Toi qui, près d'une lampe et dans un jour obcur,
Vis les traits d'un amant vaciller sur le mur,
Palpitas et courus à cette image sombre,
Et de tes doits légers traçant les bords de l'ombre,
Fixas avec transport sous ton œil captivé,
L'objet que dans ton cœur l'amour avait gravé;
C'est toi dont l'inventive et fidèle tendresse

Fit éclore autrefois le dessin dans la Grèce.
Du sein de ses déserts, lieux jadis renommés,
Où parmi les débris des palais consumés,
Sur les tronçons épars des colonnes rompues.
Les traces de ton nom sont encore aperçues,
Lève-toi, Dibutade, anime mes accents,
Embellis les leçons *éparses* dans mes chants ;
Mets dans mes vers ce feu qui, sous ta main divine,
Fut d'un art enchanteur la première origine.

Il y a là ce dont l'auteur se piquait beaucoup, et ce qu'en effet il avait par moments, de la verve. *Mets dans mes vers ce feu* est pourtant une expression froide ; mais c'est ici la seule : *les leçons éparses* sont une faute plus considérable, non pas parce que le mot *épars* se trouve trois vers plus haut, ce qui n'est qu'une négligence, mais parce qu'il est très déplacé de dire que les leçons sont *éparses* dans un poème essentiellement didactique.

L'abbé de Marsy commence par examiner les différents genres que le peintre peut choisir suivant le caractère de son génie :

Historiæ, largos alter devectus ad amnes,
Confertas acies, pugnataque pingere gaudet
Prælia, combustas flammis populantibus arces,
Pallentesque nurus, pueros ante ora parentum
Dulcem exhalantes crudeli funere vitam.
Pingit oves alius, sata læta, virentia musco
Gramina, pendentes summâ de rupe capellas,
Saltantes Dryadas, redeuntem ex urbe Neæram
Et vacuam læto referentem vertice testam.

« L'un se plaît à puiser dans les sources abon-

« dantes de l'histoire; il aime à peindre les batail-
« lons épais, les horreurs des combats, les murs
« ravagés par les feux dévorants, les épouses pâlis-
« santes, et les enfants arrachés aux douceurs de la
« vie par un trépas cruel, sous les yeux de leurs
« parents. L'autre peint les troupeaux, les moissons
« riantes, la verdure des gazons, les chèvres sus-
« pendues dans le lointain sur le penchant d'une
« colline, les danses des Dryades, et la jeune Néæra
« revenant de la ville et rapportant gaiement sur sa
« tête une cruche vide. »

Les vers de l'imitateur français n'ont, ce me semble, ni l'élégance, ni la précision du latin :

L'un, né pour moissonner dans les champs de l'histoire,
Nous peindra les héros *courants* à la victoire,
Le front des *combattants*, leur choc impétueux,
Les coursiers *écumants*, la poussière, les feux,
le vol du plomb rapide, et plus prompt que *la flèche*;
Les remparts foudroyés, le vainqueur sur *la brèche*.
Un autre est attiré par de plus doux sujets ;
Il aime à nous tracer de paisibles objets :
Il peint les bois, les prés, les ruisseaux, les campagnes,
Et les troupeaux errants au penchant des montagnes ;
Sylvandre *ingénûment* par Annette *agacé*,
Et la jeune laitière, *en jupon retroussé*,
Rapportant son pot vide, un bras passé dans l'anse,
Et de la ville aux champs retournant *en cadence*.

Ici les fautes sont de toute espèce. Jamais un peintre n'a imaginé de représenter *le vol du plomb rapide*, le vol des balles : on ne saurait peindre aux
yeux ce que l'œil ne peut pas voir. Ces trois parti-

cipes, *courants, combattants, écumants*, dont les deux derniers riment à l'hémistiche, et dont le premier est un solécisme, puisqu'il faut *courant*, et non pas *courants*, font un mauvais effet de tout point. Enfin le poète, au lieu de rendre le gracieux des vers latins, tombe dans le trivial, oubliant que son poème est du genre noble; et *le jupon retroussé*, et *le pot vide*; et *le bras dans l'anse*, et Annette *retournant en cadence*, ne sont point du style naïf, mais du style bas. Je sais que Fontenelle disait que le *naïf n'était qu'une nuance du bas**; mais Fontenelle faisait de petits axiomes très subtilement erronés pour justifier les défauts de ses vers. Il est très faux que le naïf soit une *nuance du bas* : le naïf est une nuance du vrai, et c'en est la nuance la plus aimable; elle est entre le simple et le bas, elle ajoute à l'un et le sépare de l'autre. Qui est plus naïf que La Fontaine dans ses vers, et combien il est rare qu'il tombe dans le bas!

Je ne dis rien des rimes des *flèche* et de *brèche*; je les ai marquées comme étant du goût de l'auteur, qui semble chercher ces sortes de rimes comme d'autres les éviteraient.

Il suit le poète latin pas à pas dans le portrait, dans la peinture à fresque, dans la miniature, dans le genre grotesque. Ce dernier morceau, très pitto-

* On sait qu'une femme d'esprit, la marquise de Genlis, lui répondit : « Monsieur de Fontenelle, vous êtes bien excusable de méconnaître la seule « espèce d'esprit qui vous ait manqué. » C'était adoucir la vérité par un compliment très fin. La vérité sévère dirait aujourd'hui que le naïf était le genre d'esprit le plus opposé à celui de Fontenelle, et qu'il lui en manquait bien d'autres, l'élévation, la force, le sentiment, etc.

resque dans le latin, nous invite à nous y arrêter.

Ille Calotanæ referens deliria dextræ,
Personis tabulas amat exhilarare jocosis.
Nunc inducit anum, rigidis cui plurima sulcis
Ruga cavat frontem; gibboso lignea dorso
Capsa sedet; geminum poples sinuatur in arcum.
Ora tamen risus distendit ludicra mordax,
Risoresque suos prior irridere videtur.
Nunc fumosa refert silvestris tecta popinæ :
Rustica porrigitur nudo super assere cæna.
Insidet ille cado; tripodem premit ille salignum;
Imminet hic mensæ cubitis defixus acutis.
Hic bibit, ille canit; cum Philide saltat Iolas,
Cumque suâ Lycidas Nisâ, dùm raucus utrique
Dividit indocti Corydon modulamina plectri.

« Celui-là, nous retraçant les fantaisies de Calot
« se plaît à égayer ses tableaux de personnages gro-
« tesques. Tantôt cet une vieille au front sillonné
« de rides, courbant un dos bossu sous une hotte,
« et les deux genoux en arc, pliant sous le fardeau.
« Un rire malin ouvre sa large bouche, et la pre-
« mière elle semble se moquer de ceux qui se mo-
« quent d'elle. Tantôt c'est un cabaret de village,
« aux murs noircis par la fumée : un repas rusti-
« que est servi sur des planches nues; les conviés
« sont assis, l'un sur un tonneau, l'autre sur un
« trépied, un autre s'avance sur la table, appuyé
« sur deux coudes pointus; celui-ci boit; celui-là
« chante; Iolas danse avec Philis, Lycidas avec sa
« Nise, tandis que l'enroué Corydon leur distribue
« des airs sous un archet grossier. »

Il s'en faut de tout que le français soit aussi riche en images ; mais il est vif et rapide :

>Là, le peintre joyeux, égayant son tableau,
>*De ses* crayons badins, *dans ses* peintures vives,
>Fait mouvoir plaisamment ses figures naïves.
>Dans ce rustique enclos que de peuple dansant !
>On va, l'on vient, l'on court, on se heurte en passant.
>On joue, on chante, on rit, on boit sur la verdure ;
>Lise danse avec Blaise, Alain prend sa future ;
>Et le ménétrier, debout sur un tonneau ;
>Sous un archet *aigu* fait détonner Rameau.

Suivent des préceptes sur la disposition des figures encore empruntés du latin. Mais il faut aussi voir l'auteur quand il lui arrive de marcher seul ; et voici un morceau sur l'anatomie qui est étrangement original :

>Au temple d'Esculape une école est placée.
>Au milieu de l'enceinte une table dressée,
>Étale un corps sans vie et soustrait au tombeau.
>Ferrein observe *auprès* ; la mort tient le flambeau :
>Le scalpel à la main, l'œil sur chaque vertèbre,
>L'observateur pénètre *avec sa clé funèbre*
>*Les recoins de ce corps, triste reste de nous,*
>Objet défiguré, *dont l'être s'est dissous ;*
>*Pur* chef-d'œuvre des cieux quand l'âme *l'illumine,*
>Vil néant quand ce feu *rejoint son origine.*
>Tu frémis, jeune artiste ! Ah ! surmonte l'horreur
>Que porte dans tes sens cet objet de terreur ;
>Et si ce n'est point là que l'homme entier s'enferme,
>Si ton espoir s'étend au delà ce terme,
>Viens, reconnais encor jusque dans ces débris,
>Tout ce qu'au *sort humain tu dois mettre de prix.*

Ces tubes, ces leviers, organes de la vie,
Ce corps où la nature épuisa son génie,
Par elle fut construit dans un ordre si beau,
Que même, quand la mort l'a marqué de son sceau,
Tant qu'il n'est pas détruit dans son dernier atôme,
Il sert *de base aux arts et de modèle à l'homme.*

Il n'y a personne qui ne s'aperçoive au premier coup d'œil, combien tout cela est mal pensé et mal écrit. *La clé funèbre, les recoins de ce corps... dont l'être s'est dissous.......* l'âme qui *l'illumine*, et ce feu qui *rejoint son origine*, tout cela est du plus mauvais goût. Mais ce qu'il y a de pis, c'est le défaut de sens, c'est la froide emphase de *ce prix du sort humain*, qui consiste à pouvoir être disséqué tant qu'on n'est pas pourri; avantage dont le poète s'émerveille, comme s'il ne nous était pas commun avec les chiens et les chats, qui, dans ce sens, servent aussi de *base aux arts et de modèle à l'homme*, vers aussi dénué de nombre, que la pensée est dénuée de raison. Tout ce morceau va jusqu'au ridicule ; mais nous en verrons qui compensent ces fautes et qui ne méritent que des éloges, un entre autres où l'auteur a marché sans guide, et pourtant d'un pas ferme et hardi.

Les leçons sur le jeu des muscles, sur la légèreté des draperies, sont, il est vrai, de l'auteur latin, et Lemierre a transporté dans la description du Milon, ce chef-d'œuvre du Puget, une partie des traits dont l'abbé de Marsy peint le démoniaque de Raphaël :

Sic Raphaël juvenem Stygii quem sæva tyranni
 Vincla premunt, stimulisque urget ferus hostis acerbis,

Pinxit anhelanti similem; contenta rigescunt
Brachia, corda tument; hinc plurimus extat et illinc
Musculus, ac multo coeuntibus agmine ramis,
Venarum implicitis tollit se silva lacertis.
Cætera conveniunt: pellis riget arida, crinis
Horret, hiant oculi, patulo stant guttura rictu;
Torquentur miseri vultus; clamare putares.

« Ainsi Raphaël a peint ce jeune homme enchaîné
« dans les liens du tyran des enfers, et pressé de
« son cruel aiguillon. Vous le voyez haletant, les
« bras roidis, la poitrine gonflée, les muscles sail-
« lants : vous distinguez sur son corps une forêt de
« veines qui se croisent et s'entrelacent en rameaux.
« Sa peau est désséchée, ses cheveux se hérissent,
« ses yeux sont fixes, sa bouche ouverte laisse voir
« son gosier, tout son visage exprime les convulsions
« de la souffrance; vous diriez qu'il crie. »

Milon entr'ouvre un chêne aussi vieux que la terre;
Mais l'arbre tout-à-coup se rejoint et l'enserre.
Un lion qui se dresse et s'attache à son flanc,
De l'athlète entravé boit à loisir le sang.
Sur le marbre animé le Puget défigure
Tout le corps du lutteur sous les maux qu'il endure :
Ses cheveux sont dressés, ses membres sont roidis;
Vous reculez d'effroi, vous entendez ses cris.

L'imitateur, quoique élégant et précis, est encore ici beaucoup moins peintre que l'original. Mais après l'avoir suivi dans l'étude du costume, des médailles, des antiques, il termine son premier chant par la traduction fidèle d'un fort bel épisode sur le sort de la peinture et de la sculpture chez les Romains, dans le temps de l'inondation des Barbares; et pour cette fois, il se soutient en présence de l'original :

> Tempus erat cùm regificos Pictura penates,
> Et Sculptura soror fato meliore tenebant :
> Utraque romuleâ quondam regnabat in urbe ;
> Altera marmoreis cingebat compita signis,
> Et capitolinæ dabat olim numina rupi,
> Clara deûm genitrix, latèque trementibus aureum
> Monstrabat populis, quem fecerat ipsa, Tonantem.
> Altera nobilium decorabat clara Quiritum
> Atria, vel thermas, vel Circi immensa theatra,
> Templa, deosque etiam pingens, aut Cesaris ora,
> Dîs potiora ipsis, et primum numen in urbe.
> Ast ubi barbaries peregrino ex orbe profecta,
> Numina sub templis, cives tumulavit in urbe,
> Diffugere deæ : laceras Pictura tabellas
> Insensis rapuit laribus, fragmenta laboris
> Exigua immensi; mutilas Sculptura columnas,
> Semirutos portarum arcus, avulsaque fulcris
> Signa, pedes partim, partim truncata lacertos,
> Abstulit, et penitùs tellure recondidit imâ.
> Indè tenebrosis latuêre recessibus ambæ,
> Fornicibusque cavis, et adhuc sibi quæque superstes
> In tumulis spirat, mutoque in marmore vivit.
> Dum tumulos circùm Michael studiosus oberrat,
> Et veteris Romæ sublimem interrogabat umbram,
> Antiquæ pretiosa artis monumenta reportat.

« Il fut un temps qu'une destinée plus heureuse « plaçait la Peinture et sa sœur la Sculpture dans « les palais des rois : toutes deux régnèrent dans « Rome. L'une prodiguait le marbre dans les places « publiques, donnait des divinités au Capitole, et

« offrait au culte des peuples le Jupiter d'or qu'elle
« avait formé de ses mains. L'autre ornait les ga-
« leries des plus nobles citoyens, les bains, le
« Cirque et ses théâtres immenses; elle peignait
« aussi les dieux, et César plus grand que les dieux,
« et la première divinité de Rome. Mais lorsque la
« barbarie, accourant du fond du nord, eut ense-
« veli les divinités sous leurs temples et les citoyens
« sous leurs remparts, ces deux déesses s'enfuirent :
« la Peinture sauvant des flammes ses tableaux à
« demi-consumés, misérables restes d'un si grand
« travail; la Sculpture emportant ses colonnes bri-
« sées, ses arcs triomphaux à demi rompus, ses
« statues arrachées de leurs piédestaux, tronquées
« e tmutilées. Ces monuments furent enfouis sous la
« terre, et les deux sœurs demeurèrent cachées
« dans de sombres retraites, et n'existèrent plus
« que sous des ruines et dans des tombeaux. C'est
« là que Michel-Ange alla les chercher; il erra au-
« tour de ces monuments, accompagné de la mé-
« ditation ; il interrogea la grande ombre de Rome
« antique, et revint chargé des trésors de l'art. »

 O temps! ô coup du sort! la Peinture autrefois,
 La Sculpture sa sœur, habitaient près des rois :
 Des Romains toutes deux furent long-temps l'idole.
 L'une, de tous les dieux peuplant le Capitole,
 Fit ployer le genou des crédules humains
 Devant le Jupiter qu'avaient taillé ses mains.
 L'autre orna ces palais, et ces bains qu'on renomme,
 Des portraits de César, le premier dieu dans Rome.
 Toutes deux triomphaient; mais lorsqu'en d'autres temps

Rome eut tendu les mains aux fers de ses tyrans,
Quand le luxe en ses murs *eut creusé tant d'abymes*,
Rome perdit les arts pour expier ses crimes.
Le Tibre, présageant son déplorable sort,
Vit l'orage de loin se former dans le Nord.
La Peinture et sa sœur dans cette nuit fatale,
Pleurèrent leurs trésors foulés par le Vandale.
Tout fuit, tout disparut; l'une, de ses tableaux,
Au travers de la flamme, emporta les lambeaux;
L'autre sous les remparts enfouit les statues,
Les vases mutilés, les colonnes rompues.
Ces restes précieux, au pillage arrachés,
Sous la terre long-temps demeurèrent cachés.
Michel-Ange accourut; il perça ce lieu sombre;
De la savante Rome il interrogea l'ombre;
Au flambeau de l'antique à demi consumé
Il alluma ce feu dont il fut animé.
De la perte des arts son pinceau nous console,
Et sur leur tombeau même il fonda leur école.

Voilà des vers bien faits : il n'y en a qu'un qui fasse quelque peine, celui du luxe *qui creuse tant d'abymes*. On ne saurait trop se garder, sur-tout dans un morceau d'effet, de ces phrases vagues qui ne sont qu'un remplissage : c'est énerver le style précisément lorsqu'il doit être ferme.

L'invocation au soleil, qui commence le second chant, est remplie de verve et d'élévation. Elle appartient à l'auteur, et c'est elle que j'avais indiquée ci-dessus.

Globe resplendissant, océan de lumière,
De vie et de chaleur source immense et première,
Qui lances tes rayons par les plaines des airs,

De la hauteur des cieux aux profondeurs des mers,
Et seul fais circuler cette matière pure,
Cette sève de feu qui nourrit la nature;
Soleil, par tes rayons l'univers fécondé,
Devant toi s'embellit, de splendeur inondé,
Le mouvement renaît, les distances, l'espace :
Tu te lèves, tout luit : tu nous fuis, tout s'efface.
Le poète sans toi fait entendre ses vers :
Sans toi la voix d'Orphée à modulé des airs :
Le peintre ne peut rien qu'aux rayons de ta sphère.
Père de la chaleur, auteur de la lumière,
Sans les jets éclatants de tes feux répandus,
L'artiste, le tableau, l'art lui-même n'est plus.

Le morceau suivant sur la chimie, amené naturellement à propos de la composition des couleurs, fait le plus grand honneur au poète, qui n'en doit rien encore à l'auteur latin ni à personne.

Il fallut séparer, il fallut réunir.
Le peintre à son secours te vit alors venir,
Science souveraine, ô Circé bienfaisante,
Qui sur l'être animé, le métal, et la plante,
Règnes depuis Hermès, trois sceptres dans la main !
Tu soumets la nature, et fouilles dans son sein,
Interroge l'insecte, observes le fossile,
Divises par atome et repétris l'argile,
Recueilles tant d'esprits, de principes, de sels,
Des corps que tu dissous moteurs universels;
Distilles sur la flamme en philtres salutaires,
Le suc de la ciguë et le sang des vipères;
Par un subtil agent réunis les métaux,
Dénatures leur être aux creux de tes fourneaux;
Du mélange et du choc des sucs antipathiques,

Fais éclore soudain des tonnerres magiques ;
Imite le volcan qui mugit vers Enna,
Quand Typhon, s'agitant sous le poids de l'Etna,
Par la cime du mont qui le retient à peine,
Lance au ciel des rochers noircis par son haleine.

La difficulté ajoute au mérite, et les vers sont d'autant plus beaux, que les choses étaient moins faites pour les vers ; et c'est ici que l'exemple qu'avait donné Voltaire, d'unir la physique et la poésie, a été suivi comme il devait l'être, sans gâter ni l'une ni l'autre. Rien n'est plus heureux que la manière dont le poète a exprimé les trois règnes de la nature, comme on dit dans le langage de la science :

Qui sur l'être animé, le métal et la plante,
Règnes depuis Hermès trois sceptres dans la main ;

et les explosions de l'Etna comparées aux détonations du salpêtre, relèvent très convenablement ce qu'il y a de didactique dans ce morceau. Si l'auteur eût écrit ainsi plus souvent, il serait fort au-dessus du médiocre. Mais un très petit nombre de morceaux ne font pas le caractère général du style ; et dans ce poème même, qui est ce que l'auteur a le mieux écrit, il pèche encore très souvent contre le goût, la correction et l'harmonie.

Nous le retrouvons sur les traces de l'abbé de Marsy, dans la description des couleurs dont la nature a varié ses ouvrages, et dans l'endroit où il parle du clavecin oculaire imaginé par le père Castel ; invention qui ne valait guère la peine qu'on en parlât, puisqu'elle est aussi futile que pénible.

Dans le troisième chant, il est question d'animer les figures, de parvenir au rapport fidèle des sentiments avec les traits et les gestes. L'ouvrage latin, dont la distribution est la même, sans être marquée par aucune division de parties, traite aussi de cette théorie, et trace des règles générales, comme dans ces vers :

Lætitia ostendat frontem tranquilla serenam ;
Ancipitem variamque Metus ; Furor, Iraque torvam.
Pallescat tacita Livor ferrugine ; vultus
Efferat Ambitio ; demittat lumina Mœror.

« Donne à la joie tranquille un front serein, à « la crainte un visage égaré et incertain, à la fu- « reur, à la colère un air farouche. Mets la pâleur « et la rouille livide sur le teint de l'envie ; que « l'ambition élève ses regards ; que la tristesse baisse « les yeux. »

Cet endroit est le seul où l'imitateur ait enchéri sur l'original, et l'ait ce me semble surpassé :

Peins sous un air pensif l'ardente Ambition ;
Donne à l'Effroi l'œil trouble, et que son teint pâlisse.
Mets comme un double fond dans l'œil de l'Artifice.
Que le front de l'Espoir paraisse s'éclaircir ;
Fais pétiller l'ardeur dans les yeux du Désir.
Compose le visage et l'air de l'hypocrite ;
Que l'œil de l'envieux s'enfonce en son orbite.
Élève le sourcil de l'indomptable Orgueil ;
Abaisse le regard de la Tristesse en deuil.
Peins la Colère en feu, la Surprise immobile,
Et la douce Innocence avec un front tranquille.

Je laisse de côté les préceptes sur la différence

qui doit se trouver dans l'expression d'un même sentiment, suivant la différence des personnages ; le tableau de la chute des Géants ; l'énumération des plus illustres peintres qui composent les diverses écoles, parmi lesquels Berghem, le fameux paysagiste, a fourni au poëte français un des meilleurs morceaux de son ouvrage, et remarquable sur-tout par une couleur gracieuse qui est bien rarement celle de Lemierre. Tous ces objets sont communs en général aux deux auteurs, et nous mèneraient trop loin. J'ai parlé ailleurs de l'excellente allégorie de l'Ignorance ; mais j'avoue que je ne sais sur quoi Lemierre pouvait fonder son aversion pour les tableaux des martyrs exposés dans les églises, et la violente sortie dont ils sont l'occasion. Tout ce réduit à cette proposition, qu'il ne faut pas représenter l'humanité souffrante, et je ne pense pas que ce soit là un principe dans les arts d'imitation : il y faut seulement, comme en tout, du choix et de la mesure ; et l'on sait que nous avons des tableaux de ce genre qui sont au premier rang. Assurément le supplice de la croix est le premier des martyrs ; et quoi de plus beau que la descente de croix de Rubens ?

On est encore plus fâché que l'auteur ait terminé son ouvrage par un morceau très maladroitement ambitieux, et qui n'est qu'une déclamation :

Moi-même, je le sens, ma voix s'est *renforcée*,
Des esprits plus subtils *montent à ma pensée.*
Mon sang s'est enflammé, plus rapide et *plus pur*,
Ou plutôt j'ai quitté ce vêtement obscur ;

Ce corps mortel et vil a revêtu des ailes :
Je plane, je m'élève aux voûtes éternelles.
Déjà la terre au loin n'est plus qu'un point sous moi.
Génie, oui, d'un coup d'œil *tu m'égales à toi.*
Un foyer de lumière éclaire l'étendue.
Artiste, suis mon vol au-dessus de la nue.
Un feu pur dans l'éther jaillissant par éclats
Trace en lettres de flamme : Invente, tu vivras.

On ne voit pas pourquoi la voix de l'auteur se *renforce* quand il n'a plus rien à dire; ce que c'est que des *esprits subtils* qui montent à la *pensée ;* comment un *sang enflammé* devient *plus pur ;* comment, après avoir *quitté ce vêtement obscur* qui ne peut être que son corps, *il a revêtu des ailes;* ce que veut dire *le génie* qui *l'égale à lui d'un coup d'œil,* ni pourquoi il veut que *l'artiste suive son vol* pour apprendre à *inventer*, quand lui même n'a rien *inventé,* et n'a fait que traduire. Ce n'est pas là de la verve; c'est du phébus. Lemierre, qui a voulu imiter cet endroit où Horace se transforme en cygne :

Et album mutor in alitem, etc.
(*Od.* II, 20.)

ne s'est pas aperçu que ce qui est très bien placé dans une ode, ne l'est nullement à la fin d'un poème; et l'on n'entend rien à cette étrange saillie, si ce n'est peut-être que Lemierre a voulu absolument se changer en cygne, parce que dans *la Dunciade* on l'avait changé en hibou.

Il y a une distance infinie entre ce poème, malgré ses défauts, et celui des *Fastes*, qui n'est autre chose qu'un amas de mauvais vers, divisé en seize chants. C'était une véritable lubie de métromane, d'imaginer qu'il pouvait y avoir un poème dans cet énorme fatras, sans plan, sans liaison, sans objet, sans imagination quelconque. Il n'y eut qu'une voix dans le public sur cette illisible rapsodie, au point que l'auteur lui-même, renonçant aux honneurs du poème, demandait qu'on ne vît dans son ouvrage qu'un *Recueil de poésies fugitives* : c'étaient ses propres expressions. Mais quels sujets de *poésie* que le Landit, et la procession des huissiers, et les mascarades du faubourg Saint-Antoine, et cent autres objets pareils, mal cousus les uns au bout des autres ? Chacun d'eux, il est vrai, pris à part, pourrait fournir quelques vers au talent qui les mettrait à leur place, car le talent peut tirer partie de tout ; mais c'est ce talent même qui ne s'avisera jamais de prétendre faire un tout quelconque de ce qui n'offre en soi aucune connexion, et le plus souvent même peu d'agrément. Cette idée bizarre de Lemierre n'avait aucun rapport avec les *Fastes* d'Ovide : les cérémonies religieuses, rapprochées de leurs origines historiques ou fabuleuses, forment chez celui-ci un ensemble, un tableau de la religion des Romains, toujours lié à leur histoire. Il n'y a pas trace de ce projet dans l'auteur français : il prend seulement, selon sa fantaisie, les divers usages attachés à tel ou tel jour, de quelque nature qu'ils soient, comme on a fait un recueil d'estampes en découpures de tous *les cris de Paris*, et il met dans ses *Fastes* les joûtes sur l'eau et la lanterne magique. C'est de celle-ci qu'il dit :

Opéra sur roulette, et qu'on porte à dos d'homme,
Où l'on voit par un trou le héros qu'on renomme.

Il y a une foule de vers du même goût, et en total la versification ne vaut pas mieux que le sujet, c'est tout dire. On y a distingué uniquement quelques vers sur un clair de lune, qui sont assez beaux pour qu'on soit étonné et même fâché de les trouver là.

Son coup d'essai dramatique, *Hypermnestre*, eut beaucoup de succès au théâtre. Il faut sans doute s'y prêter aux invraisemblances mythologiques, et même à l'impossibilité réelle de marier en un jour cinquante filles d'un même père à cinquante fils de son frère. Je ne crois pas que le monde entier en fournît un exemple, encore moins de cinquante jeunes épouses qui s'accordent pour égorger leurs maris la première nuit de leurs noces. C'est une monstruosité, mais c'est une donnée de la Fable; les autres Danaides sont hors de la scène et Hypermnestre seule est sous les yeux du spectateur, qui passe volontiers sur ce qu'il ne voit pas. On peut pardonner au poète cette supposition hors de la nature, sans laquelle il n'y aurait point de sujet, si le sujet d'ailleurs est tragique; et il l'est. La marche de la pièce l'est aussi; elle est claire, simple, rapide, attachante; elle offre des situations théâtrales : les scènes d'Hypermnestre avec son père ont de la vivacité, et même quelque pathétique, et l'intérêt de son rôle rachète la faiblesse des autres. Le tableau que présente le dénouement avait été mis plusieurs fois sur la scène, particulièrement par Métastase, et n'avait pas empêché la chute de l'*Aménophis* de Saurin. Ce coup de théâtre est d'une beauté frappante, et d'un grand effet de terreur; ce qui demande et obtient grace pour l'espèce d'escamotage qui le termine, et d'autant plus qu'il ne paraît guère possible de s'en tirer autrement. D'un côté, Hypermnestre sous le poignard de son père, et de l'autre, Lyncée à la tête des siens, palpitant de fureur et d'effroi, et ce cri déchirant, *un moment, chers amis*, qui retentit dans le bruit des armes et dans le mouvement des soldats, forment un spectacle si terrible, qu'au moment où Hypermnestre sort de danger, on n'examine pas trop comment elle en est sortie, et comment Danaüs est tué. Ce fut même ce dénouement qui fit, dans la nouveauté, la fortune de la pièce, souvent jouée depuis ce temps, mais toujours peu suivie. A l'égard du style, il y a quelques beaux vers; le reste est écrit comme écrit ordinairement l'auteur. J'en citerai six, tournés avec une élégance et une harmonie qui ne sont pas communes chez lui; il s'agit du mariage des princesses :

A la cause commune esclaves immolées,
Sur un trône étranger avec pompe exilées,
De la paix des états si nous sommes les nœuds,
Souvent nos payons cher cet honneur dangereux :
Et quand le bien public sur notre hymen se fonde,
Nous perdons le repos que nous donnons au monde.

Térée qui suivit *Hypermnestre*, tomba entièrement; et je doute que, même dans des mains plus habiles, ce sujet eût pu se soutenir. Il n'offre que des horreurs révoltantes, et par conséquent froides. L'auteur, plus de vingt ans après, essaya de le faire revivre; il tomba encore. Une femme, à qui l'on a coupé la langue après l'avoir violée, n'est pas un spectacle à présenter à des hommes.

Idoménée, son troisième ouvrage, ne fut guère plus heureux. Il était à la vérité, meilleur que celui de Crébillon, et ce n'est pas dire beaucoup. L'auteur s'était gardé du moins de rendre son Idoménée purement amoureux; mais il s'en fallait bien qu'il eût assez de ressources pour vaincre le grand inconvénient de ces sortes de sujets, la monotonie d'une situation toujours la même, et qui ne fait attendre d'autres issue que la mort nécessaire d'un prince innocent. *Idoménée*, abandonné aux premières représentations, n'a jamais été repris.

Artaxerxe eut un peu plus de réussite, et n'était pas plus fait pour se soutenir sur la scène : c'était une copie de *Stilicon* et du *Xerxès*. On sait que celui-ci, malgré la faveur attachée long-temps au nom de Crébillon, avait essuyé une chute complète; au contraire le *Stilicon* de Thomas Corneille, conduit avec assez d'art, avait eu de la vogue dans un temps où l'*imbroglio* tragique était encore de mode. Il avait disparu lorsque les chefs-d'œuvre de Racine eurent mûri le goût du public. Métastase avait répandu de grandes beautés dans son *Ataxerxe*, qui est le même sujet que *Stilicon*, et qui fut très accueilli en

Italie et en Allemagne. Mais il y a une grande différence entre un opéra et une tragédie : on exige dans celle-ci une observation beaucoup plus exacte de la nature et des vraisemblances ; et c'est là qu'on ne peut se prêter au caractère et à la conduite d'un Artaban qui se porte à tous les attentats de l'ambition, non pas pour lui, mais pour son fils qui ne partage nullement cette ambition, et qui déteste ces attentats. Un pareil fond de pièce sera vicieux dans tous les temps ; rien n'est plus froid que le crime qu'on ne commet pas pour soi, mais au profit d'un autre, et d'un autre qui n'en veut pas ; c'est une sorte de fureur trop insensée. L'auteur avait bien prévu l'objection ; car il fait dire à son Artaban, dès la première scène :

Rarement pour un autre on ravit la couronne.

Vraiment oui ; mais il y répond très mal par les deux vers suivants :

Mais sous le nom d'un fils je donnerai la loi ;
Le rang sera pour lui, la puissance pour moi.

Et qui te l'a dit ? Ton fils est donc un imbécile, incapable de régner par lui-même ? Rien moins que cela, puisque tu comptes sur sa renommée et sur ses grandes qualités pour le faire monter au trône de Perse malgré deux fils qui succèdent à Xerxès, et si tu as la puissance et les moyens de faire périr encore ces deux princes, si tu as pu te défaire du père, et si tu peux encore perdre les deux fils, qui t'empêche de régner par toi-même, puisque tu en as tant d'envie ? On pourrait faire bien d'autres objections contre les absurdes projets de cet Artaban; mais c'en est assez pour faire sentir combien ce plan est loin du précepte de *l'Art poétique :*

Inventez des ressorts qui puissent m'attacher.

Je ne dis rien des invraisemblances de détail, qui se joignent à celles du fond. Quoi de plus fou, par exemple, que ce que fait Artaban dès le début de la pièce, lorsqu'au lieu de jeter l'épée encore sanglante dont il vient de frapper Xerxès, il la remet aux mains de son fils, qu'il rencontre au milieu de la nuit? N'est-ce pas exposer très gratuitement au plus éminent danger ce même fils qu'il veut couronner? Toute l'intrigue dès-lors est fondée sur cet embarras d'Arbace, innocent et cru coupable, qui ne peut se justifier qu'en accusant son père. Ces ressorts forcés peuvent exciter un moment la curiosité, mais ne peuvent guère soutenir la machine du drame, qui veut être plus solidement construite, et d'ailleurs le dialogue et le style ne sont pas, à beaucoup près, dans Lemierre, ce qu'ils sont dans Métastase.

Guillaume Tell fut d'abord encore plus froidement reçu qu'*Artaxerxe ;* mais peut-être n'était-ce pas tout-à-fait la faute de l'auteur. Il y entrait un peu de cette prévention contre les pièces républicaines, que pendant long-temps on a eu de la peine à surmonter. Ce n'était pas assez pour la vaincre, que l'extrême simplicité d'une pièce sans amour et presque sans intrigue; car il n'y en a pas d'autre que la noble entreprise de Tell et de ses braves compagnons pour affranchir leur pays de la tyrannie de Gesler. C'était trop peu dans un temps où l'on voulait toujours que les femmes occupassent la première place sur la scène comme dans les loges. L'inutile rôle de Cléofé, femme de Tell, ne remplissait pas ce vide, et c'est encore aujourd'hui la partie la plus défectueuse de la pièce. Ce rôle n'a jamais été bien conçu. Elle s'annonce comme une Porcie; elle veut arracher le secret de son mari, comme étant digne de partager ses généreux projets, et dans le reste de la pièce elle n'est rien, et ne montre que les alarmes communes d'une épouse et d'une mère. Cette nullité du rôle de Cléofé tenait au peu d'invention et de ressources que l'auteur a montré dans toutes ses pièces, même les plus passables, où jamais il n'y a qu'un seul rôle de dessiné avec quelque force. En général, tous ses cadres sont étroits et resserrés, parce que ses conceptions sont pauvres. Cependant il vint à bout par la suite de fortifier *Guillaume Tell* par une hardiesse. qui me semble heureuse, et que le succès a couronnée. Il n'avait mis qu'en récit l'aventure fort extraordinaire de la pomme abattue sur la tête du jeune fils de Tell; il osa depuis la mettre en action dans ce dernier temps, et fit très bien, puisqu'il a très bien réussi

Cette aventure, célèbre dans la Suisse, et consignée dans toutes les histoires d'Allemagne, a été traitée d'apocryphe par Voltaire, qui soumettait trop souvent des faits historiques à des calculs de probabilité très souvent trompeurs. J'avoue qu'un chapeau mis dans une place au bout d'une pique, avec ordre de le saluer sous peine de la vie, et l'idée cruelle de forcer un père à signaler son adresse par le danger de son fils, sont un excès d'insolence et d'atrocité qui doit paraître extrêmement bizarre, et à peine croyable depuis que les gouvernements tempérés ont prévalu dans l'Europe policée. Mais Voltaire pouvait-il oublier que la tyrannie féodale avait plus d'une fois signalé de semblables caprices dans ces temps d'ignorance et de barbarie où le mépris de l'humanité semblait un des caractères de la puissance? Et l'aventure de Guillaume Tell n'est-elle pas du XIVe siècle? On en racontait, il est vrai, une pareille arrivée sous les rois goths, mais il me paraît moins vraisemblable qu'on invente des faits de cette nature qu'il ne l'est que ces faits aient eu lieu. Ils ressemblent encore plus à des fantaisies de tyran dans des temps barbares, qu'à des contes populaires ou à des mensonges historiques.

Quoi qu'il en soit, il n'en était que plus hasardeux de les montrer sur le théâtre, où la bizarrerie touche de si près au ridicule; la terreur a couvert l'un et l'autre, et justifié la pomme de Tell, comme la pitié justifia les petits enfants d'Inès. On ne peut s'empêcher de frémir au moment où ce malheureux père se résout à cette douloureuse épreuve, et, pressant son enfant dans ses bras, et lui mettant un bandeau sur les yeux, s'efforce de lui faire bien comprendre que son salut dépend de son immobilité; quand il l'attache à un arbre, et qu'adressant sa prière au ciel, il lance à genoux la flèche fatale.... Et la joie, les transports de la mère quand elle rentre sur la scène au bruit des cris de *vive Tell!* qui lui annoncent que son fils est sauvé, quand elle se précipite vers lui, et serre tour à tour contre son sein et son fils et son époux! C'est une pantomime sans doute, mais elle est dramatique; elle tient immédiatement au sujet, et l'attendrissement s'y mêle avec la terreur. Ajoutez à ce mérite celui de l'exécution, ici d'autant plus remarquable, qu'il est plus rare dans l'auteur. Le père ne dit que ce qu'il doit dire, et la diction est naturelle et vraie; le poète a su parler au cœur et n'offense pas l'oreille. Il y a plus : dans cette pièce, où la dureté des noms du pays a dû augmenter celle qui est ordinaire à l'auteur, la versification est généralement meilleure que dans ses autres tragédies : ce n'est pas qu'il n'y ait encore bien des vers étranges et durs; mais souvent aussi vous trouvez de la précision et du nerf, sans que la langue ou l'oreille soit blessée. Le rôle de Tell a des beautés de pensée, d'expression, de dialogue. On en a retenu des vers où la grandeur d'âme parle avec simplicité, et où la simplicité n'est pas sans énergie :

Que la Suisse soit libre, et que nos noms périssent.
. . . .
Jurons d'être vainqueurs, nous tiendrons le serment.
. . . .
Et lorsqu'à cet excès l'esclavage est monté,
L'esclavage, crois-moi, touche à la liberté.

Ces derniers vers sont une vérité éternelle, qui

rarement est une leçon pour les tyrans, mais d'ordinaire une prophétie.

Cet ouvrage est, à mon gré, avec *Hypermnestre*, ce que Lemierre a fait de meilleur; et quoique le rapport du sujet avec les premières idées de la révolution ait pu favoriser la reprise de *Guillaume Tell*, je suis persuadé qu'il aurait eu du succès en quelque temps que ce fût, grace à cette scène ajoutée à son quatrième acte, et qui le rend si théâtral*.

Ce fut en effet un changement beaucoup moins considérable qui, en 1780, fit aller aux nues sa *Veuve du Malabar*, tombée à peu près dix ans auparavant. C'est, si l'on en excepte le magnifique spectacle du dénouement, une très mauvaise pièce, de tout point; c'est une déclamation dialoguée, une suite de lieux communs, sans action, sans ressorts tragiques, une situation purement passive et toujours la même, une reconnaissance aussi froide que brusque, qui ne produit rien, si ce n'est de donner à la veuve un frère qui gémit inutilement avec elle pendant cinq actes. Cette veuve est fort peu intéressante; elle est sans passion, et résignée à mourir; car on ne saurait donner le nom de passion à un tranquille souvenir d'amour pour un officier français depuis long-temps perdu pour elle, et qu'elle n'a nulle espérance de revoir. L'amour de cet officier est de la même espèce, et ne produit pas plus d'in-

---

* Nous remarquerons ici un défaut assez rare dans La Harpe, l'exagération de l'éloge; qu'on essaie de lire le *Guillaume Tell* de Lemierre, et l'on verra dès les premières scènes combien l'ouvrage est au-dessous d'un si beau sujet. J. V. LE CLERC.

térêt; à peine en parle-t-il; il ne sait pas même si celle qu'il a aimée autrefois est encore au monde, comme elle ignore de son côté s'il existe; et pendant cinq actes Montalban n'est occupé d'autre chose que de faire au grand bramine de très inutiles sermons d'humanité. Ce plan est contre tous les principes : on sent bien que le dessein de l'auteur a été de rendre la surprise plus forte et plus frappante, quand Montalban, à la fin de la pièce, retrouve une maîtresse dans la victime inconnue qu'il ne vient délivrer que par un sentiment de générorité. Mais cette fausse idée de l'auteur est ce qui nuit le plus à son ouvrage, et ce qui le refroidit d'un bout à l'autre. Il fallait bien se garder de sacrifier cinq actes pour ajouter un effet de surprise à un dénouement qu'un grand péril et un grand spectacle rendaient assez intéressant par lui-même. Il est constant que, pour animer la pièce et la rendre tragique, il fallait que l'amour réciproque de la veuve et de Montalban, comme celui de Tancrède et d'Aménaïde, fût le principal objet qui nous occupât; qu'il tînt une grande place dans les deux premiers actes, puisqu'il est le seul mobile de l'intérêt; que les deux amants se reconnussent au troisième acte, et qu'alors le danger augmentât encore par des incidents que l'art enseigne à ménager. C'est alors que la tragédie aurait été digne de la catastrophe; mais telle qu'elle est, il faut que l'attente du tableau qu'offre la dernière scène rende le spectateur bien patient pour supporter l'ennui d'une mauvaise déclamation en mauvais vers. Il peut être plus beau en morale d'arracher des flammes une femme inconnue que d'en sauver sa maîtresse; mais l'un est beaucoup plus dramatique que l'autre; et au théâtre, ce qui est passionné vaut beaucoup mieux que ce qui n'est que moral.

Maintenant, qui est-ce qui a pu procurer à cette pièce des destinées si différentes à dix ans de distance? Un simple changement de décoration. Dans la nouveauté, le bûcher où devait se jeter la veuve était représenté par une espèce de petit trou d'où sortaient quelques petites flammes; et Lanassa, déclamant sur le bord de ce trou avant de s'y précipiter, était dans une attitude qui disposait le spectateur à rire d'autant plus volontiers, que la pièce ne l'avait pas fort amusé jusque-là. Montalban sortait avec les siens par un autre trou, et venait par derrière tirer Lanassa de celui où elle allait tomber: cette complication de trous était encore un autre ridicule. A la reprise, on sentit du moins qu'il fallait effrayer les yeux pour émouvoir l'imagination; et un vaste bûcher très exhaussé et très enflammé, la veuve y montant au milieu des feux, et un bel acteur l'enlevant, avec des bras d'Hercule, du milieu des flammes qui allaient la dévorer; tout cet appareil parut admirable, et l'était. Tout Paris voulut voir ce merveilleux enlèvement; c'était un genre de beauté à la portée de tout le monde, et la pièce eut trente représentations. La fortune du bûcher et celle de la pomme de Tell, celle du poignard levé sur Hypermnestre, rappellent et justifient ce mot connu, que les tragédies de Lemierre étaient *faites à peindre*; mais si ce mérite est l'unique mérite de *la Veuve du Malabar*, et le principal des deux autres, dans celle-ci du moins, on doit convenir qu'il n'est pas seul.

Barnevelt vaut mieux à la lecture que *la Veuve*; il y a des beautés. La scène entre le grand-pensionnaire et son fils, imitée de l'*Édouard*, de Gresset, dans lequel l'ami de Worcester, Arondel, exhorte son ami, prisonnier et innocent, à se dérober par une mort volontaire à un supplice injuste, est plus forte de situation et inférieure dans le style; mais elle finit par un vers sublime :

Caton se la donna (*la mort*); — Socrate l'attendit.

Du reste, la pièce est froide, d'une égale sécheresse dans les sentiments et dans les vers, tout en discussions politiques, mal conduite et mal dénouée. Le rôle de l'épouse de Barnevelt est postiche, et ne sert qu'à recevoir des confidences déplacées : c'est un drame mort-né, qu'un beau vers ne saurait faire revivre.

Lemierre avait fait dans sa vieillesse deux autres tragédies, *Céramis* et *Virginie*. L'une eut trois ou quatre représentations, et n'a jamais été imprimée, l'autre n'a été ni imprimée ni représentée.

Nous avons vu d'ailleurs, à l'article des poèmes

---

* L'*Apologie de Socrate*, par Xénophon, a fourni encore un beau vers à Lemierre, dans la même scène :

Vous mourez innocent; quel sort plus déplorable !

BARNEVELT.

Aimerais-tu donc mieux me voir mourir coupable ?

F.

didactiques, que celui de *la Peinture* avait du mérite, et il est juste de réunir tous les titres de l'auteur pour apprécier son talent.

LA HARPE, *Cours de Littérature*.

LE MOINE (PIERRE), né à Chaumont en Bassigny, l'an 1602, mort à Paris le 22 août 1671, entra chez les Jésuites et fut le premier de cette compagnie qui se soit distingué dans la composition des vers français. « Avec de si grandes dispositions « pour la poésie, dit Palissot, peut-être ne lui a-t-il « manqué pour atteindre à la perfection de son art, « que d'avoir écrit dans un siècle qui lui eût pré- « senté des modèles de goût. »

Les poésies du P. Le Moine ont de la verve et annoncent un génie élevé; mais son imagination était trop impétueuse et trop féconde. Despréaux, consulté sur ce poète, répondit : « Qu'il était trop « fou pour qu'il en dît du bien, et trop poète pour « qu'il en dît du mal. »

Son poème de *Saint-Louis*, ou *la Couronne reconquise sur les infidèles*, jugé avec trop de sévérité par La Harpe, offre des richesses, qui, quoique barbares, ne laissent pas de faire naître la surprise et l'admiration. « Il règne dans ce poème informe, dit « M. de Chateaubriand, une sombre imagination, « très propre à la peinture de cette Égypte pleine de « souvenirs et de tombeaux, et qui vit passer tour- « à-tour les Pharaon, les Ptolémée, les solitaires de « la Thébaïde et les soudans des barbares. »

Les autres poésies du P. Le Moine sont : le *triomphe de Louis XIII*; la *France guérie dans le rétablissement de la santé du Roi*; les *Hymnes de la sagesse et de l'amour de Dieu*; les *Peintures morales*; un *Recueil de vers théologiques, héroïques et moraux*; les *Jeux poétiques*.

La prose du P. Le Moine a le même caractère que ses vers ; elle est brillante et ampoulée. Les ouvrages qu'il a écrits dans ce dernier genre sont : la *Dévotion aisée*, Paris, 1652, in-8°; *Pensées morales*; un petit *Traité de l'histoire*, in-12, qui renferme quelque traits curieux et piquants; une satire mêlée de vers et de prose, sous le titre d'*Étrille du Pégase Janséniste*; le *Tableau des passions*; la *Galerie des femmes fortes*; in-fol. et in-12; un *Manifeste apologétique pour les Jésuites*, in-8°. et quelques autres ouvrages, parmi lesquels une *Vie du cardinal de Richelieu*, restée jusqu'ici en manuscrit.

JUGEMENTS.

I.

Parmi tous ces malheureux poètes épiques ensevelis dans la poussière et dans l'oubli, celui qui eut le plus d'imagination est sans contredit le P. Le Moine, auteur du *Saint-Louis*. Ce n'est pas que son ouvrage soit fait pour attacher par la construction générale ni par le choix des épisodes. Il invente beaucoup, mais le plus souvent mal : son merveilleux n'est le plus souvent que bizarre; sa fable n'est point liée, n'est point suivie; il ne sait ni fonder ni graduer l'intérêt des évènements et des situations;

c'est un chaos d'où sortent quelques traits de lumière qui meurent dans la nuit. Mais dans ses vers il a de la verve, on y trouve des morceaux dont l'intention est forte, quoique l'exécution soit très imparfaite. Voilà ce qu'on aperçoit quand on a le courage, à la vérité difficile, de lire dix-huit chants remplis de fatras, d'enflure et d'extravagance. Mais pourquoi cet auteur, né avec du talent; pourquoi l'auteur du *Moïse*, Saint-Amand, qui n'en était pas dépourvu; pourquoi Brébeuf, qui en avait encore davantage; pourquoi ces trois hommes n'ont-ils écrit que d'illisibles ouvrages, précisément à la même époque où Corneille donnait tous ses chefs-d'œuvre? Ce n'est pas seulement à cause de la disproportion du génie; sans égaler les sublimes conceptions de Corneille, on pouvait du moins mériter d'être lu. Qui donc les a détournés si loin du but, quand lui seul savait y atteindre? Qui leur a fait parler un langage si étrange, quand le sien était souvent si beau dans *Cinna* et dans *les Horaces*? Il faut chercher dans le ton général de leurs écrits le principe de leur égarement. Il est d'autant plus digne d'attention, que c'est absolument le même qu'on a voulu et qu'on voudrait encore faire revivre au milieu de tant de grands modèles, et qui contribue le plus à corrompre le goût et à ramener la barbarie après un siècle de lumières. C'est le facile et malheureux abus du style figuré; c'est la folle persuasion que la poésie consiste, non pas dans le choix des figures, mais dans leur accumulation; non pas dans la justesse et la vérité des métaphores, mais dans leur hardiesse bizarre; c'est l'habitude de croire qu'il faut être toujours outré pour être fort, exagéré pour être grand, recherché pour être neuf. Ouvrez le *Saint-Louis*, et vous ne lirez jamais vingt vers sans y trouver ce caractère fortement soutenu, c'est-à-dire l'enflure de diction dès que l'auteur veut s'élever. Veut-il peindre une flotte nombreuse :

> Jamais un camp plus beau ne roula sur la mer,
> Ni plus belles forêts ne volèrent en l'air.
> Le soleil, pour les voir, avança la journée.
> . . . .
> Les ailes de leurs mâts à l'air ôtent le jour.

Concevez, s'il est possible, comme on ôte le jour *à l'air*. Il appelle une lance un *long frêne terré;* les étoiles, un *roulant émail*. Veut-il peindre des pavillons flottant dans les airs :

> L'or de son pavillon jouait avec le vent.

Un guerrier reçoit-il un coup dans les yeux :

> Et la nuit lui survint par les portes du jour.

Un enfant est-il venu au monde en donnant la mort à sa mère :

> Je sortis d'une morte, et je naquis sans mère.

Parle-t-il des guerriers dont la fureur étincelle dans leurs regards :

> Leur cœur monte à leurs yeux et par leurs yeux menace.

Un autre tombe-t-il en défaillance :

> Il a la nuit aux yeux et la mort au visage.

Un auteur de nos jours a imité heureusement cette heureuse tournure, en disant d'une femme :

> La perle aux dents, la neige au sein.

Voilà comme le bon goût se perpétue.

Ce sont ces erreurs et ces travers que Boileau combattait, lorsqu'il disait dans son *Art poétique* :

> La plupart, emportés d'une fougue insensée,
> Toujours loin du droit sens vont chercher leur pensée :
> Ils croiraient s'abaisser, dans leurs vers monstrueux,
> S'ils pensaient ce qu'un autre a pu penser comme eux.

J'ai rendu justice aux rédacteurs des *Annales poétiques*, à leurs recherches, à leur travail, aux notices en général judicieuses où ils ont suivi les progrès de notre poésie dans ses premiers âges ; mais, à mesure qu'ils approchent du nôtre, la contagion du mauvais goût dominant paraît trop les gagner. Ils prodiguent au P. Lemoine les louanges les plus exagérées ; et ce qu'ils citent à l'appui de leurs louanges ne devrait le plus souvent être cité que pour faire voir combien, même dans ses meilleurs morceaux, il se trompe dans ce qu'il prend pour de la poésie. « *Le sultan*, disent-ils, prononce « un discours où il y a *de la chaleur et des expres-* « *sions hardies,* comme celle qui se trouve dans le « second de ces vers : »

> Déjà dans leur esprit l'Égypte est renversée.
> Déjà dans notre sang *ils trempent leur pensée.*

Eh bien ! vous ai-je trompés ? Ne voilà-t-il pas que l'on qualifie expressément de *chaleur et de hardiesse* ce dernier excès de ridicule et d'extravagance? Par quel moyen, sous quel rapport peut-on se représenter *la pensée trempée dans le sang?* et ce vers, qu'on ne peut entendre sans pouffer de rire, est cité avec éloge! « L'expression du P. Le Moine est « *toujours hardie et poétique.* S'il veut peindre de « grands arbres, voici comme il s'exprime : »

Et les pins sourcilleux, dont les têtes altières
Au lever du soleil se trouvaient les premières.

Comment ne s'est-on pas aperçu que des pins qui se *trouvent les premiers au lever du soleil* sont absolument du style burlesque? Une pareille idée serait digne de Scarron; mais ce qui serait fort bien dans le *Virgile travesti* peut-il se trouver dans un poème épique? Poursuivons le panégyrique et les citations. « Les vers du P. Le Moine ne sont jamais composés « d'hémistiches ressassés d'après autrui. Ses défauts « et ses beautés lui appartiennent. »

Cependant le soleil *à son gîte* se rend;
Le jour meurt, et le bruit avec le jour mourant,
Pour en porter le deuil les ténèbres descendent,
Et d'une armée à l'autre en silence s'étendent.

Le second et le quatrième vers sont beaux; mais y a-t-il une idée plus fausse, plus insensée que les *ténèbres* qui *portent le deuil du jour?* Il est difficile en effet de *prendre à personne* de pareilles choses : elles sont trop originales. Ce qui m'étonne, c'est qu'on ne cite pas aussi comme bien *hardi* et bien *poétique le soleil* qui *se rend à son gîte.* Cette énorme platitude donne lieu à une dernière observation; c'est qu'à entendre les panégyristes de l'auteur de *Saint-Louis*, il n'a d'autres défauts que d'*abuser de son esprit et de son imagination*, une expression *quelquefois outrée et de mauvais goût, des idées souvent défigurées par trop de recherche*, toutes choses qu'on pourrait dire d'auteurs estimables d'ailleurs, et dont les beautés rachèteraient suffisamment les défauts. La vérité est que, dans ce long fatras dont la lecture est insoutenable, il y a autant de trivialité que d'enflure, autant de prosaïsme bas et dégoûtant que d'extravagante emphase. On peut en juger par ces vers pris au hasard :

> Ils suivaient Gargadeau, le célèbre jouteur,
> Dont le harnois, charmé par Émir l'enchanteur,
> Sous le fer émoulu, plus ferme qu'une enclume
> S'étonnait aussi peu d'un dard que d'une plume.

Et ailleurs :

> Un garde cependant au prince donne avis
> Que deux grands étrangers, d'un riche train suivis,
> Sont venus, députés pour une grande affaire,
> De la part du sultan qui règne sur le Caire.

Ne reconnaît-on pas là un écrivain qui, gâtant les grands objets par l'exagération, ne sait pas ennoblir les petits par un peu d'élégance ?

Le résultat des éditeurs répond à ce qui a précédé. « Tel est le poème de *Saint-Louis*, l'ouvrage « *peut-être le plus poétique que nous ayons dans* « *notre langue.* » (Ceux qui l'entendent bien savent que cette formule de doute équivaut à peu près à l'affirmation...) « Malgré ses défauts (remarquez

cette expression si réservée, quand il s'agit de l'assemblage de tous les vices les plus monstrueux qui puissent déshonorer le goût, l'esprit et le langage), malgré ses défauts, nous croyons que les « ouvrages
« du P. Le Moine sont une *véritable école de poésie*,
« et qu'une pareille lecture, faite néanmoins avec
« précaution (c'est quelque chose : on ne parlerait
« pas autrement de Corneille), peut être utile aux
« jeunes poètes, dans un temps sur-tout où notre
« poésie, *à force de raison, est devenue peut-être*
« *trop timide*, et où notre langue a perdu de sa
« richesse en s'épurant. »

Voilà donc ce qu'on imprime à la fin du dix-huitième siècle ! voilà les belles leçons qu'on nous donne ! Ainsi donc les ouvrages *les plus poétiques* de notre langue ne sont pas sans contredit ceux des Boileau et des Rousseau, ceux des Racine et des Voltaire, qu'on lit sans cesse et qu'on sait par cœur ; c'est *peut-être* le poème de *Saint-Louis*, que personne ne lit ni ne pourrait lire, et dont personne ici *peut-être* ne savait un seul vers. Il y en a quelques-uns d'heureux parmi ceux qui sont rapportés dans les *Annales poétiques* : il y en a même qu'on n'a point cités, et qui m'ont paru plus beaux et moins défectueux, quoiqu'on y aperçoive encore quelque rouille. Tel est cet endroit où le sultan d'Egypte descend dans les souterrains destinés à conserver les corps embaumés de ses ancêtres :

Sous *les pieds* de ces monts taillés et suspendus,
Il s'étend des pays ténébreux et perdus,
Des déserts spacieux, des solitudes sombres,

Faites pour le séjour des morts et de leurs ombres.
Là sont les corps des rois et les corps des sultans,
Diversement rangés selon l'ordre des temps.
Les uns sont *enchâssés* dans de *creuses images*,
A qui l'art a donné leur taille et leurs visages;
Et dans ces vains portraits, qui sont leurs monuments,
Leur orgueil se conserve avec leurs ossements.
Les autres embaumés sont posés en des *niches*,
Où leurs ombres, encore éclatantes et riches,
Semblent perpétuer, malgré les lois du sort,
La pompe de leur vie en celle de leur mort.
De ce muet sénat, de cette cour terrible,
Le silence épouvante et *la face* est horrible.
Là sont les devanciers avec leurs descendants;
Tous les règnes y sont: on y voit tous les temps;
Et cette antiquité, ces siècles dont l'histoire
N'a pu sauver qu'à peine une obscure mémoire,
Réunis par la mort en cette sombre nuit,
Y sont sans mouvement, sans lumière et sans bruit.

Si le P. Le Moine avait un certain nombre de pareils morceaux, il y aurait de quoi excuser toutes ses fautes : il mériterait d'être lu, et il le serait. Mais j'ose assurer qu'on n'en trouverait pas un second écrit et conçu de cette manière. Ce qu'il peut avoir de bon d'ailleurs consiste en quelques traits, quelques expressions, quelques vers épars çà et là, le tout noyé dans le galimatias.

La Harpe, *Cours de Littérature.*

II. Analyse du poème de Saint-Louis *.

LIVRE PREMIER.

Louis, après avoir mis les Sarrasins en déroute, et après s'être emparé de Damiette, fait ravager les terres ennemies.

> Au bruit de ce dégât, l'Afrique au loin gémit :
> Le Nil épouvanté se troubla dans son lit ;
> Et sa vague, en la mer par cent bouches rendue,
> Y porta la frayeur de l'Égypte éperdue.
> Les bourgs abandonnés des communes sans cœur,
> Restèrent exposés aux courses du vainqueur ;
> Et dans Tarses, jadis ville si renommée,
> Les habitants défaits du seul bruit de l'armée,
> Jusqu'aux extrémités d'un désert sablonneux,
> Traînèrent leurs maisons errantes avec eux.

Ces trois derniers vers sur-tout sont de très beaux vers épiques.

Le sanguinaire Mélédin gouvernait alors l'Egypte. Mélecsalem, l'aîné de ses deux fils,

> Menait à son secours
> Les peuples du climat d'où nous viennent les jours.
> Il avait dépeuplé les rives où l'Hydaspe
> Voit son lit relevé de carrières de jaspe ;
> Et celles où le Tigre écumeux et bruyant,
> Se poursuivant toujours, et toujours se fuyant,
> De sa fougueuse course étonne son rivage,
> Et porte pour tribut à la mer un orage.

---

* Nos lecteurs nous sauront sans doute gré de trouver ici l'analyse de ce poème, généralement peu connu, et que La Harpe nous parait avoir jugé avec trop de sévérité.   F.

LE MOINE.

Il avait épuisé les bords où le Jourdain,
Esclave du croissant, ronge ses fers en vain ;
Et les bords où l'Euphrate, hôte de Babylone,
De château sourcilleux en passant se couronne.
Toute l'Asie en corps sous ses drapeaux marchait :
Son camp chargeait la terre et les fleuves séchait ;
Et le malheureux Prince, avec toutes ses troupes,
Qui des monts sous leur poids faisaient gémir les croupes,
De songes creux et vains nourrissant son orgueil,
Pensait aller au trône, et n'allait qu'au cercueil.

Le sultan jure la perte des chrétiens, et, pour animer son armée, prononce un discours où il y a de la chaleur et des expressions hardies, comme celle qui se trouve dans le second de ces deux vers :

Déjà dans leur esprit l'Égypte est renversée ;
Déjà dans notre sang ils trempent leur pensée.

Mélédor, fils du roi des Arsacides, offre de lui apporter la tête du roi chrétien, et demande pour récompense la fille du Sultan, Zahide dont il est amoureux. Il est député vers Louis avec un ambassadeur qui sous prétexte de traiter avec lui, doit lui présenter de la part de son maître une armure empoisonnée. Dès que le jour paraît, les chefs de l'ambassade, descendant par le Nil vers le monarque chrétien, aperçoivent son armée qui se divise en deux camps pour s'exercer aux combats, sans répandre de sang : ils se livrent de fausses batailles, pour s'instruire à en remporter de véritables ; ce qui fournit au poète une comparaison triplée, suivant l'usage des anciens.

Le sanglier écumeux que le chasseur attend,
Contre le tronc d'un arbre exerce ainsi sa dent :
Ainsi le fier taureau qui s'apprête à la guerre,
Frappe l'air de sa corne, et du pied bat la terre :
Ainsi le chien courant veut partir de la main,
Au premier vent qui sort d'une corne d'airain;
Il chasse de la voix, il saute, il se tourmente,
Et ses yeux devant lui courent la bête absente.

Une vision empêche Mélédor d'exécuter son projet : l'armure est présentée comme un tribut d'estime, et acceptée ; et l'on fête les ambassadeurs dans une tente qui représente l'histoire de Louis jusqu'à son arrivée en Chypre : les ambassadeurs s'en retournent sans avoir fait la paix, mais chargés de présents. C'est dans ce premier livre que se trouvent quatre fort beaux vers sur l'inconstance de la fortune. :

Que la bonne fortune aime en femme publique;
Que ses appas sont faux, et sa faveur tragique;
Et qu'amante cruelle, après ses feux passés,
Elle étouffe en ses bras ceux qu'elle a caressés.

LIVRE II.

Arrive un renfort de la noblesse de France en même temps qu'Alphonse, comte de Poitiers aborde aussi avec quelques Princes Syriens. Béthunes en vient porter la nouvelle au roi, et lui raconte les aventures d'Alphonse et des princes qui l'accompagnent. Le roi va au devant d'eux, les accueille honorablement ; et Coucy commence à raconter aux seigneurs nouveau-venus tout ce qu'a fait l'armée chrétienne depuis son départ de Chypre.

LIVRE III.

Coucy raconte l'arrivée de la flotte à Damiette, le combat qu'il fallut livrer en descendant, la victoire remportée sur les Sarrasins; l'incendie de Damiette; comment l'action courageuse d'une jeune chrétienne causa le désespoir et la fuite des infidèles; et enfin l'entrée triomphante, mais religieuse, de Louis dans la ville conquise.

LIVRE IV.

Description du tournoi célébré en l'honneur de la prise de Damiette, et dont on avance le moment en faveur du comte Alphonse et des princes qu'il amène. Après les courses particulières et le tournoi général, il se présente un inconnu qui demande à courir contre six braves de l'armée. Il triomphe quatre fois; et, après sa quatrième victoire, il ose défier le roi, qui accepte le défi. Le barbare, qui n'a d'autre dessein que d'assassiner Louis, est puni de son audace : il s'en retourne blessé, mais avec de riches présents.

LIVRE V.

L'armée marche en ordre de bataille vers le Caire. Le poète décrit les qualités, maisons, alliances et aventures des princes et des seigneurs. Le sultan s'effraie; mais l'enchanteur Mirême le rassure en lui promettant des troupes auxiliaires et un armement magique: il évoque en sa présence les ombres des Sultans; et celle de Saladin lui enjoint d'expier, par la mort de son fils ou de sa fille, le crime de son père qui a massacré ses neveux pour avoir l'empire.

LIVRE VI

Ce livre renferme un épisode intéressant qu'il faut lire dans l'ouvrage même : c'est l'arrêt de mort prononcé par le sultan contre Zahide sa fille, pour obéir aux ordres de l'ombre de Saladin. Muratan, frère de Zahide, qui aime sa sœur d'une amitié vraiment fraternelle, s'offre en victime à sa place; et, sur le refus du sultan, il se sacrifie lui-même. Zahide tombe avec lui dans le Nil. Des prodiges et le débordement du fleuve accompagnent leur chute. Le sultan fait enlever les enfants des principales familles chrétiennes qui sont dans le Caire. Almazonte retire des eaux Zahide : les Français, poursuivis par le fleuve débordé, gagnent une colline où leur monarque leur rend le courage par ses discours et par son exemple.

Nous ne citerons de ce chant que huit vers qui pourraient donner une idée de la manière dont le P. Le Moine sait rendre poétiquement les choses communes ou difficiles à exprimer :

> Au-delà de Tafnis, une riche colline
> S'élève doucement sur la plaine voisine.
> Son faîte fut jadis couronné d'un palais
> Que le pudique Hébreu fit bâtir à grands frais,
> Et qu'il accompagna de maisons destinées
> A garder les moissons des sept grasses années,
> Qui de leurs maigres sœurs, dans la nécessité,
> Soutinrent la disette et la stérilité.

LIVRE VII.

Les infidèles viennent sur des chaloupes attaquer

les Français sur la colline où ils se sont réfugiés. Le Poète donne le dénombrement et la disposition de leur armée. Voici ce qui est représenté sur le pavois d'un de leurs chefs, *le vain Muléasse :*

Bysance est là captive, et la Thrace à la chaîne :
La Grèce déchirée et sanglante s'y traîne;
La Crète qui redoute un pareil traitement,
Se cache de frayeur dans l'humide élément.
La Sicile près d'elle, et plus loin Parthénope,
Rempart mal assuré de la tremblante Europe,
Au lion Vénitien de peur tendent les bras ;
Et le lion lui-même, après tant de combats,
Quoique puissant de force et brave de courage,
De la Cypre chassé, rugit sur son rivage.
Les aigles, cependant, du Danube et du Rhin,
Volent à son secours du haut de l'Appennin.
Le jour paraît noirci de l'ombre de leurs ailes :
L'air paraît en frémir et siffler après elles;
Et toute l'Allemagne attentive à leur bruit,
De l'espoir et des yeux au combat les conduit;
Mais les unes en trouble, et les autres blessées,
Sont par les chasseurs turcs dans leurs nids repoussées.

La saine critique trouvera des fautes dans ces vers-là ; mais elle ne peut y méconnaître une peinture très vive et très animée ; il y a aussi de la chaleur et de la hardiesse dans le discours de saint Louis pour animer ses soldats : nous avons, leur dit-il, assez de place encore pour combattre :

Conservons seulement ce qui nous est resté,
Et n'y laissons entrer ni peur ni lâcheté.
Si notre course ici doit être terminée,

Sortons par une porte illustre et couronnée.
De nos cendres un jour germeront des lauriers
Qui seront enviés des plus fameux guerriers.
Souvent la courte vie est la plus grande en gloire ;
Et de la prompte mort naît la longue mémoire :
Pouvons-nous élever plus haut notre vertu,
Que sur tout l'Orient à nos pieds abattu ?
Ici nous déferons Memphis et Babylonne ;
Ici nous gagnerons l'immortelle couronne ;
Et, glorieux guerriers, martyrs plus glorieux.
Par nos palmes, d'ici, nous monterons aux cieux.

Après un grand carnage de part et d'autres, les Sarrasins sont repoussés.

Le P. Le Moine est souvent heureux dans le choix et le style de ses comparaisons. En voici une qui finit par une image charmante ; il est question de la chute d'Olgan, tué par le roi chrétien.

Ainsi, quand un rocher miné par les années
Et secoué des vents, roule des Pyrénées,
Il entraîne sapins et chênes après soi :
Le fracas et le bruit au loin portent l'effroi :
Le mont en retentit, les forêts le secondent :
Les côteaux, les vallons en trouble leur répondent ;
Et les troupeaux craintifs, qui l'ont vu trébucher,
Long-temps encore après n'osent en approcher.

LIVRE VIII.

Tandis que le sultan médite une nouvelle attaque, Louis, priant pour son armée, est transporté par un ange dans le ciel ; il en parcourt les merveilles, et l'ange lui fait voir les bienheureux, rangés suivant leur mérite personnel. Jésus-Christ offre au saint roi trois couronnes à choisir; Louis se décide pour la couronne d'épines, dont on lui promet la conquête : mais on lui fait voir dans l'avenir par quels travaux il doit l'acheter; et à la lueur d'une lumière prophétique, il découvre la suite des rois de sa race.

On rencontre presque partout dans ce poème des idées ingénieuses. Parmi les bienheureux que Louis voit dans le ciel, sont les enfants morts tout-à-fait en bas âge.

Il passe le bas ordre où sont les innocents,
Qui, ravis par la mort en leurs plus tendres ans,
Comme l'est une fleur que, dès la matinée,
Un vent froid et brûlant sur sa tige a fanée,
Ont avant la saison, d'un cours précipité,
Par la perte du temps gagné l'éternité.
Mais comme leur salut n'est pas de leur conquête,
Ils n'ont ni palme aux mains, ni laurier sur la tête.

On y trouve aussi des images, qu'on a ressassées depuis, et qu'on a reproduites avec plus de faiblesse :

Plus loin se remarquait le renommé rivage
Où Carthage n'est plus que l'ombre de Carthage ;
Et cette ombre hautaine, et fière en son cercueil,
De son corps foudroyé garde encore l'orgueil.

LIVRE IX.

Louis est ramené par son ange sur la terre. L'esprit qui préside aux eaux fait rentrer le Nil dans son lit ; et Louis s'avance vers le Caire, après avoir fait rendre à ses morts les honneurs funèbres. Pendant ce temps-là, Archambaut de Bourbon rencontre la galère de Zahide et d'Almasonte qui s'en retournaient au Caire, escortées d'une troupe de chevaliers. Le héros les attaque et les défait: il les ramène au camp; la beauté d'Almasonte l'a vaincu lui-même, et son cœur est resté dans les fers de sa captive.

LIVRE X.

Louis fait jeter un pont sur le Nil ; mais ses ouvriers rencontrent dans la forêt un serpent qui en dévore une partie. Pour aller combattre ce monstre Louis se fait revêtir de l'armure empoisonnée qui lui est venue du perfide sultan ; et sur-le-champ un éclair qui descend du ciel y met le feu et la consume, sans blesser le corps du monarque étonné. On députe deux prélats vers une sainte solitaire, pour avoir l'explication de ce prodige. La vie de cette sainte est un miracle continuel. Lorsque le Nil est débordé, ses ondes s'arrêtent autour d'elle, et lui font un rempart de cristal.

> Il n'est pas jusqu'au temps, ce commun destructeur,
> Qui de son âge encor ne respecte la fleur.

Enfin, les prélats que le roi a députés vers elle, admirent tout ce qui l'environne.

> Ils s'étonnent de voir glisser sur la verdure,
> Comme sur un tapis tissu par la Nature,
> Sans fiel et sans venin, des serpents écaillés,
> De couleur, de vernis, de dorure émaillés,
> Qui différents de forme, et de lustre superbes,
> Semblaient des veines d'or qui rampaient sur les herbes.

Enfin, les députés instruits par elle rapportent au roi l'histoire de l'armure empoisonnée dont Dieu a bien voulu le garantir, et annoncent que c'est à Archambaut que la défaite du dragon est réservée.

LIVRE XI.

Archambaut va trouver la solitaire qui, après lui avoir montré les noms, les portraits et les actions des héros de sa race, lui ordonne de triompher de son amour pour Almasonte. Après un long combat, la gloire l'emporte sur la tendresse; il annonce son projet à Almasonte qui en gémit, et il revient vers la solitaire qui lui remet les armes d'Aimon, avec lesquelles le dragon doit être défait. Pendant ce temps-là, Zahide et Almasonte remises en liberté, rencontrent Alzir et Mélédor, qui, s'étant introduits dans le camp chrétien pour délivrer les deux princesses, et ne les ayant point trouvées, avaient pris pour se déguiser les armes de Culans et d'Archambaut. Zahide et Almasonte ne les ayant point reconnus, courent vers eux, et les combattent. Almasonte périt par la main d'Alzir, et Mélédor est tué par Zahide qui reprend la route du Caire.

LIVRE XII.

Archambaut défait le monstre, dont on apprend l'histoire miraculeuse. On se prépare à construire un pont et deux tours. Les ennemis qui sont de l'autre côté du fleuve, engagent une action avec des traits et des cailloux, et sont mis en déroute: La nuit d'après, Zahide et Forcadin se glissent dans le camp avec quelques guérriers; Zahide met le feu à la tente d'Archambaut, et fait prisonnière Lisamante. Louis triomphe encore et repousse les ennemis; mais le jour suivant les Français cessent de tirer sur eux, parce qu'ils voient au front de l'armée ennemie deux rangs de jeunes chrétiens attachés deux à deux à des poteaux : la pitié a suspendu leurs coups.

LIVRE XIII.

Le sultan devient amoureux de Lisamante qui renouvelle l'histoire de Judith : Béthunes, son amant, la reçoit à son retour au camp des chrétiens : Forcadain est fait général, et remet le calme parmi les troupes que la mort du sultan avait troublées. Pour venger cette mort, Mirême obtient de lui que l'on brûlera tous les enfants chrétiens trouvés dans le Caire. Les démons, qui sont présents à ce sacrifice, poussent le feu vers le pont et les tours, et de là aux tentes voisines; mais Louis se met en prière, arrête l'incendie, et les démons vaincus tombent dans le Nil.

LIVRE XIV.

Le pont est ombragé; mais l'ange qui préside aux eaux promet à Louis un passage pour son armée à travers le fleuve; ce qui s'effectue aussitôt. Forcadain accourt sur la rive avec Zahide et une partie de l'armée, et livre un combat très meurtrier de part et d'autre. Robert, comte d'Artois, entré dans Massore avec les fuyards, y combat longtemps seul contre une troupe de Sarrasins, et meurt enfin après avoir tué le gouverneur : son corps est enlevé par des anges qui le portent dans le tombeau des Machabées.

LE MOINE. 343

LIVRE XV.

Continuation de la bataille; amitié héroïque de Vivonne et d'Angennes. Louis combat et renverse mort à ses pieds le géant Elgasel.

>Par cette grande mort, l'aile gauche défaite
>N'attend pas que les chefs annoncent la retraite;
>Et sans égard de rang, de devoir, ni d'honneur,
>Chacun suit au signal que lui donne la peur.
>Louis, sans s'arrêter à suivre la commune,
>Inégale à son cœur non moins qu'à sa fortune,
>Charge tout ce qu'il voit d'éminent et de fort,
>Met en fuite les uns, met les autres à mort :
>Pareil à ces grands vents qui, maîtres de la plaine,
>Laissant chasser la feuille aux vents de moindre haleine,
>Abattent les maisons, ébranlent les forêts,
>De chênes arrachés accablent les guérêts,
>Et vont faire en fureur une cruelle guerre
>Aux vaisseaux sur la mer, aux clochers sur la terre.

Combat de Zahide et de Lisamante qui sont séparées par leurs amants Béthunes et Brennes. Mort extraordinaire d'Alfasel, amoureux et jaloux. Louis fait encore des prodiges de valeur; il couche sur la poussière le fougueux Azolin :

>Du coup prodigieux dont le Turc fut coupé,
>Plus de six escadrons eurent le cœur frappé :
>Partout l'acier fatal, auteur de la merveille,
>Leur brille dans les yeux, leur résonne à l'oreille;
>Et partout l'invincible et formidable bras,
>Sur eux multiplié, lève le coutelas.
>Comme la peur les suit, la peur aussi les chasse;
>Et loin même des coups, les frappe ou les menace.

En vain Forcadin crie, il les rappelle en vain :
La frayeur est sans front, et sans cœur, et sans main ;
Et sourde à la raison, aveugle à la conduite,
N'a de vigueur qu'aux pieds, n'est prompte qu'à la fuite.

LIVRE XVI.

On rend les honneurs funèbres aux Français qui sont tués sur le champ de bataille. Mirème fait de nouvelles évocations :

Non loin du camp barbare, où la poudreuse plaine
Des plus agiles vents eût épuisé l'haleine,
Vers le nord se voyait un sallon souterrain
Encore environné de pilastres d'airain,
Dont les filles du temps, la rouille et la vielliesse,
Avaient rompu la forme et détruit la richesse.

C'est là que l'ombre du sultan, évoquée par Mirême, lui annonce le danger de Louis, qui ne peut guérir de ses blessures que par la vertu de l'eau de la Matarée. L'enchanteur se hâte d'aller mettre ses démons en sentinelle au bord de cette fontaine, et invente une ruse pour frustrer Louis de la sainte couronne. Cependant l'armée chrétienne est dans les plus vives alarmes sur la santé de son roi dangereusement blessé :

Du côté des Français cependant la victoire
Sous ses palmes gémit, est triste dans sa gloire.
Le péril de Louis, de tout le camp vainqueur,
Est le trouble commun et la commune peur :
Tous les chefs, tous les corps blessés de sa blessure,
Sans plaindre leurs travaux, plaignent son aventure ;
Et les tambours muets, les trompettes sans voix,
Les casques sans honneur couchés sur les pavois,

LE MOINE. 345

Semblent joindre leur deuil à la plainte commune,
Et d'un triste silence accuser la fortune.

Bourbon et Brennes vont chercher de l'eau de la Matarée, l'un pour la guérison du roi, l'autre pour celle de Zahide dont il est amoureux : ils forcent les gardes du jardin de baume, détruisent les enchantements de Mirême, le tuent lui-même, et rapportent au camp de l'eau miraculeuse de la fontaine.

LIVRE XVII.

L'eau guérit Louis et Zahide, qui ayant embrassé la religion chrétienne, est fiancée au comte de Brennes. Comme la cour est assemblée pour célébrer cette double fête, on vient pour offrir la rançon de Zahide, ou défier le chrétien qui voudra la retenir. Le comte se bat contre le chevalier qui la réclame; mais Zahide vient elle-même interrompre le combat. Brennes ne peut se défendre d'un mouvement de jalousie; et l'on découvre que le Sarrasin qui est dangereusement blessé, est Muratan, le frère de Zahide. Muratan, qui se fait chrétien comme sa sœur, est guéri par l'eau du baptême. On se décide à attaquer le camp des Sarrasins; et Robert, comte d'Artois, apparaît au roi pour le consoler et l'encourager.

LIVRE XVIII.

On marche droit au camp des Sarrasins, où il se livre un combat des plus sanglants. Louis défait trois des plus braves Sarrasins qui l'attaquent ensemble. Forcadin rencontre Lisamante, qu'il reconnaît pour l'auteur du meurtre du sultan.

Infâme, lui dit-il, contre elle s'avançant,
Et tout d'un temps la voix avec le bras haussant,
Tu souilles donc encor le ciel, l'air et la terre?
Et le ciel impuissant est pour toi sans tonnerre?
Mais, impuissant ou fort, il tonnerait en vain :
Sa foudre est inutile où peut aller ma main;
Et l'ombre du Sultan, à qui je dois ta tête,
L'attend de cette épée, et non de la tempête.

A ces mots, Forcadin s'élance pour lui porter le coup mortel; trois fois son amant Béthunes la couvre et la garantit de son corps, et finit par mourir à ses pieds : les deux amants périssent ensemble, et sont vengés par Louis, qui, ayant tué le formidable Forcadin, défait le reste de son armée. Le camp des barbares est bientôt forcé; le lion et le géant qui y gardaient la sainte couronne sont vaincus, et Louis achève enfin sa pieuse conquête.

Annales poétiques.

LEMONNIER (GUILLAUME - ANTOINE, l'abbé), membre de l'Institut, fabuliste, traducteur de *Perse* et de *Térence*, naquit en 1721, à Saint-Sauveur-le-Vicomte, en basse Normandie. Il quittait les bancs du collège de Coutances, et entrait à peine dans l'âge des passions quand il fut sur le point de céder à un penchant impérieux qui eût changé sa destinée : l'amour s'empara de son jeune cœur, et un mariage précoce allait l'engager, si le respect de l'autorité paternelle n'eût été plus fort. Quelques tendres observations de la part de son père suffirent pour lui faire abandonner ce projet. Ainsi, Lemonnier débuta dans la vie par un acte de vertu. Il s'arracha courageusement des liens qui le captivaient, vint à Paris, et fut placé au collège d'Harcourt, où il perfectionna son éducation, tout en préparant celle des jeunes élèves confiés à ses soins. Le travail vint adoucir une peine qui laisse trop souvent des traces profondes; mais, échappé à un péril, un autre eût pu l'entraîner, s'il n'eût été doué de beaucoup de discernement. Lemonnier aimait la musique; il cultivait avec succès cet art, délire des âmes sensibles; la nature lui avait accordé un organe sonore dont les accents mélodieux rivalisaient avec les meilleurs chanteurs du temps: les jeux de la scène, où plus d'un précipice est caché sous des fleurs, pouvaient séduire sa jeunesse; il fut assez sage pour ne rechercher que d'innocents loisirs dans un talent qui pouvait lui ouvrir une carrière utile, mais dangereuse. Ces douces distractions, jointes à l'imperturbable gaieté d'un caractère qui s'est maintenu jeune jusqu'au déclin des ans; l'extrême vivacité de son imagination; toutes ces qualités, d'ordinaire peu compatibles avec une position sérieuse, n'empêchèrent pas Lemonnier de se livrer à l'étude la plus approfondie des langues anciennes et de préférer à tout autre profession l'état ecclésiastique dont ses vertus le rendaient si digne.

Parmi les auteurs latins dont il avait su vaincre les difficultés, Perse et Térence devinrent les objets de sa prédilection, parce que ces auteurs n'avaient pas encore trouvé en français des interprètes satisfaisants. Dans sa *traduction de Térence*, hors de toute comparaison avec la version froide et surannée de madame Dacier, Lemonnier a su nous transmettre avec un rare bonheur, la finesse piquante de l'affranchi romain. Le poète comique est rendu avec tout son atticisme, et l'on ne pouvait mieux approprier à notre langue un théâtre si éloigné de nos mœurs. *La traduction de Perse* est dès longtemps appréciée par les connaisseurs dont quelques-uns la préfèrent même à celle de Sélis; et ce n'est pas un léger mérite que de balancer les suffrages dans une pareille comparaison. Au reste, l'abbé Lemonnier, s'occupant de *Satires*, ne put encourir le blâme, car l'extrême bonté de son cœur était bien connue, et jamais satires ne furent traduites par un écrivain moins satirique. Lemonnier s'était aussi essayé sur *Plaute;* cette entreprise n'a point été achevée.

L'art dramatique avait des charmes pour cet homme aussi tolérant que spirituel. Il composa lui-même plusieurs pièces de théâtre. petits drames moraux dont le genre le mit à l'abri de tout reproche. De ces productions, d'ailleurs assez éphémères, *le Bon fils* a seul vu le jour, en 1773, sous le nom de *de Vaux* : c'est une comédie en un acte et en prose, mêlée d'ariettes dont Philidor avait composé la musique. Le titre seul dénote la moralité de la pièce qui repose sur une action aussi simple que touchante. Qu'il me soit permis d'extraire de cette bagatelle, maintenant fort oubliée, les deux couplets suivants qui me semblent dignes d'être cités:

Les instruments du labourage,

Unis aux armes du soldat,
Diront à nos fils d'âge en âge
Ce qu'on doit faire pour l'état.
Ils leur diront : bêchez la terre,
Bêchez, bêchez, c'est votre état ;
Bêchez, mais dans un temps de guerre,
Que chacun de vous soit soldat.

Il n'y a point là le cliquetis de mots, les chûtes épigrammatiques de nos vaudevilles actuels, mais cela peut plaire encore à qui aime des sentiments généreux naturellement exprimés.

Il reste à considérer l'abbé Lemonnier comme fabuliste, et c'est là son plus beau titre à la renommée. Ses *fables* seraient mal-à-propos comparées à celle de l'inimitable La Fontaine, puisqu'elles sont d'un genre tout-à-fait différent ; on serait mieux reçu à mettre en comparaison le caractère de ces deux moralistes ingénieux. Lemonnier en effet tenait beaucoup de la franchise de La Fontaine ; il avait quelque peu de sa malice, et toute son aimable *bonhomie*. En admirant l'excellente morale de ses fables, on a reproché à l'abbé Lemonnier la simplicité souvent prosaïque de son style, reproche fondé, et que l'auteur lui-même avouait en disant : « Mes « fables veulent être lues comme de la prose toute « simple ; il faut oublier qu'il s'y trouve des rimes : « on ne doit point les déclamer, il faut les *causer* bonnement. » Aussi les amis de l'abbé Lemonnier (si toutefois la faux du temps en a épargné quelques-uns), peuvent-ils se rappeler qu'il *causait* admirablement ses fables, et de façon à leur donner un prix infini ; mais la voix du conteur s'est éteinte, et ses apologues ont bien perdu. Cependant, un assez bon nombre d'entr'eux sera toujours cité comme modèles du genre, et l'on ne pourra relire *l'enfant bien corrigé* sans se sentir attendri.

Lemonnier méritait des amis, il compta parmi les siens Diderot, Raynal, Grétry, Sedaine qui lui dut l'idée de son joli opéra de *Rose et Colas*, Greuze, Cochin, et la célèbre Sophie Arnould ; et telle était l'excellente réputation de cet homme de bien, que sa liaison avec une comédienne n'était pas même considérée comme une imprudence.

Trop heureux si la fortune eût un peu plus songé à lui ; mais il n'eut long-temps pour subsister que la place modique de chapelain de la sainte chapelle. Plus tard, il obtint dans son pays natal une cure dont le revenu devint le patrimoine des pauvres. Il jouissait de cette situation meilleure quand le torrent de la révolution vint l'assaillir. Victime, comme tant d'autres honnêtes gens, de la tempête révolutionnaire, l'abbé Lemonnier fut incarcéré, et eut péri sans le réaction de thermidor. Échappé des chaînes de l'anarchie, la misère l'attendait, si on ne lui eût offert, par une justice tardive, la place de bibliothécaire du Panthéon, que la mort de Pingré venait de laisser vacante. C'est dans cette retraite honorable que l'abbé Lemonnier mourut paisiblement le 5 avril 1797 : il était âgé de soixante-seize ans ; l'Institut le comptait parmi ses membres.

Les OEuvres de l'abbé Lemonnier sont : *les Comédies de Térence, traduction, avec le texte en regard,*

Paris, Ant. Jombert, 1771, 3 vol. in-8°, avec fig. d'après Cochin; *Fables, Contes et Épîtres*, Paris, le même, 1773, in-8° et in-12; Le libraire Aug. Delalain a fait imprimer en 1817 les *Satires de Perse* avec les deux traductions de Sélis et de l'abbé Lemonnier.

H. LEMONNIER.

FABLES CHOISIES.

I. La Femme de neige.

Sur un pont voisin du collège,
A Saint-Lô, nombre d'écoliers
Faisaient pendant les froids derniers,
Une grande Femme de neige.
Je ne sais pas s'ils s'échauffaient,
Mais je suis sûr qu'ils s'amusaient.
(De tout on s'amuse à cet âge.)
La voilà faite; il faut la vêtir, la parer :
Robe de papier blanc couvre son blanc corsage :
Cette blancheur extrême affadit son visage;
Le vermillon va réparer
Ce défaut peu commun : on en donne une couche;
Ensuite sur la tempe on applique une mouche
Qui fait croire à tous les passants
Que la pouponne a mal aux dents.
La volumineuse perruque
D'un ancien marguillier lui décore la nuque,
Et fait un gros chignon. Les marteaux dénoués,
Et par l'aquilon secoués,
Forment des boucles ondoyantes.
Telle jadis on vit la reine de Paphos
Sortir des ondes écumantes,

Et des dieux troubler le repos.
Voyez-vous nos joyeux marmots
S'empresser autour de leur belle?
Celui-ci peint les yeux, et marque la prunelle;
Cet autre dans les mains lui place un beau miroir,
Miroir taillé dans la rivière.
Un miroir est plaisant à qui ne saurait voir!
Disait en grognant une antique douairière,
Dévote par nécessité,
Par ses goûts encore coquettes,
Et qui pour faire la jeunette
De ses traits démolis cachait la vétusté
Sous un enduit de fard. Que de peine perdue!
Disait-elle entre ses chicots;
Ne voyez-vous pas, petits sots,
Qu'en peu de temps votre statue
Sera fondue?
Un des sots lui répond : Calmez-votre courroux;
Le dégel peut venir pour vous
Plutôt que pour cette figure.
Il fut trop bon prophète : encore plus d'un mois
Le vent, la bise, la froidure,
Endurcissant la neige, attristent la nature,
Et nous font souffler dans nos doigts.
Au bout de quatre jours la vieille glisse et tombe :
L'art n'y peut rien ; elle succombe,
Et fait rire ses héritiers.
Le plus sensé des écoliers
Grava ces deux vers sur sa tombe :
« Ci-gît qui soigna trop un corps qui va pourrir.
« Embellissons notre âme; elle ne peut mourir. »

II. Les Vers à soie.

Jadis près de Toulon un seigneur de village

Avait dans son jardin de fort beaux mûriers blancs;
En quinconce alignés, ils formaient un ombrage
Doux, agréable et frais; c'est là que les enfants
Du seigneur châtelain allaient danser, s'ébattre,
Gambader et jouer à cent jeux innocents.
Ils ne sont pas encor tout-à-fait assez grands
   Pour vexer, insulter et battre
    Les pauvres paysans:
Ils grandiront. Un point qui chagrine et tourmente
   Nos infatigables sauteurs,
   C'est qu'au milieu des chaleurs,
D'insectes à cent bras une horde insolente
Grimpe sur les mûriers, et dévore le dais
Qui du brûlant Phébus intercepte les traits.
« Que fais-tu dans les cieux, souverain du tonnerre?
« Tu chantes ton triomphe et les Titans soumis;
« Tu bois; et tes carreaux, près du trône endormis,
« Aux forfaits des brigands abandonnent la terre!
« Allons, éveille-toi; que ta juste colère... »
   Jupiter avait bien affaire
   D'être troublé par ces clameurs!
   Aussi ne s'en troubla-t-il guère;
Il est devenu sourd depuis la mort d'Homère.
Il laissa déclamer et le père et la mère;
Il laissa les enfants gémir, verser des pleurs.
Le bailli du village, homme plein de science,
Et plus que Jupiter sensible à leurs douleurs,
   Fait afficher une sentence
   Portant très expresse défense
   D'endommager les mûriers blancs
   A monseigneur appartenants.
Ah! monsieur le bailli, rien ne vous sert d'écrire;
   La grosse faim ne sait pas lire:

Tenez! voyez plutôt... On mande le pasteur.
      Il vient; on veut qu'il exorcise.
        « Volontiers, dit l'homme d'église;
        « Mais il est un parti meilleur.
« — Quel est-il, cher curé? — J'ai lu dans un auteur
« Qui vivait autrefois... attendez... on le nomme...
« Il ne m'en souvient plus, mais c'était un grand homme :
« Ce grand homme nous dit: Quand sur les mûriers blancs
« Tu verras s'attacher insectes dévorants,
« Sache, ami, que ce sont bombix ou vers à soie.
« — C'en est là, monseigneur; laissez donc à cœur joie
       « Travailler des mains et des dents
        « Ces petits fabricants.
« Quand ils auront fini, vous prendrez leur ouvrage. »
      Ce conseil était sage;
      On le suivit. Qu'arriva-t-il?
      Des insectes on prend le fil,
On dévide, on ourdit, puis la chaîne et la trame
L'une dans l'autre... enfin, le monseigneur, sa femme,
Leurs filles, leurs garçons, de soie ont des habits;
      Tout est content, jusqu'aux brebis.
      Bientôt dans toute la Provence
      On éleva force mûriers,
        Pour nourrir des milliers
        De petits ouvriers
      Qui payèrent bien leur dépense.
      Combien les mendiants, en France,
Pourraient former d'utiles ateliers!

III. Le Fils ingrat.

      Des dons de la nature,
        Un enfant,
        En naissant,
      Reçut ample mesure.

Air de dignité,
Esprit et beauté,
Ame simple et pure ;
Il eut tout, hors un point :
Encor, pourquoi ne l'eut-il point ?
C'est qu'il était en sa puissance
De l'avoir ou ne l'avoir pas.
Ce point, c'était l'obéissance ;
Notre enfant n'en fit aucun cas ;
Il préféra l'indépendance
Et sa dangereuse douceur,
Aux lois qu'un père avec prudence
Lui prescrivait pour son bonheur.

Ce fils rebelle est placé par son père
Dans un verger délicieux.
Entre mille fruits savoureux,
Dont le choix est permis à son goût, à ses yeux,
(Entre mille, c'est bien de quoi se satisfaire)
Un seul est défendu comme pernicieux :
Eh bien! celui-là seul eut le droit de lui plaire.
Il est bientôt cueilli, mangé ;
Et bientôt le père est vengé.
De malheurs une longue file
Accable ce fils indocile :
Mais de ces maux le plus affreux,
Celui qui plus le désespère,
C'est de se voir privé de la clarté des cieux.

Si l'on juge qu'alors le père,
N'écoutant plus que sa colère,
Abandonna l'aveugle à son mauvais destin,
Et que le fils puni cessa d'être mutin,
C'est mal juger : chacun garda son caractère ;
Même tendresse d'un côté,

Et de l'autre toujours même indocilité.
A la voix de l'enfant qui pleure et se désole,
    On voit bientôt le bon père accourir :
      Il le rassure, il le console,
Il fait bien plus encore, il va le secourir.

« Fils ingrat, lui dit-il, mais fils ingrat que j'aime !
« Si ton malheur est grand, mon amour est extrême.
      « Ton infortune et tes besoins
      « Exigent les plus tendres soins :
      « De mon cœur tu peux les attendre ;
      « Pour guider tes pas incertains,
« Sers-toi de ce bâton que je mets en tes mains :
    « Entre mes bras j'aurai soin de te prendre,
« S'il se trouve un chemin difficile et glissant,
« Où ton bâton serait un secours impuissant. »
Voilà ce que promet et ce que fait le père.
Pouvait-il plus promettre, et pouvait-il mieux faire ?
    Voyons comment se comporta l'enfant.
Tout l'effraye d'abord, l'intimide, l'étonne ;
      Avec son bâton il tâtonne ;
      Puis quand il a bien tâtonné,
        Il lève un pied timide,
      Le porte où le bâton le guide,
    Le pose à terre, est encor étonné ;
Vers ce pied précurseur bientôt l'autre s'avance,
      Et mon aveugle a fait un pas ;
Au second, au troisième, encor même embarras ;
      Mais le temps et l'expérience
        Amènent la facilité ;
Et le voilà qui trotte avec agilité,
      C'est-à-dire avec imprudence.
      Le bâton n'est plus consulté,
      Et ne sert que de contenance.

Le père a beau crier : « Mon fils, prends garde à toi ;
« Sers-toi de ton bâton ; par ici, viens, suis-moi :
    « Où vas-tu, malheureux? arrête !...
L'enfant laisse crier, et n'en fait qu'à sa tête.
    Aussi Dieu sait comme il tombe souvent ;
En arrière tantôt, et tantôt en avant.
A chaque chute, il pleure, il gémit, il s'afflige ;
    Mais jamais il ne se corrige.
    Si le père lui prend la main
    Pour le sauver d'un précipice
    Et le remettre en bon chemin,
    Comment paye-t-il ce service?
Je vais le dire ; mais, hélas ! le croira-t-on ?
    Il le frappe de son bâton.
    De son bâton? comment! son père?
    Oui, son père et son bienfaiteur.
    Ah Dieu! quel mauvais caractère!
    Puisse le ciel, juste vengeur...
    Prenez garde ; qu'allez-vous dire?
C'est tout le genre humain que vous allez maudire.
    Le père, l'enfant, le bâton,
    Ce sont Dieu, l'homme et la raison.

LÉONARD (NICOLAS-GERMAIN), poète français, naquit à la Guadeloupe en 1744, et vint fort jeune en France, où il fit de bonnes études.

Le ministre Chauvelin lui ouvrit la carrière diplomatique, et en 1773 Léonard fut nommé chargé d'affaires de France à Liège. Cette place ne l'empêcha pas de se consacrer aux muses, sur-tout à celle qui préside aux doux chants des bergers ; et bientôt il devint le rival de Gessner et des meilleurs poètes bucoliques.

Léonard mourut à Nantes le 26 janvier 1792. Ses titres littéraires sont : *Lettres de deux Amants habitants de Lyon*, roman plein de charme, qui a été traduit en anglais et en italien; *le Temple de Gnide*, imité de Montesquieu, qui parut en même temps que l'imitation de Colardeau, 1772, deuxième édition augmentée de *l'Amour vengé*, 1773; *la nouvelle Clémentine* ou *lettres de Henriette de Berville*, 1774; *Idylles et Poèmes champêtres*, 1775; *Alexis*, roman pastoral; *Lettre sur le Voyage aux Antilles*. M. Campenon, son neveu, a publié la collection de ses *Œuvres*, en trois vol. in-4°, Paris, Didot le jeune, 1798.

JUGEMENTS.

I.

Léonard est l'un des premiers écrivains qui ait introduit, ou qui ait tenté de remettre en faveur dans notre poésie le genre descriptif dont on a tant abusé de nos jours et qui commence à devenir un peu fastidieux à force d'avoir été prodigué. Mais c'est au genre de l'idylle que Léonard semblait appelé par un genre prédominant, et dans lequel nous osons croire qu'il s'est montré très supérieur, et comme poète et comme peintre, à madame Deshoulières, dont la réputation nous a toujours paru fort exagérée. En effet, dans des vers non moins faciles, mais plus élégants, plus riches d'images, et d'une harmonie plus variée que ceux de cette dame, il a su prêter des couleurs et de la vie à ce qu'elle n'exprimait que d'une manière presque toujours faible ou commune, et dans un style beaucoup trop rapproché de la prose.

L'idylle n'est pas cependant le seul genre où cet aimable écrivain se soit exercé. On a de lui différents ouvrages qui prouvent qu'il avait à la fois le mérite de bien choisir ses modèles et le talent de les imiter. Thomson et Gessner parmi les modernes; chez les anciens, Anacréon, Catulle, Horace, Tibulle, Virgile même, paraissent lui avoir servi de maîtres; et c'est en se pénétrant fortement de leurs beautés, qu'avec un talent inférieur dans l'art des vers à celui de Colardeau, il réussit, dans la seule occasion qui put s'offrir de les comparer, non-seulement à soutenir contre lui une lutte glorieuse, mais à lui en disputer l'avantage, et peut-être à le remporter. Tous deux avaient formé le projet de mettre en vers *le Temple de Gnide* de Montesquieu. Ce projet pouvait être mal conçu, mais enfin tous deux y travaillèrent en concurrence, et les deux ouvrages parurent presque simultanément.

La différence de leur manière est remarquable, et se fait sentir jusque dans le choix du rhythme que l'un et l'autre adoptèrent. Colardeau, dans son imitation, plus libre que fidèle, employa la sévérité du vers alexandrin, moins convenable, à ce qu'il semble, au ton gracieux de l'original, que le vers de dix syllabes, ou les vers mêlés, choisis de préférence par Léonard, et qui d'ailleurs se conciliaient mieux avec le naturel, la simplicité élégante, en un mot avec les formes habituelles de son style. A notre avis, il paraît avoir mérité le prix de cette espèce de concours ; et si sa versification est en général moins savante que celle de Colardeau, si même son rang n'est pas très élevé dans la classe des poètes qui se sont distingués par leurs talents, il est du moins du nombre de ceux dont on a retenu des vers cités avec éloge dans tous les bons recueils ; et l'on ne peut lui disputer le titre d'écrivain très agréable en plus d'un genre.

Palissot. *Mémoires sur la Littérature.*

II.

Léonard, qui vint long-temps après Fontenelle et La Motte, saisit mieux le caractère de l'idylle ; mais il me semble inférieur à Berquin : avec plus de force et de richesse dans le style, il a moins d'originalité, une physionomie moins distincte, un goût moins pur, une délicatesse moins naïve, des graces moins ingénues ; il se familiarise, d'un air moins facile, avec les divinités champêtres, et paraît moins oublier la ville au sein des bois et des prairies, et sous le chaume des hameaux.

Berquin et Léonard ont puisé quelques-unes de leurs inspirations dans les idylles de Gessner, dont la traduction élégante avait triomphé de notre indifférence pour un genre que semblaient proscrire les raffinements de notre civilisation et l'orgueil de notre luxe ; mais Léonard laisse quelquefois trop apercevoir l'imitation, et Berquin, en imitant, demeure toujours plus semblable à lui-même : il est possible que Léonard fût plus véritablement poète que Berquin; mais très certainement il n'était pas au même degré poète *bucolique*.

Dussault, *Annales littéraires*.

MORCEAUX CHOISIS.

I. Le Ruban.

LUCETTE, MYRTIL.

LUCETTE, à part.

Le voilà, le perfide... ah! que je suis émue!

MYRTIL, à part.

L'infidèle soupire... et je soupire aussi!

LUCETTE.

J'ai bien regret d'être venue;
Je ne m'attendais pas à te trouver ici :
Mais je vais m'en aller, pour éviter ta vue;
    Une autre fois je chercherai
    Mon ruban qui s'est égaré.

MYRTIL.

    Ah! cruelle! es-tu donc fâchée
D'être encore une fois condamnée à me voir?

LUCETTE, cherchant son ruban.

Ce n'est pas qu'au ruban je sois bien attachée :
Pour te le rendre, ingrat, j'aurais voulu l'avoir;
C'est un don qu'autrefois m'avait fait ta tendresse;
J'en ornais mes cheveux; je le portais pour toi...
Quand tu le trouveras, pour gage de ta foi,
    Tu peux l'offrir à ta maîtresse.

MYRTIL, *suivant Lucette qui va çà et là le corps penché.*

Mon ruban ne te plaisait pas :
Tu n'en veux recevoir que d'une main plus chère :
Ceux de Lamon, sans doute, ont pour vous plus d'appas :
Je suis pauvre ; il est riche... il a droit de vous plaire...

S'arrêtant devant elle, et croisant les bras.

Hélas ! si tu m'aimais, quel serait mon destin !
  Nul mortel ne m'eût fait envie ;
  Et voilà que dans le chagrin
  Je vais finir ma triste vie !
  L'éclat d'un jour pur et serein
  Pour mes yeux n'aura plus de charmes ;
  Je gémirai dès le matin ;
  Et le soleil à son déclin
  Me retrouvera dans les larmes !

Se promenant d'un air accablé.

Tout ce qui m'environne irrite ma douleur :
Ici, sur mes genoux reposait la cruelle :
Ici, mes plus beaux jours s'écoulaient auprès d'elle ;
Ici, par cent baisers (ô comble de l'horreur !)
L'ingrate m'assurait d'une amour éternelle...

S'approchant de Lucette et la regardant.

Je t'entends soupirer ! tu pleures, infidèle !...
Et tu ne pleures pas de me percer le cœur !

LUCETTE.

  Va ! c'est toi qui n'es qu'un trompeur ;
Laisse-moi... va trouver cette amante nouvelle
Que peut séduire aussi ton langage imposteur...
Hélas ! à me tromper tu n'avais point de gloire,
  J'avais tant de plaisir à croire
Que de mes sentiments tu faisais ton bonheur !

MYRTIL *se jetant aux pieds de Lucette.*

Quoi ! tu peux te livrer à d'indignes alarmes !
J'en jure par tes mains que je couvre de larmes :
C'est toi seule que j'aime...

LUCETTE.

Oses-tu l'assurer?
Tu m'aimes !... pleure, ingrat ! après m'avoir trahie...
Tu m'aimes ! toi qui fais le tourment de ma vie !
Que tu vas me désespérer !

En sanglottant.

Je ne pourrai survivre à cette perfidie ;
Je sens que j'en mourrai... Quand je ne serai plus,
Tu pleureras alors ta malheureuse amie,
Et tes pleurs seront superflus.

MYRTIL, *se levant avec vivacité.*

Qui, moi ?... moi, je suis infidèle ?
Non, je ne le suis pas... C'est Lucette, c'est elle ;
Lamon a su lui plaire ; oui, parjure, c'est toi :
Ne l'épouses-tu pas, au mépris de ta foi ?

LUCETTE.

Moi, j'épouse Lamon ! qui te l'a dit ?

MYRTIL.

Lui-même.

LUCETTE, *se précipitant au cou de Myrtil.*

Ah ! je respire ! il nous trompait :
Ce méchant que je hais, et qui veut que je l'aime,
De nous brouiller sans doute avait fait le projet.
Si tu savais ce qu'il disait !
Hier, j'étais assise auprès de ma chaumière :

Je t'attendais, Myrtil, et tu n'arrivais pas;
Quelque larmes déjà coulaient de ma paupière;
Le cruel vint à moi... Pauvre Lucette, hélas!
Sais-tu que ton Myrtil aime une autre bergère?...

MIRTIL.

Ah! Lucette!...

LUCETTE.

A ces mots, je tombai dans ses bras,
Et des ruisseaux de pleurs inondaient mon visage.
Le trompeur ajouta : « Venge-toi d'un volage,
« Lucette; épouse-moi; tes jours seront heureux :
« J'ai de l'or, des troupeaux, et de vastes campagnes;
« Tu jouiras d'un sort au-dessus de tes vœux,
« Et tu feras envie à toutes tes compagnes. »
Je répondis : « Lamon, tu peux garder ton or;
    « Myrtil m'aimait, et sa tendresse
    « Était pour Lucette un trésor :
« Myrtil ne m'aime plus...j'ai perdu ma richesse;
« Mais quoique le perfide ait trahi sa promesse,
    « Je sens bien que l'aime encor! »

O Dieu! que j'ai souffert dans cette nuit cruelle!
Je disais en pleurant : Je veux aller revoir
Les lieux où tant de fois j'ai trouvé l'infidèle,
    Et j'y mourrai de désespoir.
Je suis venue ici, livrée à mes alarmes;
J'ai senti mon cœur battre, alors que je t'ai vu;
Je cherchais un ruban qui n'était point perdu;
Mais je voulais cacher le sujet de mes larmes.

II. Le Bonheur.

Heureux qui, des mortels oubliant les chimères,
Possède une compagne, un livre, un ami sûr,

Et vit indépendant sous le toit de ses pères !
Pour lui le ciel se peint d'un éternel azur,
L'innocence embellit son front toujours paisible ;
La vérité l'éclaire et descend dans son cœur ;
  Et, par un sentier peu pénible,
La nature qu'il suit le conduit au bonheur.
  En vain près de sa solitude
La Discorde en fureur fait retentir sa voix ;
Livré dans le silence au charme de l'étude,
Il voit avec douleur, mais sans inquiétude,
Les états se heurter pour la cause des rois ;
  Tandis que la veuve éplorée
Aux pieds des tribunaux va porter ses clameurs,
Dans les embrassements d'une épouse adorée
De la volupté seule il sent couler les pleurs.
Il laisse au loin mugir les orages du monde :
Sur les bords d'une eau vive, à l'ombre des berceaux,
Il dit, en bénissant sa retraite profonde :
C'est dans l'obscurité qu'habite le repos.
Le sage ainsi vieillit, à l'abri de l'envie,
Sans regret du passé, sans soin du lendemain ;
Et quand l'Être éternel le rappelle en son sein,
Il s'endort doucement pour renaître à la vie.

Si le ciel l'eût permis, tel serait mon destin :
Quelquefois éveillé par le chant des fauvettes
  Et par le vent frais du matin,
J'irais fouler les prés semés de violettes ;
Et, mollement assis, un La Bruyère en main,
Au milieu des bosquets humectés de rosée,
  Des vanités du genre humain
J'amuserais en paix mon oisive pensée :
  Le regard fixé vers les cieux,
Loin de la sphère étroite où rampe le vulgaire,

J'oserais remonter à la cause première,
Et lever le rideau qui la couvre à mes yeux :
Tandis que le sommeil engourdit tous les êtres,
Ma muse, au point du jour errante sur des fleurs,
Chanterait des bergers les innocentes mœurs,
Et frapperait l'écho de ses pipeaux champêtres.
Coulez avec lenteur, délicieux moments!
       Ah! quel ravissement égale
Celui qu'un ciel serein fait naître dans nos sens!
       Quel charme prête à nos accents
L'éclat majestueux de l'aube matinale!
Quel plaisir sur la mousse, à l'ombre des bois verts,
De respirer le baume et la fraîcheur des airs;
D'entendre murmurer une source tombante;
Bourdonner sur le thym l'abeille diligente;
Ici du rossignol résonner les concerts,
Là soupirer d'amour la colombe innocente!

Souvent la douce paix qui règne dans les bois
Elèverait ma muse à des objets sublimes;
       J'oserais consacrer mes rimes
A chanter mes héros, les vertus et les lois;
De la nuit des tombeaux écartant les ténèbres,
Souvent j'invoquerais ces oracles célèbres
A qui l'enthousiasme a dressé des autels;
Ces esprits créateurs, ces bienfaiteurs du monde,
       Qui, par des écrits immortels,
Ont chassé loin de nous l'ignorance profonde.
Rassemblés devant moi, les grands législateurs
Offriraient à mes yeux leur code politique,
Précieux monument de la sagesse antique;
D'autres des nations me décriraient les mœurs,
Et l'affligeant tableau des humaines erreurs,
Et les faits éclatants consignés dans l'histoire.

Combien je bénirais Titus et sa mémoire !
Que Socrate mourant me coûterait de pleurs !
Mais puissé-je oublier les héros destructeurs
Dont le malheur public a fait toute la gloire !

Dans un beau clair de lune à penser occupé,
Et des mondes sans nombre admirant l'harmonie,
Je voudrais promener ma douce rêverie
Sous un feuillage épais d'ombres enveloppé,
Ou le long d'un ruisseau qui fuit dans la prairie !
La nuit me surprendrait, assis dans un festin
   Auprès d'une troupe choisie,
   Conversant de philosophie,
   Et raisonnant, le verre en main,
   Sur le vain songe de la vie !

 Pour sauver de l'oubli ses écrits et son nom,
Qu'un autre se consume en de pénibles veilles.
Si je cueillais, Eglé, sur tes lèvres vermeilles
   Le prix flatteur d'une chanson ;
A mes vers négligés si tu daignais sourire,
Serait-il pour mon cœur un suffrage plus doux ?
T'intéresser, te plaire est le but où j'aspire ;
De l'immortalité je serais moins jaloux !
Que me fait près de toi l'opinion des hommes ?
Que me fait l'avenir ? Le présent est à nous,
   Notre univers est où nous sommes.

Mais le Temps ennemi, précipitant son cours,
Fanera sur mon front la brillante couronne
Dont je suis décoré par la main des Amours,
Comme on voit se faner le feuillage d'automne.
Bienfaisante Amitié que j'adorai toujours,
Répare du plaisir les douloureuses pertes :

Ses sources dans mon cœur seront toujours ouvertes
Si ta faveur me reste au déclin de mes jours !

Félicité du sage, ô sort digne d'envie !
C'est à te posséder que je borne mes vœux ?
Eh ! que faudrait-il donc pour être plus heureux ?
   J'aurai dans cette courte vie
Joui de tous les biens répandus sous les cieux ;
   Chéri de toi, ma douce amie,
   Et des cœurs droits qui m'ont connu,
D'un riant avenir égayant ma pensée,
   Adorateur de la vertu,
N'ayant point à gémir de l'avoir embrassée,
Libre des passions dont l'homme est combattu,
Je verrai sans effroi se briser mon argile !
Qu'a-t-on à redouter lorsqu'on a bien vécu ?
Un jour pur est suivi par une nuit tranquille.

Pleurez, ô mes amis ! quand mon luth sous mes doigts
   Cessera de se faire entendre ;
   Et si vous marchez quelquefois
   Sur la terre où sera ma cendre,
Dites-vous l'un à l'autre : il avait un cœur tendre ;
De l'Amitié fidèle il a chéri les lois.
Et toi qui réunis les talents et les charmes,
Quand près de mon tombeau tu porteras tes pas,
Tu laisseras peut-être échapper quelques larmes...

Ah ! si je puis briser les chaînes du trépas
Pour visiter encor ces retraites fleuries,
   Ces bois, ces côteaux, ces prairies
Où tu daignas souvent me serrer dans tes bras ;
Si mon âme vers toi peut descendre ici-bas,
Qu'un doux frémissement t'annonce sa présence !
   Quand, le cœur plein de tes regrets,

Tu viendras méditer dans l'ombre des forêts,
Songe que sur ta tête elle plane en silence.

III. Le Lever du Soleil.

Des rayons de Vesper le couchant brille encore,
Quand déjà l'Orient pâlit devant l'aurore.
Une faible clarté, dans le vague des airs,
Perce rapidement le crépuscule sombre :
On découvre les monts et leurs panaches verts ;
Les torrents azurés semblent fumer dans l'ombre...
Le roi du jour s'approche : avec quel appareil
Il s'annonce au sommet des montagnes sauvages !
Des flots d'or sont partis de l'horizon vermeil :
La terre se colore, et les chantres volages,
Près de faire éclater d'harmonieux ramages,
Avec un doux tumulte attendent le soleil.
Le voyez-vous paraître au bord de sa carrière ?
Prosternez-vous, mortels ! des torrents de clartés
Tombent en un instant de son char de lumière :
Il lance les rayons de la fécondité,
Donne l'être au néant, le souffle à la matière,
Et l'espace est rempli de son immensité...
Quelle magnificence ! elle étonne mes yeux
Trop faibles pour sentir cette immense étendue.
Peindrai-je de ces monts les groupes lumineux
Que le soleil enflamme au travers de la nue ;
Ces vallons ombragés de bois majestueux ;
Ce fleuve qui se roule en replis sinueux,
Et renvoie aux rochers des clartés ondoyantes ;
Ce vent doux qui frémit sur les vagues brillantes ;
Ce long tapis de fleurs, déployé sur les prés ;
Ces collines, ces tours, ces villages dorés ;
Ces épis balançant leurs têtes jaunissantes,

Et toutes les couleurs qui, fuyant par degrés,
Semblent au loin se perdre en vapeurs transparentes?
Une céleste joie a passé dans mon cœur.
O soleil! est-ce toi dont je sens l'influence?
Les bois sont animés; le chant des airs commence;
La flûte se marie à la voix du pasteur;
On entend soupirer la plaintive romance;
L'agneau sur le gazon, l'abeille sur la fleur,
Le zéphyr qui s'agite au sein de l'abondance;
Tout élève à la fois les accents du bonheur..

Laissez-moi de ces bois suivre la mélodie,
Inutiles regrets! laissez-moi respirer
Dans ce frais labyrinthe où je vais m'égarer,
A l'ombre des vergers parfumés d'ambroisie.
La belle heure du jour fuit, tandis que mes vers
Coulent sans art, au gré d'une muse facile.
La rosée, à l'abri de ces berceaux couverts,
Dans leurs bouquets penchés trouve à peine un asyle.
L'œil se baisse, ébloui de la splendeur des airs;
Le vent dort, l'onde est calme, et la feuille immobile.
Le soleil a fondu la masse des brouillards
Qui voilait des coteaux les bandes colorées!
Et le vaste horizon, ouvert de toutes parts,
Semble se réunir aux voûtes azurées.

Les Saisons, ch. II.

LE SAGE (ALAIN-RENÉ) naquit le 8 mai 1668 à Sarzeau, petite ville et chef-lieu de la presqu'île de Rhuys, en basse Bretagne, à quelques lieues de Vannes, où on a long-temps placé le lieu de sa naissance. C'est dans le collège de cette dernière ville qu'il fut élevé. Il y fit, dit-on, d'excellentes études; on peut du moins le supposer d'après le goût pur et sévère qui règne dans ses bons ouvrages, et l'érudition classique dont ils offrent souvent la trace. Les parents de Le Sage vivaient dans une honnête aisance; mais il resta de bonne heure orphelin, et vit son bien se dissiper par la mauvaise administration de son tuteur. Vers l'an 1690, après avoir achevé ses études, il vint à Paris pour y faire son cours de philosophie et de droit. C'est à cette époque que remonte l'étroite et constante amitié qui, pendant près de soixante ans, l'unit à Danchet, l'un de ses condisciples de l'université. Après plusieurs années passées dans le monde, où sa jeunesse, quelques avantages extérieurs, beaucoup d'amabilité et d'esprit naturel, le firent favorablement accueillir, et lui procurèrent des succès assez brillants, il se maria en 1694 à une jeune personne plus pourvue d'esprit et de beauté que de richesses, et dont les vertus domestiques firent le bonheur de son époux pendant plus d'un demi-siècle. Le Sage avait d'abord suivi la carrière du barreau, et s'était fait recevoir avocat au parlement; mais on doit croire qu'il ne se livra pas long-temps à l'exercice de cette profession, puisque en 1698, à la naissance du second de ses enfants, il ne prenait déjà plus d'autre qualité que celle de *bourgeois de Paris*. Si l'on s'en rapporte à une tradition assez généralement adoptée, mais qu'aucun fait ne confirme, il occupa quelque temps un modeste emploi dans les fermes, et eut à souffrir, dans cette situation dépendante où l'avait placé sa mauvaise fortune, des injustices dont il garda long-temps le souvenir. L'imagination aime à se représenter l'auteur de *Turcaret* travaillant, jeune encore, dans les bureaux de ces traitants dont il devait un jour flétrir si courageusement la scandaleuse opulence, les insolentes prétentions, le dérèglement effronté, et préparant de loin avec sa propre vengeance celle des mœurs publiques. Quoi qu'il en soit de cette supposition, d'après laquelle il aurait passé du côté de Laval et de Vitré, employé, soit dans les aides, soit dans les gabelles, un espace de temps qu'on ne peut déterminer avec précision, et que M. Audiffret le plus exact de ses biographes place entre 1695 et 1698, il est certain qu'en cette dernière année il était de retour à Paris, qu'il s'y était de nouveau fixé, et que, dès cette époque, renonçant aux emplois, il se consacra tout entier à la culture des lettres. Jaloux de son indépendance, il refusa quelques années après les offres avantageuses du maréchal de Villars, qui désirait se l'attacher. Le Sage ne voulait rien devoir qu'à l'amitié; et c'est à ce titre qu'il accepta de l'abbé de Lyonne, fils aîné du ministre de ce nom, avec lequel il était intimement lié, une pension de six cents livres. Cet ami lui rendit un service plus important en lui enseignant la langue espagnole, qui lui était familière, et dont il était amateur passionné. Le Sage apprit de lui à sentir les beautés des bons auteurs castillans, qu'il devait un jour si heureusement imiter et surpasser. Dès ce moment il fut éclairé sur sa vocation littéraire, qu'il avait cherchée jusqu'alors. Il avait débuté en 1695 par une traduction assez médiocre d'un ouvrage de bien mauvais goût, *les Lettres d'Aristenète*. On peut s'étonner qu'un écrivain dont le talent se montra depuis si naturel et si vrai ait choisi pour premier objet d'étude une production où tout est factice, les sentiments comme le style. Mais il faut dire, pour le justifier d'une méprise si singulière, qu'il suivit en cela les conseils de Danchet, plutôt que son propre génie, qui l'eût certainement mieux conduit. Ce n'est pas qu'il ait été plus heureusement inspiré lorsqu'il imagina de reproduire en français les *Nouvelles Aventures de Don Quichotte de la Manche*, par Avellaneda. Cette traduction du froid continuateur de Cervantes, publiée dans l'année 1704, n'eut guère plus de succès en France que n'en avait eu en Espagne l'ouvrage original. Nous ne citerons pas ici les nombreuses pièces de théâtre que vers le même temps il imita de l'espagnol, et que l'on trouve réunies dans ses OEuvres complètes. Il n'y faut pas voir autre chose que des études de style. Ces divers ouvrages paraissent bien médiocres, dépouillés, dans une prose correcte, mais froide, de l'éclat poétique qui les relevait, et réduits à l'invraisemblance banale de ce canevas romanesque sur lequel se fonde tout le théâtre espagnol. Ce qu'il est bon de remarquer, c'est que Le Sage, guidé par un instinct secret, changeait involontairement quelque chose aux productions de ses modèles, et que de leurs pièces d'intrigue il semblait vouloir faire des pièces de caractère. Un comique vrai, quoique souvent grossier, une marche vive et rapide, un dialogue franc et naturel, annonçaient déjà dans ces ébauches imparfaites un successeur de Molière. Comme Molière, Le Sage ne produisit que dans la maturité de l'âge les ouvrages qui ont fait sa renommée, lorsqu'il eut amassé par l'observation une ample provision de travers et de ridicules, et qu'un exercice habituel eut formé son goût et son style. *Le Diable boiteux* et *Gil Blas*, *Crispin rival de son Maître* et *Turcaret*, se suivirent rapidement : ces divers ouvrages parurent de 1707 à 1715.

Le Sage se plaça par les deux derniers auprès de Regnard et de Molière, et par les deux premiers à la tête de nos romanciers; nous devrions peut-être ajouter de tous les romanciers connus. On peut dire qu'il a créé le roman de mœurs, dont son *Gil Blas* offre le premier comme le plus parfait modèle. Nulle part on ne trouvera une peinture plus générale de la vie humaine, une revue plus complète des diverses conditions de la société, une censure plus vive du vice et du ridicule, une narration plus rapide, un style plus franc, plus vrai, plus naturel, plus de bon sens et d'esprit tout ensemble, plus de naïveté et de verve satirique.

On a contesté quelquefois à Le Sage le mérite de l'invention, et il faut convenir qu'il s'est presque toujours appuyé sur quelque modèle étranger. Mais il ne doit à l'imitation que le fond de quelques récits et certains détails de mœurs locales, qu'il s'est appropriés bien habilement; tout le reste lui appartient, et la part est assez belle. Les Espagnols ont mis à revendiquer la propriété de *Gil Blas* une persévérance que justifie le mérite de l'ouvrage, et qui en est la meilleure preuve : heureusement qu'ils n'ont pu fournir à l'appui de cette prétention que des arguments bien peu solides, et facilement détruits par la critique. M. le comte François de Neufchâteau, dans des notes instructives et intéressantes, où il explique le texte de *Gil Blas* par les mœurs espagnoles, et sur-tout par les nôtres, le principal modèle de Le Sage, notes qui font partie des éditions de *Gil Blas* données en 1820 et en 1825 par M. Lefèvre; le même écrivain, dans deux dissertations lues à l'Académie française, et insérées, la première dans l'édition de *Gil Blas* de P. Didot l'aîné, et dans celle que M. Lefèvre a publiée en 1820, la seconde dans la quarantième livraison du journal intitulé *l'Album*, M. Audiffret, dans une notice jointe à l'édition des *Œuvres de Le Sage*, donnée en 1821 par M. Renouard, ont victorieusement réfuté les divers systèmes successivement imaginés par Voltaire, par l'éditeur de la traduction espagnole que le père Isla a faite de *Gil Blas*, par M. Bocous, auteur de l'article du père Isla dans la *Biographie universelle*, par M. Llorente enfin, et un quatrième espagnol que M. Audiffret ne nomme pas, mais dont il rapporte l'opinion. Il serait trop long d'exposer ici cette controverse, et nous renvoyons ceux qui en voudraient prendre connaissance aux ouvrages mêmes de nos deux compatriotes, qui nous semblent avoir établi avec la dernière évidence l'originalité de notre *Gil Blas*.

Le Sage s'arrêta de bonne heure dans la carrière nouvelle qu'il s'était ouverte, et où il avait marché si glorieusement. Peut-être avait-il accompli sa tâche, et ne pouvait-il plus que se copier lui-même. Il est permis de le croire : car ses derniers ouvrages ne sont guère qu'une réminiscence confuse de ses chefs-d'œuvre. Les traits caractéristiques du *Diable boiteux* et de *Gil Blas* allèrent toujours s'effaçant dans *Guzman d'Alfarache*, dans *les Aventures du chevalier Beauchêne*, dans *le Bachelier de Salamanque*, dans *Estevanille de Gonzales*. Ces faibles productions, qui, malgré quelques beautés, attestaient dans leur auteur le déclin de l'âge et du talent, luttaient avec désavantage contre les ouvrages de deux romanciers jeunes encore, et qui devaient s'acquérir après lui, dans des genres différents du sien, une juste réputation, Prevost et Marivaux. Le Sage eût pu trouver un dédommagement dans les succès du théâtre : mais quelques-uns de ces dégoûts inséparables de la carrière dramatique, qu'il a retracés dans *Gil Blas* avec tant de vérité; peut-être les contrariétés que lui causa sa jolie comédie de *la Tontine*, qui, reçue en 1708, ne fut jouée que vingt-quatre ans après; enfin la nécessité de chercher dans un travail plus prompt et plus facile, d'un produit plus considérable et plus certain, les moyens de soutenir sa famille, l'exilèrent de la scène française, et le forcèrent

d'aller porter sur les tréteaux de la Foire un talent que réclamait la haute comédie. Il travailla vingt-sept ans pour cette scène subalterne, dans l'obscure compagnie de Fuselier, de Dorneval, de Fromaget et de quelques autres. On vit son génie comique expirer par degrés au milieu des refrains populaires et des quolibets grossiers auxquels il le rabaissait. Lui-même, dans un autre temps, avait parlé avec peu d'estime de ce genre auquel il consacra tant d'années, dont on doit, dans l'intérêt de l'art, regretter vivement la perte. Voici comme il s'en exprimait dans le prologue de *Turcaret*, où il faisait converser ensemble les deux principaux personnages de son premier roman : « La belle as-
« semblée ! dit don Cléophas en jettant les yeux
« sur la salle. Que de dames ! — Il y en aurait en-
« core davantage sans les spectacles de la Foire. La
« plupart des femmes y courent avec fureur. Je suis
« ravi de les voir dans le goût de leurs laquais et
« de leurs cochers.... » En s'exerçant dans un genre si peu digne de lui, Le Sage sut l'élever, non pas sans doute à la hauteur de son talent, mais du moins au-dessus de l'humble condition où il l'avait trouvé. Il fut un des fondateurs de l'opéra comique, ou plutôt du vaudeville, qu'il fit sortir des grossières ébauches essayées avant lui, et auquel il donna une gaieté plus décente, un style plus épuré, une forme plus raisonnable et plus régulière. Le nombre des pièces de cette nature qu'il fournit aux théâtres de la Foire, seul ou en société avec d'autres auteurs, est fort considérable; il s'élève à

plus de cent ouvrages. La plupart eurent une vogue étonnante, et quelques-uns furent joués au Palais-Royal devant le régent. Les gens du monde retrouvaient avec plaisir, dans ces pièces composées pour le peuple, quelques traits du grand auteur comique; et, comme le dit spirituellement un panégyriste de Le Sage* : « On était souvent « tenté de lever la veste de Gilles, pour voir quel-« que lourd parvenu, successeur de Turcaret; ou « d'ôter le masque d'Arlequin, pour reconnaître « quelque courtisan. »

Il est peu nécessaire de rappeler quelques traductions de l'espagnol et de l'italien, quelques recueils d'anecdotes publiés par Le Sage dans sa vieillesse, et plus nécessaires à sa fortune qu'utiles à sa réputation. Nous ne voulons cependant point oublier un petit dialogue intitulé : *Une Journée des Parques*, qu'il fit paraître en 1735, et qui rappelait le bon temps de l'auteur du *Diable boiteux*.

Le Sage demeura toute sa vie dans une situation assez médiocre, mais qu'il honora, comme nous l'avons dit, par l'indépendance de son caractère et la dignité de sa conduite. On raconte que, lorsqu'il mit les traitants sur la scène, on lui offrit, pour l'engager à supprimer son ouvrage, une somme de cent mille francs. Le Sage refusa, et insista pour qu'on représentât *Turcaret*, que les gens de finance empêchèrent quelque temps de paraître, et qui ne fut joué que sur un ordre du grand dauphin.

* M. Saint-Marc Girardin, dans son *Éloge de Le Sage*, auquel l'Académie a décerné en 1822 l'accessit du prix d'éloquence.

LE SAGE.

Il était digne du fils de Louis XIV de protéger, ainsi que son père, contre les ridicules puissants, la liberté de l'art comique. Une anecdote non moins honorable pour Le Sage se rapporte au même ouvrage. Ne pouvant le faire représenter, il le lisait en société. Un jour qu'une de ces lectures devait avoir lieu chez la duchesse de Bouillon, il fut retenu au Palais par un procès qu'il eut le malheur de perdre, et ne put être exact au rendez-vous dont il avait lui-même indiqué l'heure. Arrivé chez la princesse, il s'entendit reprocher amèrement d'avoir fait attendre la compagnie pendant deux heures : « Madame, répondit-il, je vous ait fait perdre « deux heures; il est juste de vous les faire regagner. « Je vous jure, avec tout le respect que je vous « dois, que je n'aurai point l'honneur de vous lire « ma pièce. »

Son extrême modestie et les infirmités de la vieillesse le détournèrent de solliciter une place à l'Académie française, où l'appelaient le vœu de ses amis et le suffrage de ses lecteurs. Peut-être aussi fut-il retenu par la conscience de quelques traits satiriques dont il se reconnaissait coupable envers plusieurs des membres du sénat académique. Exempt d'ambition littéraire comme de tout autre ambition, il ne parut rechercher dans la culture des lettres que le plaisir de les cultiver. Les douceurs de l'étude, le charme de l'amitié et des affections domestiques, embellirent long-temps cette vie obscure où il se plaisait à se cacher. Il fit constamment le bonheur de tout ce qui l'entourait, par l'égalité de son humeur et l'agrément de son esprit Parvenu un âge très avancé, il n'avait encore rien perdu des qualités aimables qui faisaient le charme de son commerce. Ses biographes nous offrent de sa vieillesse un tableau plein d'intérêt, que nous avons cherché à reproduire dans un discours *.

Ils nous le représentent dans un de ces lieux publics, où le poète Fabrice conduisit autrefois Gil Blas, pour lui faire les honneurs des beaux-esprits de Madrid. C'était aussi, du temps de Le Sage, le rendez-vous ordinaire des gens de lettres, qui ne manquaient guère de s'y réunir le soir après la comédie. L'auteur de *Turcaret* y était fort assidu : il venait régulièrement prendre séance, dans cette espèce d'académie, au milieu de ses jeunes rivaux. La vieillesse avait appesanti son corps et affaibli ses sens, mais son esprit avait conservé sa vivacité première. Il se mêlait volontiers à l'entretien, et y répandait, sans effort, ces saillies d'une gaieté caustique, dont il avait semé ses ouvrages. Sa mémoire, heureuse et féconde, lui fournissait une foule d'anecdotes piquantes, de souvenirs intéressants. Usant du privilège de son âge, il comparait aux mœurs nouvelles les mœurs du temps passé, frondait avec grace les travers du jour, et rappelait, sans doute, avec quelque complaisance, ces travers d'une date plus ancienne, dont il avait guéri ses contemporains, et qui n'avaient laissé de traces que dans ses peintures. Ses plaisanteries passaient de

* *Éloge de Le Sage*, discours qui a remporté avec celui de M. Malitourne le prix d'éloquence décerné en 1822 par l'Académie française. F.

bouche en bouche; le rire circulait avec elles autour de lui; on prêtait une oreille attentive à ses moindres paroles; on eût craint d'en perdre quelque chose. La jeunesse se pressait, avec une familiarité respectueuse, autour du siège ou se tenait assis ce conteur à cheveux blancs, ce Nestor de la satire, qui avait vu plusieurs âges de ridicules, et qui pouvait dire à son folâtre auditoire : « J'ai vécu avec des fous qui valaient presque ceux d'aujourd'hui.

La carrière de Le Sage ne fut pas tout-à-fait exempte de traverses. Il eut le déplaisir très sensible de voir deux de ses fils embrasser, contre son gré, la profession de comédien. L'un d'eux s'y rendit célèbre sous le nom de Montménil, et finit par se réconcilier avec son père, à qui ses bonnes qualités et même ses succès dramatiques le rendirent de plus en plus cher. A la mort de ce fils, arrivée en 1743, Le Sage, inconsolable, quitta Paris, et se retira, avec sa femme et sa fille, à Boulogne-sur-Mer, auprès du second de ses enfants, chanoine de la cathédrale de cette ville. Les soins les plus tendres et les plus empressés consolèrent ses dernières années, qui s'écoulèrent dans un état d'affaissement assez triste. Il mourut presque octogénaire, le 17 novembre 1747. Le comte de Tressan, alors commandant de la province, qui nous a transmis sur la vieillesse de cet homme célèbre des détails pleins d'intérêt, assista à ses obsèques avec les principaux officiers sous ses ordres. Ces honneurs étaient dus à l'un de nos meilleurs écrivains. *Gil Blas* est certainement un des monuments qui honorent le plus notre littérature ; et le jugement unanime des hommes de goût, devancé par l'opinion populaire, l'a depuis long-temps placé auprès de ces écrits immortels où brillent au même degré le talent de l'observation morale et celui de l'expression dramatique, auprès du livre de La Bruyère et des comédies de Molière.

H. Patin.

JUGEMENTS.

I.

Le Sage porta dans ses romans le talent de la comédie et cet esprit observateur qui le distingue : il peint des mœurs et des caractères ; il est plein de naturel et de vérité, qualités précieuses qui le feront toujours lire. *Le Bachelier de Salamanque* est le plus médiocre de ses ouvrages. Ce livre roule tout entier sur un seul objet, les désagréments du métier d'instituteur*. Ce fond est pauvre, et dans les ouvrages d'imagination il faut aller plus vite. *Le Diable boiteux* vaut mieux : ce n'est pas que le merveilleux qui en fait le fondement soit une invention louable ; il y a peu d'art à se faire transporter par le diable sur le toit de chaque maison pour voir ce qui s'y passe, et avoir l'occasion de conter une aventure qui n'a aucune liaison avec ce qui précède ni avec ce qui suit. On en pourrait conter ainsi des milliers ; et, quand il y a si peu de difficulté, il y a peu de

---

* Cette observation ne peut s'appliquer qu'au premier volume. H. P

mérite. C'est encore aux Espagnols, toujours épris du merveilleux, que Le Sage a emprunté cette fable. Mais la diversité des aventures et des portraits, une critique vive et ingénieuse, donnèrent beaucoup de vogue à ce roman, que Boileau jugeait avec trop de sévérité.

Gil Blas est un chef-d'œuvre : il est du petit nombre des romans qu'on relit toujours avec plaisir ; c'est un tableau moral et animé de la vie humaine : toutes les conditions y paraissent pour recevoir ou pour donner une leçon. C'est là que l'instruction n'est jamais sans agrément. *Utile dulci*, devait être la devise de cet excellent livre, que la bonne plaisanterie assaisonne partout. Plusieurs traits ont passé en proverbes, comme, par exemple, les homélies de l'archevêque de Grenade. L'interrogatoire des domestiques de Samuel Simon est digne de Molière ; et quelle sanglante satire de l'inquisition ! Ailleurs, quelle peinture de l'audience d'un premier commis, de l'impertinence des comédiens, de la vanité d'un parvenu, de la folie d'un poète, de la mollesse des chanoines, de l'intérieur d'une grande maison, du caractère des grands, des mœurs de leurs domestiques ! C'est l'école du monde que *Gil Blas*. On reproche à l'auteur de n'avoir peint presque jamais que des fripons. Qu'importe, si les portraits sont reconnaissables ? Il a fait d'ailleurs son métier, car le roman et la comédie sont un genre de satire. On lui reproche trop de détails subalternes : mais ils sont tous vrais, et aucun n'est indifférent. Il n'est point tombé dans cette profusion gratuite de circonstances minutieuses qu'on prend aujourd'hui pour de la vérité, et qui ne signifie rien. On connaît les personnages de *Gil Blas*: on a vécu avec eux; on les retrouve à tout moment. Pourquoi? parce que, dans la peinture qu'il en fait, il n'y a pas un trait sans dessein et sans effet. Le Sage avait bien de l'esprit, mais il met tant de talent à le cacher, il aime tant à se cacher derrière ses personnages, il s'occupe si peu de lui, qu'il faut avoir de bons yeux pour voir l'auteur dans l'ouvrage, et apprécier à la fois l'un et l'autre.

Il se montre davantage dans *Turcaret*. Il n'y a point de pièce dont le dialogue soit plus piquant et plus gai. Il y prodigue le sel à pleines mains. Ce sont de mauvaises mœurs, dit-on : il est vrai; mais les bonnes mœurs sont-elles comiques ? Est-ce avec de la vertu qu'on fait rire ; et la comédie doit-elle peindre autre chose que des vices, des travers, des ridicules ? Il faut lui permettre de les montrer, si l'on veut qu'elle les corrige. Et les mœurs du *Bourgeois Gentilhomme*, de *Georges Dandin*, du *Légataire*, de *l'École des Maris*, sont-elles bien pures ? Le drame lui-même, qui de sa nature est si moral, ne peint-il pas souvent des caractères odieux, ainsi que la tragédie ? Il est vrai que dans *Turcaret* il n'y a pas un personnage qui ne soit un fripon, excepté le marquis; encore peut-on croire que s'il ne l'est pas, c'est parce qu'il est toujours ivre. Mais cet assemblage de fripons et tellement mis en œuvre par la verve comique de l'auteur, qu'il y a peu de pièces plus originales et plus agréables au théâtre que *Turcaret*.

Un autre avantage de *Gil Blas*, c'est qu'il n'est pas, comme tant de romans, guindé sur une morale stoïque et désespérante, qui n'offre jamais de la vertu et de l'humanité, qu'un modèle idéal que personne ne peut se flatter d'atteindre. L'auteur y peint les hommes tels qu'ils sont, capables de fautes et de repentir, de faiblesses et de retour : il n'affecte point ce rigorisme outré que l'expérience dément, et que condamne une meilleure philosophie, parce qu'en exigeant trop des hommes on les décourage, et qu'en ne pardonnant rien on leur ôte l'envie et l'espoir de se corriger.

Le Sage, qui eut un goût particulier pour la littérature espagnole dans un temps où tout le monde l'abandonnait, y prit le fond et les mœurs de la plupart de ses romans, comme il prit des canevas italiens plusieurs de ses petites pièces jouées sur les petits théâtres de Paris. Mais s'il se servit en homme d'esprit de cette littérature étrangère, il eut assez de talent pour que chez lui l'écrivain original l'emportât de beaucoup sur l'imitateur ingénieux. Le meilleur de ses romans, sans aucune comparaison, *Gil Blas*, lui appartient en propre, et *Turcaret* est bien supérieur à toutes les pièces qu'il emprunta de l'espagnol ou de l'italien. Les unes ne furent point jouées, les autres le furent avec peu de succès : celui de *Turcaret* ne s'est jamais démenti. On reproche à cet ouvrage de trop mauvaises mœurs ; mais ceux qui, par cette raison, se sont crus dispensés de l'estimer, ont été, ce me semble, beaucoup trop loin. Il est reconnu, depuis Aristote, comme on a pu le remarquer dans ce que j'ai dit de sa *Poétique*, que la comédie peut et doit peindre le vice, mais particulièrement par le côté ridicule, afin d'en égayer la peinture. Quand ce dessein est bien rempli, il en résulte que le vice paraît méprisable sous tous les rapports, même sous ceux de l'amour-propre. On évite aussi de cette manière ce qu'il pourrait avoir de trop rebutant à la représentation, si on ne le montrait que dans sa laideur; et comment la comédie pourrait-elle combattre les vices, s'il lui était défendu de les étaler sur la scène? L'art consiste donc à faire que le portrait soit tolérable, et l'original odieux. On est tombé de nos jours dans un abus tout opposé et tout nouveau : on a rendu le vice non-seulement amusant par la gaieté et la légèreté du dialogue, mais séduisant par un vernis d'innocence et par des tableaux voluptueux : c'est ce que nous verrons bientôt, et particulièrement dans les pièces de Beaumarchais. Mais ce tort n'a point été celui de Le Sage, qui est partout un écrivain très moral. Les mœurs de son *Turcaret* sont fort mauvaises; mais celles du *Bourgeois Gentilhomme*, de *Georges Dandin*, du *Légataire*, le sont-elles moins? J'avoue que *Turcaret* a cela de particulier, que presque tous les personnages sont plus ou moins fripons, excepté le marquis; encore peut-on croire que s'il ne l'est pas, c'est parce qu'il est toujours ivre; mais aussi tous inspirent plus ou moins de mépris, comme ceux des pièces que je viens de citer, et dont c'est la seule excuse. Comme la comédie ne peut intéresser que pour des personnages honnêtes, il s'ensuit aussi que *Turcaret*, qui n'en offre aucun, ne saurait non plus avoir d'intérêt. C'est un défaut, mais bien plus aisé à racheter dans la comédie que dans la tragédie; nous en avons la preuve dans plusieurs de nos meilleures productions comiques. Cependant, comme ce défaut est porté ici aussi loin qu'il puisse aller, que la pièce n'a pas le mérite précieux de la versification, et qu'elle est faite de manière à présenter plutôt une suite d'incidents très plaisants qu'une véritable intrigue, je serais porté à ne la placer que dans le second rang. Mais c'est du moins une des premières de cette classe par la vérité des peintures, le sel du dialogue, la bonne plaisanterie, la gaieté piquante et satirique, enfin par la verve comique, qui a tellement mis en œuvre tout cet assemblage de fripons, qu'il y a peu de pièces dont la représentation soit plus amusante. Elle fut donnée en 1709, dans un temps où les malheurs et les besoins de l'État avaient multiplié et enrichi plus que jamais ceux qu'on appelait alors *traitans*. Il est à remarquer que ce mot, devenu une espèce d'injure depuis l'érection du tribunal établi contre eux en 1716, sous le nom de *chambre de justice*, par un édit rempli des expressions les plus flétrissantes, tomba entièrement en désuétude; et quoiqu'on n'ait pas cessé de faire ce que faisaient les *traitans*, personne ne s'appela plus de ce nom; il fut remplacé par celui d'agioteurs.

Turcaret est la satire la plus amère à la fois et la plus gaie qu'on ait jamais faite, et c'est une preuve que le meilleur cadre pour la satire est la forme dramatique, non-seulement parce que le dialogue y met plus de variété, mais parce que personne ne peut mieux parler contre le vice que la conscience de l'homme vicieux, et parce que le ridicule n'est jamais plus frappant que lorsqu'il est en action. Il n'y a point de satire de Juvénal ni de Despréaux qui puisse faire connaître un homme de l'espèce de Turcaret, aussi bien que la scène qui se passe entre lui et M. Raffle, son homme de confiance. Je sais que des juges sévères ne trouvent pas qu'il y ait un très grand mérite à présenter au naturel une femme entretenue, qui trompe un financier prodigue et crédule, et qui est trompée elle-même par un chevalier d'industrie et par des valets aussi fripons que leurs maîtres. Je sais qu'il y a dans le moral de la comédie des observations bien plus profondes et des peintures bien plus savantes; mais si la vérité n'est pas ici très difficile à saisir, elle se fait valoir par les accessoires et par les détails. L'auteur sait humilier le vice et rendre cette humiliation plaisante, et non pas dégoûtante. Une revendeuse à la toilette, madame Jacob, se trouve la sœur du riche financier Turcaret; mais la meilleure scène de la pièce est celle où le marquis rencontre Turcaret, qui a été laquais de son père, et retrouve au doigt de la maîtresse du traitant une bague qu'il avait mise en gage chez lui pour un prêt usuraire. Le dialogue est aussi parfait que les incidents sont heureux : chaque mot du marquis est une saillie, chaque mot de Turcaret est un trait de caractère. Ce rôle du marquis est le meilleur modèle qu'il y ait au théâtre, de ces libertins de bonne compagnie qui passaient leur vie au cabaret, dans le temps où le cabaret était de mode. Regnard les a peints le premier : celui du *Retour imprévu* est certainement l'original de celui de *Turcaret*, mais la copie est fort au-dessus. On n'a pas une gaieté plus franche, une malice plus spirituelle; et la bonne humeur que donne le vin, ajoute à ce rôle un tour d'esprit particulier. Madame Turcaret, qui vit à Valognes avec une pension de son mari, et qui à Paris est une comtesse dont le marquis a fait la conquête au bal; madame Jacob, qui, sous le masque de cette comtesse, découvre sa belle-sœur, mademoiselle Briochais; Flamand le niais, à qui Turcaret donne la place de capitaine-concierge de la porte de Guibray, à la sollicitation de la baronne sa maîtresse, et qui, pour ne pas courir le risque d'être révoqué, vient, en lui faisant ses remercîments, la prier de *mettre toujours de ce beau rouge*, et Frontin, qui, après avoir escamoté 40,000 francs à Turcaret, au moment de sa déroute, dit en finissant la pièce : « Voilà le règne de M. Turca- « ret fini, le mien va commencer; » tout cela n'est pas d'une vérité absolument vulgaire, et la morale n'est pas dépourvue de finesse. Enfin cette pièce, quoique écrite en prose, est si fertile en bons mots, qu'on en a retenu presque autant que des pièces les mieux versifiées [*].

A l'égard de *Crispin rival de son maître*, pièce en

---

[*] L'éloge est vrai, *mais assez mince*; beaucoup de personnes regardent avec quelque raison *Turcaret* comme l'œuvre comique, qui se rapproche le plus des comédies de Molière.   H P.

un acte du même auteur, qui est aussi restée au théâtre, ce n'est qu'une fourberie de valet déguisé, qui veut escroquer une dot. Le Sage n'a fait que mettre en scène une des aventures de son roman de *Gil Blas*. Cet acte, d'ailleurs, ressemble à toutes ces pièces que l'on a nommées *crispinades*, où des oncles, des tantes, des pères, des tuteurs, sont imbéciles justement au point où il le faut pour être grossièrement dupés par des valets impudents. Les *Merlins*, les *Scapins*, les *Frontins*, sont tous à peu près les mêmes, comme les *Gérontes*, les *Argantes*, et les *Orgons*, comme les *Valères* et les *Léandres* : c'est le même canevas retourné dans cinquante ou soixante petites pièces, qui ont eu d'autant moins de peine à demeurer au répertoire, qu'il n'est pas nécessaire, pour les soutenir, qu'elles aient, comme les pièces en cinq actes, de quoi attirer par elles-mêmes les spectateurs, puisqu'elles ne font que terminer le spectacle, que des ouvrages plus importants remplissent dans sa plus grande partie. Elles n'ont donc à redouter aucun retour de sévérité après le premier jugement, qui d'ordinaire est, pour ce genre de nouveauté, d'une extrême indulgence : on l'a même portée au point, qu'à la suite d'un bon ouvrage en cinq actes, l'on peut hasarder sans péril de remettre les plus médiocres farces ; et c'est ce qui fait que l'on joue encore, tous les jours *les Carosses d'Orléans*, *les Curieux de Compiègne*, *le Charivari*, *Colin-Maillard*, et tant d'autres farces du même genre *.

LA HARPE, *Cours de Littérature.*

* Ces farces ne se jouent plus aujourd'hui, et on représente sans cesse le

II.

Cet homme estimable n'ayant eu ni fortune, ni cabale, ni manège, a été honteusement négligé par tous les biographes. Les Anglais qui, sur-tout dans le genre des romans, paraissent n'être sensibles qu'à l'imitation vraie de la nature, et qui en cela sont très raisonnables, font de *Gil Blas* la plus grande estime. Cet ouvrage, comme on l'a dit ailleurs, est peut-être supérieur au roman de *Don Quichotte*, qui n'est qu'une satire, à la vérité très ingénieuse, d'un ridicule particulier à la nation espagnole; ce ridicule n'existant plus, *Don Quichotte* perd nécessairement beaucoup de son mérite, et *Gil Blas* demeurera toujours.

Aucune des aventures de ce livre n'est au-dessus de la sphère des évènements communs. Ce n'est point une accumulation triste et sombre de faits tragiques amenés sans vraisemblance, et d'incidents merveilleux, tels que la vie des aventuriers les plus romanesques en fournirait à peine quelques exemples; c'est la peinture la plus fidèle et la plus naïve de l'homme pris dans toutes les conditions. On se fait illusion, en lisant ce roman, au point de croire en reconnaître tous les personnages; Molière lui-même, s'il eût fait un roman, n'en eût pas fait un plus vrai.

Ce qui ajoute encore à la gloire de Le Sage, c'est qu'il a donné au théâtre l'excellente comédie de

---

Crispin de Lesage, qui est, malgré le dédain un peu injuste de Laharpe, l'une de nos petites comédies les plus spirituelles et les plus piquantes. H. P.

Turcaret. Quoique la plupart des financiers de nos jours ne ressemblent plus entièrement aux modèles que Le Sage avait sous les yeux, cependant tant qu'il y aura des parvenus insolents, dont les richesses auront achevé de corrompre les mœurs; tant que l'on verra des coquettes rusées, mettre sans pudeur à contribution l'imbécile et vaine opulence, cette pièce subsistera comme un des plus beaux monuments dont notre scène comique ait à se glorifier.

On sait que *Turcaret* est resté au théâtre; la petite comédie de *Crispin rival de son maître*, ne lui est pas inférieure en son genre. Regnard n'a rien produit de plus gai; et il nous semble que cette pièce charmante devrait être le plus sûr contre-poison de ces dolentes rapsodies qui ont rendu notre scène si méconnaissable. Le Sage avait parfaitement senti que le théâtre n'est point une chaire, qu'il ne faut pas y prêcher fastidieusement une morale froide, monotone et inanimée; mais que l'art, comme l'a dit un de nos poètes, consiste à nous instruire *par gracieux préceptes, et par sermons de joie antidotés.* C'était ainsi du moins que J.-B. Rousseau définissait la comédie, et c'est en effet ce qu'elle doit être.

Un mérite qui distinguera toujours Le Sage parmi les auteurs dramatiques, c'est la vérité de son dialogue. Jamais on n'y trouve une plaisanterie, un trait qui ne soit amené par le sujet même. Jamais l'auteur n'abandonne la scène pour courir après une épigramme ou une saillie déplacée. Personne, en ce genre, ne s'est plus approché de Molière. On doit encore à la gaieté de cet écrivain l'origine de la comédie en vaudevilles, reste précieux de la bonne plaisanterie française, auquel on a substitué, de nos jours, de tristes opéra-bouffons et de honteuses parades, comme si, dans tous les genres, on eût conspiré pour avilir le goût de la nation.

PALISSOT, *Mémoires sur la Littérature.*

II.

Il y a, entre le *Diable boiteux* et *Gil Blas*, presque toute la distance qui sépare les peintures des moralistes et celles des romanciers. Le sujet est le même dans tous les deux, mais il est autrement présenté : l'observation se revêt dans l'un d'une expression vive et spirituelle; elle se montre dans l'autre sous une forme toute dramatique : le premier nous offre une galerie de portraits; le second une scène et des acteurs.

C'est là sur-tout que Le Sage a fait voir le talent d'animer ses figures, et de leur prêter l'apparence de la vie. Mais ce talent, qu'il partage avec bien peu d'écrivains, nous devons nous borner à le reconnaître en lui, car nous ne pouvons l'expliquer. Si la critique scientifique ne peut définir la vie dans les ouvrages de la nature, la critique littéraire ne le peut pas davantage dans les ouvrages de l'art; il ne lui est pas accordé de pénétrer dans le secret de cette puissance créatrice, qui vivifie les conceptions de l'esprit, et qui est un présent du ciel, et non un fruit du travail. La plupart connaissent le modèle; ils l'ont étudié et compris : ce n'est pas assez pour le reproduire. On en retrouve, il est vrai, les pièces dans leurs copies, mais on y voit aussi l'art qui les a rassemblées. C'est en vain qu'ils veulent donner une forme sensible à des notions abstraites; il manque toujours aux personnages qu'ils imaginent ce que Vaucanson ne pouvait donner à ses machines. Ce sont d'ingénieuses marionnettes qui ressemblent fort à des hommes, mais qui ne peuvent tromper les yeux, car on voit le fil qui les dirige et la main qui les fait mouvoir. Il n'en est pas ainsi des personnages créés par ce petit nombre de génies privilégiés, auxquels la nature a permis d'entrer en lutte avec elle. On croirait qu'ils sont sortis tout armés de l'esprit qui les a conçus; ils sont tellement vivants que nous ne pouvons nous défendre de les prendre pour tels; ils deviennent pour nous des amis, des ennemis, des connaissances, des fâcheux, tout ce qu'il plaît à l'écrivain; nous nous associons à leurs sentiments, à leurs desseins, à leur fortune; nous prenons parti pour eux, ou contre eux; comme ils existent réellement, ils prennent une place dans notre existence. « L'enlèvement de Clarisse a été un des évènements de ma jeunesse, » a dit une femme dont le génie et les talents ont honoré notre siècle. Quelquefois l'illusion gagne l'artiste lui-même, et, comme Pygmalion, il croit à l'œuvre de ses mains. On demandait à Richardson pourquoi il avait fait périr Clarisse si misérablement : « C'est, dit-il, que je n'ai jamais pu lui pardonner d'avoir quitté la maison de son père. » Je ne sais s'il est arrivé à Le Sage d'être lui-même abusé par son art; mais est-il un seul de ses lecteurs qui n'ait pris quelquefois pour la réalité le tableau qu'il nous en fait dans *Gil Blas?* Ses personnages nous étaient connus avant qu'il nous les eût montrés, et, depuis, nous les avons bien souvent rencontrés dans le monde. On serait tenté de lui dire ce que disait à un poète comique un critique de l'antiquité : *O vie, et toi Ménandre, qui de vous deux a imité l'autre?*

Chacun des acteurs qui jouent un rôle dans cette *ample comédie* est chargé de nous représenter une classe particulière de la société; mais le héros de la pièce peut être considéré comme le représentant de l'humanité tout entière. Il ne ressemble guère aux héros de roman, choisis pour la plupart hors de l'ordre commun, et qui s'en distinguent par la nature de leurs sentiments et de leurs aventures. C'est dans la foule, et comme au hasard, que Le Sage a pris son *Gil Blas*; il cherche sans cesse à l'y confondre; il rassemble dans ce personnage les caractères les plus généraux, je dirais presque les plus vulgaires de l'humanité; il en compose un idéal de faiblesse, d'inconséquence et d'égoïsme, auquel chacun pourrait croire qu'il a fourni quelque trait. Né pour le bien, mais facilement entraîné vers le mal, soit qu'il s'abandonne malgré lui aux penchants vicieux de la nature, soit qu'il imite des travers, qu'il condamne le premier dans autrui; ne se proposant dans ses actions que son avantage personnel, et mêlant ainsi aux meilleurs mouvements les calculs de l'intérêt; profitant de l'expérience qu'il acquiert à ses dépens, pour tromper à son tour les hommes qui l'ont trompé; se livrant sans trop de scrupule à cette espèce de représaille, et quittant volontiers le parti des dupes pour celui des fripons; capable cependant de repentir et de retour, conservant jusqu'au bout le goût de la probité, et se promettant bien de redevenir honnête homme à la première occasion favorable; tels sont en abrégé, les sentiments que montre Gil Blas dans les différentes situations où il se trouve placé, et qui ne sont pas plus romanesques que ne l'est son caractère. Nous le voyons qui s'arrête à l'entrée de la vie, incertain de ce qu'il doit faire; mais le hasard en décide bien plus que la réflexion. Des circonstances fortuites l'engagent dans des routes diverses qu'il abandonne le plus souvent par lassitude et par caprice. Il passe successivement par toutes les épreuves de la vie humaine, par toutes les conditions de la société civile, jusqu'à ce qu'une rencontre heureuse le porte enfin à la fortune, et lui fasse obtenir sans peine et contre son attente ce qu'il a long-temps poursuivi sans succès, ce qui se refuse presque toujours à la persévérance des efforts et à l'éclat du mérite. La prospérité le corrompt, mais la disgrâce l'éclaire et le corrige. Désabusé du monde et de ses faux biens, il comprend par son expérience que le bonheur est dans une retraite agréable, dans une honnête médiocrité. C'est au milieu des jouissances paisibles de la vie domestique qu'il achève doucement ses jours, plus heureux que la plupart des hommes qui ne savent pas toujours tirer cette instruction de leur fortune, et gagner le port après le naufrage. Voilà l'histoire de *Gil Blas*: n'est-ce pas la nôtre et celle du grand nombre? N'est-ce pas la vie elle-même, telle que la font, en dépit de la raison, le sort et les passions humaines?

Autour de cette figure principale se pressent une multitude de personnages secondaires qui ne s'arrêtent qu'un instant sous nos yeux. Il en est cependant quelques-uns que Le Sage affectionne, et qu'il ramène sur la scène pour nous les montrer dans des situations nouvelles. On les rencontre avec plaisir dans le récit comme d'anciennes connaissances qu'on aurait perdues de vue. Le temps qui a changé leur humeur a respecté le fond de leur caractère. Sangrado vante, jusqu'à son dernier jour, l'excellence de l'eau chaude et de la saignée, sans être découragé par les étranges succès de sa pratique meurtrière : conduit à l'hôpital par la constance de ses goûts poétiques, Fabrice renonce formellement aux muses ; mais c'est en vers qu'il leur fait ses adieux, et nous le voyons reprendre, avec la santé, le culte qu'il avait abjuré : Raphaël et Lamela, devenus chartreux, se lassent de la pénitence, et emportent la caisse du couvent : *Gil Blas* lui-même, le philosophe *Gil Blas*, quitte sa solitude pour retourner à la cour. Cette rechute, ordinaire aux courtisans qui se croient guéris de l'ambition, fait le sujet d'un volume entier, ajouté après coup à l'ouvrage. Les continuations sont rarement heureuses, et on les juge sévèrement. Les critiques trouvèrent dans celle-ci des traces de décadence que je ne saurais y découvrir; il n'était pas encore temps de donner à Le Sage l'avertissement qu'il fait donner par *Gil Blas* à l'archevêque de Grenade. La nouvelle inconséquence qu'il prête à son héros, couronne dignement l'histoire de tant de folies : il ne manquait au tableau que ce dernier trait, qui l'achève et le complète.

Que de mérites divers il nous resterait à louer dans cet excellent livre; l'élégante simplicité du style, la verve satirique qui l'anime, la franchise et la vivacité du trait, la marche rapide de la narration, l'heureux enchaînement de toutes ces aventures, si naturellement liées au sujet principal, et qui forment chacune un petit drame, dont on suit avec intérêt le développement. Il y a dans *Gil Blas* nombre de pièces qui semblent toutes faites, et que l'on a souvent essayé de transporter sur la scène; mais on n'y a jamais réussi : ce n'est pas une chose aisée que d'enlever à Le Sage une comédie.

Gil Blas a été traduit dans toutes les langues, et n'a paru étranger dans aucune; il a eu jusqu'à ce jour le privilège d'intéresser les hommes de tous les rangs et de toutes les conditions, de charmer à la fois le vulgaire et les esprits cultivés : des peintures d'une vérité si générale devaient obtenir un succès universel. C'est une lecture propre à tous les âges : elle ramène la vieillesse sur ses souvenirs, et lui fait repasser rapidement tout ce que le commerce des hommes lui a offert pendant de longues années : elle introduit la jeunesse dans ce monde inconnu, où elle brûle de pénétrer, et dont elle cherche à se former une image. Le Sage est un guide qu'elle peut suivre sans crainte : il ne lui donnera pas de fausses espérances, de dangereuses illusions. Jamais il n'est démenti par l'expérience; il la devance, il la remplace. Instruit par ses leçons, on se résigne à l'éternelle et inévitable imperfection des choses d'ici-bas. Sa morale est celle que Philinte prêche si vainement au misanthrope; il voudrait nous enseigner à prendre les hommes *comme ils sont*. Peut-être même s'étonnera-t-on, en les fréquentant, de les trouver meilleurs qu'il ne les a représentés, et de rencontrer dans le monde plus d'honnêtes gens que dans ses ouvrages. La probité et la vertu n'ont point entièrement abandonné les sociétés humaines; il reste encore des âmes élevées au-dessus des faiblesses de la nature corrompue, au-dessus de l'égoïsme et des viles passions qui marchent à sa suite; quelque peu nombreuses qu'elles soient, elles rachètent, en quelque chose, cette dépravation générale sur laquelle Le Sage arrête trop constamment notre vue. Ce défaut, ordinaire à ses romans, et que nous retrouvons dans ses comédies, lui a été assez généralement reproché; il lui a même retiré plus d'un suffrage honorable. Nous l'avons déjà remarqué : son talent le portait à la satire des mœurs plutôt qu'à l'expression des sentiments élevés. Ce n'est pas que son âme ne pût y atteindre; elle était noble et pure; ni les excès de la régence, dont il fut témoin, ni les désordres de la vie comique, au milieu desquels il se trouva jeté, n'eurent le pouvoir de corrompre son imagination;

jamais une image licencieuse ne déshonora ses pinceaux; il sut respecter les bonnes mœurs en peignant les mauvaises. Ami de la vertu, c'est pour nous apprendre à l'aimer qu'il nous montre si souvent le vice. La méthode n'est pas nouvelle. Quand on voulait donner à la jeunesse de Sparte une leçon de tempérance, on exposait à ses regards le honteux spectacle de l'ivresse. Il est bien vrai que Le Sage prête quelquefois à la corruption des formes séduisantes; une vivacité d'esprit qui amuse, une bonté de cœur qui attire; ses personnages nous confessent leurs égarements avec une sorte de candeur qui nous désarme; mais gardons-nous de l'accuser d'une lâche complaisance pour des excès criminels. Est-ce sa faute si la nature est ainsi faite; si la plupart des hommes unissent à une conduite déréglée des qualités aimables? Les romanciers et les poètes divisent la société en bons et en méchants; mais on ne trouve que dans leurs fictions cette exacte séparation du bien et du mal. La réalité nous les montre le plus souvent réunis et confondus. S'ils se présentaient toujours seuls et sans mélange étranger, on les distinguerait plus facilement l'un de l'autre, et il ne serait pas besoin qu'on fît, pour notre instruction, des livres de morale et des romans de mœurs. Le Sage peut bien un instant surprendre notre intérêt en faveur du vice; mais il nous amène toujours à lui préférer la vertu. Après avoir lu ses romans, nous demeurons convaincus que s'il est des voies plus courtes et plus sûres pour arriver aux honneurs et à la fortune, la vertu seule peut nous mener au bonheur, et que l'accomplissement des lois morales serait le plus habile des calculs, si ce n'était avant tout le plus impérieux des devoirs.

H. Patin, *Éloge de Le Sage.*

LESSING (GOTTHOLD-ÉPHRAÏM), célèbre littérateur allemand, né en 1729, à Kamenz, petite ville de la Lusace, était fils d'un ministre luthérien qui lui inspira de bonne heure le goût de l'étude, et l'envoya ensuite à l'école publique de Meissen où il reçut une éducation presque gratuite.

Le jeune Lessing s'y livra avec ardeur à l'étude des langues anciennes, des principales langues modernes, à celle de la philosophie et des mathématiques, et se rendit ensuite à l'université de Leipzig, où il fit bientôt de rapides progrès dans la plupart des connaissances humaines. Les liaisons qu'il forma avec J.-Ad. Schlegel, Mylius, Zachariæ, et surtout Weisse; les conférences dirigées par le célèbre Kœsner, ne contribuèrent pas peu à développer ses idées et son talent.

Entraîné par son penchant vers le théâtre, il étudia d'abord la théorie de l'art dramatique, et ne tarda pas à faire paraître une pièce intitulée *Le Jeune Savant*, qui eut un assez grand succès pour l'encourager à poursuivre cette carrière. *Les Juifs*, le *Misogyne*, (*l'ennemi des femmes,*) *l'Esprit fort*, qu'il donna ensuite, furent aussi très applaudis, malgré leurs nombreux défauts. Jusque-là, on n'avait joué sur le théâtre allemand que des traductions ou des imitations des pièces étrangères. On remarqua dans celles de Lessing des traits ingénieux, un style plus correct que celui auquel on était accoutumé, et des peintures de mœurs, où, si imparfaites qu'elles fussent, on retrouvait du moins celles de l'allemagne.

Ces essais furent suivis du *Trésor*, imité de Plaute, de *Miss Sarah Samson*, tragédie bourgeoise qui parut en 1755, de *Philotas*, tragédie en un acte, 1759, et de quelques autres écrits sur différents sujets. Les succès qu'obtinrent ces diverses compositions étaient très satisfaisants pour l'amour-propre de Lessing; ils lui avaient valu la place de membre honoraire de l'Académie des sciences de Berlin; mais ils n'avaient pu lui assurer des moyens d'existence pour l'avenir, et il se vit obligé d'accepter l'emploi de secrétaire du gouvernement auprès du général Tauenzien, qui résidait à Breslau. Les nouvelles fonctions de Lessing ne lui firent pas abandonner tout-à-fait ses travaux littéraires; mais son séjour à Breslau lui devint très nuisible sous un autre rapport; il s'y livra pendant quelque temps, dit-on, avec une inconcevable ardeur à la passion du jeu; il prétendait même que ce dangereux exercice était nécessaire pour lui faire supporter les souffrances dont il était quelquefois accablé.

L'amour des lettres l'emporta sans doute ensuite sur cette passion funeste, car en 1765 il quitta Breslau pour retourner à Berlin, où il avait déjà séjourné plusieurs fois, et ne tarda pas à publier son

Laocoon, ou *Des limites respectives de la peinture et de la poésie*. Cet ouvrage, qui a été traduit en français par M. Vanderbourg, fut suivi quatre ans après d'un traité intitulé, *Des images de la mort chez les anciens* (Wie die alten den tod gebildet), dont on a aussi donné une traduction dans un *Recueil de Pièces intéressantes*, concernant les antiquités.

En 1767, Lessing donna une comédie en prose intitulée *Minna de Barnhelm*, qui parut infiniment supérieure à ses autres productions du même genre, sur-tout comme peinture de mœurs allemandes. Cette pièce a été imitée par Rochon de Chabannes, sous le titre des *Amants généreux*, comédie représentée à Paris en 1774. La nouvelle impulsion que l'auteur avait donnée au théâtre allemand, et le talent qu'il montrait dans toutes ses productions littéraires avaient fixé sur lui tous les regards, et il était déjà considéré comme un des écrivains de cette époque, qui avait rendu le plus de services à la littérature de son pays. Une société d'amis du théâtre désirant donner à celui de Hambourg une meilleure direction, conçut très naturellement l'idée de recourir aux lumières de Lessing; on lui fit les propositions les plus avantageuses pour qu'il se rendît dans cette ville, et ce fut alors qu'il donna sa *dramaturgie de Hambourg*, imprimée par numéros séparés en 1767 et 1768. Cet ouvrage, où il examine la plupart des pièces, traduites du français en allemand, renferme une grande érudition, et une foule de vues alors neuves pour l'Allemagne.

« La parfaite justesse d'esprit qu'il montre dans
« ses critiques, suppose encore plus de philosophie
« que de connaissance de l'art, dit Mme de Staël ;
« Lessing, en général, pensait comme Diderot sur
« l'art dramatique. Il croyait que la sévère régula-
« rité des tragédies françaises, s'opposait à ce qu'on
« pût traiter un grand nombre de sujets simples
« et touchants, et qu'il fallait faire des drames
« y suppléer. Mais Diderot dans ses pièces mettait
« l'affectation du naturel à la place de l'affec-
« tation de convention, tandis que le talent de
« Lessing est vraiment simple et sincère. Il a
« donné le premier aux Allemands l'honorable im-
« pulsion de travailler pour le théâtre, d'après leur
« propre génie. L'originalité de son caractère se
« manifeste dans ses pièces, cependant elles sont
« soumises aux mêmes principes que les nôtres ;
« leur forme n'a rien de particulier, et quoiqu'il ne
« s'embarrassât guère de l'unité de temps, ni de
« lieu, il ne s'est point élevé comme Goëthe et
« Schiller à la conception d'un système nouveau.
« *Minna de Barnhelm*, *Emilia Galotti*, et *Nathan*
« *le sage*, sont les trois drames de Lessing, qui
« méritent d'être cités. »

Soit que les travaux de cet auteur ne lui procu-
rassent point une aisance suffisante, soit plutôt, ce
qui paraît plus vraisemblable, qu'il manquât d'ordre
dans ses affaires, il éprouvait souvent une gêne extrême, et l'embarras de sa position augmentait alors
considérablement la lenteur et la difficulté naturelles avec lesquelles il travaillait. Après avoir beau-

coup souffert sous ce rapport, il trouva cependant une ressource inattendue dans la généreuse protection du prince héréditaire de Brunswick qui lui accorda la place de bibliothécaire à Wolfenbuttel. Lessing alla s'établir dans cette ville en 1770; il y reçut le titre de conseiller aulique, et son sort se trouva fixé d'une manière aussi honorable qu'avantageuse.

Ce fut deux ans après qu'il fit représenter à Brunswick sa tragédie d'*Emilia Galotti*, qui est considérée comme un modèle classique dans la littérature allemande. Il publia ensuite ses *Mémoires historiques et littéraires, tirés des trésors de la bibliothèque ducale de Wolfenbuttel*, et les premiers *Fragments d'un inconnu*. Les désagréments que lui attira cette dernière publication, ne contribuèrent pas peu à affaiblir sa santé déjà fort altérée. *Nathan le sage*, qu'il fit paraître en 1779, fut pour lui comme le chant du cygne. Sa faiblesse devint extrême; l'insouciance et l'apathie remplacèrent sa vivacité ordinaire, un asthme vint aggraver ses maux, et il mourut le 15 février 1781, âgé de 52 ans.

Outre les ouvrages que nous avons déjà cités, Lessing a laissé des *Fables* en prose, une *Théorie de l'Apologue*, la *Vie de Sophocle*, des *Lettres sur la littérature*, des *Odes*, des *Épigrammes*, etc. Enfin des ouvrages de théologie, de philosophie, et des traductions. La collection de ses œuvres se termine par sa Correspondance avec Remled, Eschenburg, Nicolaï, Mos, Mendelssohn, Reiske, Gleim, Schmid, Ebert, Heine, Campe, Michaëlis, Herder, etc.

« Lessing ne peut être considéré comme un au-
« teur dramatique du premier rang, dit encore
« Mme de Staël ; il s'était occupé de trop d'objets
« divers pour avoir un grand talent, en quelque
« genre que ce fût. L'esprit est universel, mais l'ap-
« titude naturelle à l'un des beaux-arts est néces-
« sairement exclusive. Lessing était avant tout, un
« dialecticien de la plus grande force, et c'est un
« obstacle à l'éloquence dramatique, car le senti-
« ment dédaigne les transitions, les gradations et les
« motifs; c'est une inspiration continuelle et spon-
« tanée qui ne peut se rendre compte d'elle-même.
« Lessing était bien loin sans doute de la sécheresse
« philosophique, mais il avait dans le caractère
« plus de vivacité que de sensibilité; le génie dra-
« matique est plus bizarre, plus sombre, plus inat-
« tendu que ne pouvait l'être un homme qui avait
« consacré la plus grande partie de sa vie au rai-
« sonnement*.

LE VAYER (FRANÇOIS LA MOTHE), écrivain
du XVIIe siècle, naquit à Paris en 1588. Destiné
au barreau, il étudia les lois sous la direction de
son père Félix de La Mothe-le-Vayer, savant juris-
consulte, natif du Mans, qui a laissé plusieurs ouvrages; entre autres : *Legatus seu de legatorum privi-
legiis, officio ac munere libellus*, Paris, 1579, *in-4°*.

---

* Nous avons eu plus d'une fois occasion dans ce recueil de citer Lessing. On trouvera plusieurs de ses jugements littéraires t. I, p. 242 ; II, 176; VII, 191 ; X, 58 ; XIII, 176, XXIX, 489, etc., de notre *Répertoire*.

H. P.

A la mort de son père, arrivée en 1625, il hérita de son office de substitut du procureur général au parlement de Paris.

La docte Marie Jars de Gournay, fille adoptante et adoptée de Michel de Montaigne, fit pour La Mothe-le-Vayer, ce qu'a fait depuis pour Voltaire la belle Ninon de Lenclos; elle lui légua sa bibliothèque, et la possession de ce trésor le détermina sans doute à quitter le temple de Thémis.

Bientôt il se rendit très habile dans les lettres, dans les sciences, et sur-tout dans l'histoire; et le 14 février 1639, l'académie l'appela dans son sein. Le cardinal de Richelieu, son protecteur, l'avait désigné en mourant pour être précepteur du dauphin (Louis XIV). Mais la reine, influencée par des envieux, ne voulut pas confirmer le choix du ministre, disant qu'elle ne donnerait pas cet emploi à un homme marié.

Il devint néanmoins précepteur de Philippe, duc d'Anjou, depuis duc d'Orléans, frère unique du roi. Lorsque la reine eut reconnu les progrès rapides de son jeune fils, elle perdit son injuste prévention, et confia au savant précepteur, en mai 1652, le soin de perfectionner les études du dauphin. La Mothe-le-Vayer demeura constamment auprès de son royal élève jusqu'à son mariage avec Marie-Thérèse d'Autriche, infante d'Espagne, en 1660, et à cette époque il reprit l'éducation de Monsieur.

La Mothe-le-Vayer contracta un second hymen à l'âge de 78 ans, faiblesse que l'on traita d'insigne folie, et mourut en 1672, dans sa quatre-vingt-cinquième année. Peu d'instants avant sa mort, il demanda au voyageur Bernier, son ami, « des nouvelles du Grand-Mogol; » ce dernier trait prouve son goût passionné pour les relations des pays lointains.

Il était historiographe de France et conseiller d'état ordinaire.

Son corps fut inhumé dans l'église de Saint-Eustache, où reposait sa bienfaitrice, Marie Jars de Gournay, morte en 1645.

C'est après avoir composé son *Hexameron rustique* et ses *Entretiens d'Orasius Tubero*, ouvrage du sceptique le plus déterminé, que La Mothe-le-Vayer fut nommé précepteur de Monsieur. Voici les réflexions d'un écrivain sur cette nomination : « Une reine vertueuse et pleine de raison, célèbre par ses grandes vues, ne vit pas d'homme plus digne de cet emploi important, que le catéchiste public du pyrrhonisme. Il y a tel homme instruit qui n'a jamais pu parvenir à être le précepteur du fils d'un bourgeois, pour avoir cité avec complaisance un des livres de La Mothe. »

Ce philosophe que l'académie regardait comme un de ses premiers sujets, et que Gabriel Naudé appelait le Plutarque français, avait puisé son scepticisme dans l'étude des opinions et des mœurs, dont l'histoire présente une diversité si étrange. Sa physionomie et son habillement annonçaient un homme bizarre. Il marchait la tête levée et les yeux attachés aux enseignes des rues.

Quoiqu'il eût l'air d'un bourru, il avait beaucoup

de douceur dans le caractère. Un jour qu'il passait sous la galerie du Louvre, il entendit quelqu'un dire tout haut en le montrant : « Voilà un homme sans religion; » « Mon ami, lui répondit-il, il me serait aisé de faire punir votre insolence, mais j'ai tant de religion que je vous pardonne. »

Il disait : « Les livres d'un homme sont, à mon sens, de fort mauvais garants de ses inclinations, et je n'ai jamais cru qu'on pût former un bon jugement des mœurs d'une personne par ses écrits. »

On prétend qu'il ne pouvait souffrir le son des instruments, mais qu'il goûtait un plaisir infini au bruit du tonnerre.

Dans son catalogue des écrivains français du siècle de Louis XIV, Voltaire parle de La Mothe-le-Vayer en ces termes : « On trouve beaucoup d'esprit et de raison dans ses ouvrages, trop diffus. Il combattit le premier avec force cette opinion, qui nous sied si mal, que notre morale vaut mieux que celle de l'antiquité. Son traité *de la Vertu des payens* est estimé des sages. »

La Mothe-le-Vayer avait près de cinquante ans lorsqu'il publia ses premiers écrits. Les plus importans sont :

1° *Discours de la Contrariété d'humeurs qui se trouve entre certaines nations, et singulièrement la Française et l'Espagnole, traduit de l'Italien, de Fabricio Campolini*. Paris, 1636.

2° *Considérations sur l'Eloquence française*, 1638.

3° *De l'Instruction de M. le Dauphin*, 1640.

4° *De la Vertu des Payens*. Paris, 1642; troisième édition, 1647. Le docteur Arnauld entreprit de le réfuter dans son traité *de la Nécessité de la Foi en J. C.*

5º *Jugement sur les anciens et principaux historiens Grecs et Latins*, 1646.

6º *La Géographie, la Rhétorique, la Morale, l'Économique, la Politique, la Logique, la Physique du prince*, de 1651 à 1656, pour l'éducation du Dauphin. Ces différents traités furent traduits en Italien par Scipion Alezani, Venise, 1684.

7º *En quoi la piété des Français diffère de celle des Espagnols.*

8º *Petits Traités en forme de lettres*, 1659 et 1660.

9º *Discours pour montrer que les doutes de la philosophie sceptique sont d'un grand usage dans les sciences*, 1668.

10º *Du peu de certitude qu'il y a dans l'histoire*, 1668.

11º *Hexameron rustique*, ou les six Journées passées à la campagne, Paris, 1670.

12º *Dialogues faits à l'imitation des anciens, par Orasius Tubero*, Francfort, 1698.

La meilleure édition des *OEuvres de Le-Vayer*, est celle de Dresde, 1756-1759, en 14 vol. in-8º.

Moutlinot a donné l'*Esprit de La Mothe-le-Vayer*, 1763, in-12. Alletz a donné un autre recueil sous le même titre, Paris, 1783, in-12.

On trouve dans le *Carpentariana* l'anecdote suivante : La Mothe-le-Vayer fit un livre (*de la Vertu des payens*) que son libraire ne pouvait vendre; celui-ci lui en porta ses plaintes : ne vous inquiétez pas, dit l'auteur, j'ai assez de crédit à la cour pour en faire défendre la lecture. Le livre fut en effet défendu. A compter de ce moment il eut un tel débit, que le libraire fut obligé de le réimprimer, pour satisfaire à l'empressement du public.

Nous avons une traduction de Florus sous le nom de La Mothe-le-Vayer. C'était le fils unique de ce philosophe. Il avait embrassé l'état ecclésiastique, et se distinguait par son esprit et par ses talents, lorsqu'il morut, en 1664, à 35 ans. On lui attribue, entre autres ouvrages, un opuscule satirique, dirigé contre Pierre de Montmaur, sous le titre du *Parasite Marmon, histoire comique*, et imprimé dans l'histoire de ce fameux Gastronome, par Sallengre, la Haie, 1715, 2 vol. in-8°, figures. Boileau lui a adressé sa quatrième satire *sur les folies humaines*.

Il paraît que l'auteur du *Lutrin* n'avait pas pour le père la même amitié que pour le fils. Car, dans le combat des chantres et des chanoines, il a mis les ouvrages de François La Mothe-le-Vayer, au nombre des munitions de guerre :

Oh! que d'écrits obscurs, de livres ignorés
Furent, en ce grand jour, de la poudre tirés !
. . . .
D'un Le Vayer épais Giraut est renversé......
(*Lutrin*, ch. V.)

FÉLIX PARENT.

L'HOSPITAL (MICHEL DE), chancelier de France, et l'un des plus illustres magistrats de son temps, naquit en 1505, à Aigue-Perse en Auvergne. Fils de Jean de L'Hospital, qui s'attacha, en qualité de médecin, au connétable Charles de Bourbon, et le suivit dans sa disgrace, le jeune L'Hospital se ressentit fort jeune encore de la proscription de son père, et fut obligé de fuir sa patrie pour aller achever ses études de droit à Padoue.

Ses progrès dans les sciences et lettres, la régularité de ses mœurs, et l'éclat de ses talents, ne tardèrent pas à lui faire de la réputation. Il reçut les récompenses les plus flatteuses des magistrats chargés de l'instruction publique, et s'étant ensuite rendu à Rome, il y obtint une place d'auditeur de rote, qui le mit à même de se soutenir honorablement avec son père, auquel il s'était réuni après la mort du connétable.

Cependant les avantages dont jouissait Michel de L'Hospital dans une terre étrangère n'avaient pu effacer de son cœur le souvenir de sa patrie : le cardinal de Grammont s'était chargé d'y solliciter son rappel, et l'obtint en 1534. L'Hospital reprit alors le chemin de la France et comptait sur l'appui du cardinal pour s'y établir avantageusement ; mais il était à peine arrivé à Paris, que la mort de son protecteur vint anéantir toute ses espérances, et le plonger dans le plus grand embarras. Accoutumé aux revers, il ne perdit point courage, et s'attacha au barreau avec tant de zèle que bientôt il s'y fit une brillante réputation.

Frappé de son mérite, le lieutenant-criminel Morin le nomma son gendre, et lui donna une place de conseiller au parlement. Il fut dès-lors cité comme un modèle dans la magistrature, et eut des relations intimes avec les personnages les plus distingués par leur rang et par leur mérite. La protection du chancelier Olivier, et sur-tout celle de Marguerite de Valois, duchesse de Berri, ouvrit bientôt à L'Hospital le chemin des honneurs. Envoyé d'abord en qualité d'ambassadeur au concile de Trente, il fut nommé à son retour maître des requêtes, puis surintendant des finances et fut appelé ensuite au conseil privé. Enfin il parvint à la première dignité de la magistrature et s'y conduisit avec tant de sagesse et de fermeté que Montaigne et Brantôme le placèrent de son vivant à côté des *sages les plus renommés de l'antiquité.*

« Si les grands et les peuples d'alors, dit le pré-
« sident, Hénault, avaient été abandonnés à leur
« fanatisme, la France serait bientôt retombée, sinon
« dans son ancienne barbarie, dont le luxe et l'amour
« du plaisir l'auraient peut-être défendue quelque
« temps, du moins dans l'anarchie, suite du mépris
« des lois et de l'ignorance des lettres. Qui n'eût pas
« cru alors tout perdu ? Mais le chancelir de L'Hos-
« pital veillait pour la patrie ; ce grand homme, au
« milieu des troubles civils, faisait parler les lois
« qui se taisent d'ordinaire dans ces temps d'orage
« et de tempête ; il ne lui vint jamais dans l'esprit
« de douter de leur pouvoir ; il faisait l'honneur à
« la raison et à la justice de penser qu'elles étaient
« plus fortes que les armes mêmes, et que leur sainte
« majesté avait des droits imprescriptibles sur le
« cœur des hommes, quand on savait les faire valoir.

« De là, ces lois dont la simplicité noble peut

« marcher à côté des lois romaines ; ces lois dont il
« a banni, suivant le précepte de Sénèque, tout
« préambule indigne de la majesté qui doit les ac-
« compagner : *Nihil mihi videtur*, dit-il, *frigidius*,
« *quàm lex cum prologo ; jubeat lex, non suadeat.*
« De là ces édits qui, par leur sage prévoyance,
« embrassent l'avenir comme le présent, et sont
« devenus depuis une source féconde où l'on a puisé
« la décision des cas même qu'ils n'ont pas prévus ;
« ces ordonnances, où la force et la sagesse réunies
« font oublier la faiblesse du règne sous lequel
« elles ont été rendues : ouvrages immortels d'un
« magistrat au-dessus de tout éloge, qui sentait
« l'étendue des devoirs et la force de la suprême
« dignité qu'il occupait ; qui sut en faire le sacri-
« fice dès qu'il s'aperçut que l'on voulait en gêner
« les fonctions, et d'après lequel on a jugé tous ceux
« qui ont osé s'asseoir sur ce même tribunal, sans
« avoir son courage ni ses lumières. »

L'Hospital quitta la cour en 1568, et se retira à sa terre de Vignay, où il mourut le 13 mars 1573.

Les travaux de la magistrature ne nuisirent point chez lui à la culture des lettres ; il est un de ceux qui s'y livra avec le plus d'éclat. « Ses poésies la-
« tines, dit Palissot, respirent l'enthousiasme d'une
« âme forte et intrépide, et ce mérite nous les a
« conservées. » Elles furent imprimées pour la première fois en 1584, et ont eu depuis plusieurs éditions. L'Hospital a encore laissé des *harangues ;* des *mémoires contenant plusieurs traités de paix, des appanages, mariages, reconnaissances, foi et hom-*

mages, etc., depuis l'an 1551 jusqu'à 1556, Cologne 1672, in-12. Levesque de Pouilly a donné en 1764 la vie du chancelier. M. Bernardi a publié un *Essai sur la Vie, les écrits et les lois de Michel de L'Hospital*, qui fut réimprimé à part en 1807, in-8°, M. C. Butler a aussi donné en anglais un *Essai* sur la vie du même auteur; enfin M. P. J. S. Duféy, de l'Yonne vient de faire paraître un nouvel *Essai sur la Vie et les ouvrages de Michel de L'Hospital*, en tête des *OEuvres complètes* de cet auteur qui n'avaient pas encore été réunies en un seul corps d'ouvrage et qui formeront 7 vol. in-8°. On assure que M. Villemain prépare une *Vie de L'Hospital*. W.

LIBANIUS. A la tête des orateurs qui ont loué Julien, est ce Libanius, né à Antioche, et regardé comme l'homme le plus éloquent de l'Asie : ce fut lui qui servit de modèle à Julien. On avait défendu à ce jeune prince de le voir, et il se faisait apporter en secret tous ses discours, qu'il achetait à prix d'or. Il parvint d'abord à en imiter parfaitement le style ; mais dans la suite il y ajouta ces graces piquantes que donne la cour, et ces beautés mâles que donne la philosophie. Empereur, il fut publiquement l'ami de celui dont il avait été le disciple en secret. Il paraît que Libanius n'eut que l'ambition des lettres et de cette espèce de gloire qui est indépendante de la fortune et des princes. Julien lui offrit une fortune qu'il dédaigna. Pouvant être préfet du palais, c'est-à-dire avoir une des premières places de la cour, il aima mieux rester orateur et homme de lettres. C'est un exemple à proposer à ceux qui avilissent les talents par l'intrigue, et briguent quelquefois de grandes places, parce qu'ils ne savent point honorer la leur.

On voit, par l'histoire, qu'il soutint toujours le même caractère. Julien, irrité contre les magistrats d'Antioche, avait fait mettre en prison le sénat tout entier. Libanius vint parler à l'empereur pour ses concitoyens. Comme il mettait dans son discours cet accent fier et vigoureux de la liberté et du courage, un homme pour qui apparemment cet accent-là était nouveau, lui dit : « Orateur, tu es bien près « du fleuve Oronte, pour parler si hardiment. » Libanius le regarda, et lui dit : « Courtisan, la me- « nace que tu me fais ne peut que déshonorer le « maître que tu veux me faire craindre; » et il continua. Julien, qui avait témoigné d'abord beaucoup d'empressement à le voir, parut dans la suite le négliger. Libanius ne se montra plus à la cour. L'empereur en allant au temple, le vit dans la foule, et fut étonné qu'il ne vint pas à lui. Les princes et tous ceux qui, sans être princes, ont ou croient avoir quelque supériorité sur les autres, sont sujets à porter le despotisme jusque dans l'amitié; ils exigent beaucoup et donnent peu. Libanius avait cette sensibilité fière qui veut qu'il n'y ait plus de rang où est l'amitié; qui en calcule tous les devoirs, parce qu'elle les trouve tous dans son cœur; que l'inégalité révolte, que les remarques d'indifférence blessent; qui ne se plaint pas, ou ne se plaint qu'une fois, mais qui, emportant dans son cœur l'amitié outragée, se tait et se retire. Julien le sentit, et revint à lui ; quoiqu'empereur, il fit les premières démarches. Comme ils s'estimaient tous deux, leur amitié fut vraie. Cependant Libanius n'alla jamais depuis au palais de Julien, sans être appelé. Il avait lui-même exigé cette condition ; car on en peut faire avec ses amis, quand l'inégalité des rangs pourrait changer en servitude les hommages libres de l'amitié.

Plusieurs ouvrages de Libanius se sont perdus, mais il nous en reste encore une partie. De ce nombre sont ses *Éloges* ou *Panégyriques.* Il y en a un prononcé devant les deux empereurs Constantin et Constant ; deux en l'honneur de Julien pendant sa vie, et deux après sa mort. En 363, il fut choisi par cet empereur pour faire le panégyrique d'étiquette. Julien y assista, et applaudit à l'orateur avec transport, oubliant que c'était lui-même qu'on louait. C'est ainsi qu'on a vu un poète célèbre, dont on représentait une pièce, mêler ses acclamations aux cris du public, oubliant également et le théâtre, et les spectateurs, et lui-même. Je sais que ces sortes d'actions sont extraordinaires et doivent le paraître ; mais la nature passionnée a son prix, comme la nature réfléchie, et les hommes peut-être les plus estimables ne sont pas ceux qui règlent froidement et sensément tous les mouvements de leur âme, qui, avant de sentir, ont le loisir de regarder autour d'eux, et se souviennent toujours à temps qu'ils ont besoin d'être modestes. Que ces gens-là aient l'honneur d'être sages, et qu'ils laissent à d'autres l'espérance d'être grands.

Il faut avouer que les discours de Libanius n'exciteraient pas le même enthousiasme aujourd'hui. Je ne parle point des défauts de goût, des citations multipliées d'Homère, de la fureur d'exagérer, d'un luxe d'érudition qui retarde la marche fière et libre de l'éloquence, et annonce plus de lecture que de génie; ce sont là les défauts du siècle plus que de l'orateur : mais il en a d'autres qui lui sont personnels. Son style a quelquefois de l'affectation et de la recherche. Photius lui reproche de laisser trop apercevoir dans ses discours l'empreinte du travail, et d'avoir éteint, par un désir curieux de perfection, une partie de ces graces faciles et brillantes que lui donnait la nature lorsqu'il parlait sur-le-champ.

On lui a reproché aussi de l'obscurité; il faut en convenir, ce n'est pas celle de quelques grands écrivains, comme Tacite, qui, voyant à une grande profondeur, ou rassemblant beaucoup d'idées en peu d'espace, fatiguent la faiblesse des hommes ordinaires, et que la médiocrité calomnie, parce qu'elle aime mieux blâmer les forces dans un autre, que de s'avouer l'insuffisance des siennes : Libanius ne fut pas assez heureux pour avoir ce tort dans ses ouvrages. Ce n'est pas non plus celle de Perse qui, placé sous Néron, voulut, en disant la vérité, échapper au tyran. Libanius, sous un gouvernement plus juste, put parler impunément des vertus et des crimes. Son obscurité n'était qu'un défaut, sans avoir rien de piquant; elle tenait seulement à un embarras de style.

A l'égard de son éloquence, elle a souvent de l'éclat, et est presque toujours animée des couleurs brillantes de l'imagination. On voit qu'il était prodigieusement nourri de la lecture des poètes; leurs idées, leurs images lui sont familières; presqu'à chaque page on rencontre des traits de la mythologie ancienne, et souvent son style même tient plus du coloris du poète que de l'orateur.

Le premier discours qu'il prononça à la mort de Julien, ressemble moins à une harangue qu'à une espèce de chant funèbre; le second offre des beautés d'un autre genre. L'indignation que le vice donne aux âmes dignes d'éprouver ce sentiment, affermit quelquefois son style, et lui communique un degré de force qu'il n'a pas toujours. Tel est un morceau sur quelques abus de détail que réforma Julien en montant sur le trône. « Après avoir réglé, dit l'ora-
« teur, les objets les plus importants de l'adminis-
« tration et de l'empire, il jeta les yeux sur l'intérieur
« du palais; il aperçut une multitude innombrable
« de gens inutiles, esclaves et instruments du luxe,
« cuisiniers, échansons, eunuques, entassés par mil-
« liers, semblables aux essaims dévorants de frelons;
« ou à ces mouches innombrables que la chaleur du
« printemps rassemble sous les toits des pasteurs:
« cette classe d'hommes dont l'oisiveté s'engraissait
« aux dépens du prince, ne lui parut qu'onéreuse
« sans être utile, et fut aussitôt chassée du palais. Il
« chassa en même temps une foule énorme de gens

« de plume, tyrans domestiques qui, abusant du
« crédit de leur place, prétendaient s'asservir les
« premières dignités de l'État : on ne pouvait plus
« ni habiter près d'eux, ni leur parler impuné-
« ment. Avides de terres, de jardins, de chevaux,
« d'esclaves, ils volaient, pillaient, forçaient de ven-
« dre ; les uns ne daignaient pas mettre un prix à
« l'objet de leurs rapines, d'autres le mettaient au-
« dessous de la valeur : ceux-ci différaient de payer
« de jour en jour ; ceux-là, après avoir dépouillé
« l'orphelin, comptaient pour paiement tout le mal
« qu'ils ne lui faisaient pas........ C'est par ces voies
« qu'ils rendaient pauvres les citoyens riches, et
« qu'eux-mêmes devenaient riches, de pauvres qu'ils
« étaient. Ainsi, multipliant leur fortune par la mi-
« sère des autres, ils étendaient leur insatiable avi-
« dité aux bornes de la terre, demandant, au nom
« et sous l'autorité du prince, tout ce qui flattait
« leurs désirs, sans qu'il fût jamais permis de re-
« fuser ; les villes les plus anciennes étaient dépouil-
« lées ; des monuments qui avaient échappé aux ra-
« vages des siècles, étaient conduits à travers les
« mers pour embellir les palais destinés à des fils
« d'artisans, et leur faire des habitations plus belles
« que celle des rois. Ces oppresseurs en avaient
« d'autres sous eux qui les imitaient : l'esclave
« avait son ambition comme le maître ; à son
« exemple, il outrageait, tourmentait, dépouillait,
« chargeait de fers, et pour s'enrichir, reversait sur
« d'autres le despotisme que son maître exerçait
« sur lui. Le croirait-on ? les trésors ne leur suffi-

« saient pas; ils avaient l'audace de s'indigner s'ils
« ne partageaient point la considération attachée
« à la dignité ; croyant voiler ainsi leur servitude.....
« L'empereur chassa du palais ces animaux dévo-
« rants, ces monstres à cent têtes, et voulut qu'ils
« regardassent comme une grace la vie qu'il leur
« laissait. »

Il était difficile, sans doute, de mieux peindre la corruption profonde de la cour de Byzance, cette chaîne de brigandage et d'oppression, et l'abus du crédit, dans une classe d'hommes qui, voués par état à des emplois obscurs, mais approchant du prince, ou paraissant en approcher, imprimaient de loin l'épouvante, parce qu'ils habitaient le lieu où réside le pouvoir.

Libanius, dans tout le reste du discours, qui est fort étendu, parcourt en détail la vie de Julien, depuis sa naissance jusqu'à sa mort; quelquefois éloquent, quelquefois plus historien qu'orateur, toujours pittoresque dans son style, ayant en général moins d'élévation que de dignité, et un genre de sensibilité plutôt tendre que forte.

Le discours finit par une apostrophe touchante à Julien même : « O toi, dit l'orateur, élève et disciple
« de ces êtres qui occupent le milieu entre la di-
« vinité et l'homme; toi dont la tombe n'occupe
« qu'une petite portion de terre, mais qui par ta
« gloire remplis le monde; toi qui, en commençant
« ta carrière, as surpassé tous les grands hommes
« qui ne sont pas romains, qui en la finissant, as
« surpassé ceux même de Rome; toi que les pères

« regrettent plus que leurs propres enfants et que les
« enfants regrettent plus que leurs pères; toi qui as
« exécuté de grandes choses, mais qui devais en exé-
« cuter encore de plus grandes; toi qui foulais aux
« pieds tous les genres de voluptés, excepté celles
« qui naissent du charme inexprimable de la philo-
« sophie; protecteur et ami des dieux de l'empire,
« ô prince, reçois ce dernier hommage d'une élo-
« quence faible, mais à laquelle, pendant que tu
« vécus, tu daignas mettre quelque prix ! ».

THOMAS, *Essai sur les Éloges.*

LICENCE. Les licences données à la poésie française ne sont pas, comme on l'a dit, certains mots réservés au style sublime, et que la haute éloquence emploie aussi bien que la poésie. Bossuet ne fait pas plus de difficulté que Racine de dire les *mortels* pour les *hommes*, les *forfaits* pour les *crimes*, le *glaive* pour l'*épée*, les *ondes* pour les *eaux*. l'*éternel*, etc ; et quant aux expressions exclusivement permises à la poésie, les unes sont figurées, les autres sont prises du système fabuleux ou du merveilleux poétique : ce sont pour la plupart des hardiesses, mais non pas des licences.

La licence est une incorrection, une irrégularité de langage permise en faveur du nombre, de l'harmonie, de la rime, ou de l'élégance du vers. C'est une ellipse qui sort des règles de la syntaxe, comme dans ces exemples :

Je t'aimais inconstant; qu'aurais-je fait, fidèle ?...

Peuple roi que je sers,
Commandez à César ; César, à l'univers.

C'est une voyelle supprimée, parce qu'elle altère la mesure si on ne la compte pas, ou quelle affaiblit le nombre et le sentiment de la cadence si on la compte pour une syllabe : ainsi l'*e* muet d'*assiduement*, d'*ingénuement*, d'*enjouement*, d'*effraiera*, d'*avouera*, d'*encore*, de *gaieté*, se retranche, parce qu'il ne ferait pas à l'oreille un temps assez marqué. C'est de même une consonne supprimée en faveur de l'élision ou de la rime : ainsi, dans ces noms de villes, *Naples*, *Londres*, *Athènes*, etc., il est permis au poète d'écrire *Naple*, *Londre*, *Athène*, sans *s*; ainsi à la première personne de certains verbes, comme je *dois*, je *vois*, je *produis*, je *frémis*, je *lis*, j'*avertis*, les poètes, se sont permis de retrancher l'*s*, et d'écrire je *doi*, je *voi*, je *produi*, je *frémi*, je *li*, j'*averti*, etc. Ce sont des adverbes absolus mis à la place des adverbes relatifs, comme *alors que*, *cependant que*, au lieu de *lorsque*, *pendant que*. C'est quelquefois le *ne* supprimé de l'interrogation négative, comme lorsqu'on dit, *savez-vous pas ? voyez-vous pas ? dois-je pas ?* au lieu de *ne savez-vous pas ? ne voyez-vous pas ? ne dois-je pas ?* Enfin ce sont quelques inversions peu forcées, mais qui, n'ayant pas pour raison dans la prose la nécessité du nombre, de la rime et de la mesure, y paraîtraient gratuitement employées, quoiqu'elles fussent quelquefois très favorables à l'harmonie, et que par conséquent il fût à désirer que l'usage les y reçût. On les trouvera presque toutes rassemblées dans ces vers de la *Henriade*, où la Discorde dit à l'Amour :

> Ah! si *de la Discorde* allumant le tison,
> Jamais à *tes fureurs* tu mêlas mon poison ;
> Si *tant de fois pour toi* j'ai troublé la nature,
> Viens, vole sur mes pas, viens venger mon injure.
> Un roi victorieux écrase mes serpents ;
> Ses mains joignent l'olive aux lauriers triomphants.
> La clémence *avec lui* marchant d'un pas tranquille,
> Au sein tumultueux de la guerre civile,
> Va *sous ses étendards*, *flottants de tous côtés*,
> Réunir tous les cœurs *par moi seule* écartés.
> Encore une victoire, et mon trône est en poudre.
> *Aux remparts de Paris* Henri porte la foudre.
> Ce héros va combattre, et vaincre, et pardonner ;
> *De cent chaînes d'airain* son bras va m'enchaîner.
> C'est à toi d'arrêter ce torrent dans sa course.
> Va *de tant de hauts faits* empoisonner la source ;
> Que, *sous ton joug, Amour*, il gémisse abattu :
> Va dompter son courage au sein de la vertu.
>
> MARMONTEL, *Éléments de Littérature*.

LIGNE (CHARLES-JOSEPH prince DE), naquit à Bruxelles, en 1735, d'une famille très illustre des Pays-Bas. L'exemple de ses aïeux, qui s'étaient tous distingués dans les armes, lui inspira de bonne heure le désir de se signaler dans cette carrière. A huit ans il avait déjà été témoin d'une bataille, et s'était trouvée dans une ville assiégée. Élevé au milieu des dragons, que commandait son père, il entra dans ce régiment en 1752, y obtint un drapeau, et, quatre ans après, le grade de capitaine. Ce fut en cette qualité qu'il fit sa première campagne, en 1757, et qu'il trouva plusieurs fois l'occasion de se distinguer, notamment à Breslau et à Leuthen. Il contribua ensuite à la victoire de Hochkerchen, en s'emparant d'un poste important, et mérita par cette action le grade de colonel. Son courage qui allait souvent jusqu'à la témérité, lui fit bientôt une telle réputation, que l'impératrice Marie-Thérèse lui dit, en lui annonçant sa nomination à un nouveau grade : « En prodiguant votre vie, vous « m'avez fait tuer une brigade, la campagne dernière; « n'allez pas m'en faire tuer deux dans celle-ci; con-« servez vous pour l'état et pour moi. »

Devenu général-major à l'époque du couronnement de Joseph II, il gagna la confiance de ce prince, et l'accompagna à son entrevue avec Frédéric II. La *Correspondance* du prince de Ligne offre des détails très curieux sur le caractère de ces deux monarques et sur les circonstances de leur entrevue. Ayant été élevé l'année suivante au grade de lieutenant-général, il devint propriétaire d'un régiment d'infanterie, et ses talents militaires brillèrent de tout leur éclat dans ce nouveau poste; mais après la campagne de 1778, où il commandait l'avantgarde de Laudon, la paix qui devint presque générale, le força de modérer cette ardeur guerrière qui lui avait déjà acquis tant de gloire. Il s'attacha aux lettres, qu'il avait peu cultivées jusque là; fit des voyages en Suisse, en Italie et en France et eut bientôt de grands succès à Versailles, où il s'était déjà fait remarquer en 1759. Ses lettres, qui font partie de ses œuvres, expriment son attachement et sa prédilection pour les Français avec lesquels d'ailleurs, son caractère aimable et chevaleresque ainsi que l'extrême vivacité de son esprit lui donnaient beaucoup de ressemblance.

Envoyé en 1782 à la cour de Russie pour y remplir une mission importante, il y reçut un accueil non moins flatteur. Catherine II, frappée de son mérite, le nomma feld-maréchal, lui donna une terre en Crimée, et lui permit de l'accompagner lorsqu'elle se rendit dans cette contrée avec Joseph II. La description que le prince de Ligne fait de ce voyage, les portraits qu'il trace des grands personnages qu'il fut à porté de voir de très près, offrent des détails aussi ingénieux que piquants.

Joseph II le nomma en 1788 général d'artillerie, et l'envoya avec des instructions militaires et diplomatiques auprès du prince Potemkin qui était devant Oczakow. Il eut une grande part aux périls de cette opération et partagea l'année suivante avec Laudon la gloire de la prise de Belgrade.

Les services qu'il avait rendus à l'état, son rang, sa valeur et l'amitié de son souverain, semblaient lui promettre un des postes les plus élevés de l'armée dont il était l'idole; mais la mort de Joseph II, vint anéantir toutes ses espérances. Disgracié sous Léopold qui avait pour système d'écarter tous ceux que son prédécesseur avait favorisés, le prince de Ligne se vit réduit tout-à-coup à une inaction qui convenait trop peu à son caractère pour qu'il n'en fût pas profondément affligé; souvent il disait : « Je suis mort avec Joseph II, » et cette idée empoisonnait sa vie. Cependant l'empereur François le nomma en 1807 capitaine des trabans de sa garde, et feld-maréchal en 1808. On le consultait encore sur les opérations militaires, et il ne cessa point de présider l'ordre de Marie-Thérèse, dont il avait été nommé commandeur après la prise de Belgrade; mais ces emplois ne lui offrant point l'occasion de s'utiliser d'une manière active, il voulut que du moins sa longue expérience servît à ceux qui parcouraient la carrière où il s'était illustré, et ce fut alors qu'il composa ses *Mémoires sur l'art de la guerre*. On y trouve d'utiles leçons, présentées sous une forme aussi originale que piquante; mais on y chercherait en vain de l'ordre et de la méthode; ses idées, souvent incohérentes et décousues, y sont rendues avec une excessive prolixité et sans aucune correction de style. On recueille dans la collection volumineuse de ses œuvres une foule de traits piquants et d'anecdotes curieuses, mais tout cela est noyé dans un déluge de réflexions qui nuisent beaucoup à l'intérêt. Son *Essai sur les jardins* et sur sa terre de Bel-œil est une des parties les plus soignées de ses écrits.

Le prince de Ligne termina sa longue et honorable carrière le 13 décembre 1814. Il légua à sa compagnie de trabans la collection de ses manuscrits qu'il évaluait à cent mille florins. Quoique ses héritiers n'y missent pas la même valeur, ils s'emparèrent de cette collection, et la vendirent à vil prix à un libraire, mais le comte de Colloredo, qui avait succédé au prince de Ligne, dans le commandement des trabans, réclama contre cette vente, dans l'intérêt de sa compagnie, et la publication de ces manuscrits eut lieu en 1817, à Vienne et à Dresde, 6 vol. in-8°. L'auteur avait publié dans les mêmes villes la collection de ses œuvres, 1807, 30 vol. in-12, divisés en deux parties dont la première comprend le *Coup-d'œil sur Bel-œil* et sur une grande partie des jardins de l'Europe; *Dialogue des Morts; Lettres à Eulalie sur le Théâtre, Mes Écarts ou Ma tête en liberté; Mélanges de Poésies; Pièces de théâtre; Mémoire sur le comte de Bonneval, sur la Correspondance de La Harpe*, etc. La seconde partie, sous le titre d'*Œuvres militaires et sentimentaires*, comprend : *Préjugés et fantaisies militaires; Mémoires sur les campagnes du prince Louis de Bade; sur les campagnes du comte de Bussy-Rabutin; sur la guerre des Turcs; sur les deux maréchaux de Lascy; sur Frédéric II; Instruction du roi de Prusse à ses officiers; Journal de la Guerre de sept ans; de sept mois en 1778, et de sept jours au Pays-Bas en 1784; Mémoires sur les généraux de la guerre de trente ans; Relation de ma campagne de 1788 à 1789; Catalogue raisonné des livres militaires de ma bibliothèque.* Il publia aussi en 1809 un ouvrage de sa composition sous le titre de : *Vie du prince Eugène de Savoie, écrite par lui-même.* Ceux qui connaissaient la manière du prince de Ligne ne purent se méprendre sur cette petite surpercherie, qui prenait sa source dans l'espèce de culte que l'auteur professait pour la mémoire d'un grand homme qu'il sut peindre fidèlement. Cet ouvrage, d'abord imprimé en Allemagne, le fut deux fois à Paris dans la même année. On a beaucoup écrit sur le prince de Ligne, même de son vivant. Mme. de Staël qui admirait les graces de son esprit, publia en 1809 : *Lettres et pensées du maréchal prince de Ligne* ; mais ce recueil, principalement extrait de sa *Correspondance*, contient des opinions et des jugements que l'auteur avait dès-lors rétractés. MM. de Propiac et Malte-Brun donnèrent aussi des extraits des ouvrages du prince de Ligne ; mais il fut si mécontent de tous ces extraits qu'il se proposait d'en donner un lui-même lorsque la mort le surprit.

MORCEAU CHOISI.

Le Lapin de La Fontaine.

Je m'étais ennuyé long-temps, et j'en avais ennuyé bien d'autres. Je voulus aller m'ennuyer tout seul. J'ai une fort belle forêt : j'y allai un jour, ou, pour mieux dire, un soir, pour tirer un lapin. C'était à l'heure de l'affût. Quantité de lapereaux paraissaient, disparaissaient, se grattaient le nez, faisaient mille bonds, mille tours, mais toujours si vite, que je n'avais pas le temps de lâcher mon coup. Un ancien, d'un poil un peu plus gris, d'une allure plus posée, parut tout d'un coup au bord de son terrier. Après avoir fait sa toilette tout à son aise (car c'est de là qu'on dit : propre comme un lapin), voyant que je le tenais au bout de mon fusil : Tire donc, me dit-il, qu'attends-tu ? Oh! je vous avoue que je fus saisi d'étonnement!... Je n'avais jamais tiré qu'à la guerre sur des animaux qui parlent. Je n'en ferai rien, lui dis-je, tu es sorcier, ou je meure. — Moi, point du tout, me répondit-il; je suis un vieux lapin de La Fontaine. Oh! pour le coup, je tombai de mon haut. Je me mis à ses petits pieds : je lui demandai mille pardons, et lui fis des reproches de ce qu'il s'était exposé. Eh! d'où vient cet ennui de vivre? — De tout ce que je vois. — Ah! bon Dieu, n'avez-vous pas le même thym, le même serpolet? — Oui. Mais ce ne sont plus les mêmes gens. Si tu savais avec qui je suis obligé de passer ma vie! Hélas! ce ne sont plus les bêtes de mon temps. Ce sont des petits lapins musqués qui cherchent des fleurs. Ils veulent se nourrir de roses, au lieu d'une bonne feuille de chou qui nous suffisait autrefois. Ce sont des lapins géomètres, politiques, philosophes; que sais-je? d'autres qui ne parlent qu'allemand; d'autres qui parlent un français que je n'entends pas davantage. Si je sors de mon trou pour passer chez quelque gent voisine, c'est de même; je ne comprends plus personne. Les bêtes d'aujourd'hui ont tant d'esprit! Enfin, vous le dirai-je, à force d'en avoir, ils en ont si peu, que notre vieux âne en avait plus que les singes de ce temps-ci. Je priai mon lapin de ne plus avoir d'humeur, et je lui dis que j'aurais soin de lui et de ses camarades, s'il s'en trouvait encore. Il me promit de me dire ce qu'il disait à La Fontaine, et de me mener chez ses vieux amis. Il m'y mena en effet. Sa grenouille, qui n'était pas tout à fait morte, quoiqu'il l'eût dit, était de la plus grande modestie, en comparaison des autres animaux que nous voyons tous les jours : ses crapauds, ses cigales chantaient mieux que nos rossignols : ses loups valaient mieux que nos moutons. Adieu, petit lapin, je vais retourner dans mes bois, à mes champs et à mon verger. J'élèverai une statue à La Fontaine, et je passerai ma vie avec les bêtes de ce bon homme.

LITTÉRATURE. Entre l'érudition et la littérature, il y a une différence.

La littérature est la connaissance des belles-lettres; l'érudition est la connaissance des faits, des lieux, des temps, des monuments antiques, et des travaux des érudits pour éclaircir les faits, pour fixer les époques, pour expliquer les monuments et les écrits des anciens.

L'homme qui cultive les lettres jouit des travaux de l'érudit; et lorsque aidé de ses lumières il a acquis la connaissance des grands modèles en poésie, en éloquence, en histoire, en philosophie morale et politique, soit des siècles passés, soit des temps plus modernes, il est profond littérateur. Il ne sait pas ce que les scoliastes ont dit d'Homère; mais il sait ce qu'a dit Homère. Il n'a pas confronté les diverses leçons de Juvénal et d'Aristophane, mais il sait Aristophane et Juvénal. L'érudit peut être ou n'être pas un bon littérateur; car un dicernement exquis, une mémoire heureuse et meublée avec choix, supposent plus que de l'étude : de même le littérateur peut manquer d'érudition. Mais si ces deux qualités se réunissent, il en résulte un savant et un homme très cultivé. L'un et l'autre cependant ne feront pas un homme de lettres : le don de produire caractérise celui-ci; et avec de l'esprit, du talent et du goût, il peut produire des ouvrages ingénieux, sans aucune érudition et avec peu de littérature. Fréret fut un érudit profond; Malésieu, un grand littérateur, et Marivaux, un homme de lettres.

MARMONTEL, *Éléments de Littérature.*

MÊME SUJET

Discours sur l'état des lettres en Europe, depuis la fin du siècle qui a suivi celui d'Auguste jusqu'au règne de Louis XIV, prononcé en 1797.

Nous avons parcouru ces beaux siècles de la Grèce et de Rome, qui ont été ceux de la gloire et des prodiges de l'esprit humain : nous avons voyagé au milieu de ces grands monuments, dont le temps a respecté du moins une partie qui doit faire à jamais regretter l'autre. Si long-temps ensevelis dans les vastes et profondes ténèbres dont la barbarie obscurcissait la terre, aux premières lueurs de la raison et du goût, le travail et l'érudition les débarrassèrent des décombres qui les couvraient, et de la rouille qui les avait noircis. Le génie, au moment où il s'éveilla comme d'un long sommeil, ne put les contempler qu'avec cet enthousiasme qui apprend à égaler, ou du moins à imiter ce qu'on admire; et dans la suite la satiété, le paradoxe et une rivalité mal entendue leur ont insulté avec une orgueilleuse ingratitude, à cette époque où l'esprit devient subtil et contentieux, en même temps que les grands talents deviennent plus rares; où la prétention de juger l'emporte sur le besoin de jouir; où l'on médit de ce qui a été fait à mesure qu'il devient plus difficile de bien faire; enfin, où l'on ne conserve plus guère d'autre goût que l'amour aveugle de la nouveauté, quelle qu'elle soit : goût pervers et dépravé, qui calomnie le passé, corrompt le présent, et, méconnaissant tous les principes du beau et du bon, laisse à peine l'espérance de l'avenir.

Nous avons suivi des yeux les chantres d'Achille et d'Énée dans la carrière immense de l'épopée, et mêlé nos applaudissements à ceux de la Grèce assemblée, lorsqu'elle couronnait sur le théâtre les Euripide et les Sophocle, et que dans les jeux olympiques elle décernait des palmes au courage, à l'adresse, à la force, au son de la lyre de Pindare, que nous avons retrouvée depuis dans les mains de cet heureux favori de la nature et de Mécène, qui savait passer si facilement du sublime aux chansons, et de la morale du Portique à celle d'Épicure. Nous nous sommes crus un moment, dans le lycée, Grecs ou Romains (et c'est ainsi seulement qu'il pouvait nous être permis de le croire), quand l'éloquence elle-même, sous les traits de Cicéron ou de Démosthène, est montée dans la tribune d'Athènes et de Rome avec cet air de grandeur qu'elle devait avoir dans les anciennes républiques, et ce caractère énergique et fier, si naturellement empreint sur le front des orateurs de la liberté, si ridiculement contrefait de nos jours sur celui de la servitude factieuse ou de l'hypocrite tyrannie.

La muse de l'histoire s'est montrée à nous non moins majestueuse, entourée de tous les héros qu'elle faisait revivre. Mais, en descendant à l'âge suivant, la décadence nous a déjà frappés. Les traits brillants de Lucain, tout l'esprit de Pline et de Sénèque, les pointes de Martial n'ont servi qu'à nous faire sentir davantage quels hommes c'étaient que Cicéron, Virgile et Catule. La Grèce ne peut plus se glorifier que de son Plutarque, qui se place encore au rang des classiques. Rome a son Quintilien, qui défend le bon goût du siècle précédent contre la corruption du sien; mais, plus heureuse que la Grèce, elle montre encore à la postérité un homme unique, Tacite, qui seul, la tête aussi haute que tout ce qui l'a précédé, reste debout comme une colonne parmi des ruines.

Au delà de ce point où nous nous sommes arrêtés, que trouvons-nous? Un désert et la nuit.

Quelles sont les causes de ces étonnantes révolutions de l'esprit humain? Pourquoi ces éclipses si longues qui succèdent à l'éclat du plus beau jour? D'où vient qu'on a vu le même flambeau tour à tour briller et s'éteindre, et se rallumer encore chez certains peuples, tandis que chez d'autres il semble avoir disparu pour toujours, ou même ne s'être jamais allumé pour eux? Quelle est cette espèce de prédilection accordée par la nature à certains siècles, où l'on dirait qu'elle a pris plaisir à développer toute sa puissance productive, à prodiguer ses richesses, à répandre ses trésors comme par monceaux? Inépuisable et toujours la même dans ses productions physiques, est-elle donc si bornée dans son énergie morale, et n'a-t-elle en ce genre qu'une fécondité passagère, qui la condamne ensuite à une longue stérilité? Cette question souvent agitée peut fournir cependant de nouveaux aperçus quand il s'agira, vers la fin de ce *Cours*, de chercher un résultat satisfaisant dans la querelle trop longue et trop fameuse sur les anciens et les modernes. Aujourd'hui je ne me propose qu'un résumé rapide et succinct, où, ne m'arrêtant qu'aux faits, sans discuter les causes, je rappellerai quel a été, à différentes époques, le sort des lettres et des arts, depuis la fin du siècle qui a suivi celui d'Auguste jusqu'aux temps où le génie vit renaître de beaux jours sous les Médicis, et répandit ensuite sous Louis XIV cette éclatante lumière qui a rempli le monde, qui offusque aujourd'hui plus que jamais la médiocrité jalouse et l'ignorance présomptueuse, mais qui appelle encore les regards des hommes de sens, comme dans une nuit obscure des voyageurs égarés tournent les yeux vers le point de l'horizon d'où l'on verra renaître le jour.

Quoiqu'on ait observé, avec raison, que le règne des arts a toujours été, chez les anciens comme chez les modernes, attaché à des temps de puissance et de gloire, il paraît cependant que, pour fonder et perpétuer ce règne, ce n'est pas une cause suffisante que la prospérité d'un gouvernement affermi. On en avait la preuve dans cette période de plus de quatre-vingts ans, qui s'écoula depuis Trajan jusqu'au dernier des Antonins, sous des souverains comptés parmi les meilleurs dont le monde ait conservé la mémoire. L'histoire remarque que les nations furent alors aussi bien gouvernées qu'elles pouvaient l'être, parce que la vertu était sur le trône avec une philosophie qui se piquait d'être éminemment morale et religieuse, comme celle de notre siècle s'est piquée de n'être ni l'un ni l'autre. La vertu régna comme la loi : la terre fut heureuse, et le génie fut muet. Il y eut encore quelques hommes d'esprit et de goût, tels que le critique Longin, le moraliste satirique Lucien, et, par la suite, des historiens du second ordre, tels qu'Ammien Marcellin, Hérodien et d'autres; mais dans l'éloquence et la poésie, Rome et la Grèce étaient réduites aux déclamateurs et aux sophistes, les uns occupés à vendre des louanges, les autres enfoncés dans les disputes de l'école.

Cependant, vers le milieu du quatrième siècle, lorsque l'empire romain, chancelant sous le poids de sa grandeur, était forcé de se partager pour se soutenir; lorsque Rome n'était déjà plus la seule capitale du monde, quand les ressorts de l'autorité étaient affaiblis, quand les Barbares menaçaient de tous côtés le peuple dominateur et corrompu, qui ne se défendait plus que par sa discipline militaire, une éloquence nouvelle naquit avec une nouvelle religion qui, des prisons et des échafauds, venait de monter sur le trône des Césars. Cette voix auguste et puissante était celle des orateurs du christianisme; et le cercle des préjugés particuliers rétrécit tellement les idées, que peut-être entendra-t-on ici avec quelque surprise des noms qui ne sont guère plus cités parmi nous que dans les chaires évangéliques ; et qu'on s'étonnera de voir au rang des successeurs de Cicéron et de Démosthène, des hommes en qui l'on est accoutumé de ne voir que les successeurs des apôtres. Mais, sans blesser le respect qu'à ce dernier titre doivent tous les chrétiens aux Basile, aux Grégoire, aux Chrysostome, je puis les considérer ici principalement sous le rapport des talents et du génie. Pourquoi faudrait-il détourner les yeux quand nous rencontrerons ces grands hommes à la place qu'ils doivent occuper dans le tableau des différents âges littéraires ? Sans doute ils appartiennent particulièrement à l'Église, qui les a consacrés à la vénération publique : c'est sur-tout à elle à rappeler les services qu'ils ont rendus à la religion, les victoires qu'ils ont remportées sur l'hérésie, les exemples qu'ils ont donnés de la sainteté pastorale, les lumières qu'ils ont répandues parmi les peuples, les tourments qu'ils ont soufferts pour la foi; mais ils appartiennent aussi à l'histoire et aux lettres humaines. L'histoire, en nous affligeant du récit des crimes qui furent alors, comme dans tous les temps, ceux de la tyrannie, de l'ambition et du fanatisme, nous offre le contraste de tant de d'horreurs dans le portrait fidèle et avoué de ces héros de l'Évangile ! L'histoire nous présente en eux les plus touchants modèles des plus pures vertus; nous les fait voir réunissant la dignité du caractère à celle du sacerdoce, une douceur inaltérable à une fermeté intrépide, adressant aux empereurs le langage de la vérité, au coupable celui de sa conscience qui le tourmente et de la justice céleste qui le menace, à tous les malheureux, celui des consolations fraternelles. Les lettres les réclament à leur tour, et s'applaudissent d'avoir été pour quelque chose dans le bien qu'ils ont fait à l'humanité, et d'être encore, aux yeux du monde, une partie de leur gloire : elles aiment à se couvrir de l'éclat qu'ils ont répandu sur leur siècle, et se croiront toujours en droit de dire qu'avant d'être des confesseurs et des martyrs, ils ont été de grands hommes; qu'avant d'être des saints, ils ont été des orateurs.

En les regardant sous ce point de vue, soit que l'on mette à part l'inspiration divine, soit que l'on reconnaisse encore la Providence dans les moyens naturels dont elle se sert, on peut observer les causes qui contribuèrent à donner cette nouvelle vie à l'éloquence, oubliée depuis si long-temps. Un nouvel ordre d'idées et de sentiments à développer, une foule d'obstacles à combattre et d'adversaires à confondre, la nécessité de vaincre par la persuasion et l'exemple, qui étaient les deux seules forces de la religion naissante, voilà ce qui dut animer le génie des fondateurs et des défenseurs du christianisme. Le paganisme, long-temps persécuteur, était encore redoutable, même depuis que Constantin eut fait régner l'Évangile. Les zélateurs de l'ancienne religion avaient pour eux, selon les temps et les circonstances, des intérêts de parti, et dans tous les temps l'intérêt de toutes les passions divinisées par le polythéisme. Mais il faut avouer que ce n'étaient, sous aucun rapport, des hommes à comparer aux prédicateurs de la foi chrétienne. Il s'en fallait de beaucoup que Celse, Porphyre, Symmaque, pussent balancer la dialectique d'un Tertullien, la science d'un Origène, ni les talents d'un Augustin et d'un Chrysostome. Ce dernier, dont le nom seul rappelle la haute idée que ses contemporains avaient de son éloquence, peut être opposé à ce que l'antiquité avait eu de plus grand. Ce n'est pas que dans ses écrits, comme dans ceux de saint Augustin, de saint Basile, de saint Grégoire, la critique n'ait pu remarquer des défauts que n'ont pas eus les classiques grecs et romains : on s'aperçoit que les orateurs chrétiens n'ont pu échapper entièrement au goût général de leur temps, qui s'était fort corrompu. On y désirerait souvent plus de sévérité dans le style, plus d'attention aux convenances du genre, plus de méthode, plus de mesure dans les détails. On leur a reproché de la diffusion, des digressions trop fréquentes, et l'abus de l'érudition qui, dans l'éloquence, doit être sobrement employée, de peur qu'en voulant trop instruire l'auditeur, on ne vienne à le refroidir. Mais aussi quel connaisseur impartial n'y admirera pas un mélange heureux d'élévation et de douceur, de force et d'onction, de beaux mouvements et de grandes idées, et en général cette élocution facile et naturelle, l'un des caractères distinctifs des siècles qui ont fait époque dans l'histoire des lettres ?

Celle où je m'arrête en ce moment présente une observation qu'il ne faut pas omettre : c'est la supériorité des Grecs sur les Latins. Ceux-ci nous offrent principalement, comme écrivains et orateurs, dans ces premiers âges du christianisme, Tertullien, saint Ambroise, saint Cyprien et saint Augustin. Personne ne conteste au premier la vigueur des pensées et du raisonnement; mais personne aussi n'excuse la dureté africaine de son style, même dans ses ouvrages les plus célèbres, l'*Apologie* et les *Proscriptions*, dont les beautés frappantes sont mêlées d'affectation, d'obscurité et d'enflure. Saint Cyprien, qui l'avait pris pour modèle, en a conservé le caractère, mais également affaibli dans les beautés et dans les défauts. Saint Ambroise a beaucoup plus de douceur et de pureté; mais il s'élève peu, et n'a pas comme eux cette foule de traits, qui préparait pour la chaire tant de citations heureuses et brillantes. Saint Augustin est certainement le plus beau génie de l'Église latine. Il est impossible d'avoir plus d'esprit et d'imagination; mais on convient qu'il abuse de tous les deux. Son style nous rappelle Sénèque, comme celui de Grégoire, de Basile, de Chrysostome rappelle Cicéron et Démosthène; et c'est dire assez que les Pères grecs ont la palme de l'éloquence.

A l'égard du paganisme, on trouve, vers le temps dont je parle, Libanius et Thémiste, distingués parmi les philosophes rhéteurs, mais qui avaient plus de littérature que de talent. Le plus glorieux titre du premier, c'est d'avoir eu deux disciples dont le nom éclipsa bientôt le sien, et ce sont ce même Grégoire et ce même Basile, qui reçurent de leurs contemporains le nom de grand, et qui furent admirés des païens mêmes. L'autre illustra sa plume et son caractère en se faisant, auprès de l'empereur arien Valens, le défenseur des catholiques persécutés; et ce fut un païen qui eut la gloire de donner cette leçon de tolérance et cet exemple de courage, qui furent couronnés par le succès.

Après cet éclat passager que la religion seule rendit aux lettres, les irruptions des Barbares, depuis le cinquième siècle jusqu'au dixième, étendent et épaississent de plus en plus dans notre Occident les ténèbres de l'ignorance et du mauvais goût; et, si dans ce long intervalle on aperçoit quelques hommes supérieurs aux autres par les dons de l'esprit, un Photius qui fit du sien un usage si funeste, un Abélard, fameux dans les écoles, et qui paya par ses malheurs sa réputation et ses fautes, surtout un saint Bernard, qui fut l'oracle de son temps, et dont les écrits sont encore cités dans le nôtre, aucun d'eux ne put relever les lettres dégradées et les arts corrompus. Constantinople en était encore le centre, même dans son abaissement; mais la scolastique et ses controverses, nées de cet esprit sophistique qui dans tous les temps fit plus ou moins partie du caractère des Grecs, avait acquis, en se joignant à la religion qu'elle corrompait, une importance mal entendue, qui décourageait les autres études chez tous les peuples qui avaient assis des trônes sur les débris de l'empire romain. Théodoric, qui fit pour les lettres, en Italie, beaucoup plus qu'on ne pouvait attendre d'un roi goth, ne parvint pas à les relever. Charlemagne, comme lui, conquérant, politique et législateur, mais fort supérieur à lui, et sans contredit le plus grand homme qui ait paru dans ce long intervalle qui a séparé la chute des deux empires, Charlemagne fit entrer les sciences et les arts dans le vaste plan de gouvernement dont il voulait faire la base d'une puissance qui ne put survivre à son génie. Il fonda l'université de Paris; mais ce ne fut que long-temps après lui qu'elle acquit une splendeur digne de son origine, et devint pour toutes les nations de l'Europe un modèle et un objet d'émulation.

Charlemagne retarda peut-être les progrès de la langue française en faisant régner dans ses vastes états la langue des Romains, qui fut généralement en France celle des lois et des actes publics jusqu'à François Ier. Si nous jetons les yeux sur l'Espagne, l'Angleterre, l'Italie, l'Allemagne, nous les voyons, pendant près de six cents ans, foulées tour à tour sous le choc des Barbares qui s'en disputent la possession; et, lorsque les nations, formées de ce mélange d'indigènes asservis et de conquérants étrangers, ont pris quelque consistance, l'Europe entière, comme arrachée de ses fondements par cet enthousiasme de croisades que la Providence ne paraît pas avouer, se renverse sur l'Asie mineure, sur la Palestine et l'Égypte; et ces longues et violentes secousses éloignent encore le moment où les peuples du Nord, qui, des provinces romaines de l'Occident avaient fait autant de royaumes, pouvaient déposer par degrés la rouille de leur origine, et se dégager de cette grossièreté de mœurs et de langage, incompatible avec la culture des arts. Les croisades servirent à l'affranchissement des communes et au développement des idées de commerce; mais, en agitant les empires encore peu affermis, elles ôtaient aux gouvernements, de qui tout dépend toujours, le loisir et les moyens de s'occuper des lettres.

Dans cet engourdissement des esprits, à qui avons-nous l'obligation d'avoir conservé du moins une partie des matériaux dispersés qui servirent dans la suite à reconstruire l'édifice des connaissances humaines? L'histoire, qu'on ne saurait démentir, répond pour nous que c'est aux gens d'église : eux seuls avaient quelque teinture des lettres, et de là vient que le nom de *clerc* devint le synonyme d'homme lettré, et se donna même par extension à quiconque savait lire; ce qui, pendant long-temps, fut assez rare pour être un titre privilégié. Je ne dissimulerai point que cet avantage fut un de ceux dont abusa la corruption, qui se mêle à tout bien sans le détruire. On s'est quelquefois étonné que les peuples et les rois aient souffert patiemment les usurpations de la puissance sacerdotale : la raison s'étonne seulement qu'on ait été de nos jours assez injuste et assez inconséquent pour les attribuer à la religion, qui les a toujours condamnées, et à l'Église, qui les a toujours désavouées. La raison sait que le bien est dans la nature des choses, et le mal dans la nature de l'homme, qui abuse des choses. Cette patience, qu'on reproche aux peuples, n'était pas seulement une conséquence mal entendue du respect, d'ailleurs légitime en lui-même, que l'on rendait à un ministère sacré; c'était aussi une suite naturelle du pouvoir des lumières sur l'ignorance.

On doit donc aux études des clercs d'avoir préparé le rétablissement des lettres par la conservation des manuscrits, trésors uniques avant l'imprimerie : on leur doit la perpétuité des langues grecque et latine, sans laquelle ces trésors devenaient inutiles. La plupart ont été déterrés en différents temps dans la poussière des bibliothèques monastiques; et c'est sur-tout depuis le douzième siècle jusqu'au quinzième que les copies des ouvrages de l'antiquité commencèrent à devenir moins rares, et firent d'abord renaître l'érudition, qui long-temps ne s'énonça guère qu'en latin, aucun peuple ne se fiant encore assez à sa propre langue pour la croire capable de faire vivre les productions de l'esprit. La poésie seule, plus audacieuse, avait hasardé quelques essais informes, qui ressemblaient au bégaiement de l'enfance. Deux hommes pourtant, avant que l'imprimerie fût connue, furent assez heureux pour produire dans leur idiome naturel des ouvrages qui contribuèrent à le fixer, et que leur mérite réel a même transmis jusqu'à nous. Ce fut l'Italie qui eut cette gloire; ce qui prouve que sa langue est celle des langues modernes qui a été perfectionnée la première, et que ce fut le pays de l'Europe où, dans les temps de barbarie, il se conservait encore le plus d'esprit et de goût pour les arts. Ces deux hommes furent le Dante et Pétrarque: l'un, dans un poëme d'ailleurs monstrueux et rempli d'extravagances que la manie paradoxale de notre siècle a pu seule justifier et préconiser, a répandu une foule de beautés de style et d'expression qui devaient être vivement senties par ses compatriotes, et même quelques morceaux assez généralement beaux pour être admirés par toutes les nations*: l'autre, né peut-être avec moins de génie, mais avec plus de goût, a eu le défaut, il est vrai, de faire de l'amour un jeu d'esprit presque continuel; mais cet esprit a quelquefois saisi le ton et le langage du sentiment, sur-tout dans ses odes appelées *Canzoni*, et même a su, dans des sujets plus relevés, tirer de sa lyre quelques sons assez nobles et assez fermes pour nous rappeler celle d'Horace. Son plus grand mérite est dans une élégance qui lui est particulière, et qui l'a mis au rang des classiques de son pays.

Il fut le maître de Boccace, qui fit pour la prose italienne ce que Pétrarque avait fait pour les vers, dans ce même pays qui semblait destiné à faire tout renaître. Il se distingua, il est vrai, dans un genre moins relevé que celui de Pétrarque, mais heureusement susceptible, par sa variété, de tous les

---

* Voyez l'art DANTE de notre *Répertoire*. F.

caractères d'élégance qui peuvent convenir à la prose. Le conteur Boccace joignit à la naïveté du récit une pureté de diction qui, plusieurs siècles après lui, le rend encore, pour ainsi dire, le contemporain des auteurs les plus estimés en Italie; et c'est un avantage que n'ont point en France ni en Angleterre les écrivains qui ont montré du talent avant que leur langue fût fixée : la tournure de leur esprit a préservé leurs ouvrages de l'oubli, mais n'a pu empêcher leur langage de vieillir.

Le milieu du quinzième siècle fut l'époque mémorable de l'invention de l'imprimerie, de cet art nouveau dont les effets ont été si étendus en bien et en mal, que les déclamateurs inconsidérés ou passionnés, dont tout l'esprit consiste à ne montrer qu'un côté des objets, ne pourront jamais épuiser ici ni l'éloge, ni la satire. Le bon sens, qui est l'opposé de la déclamation, commence par reconnaître que cette invention, comme toutes celles qui contribuent à étendre l'exercice des facultés de l'homme, est bonne en elle-même, et l'une des plus belles et des plus ingénieuses de l'esprit humain. Si, dans l'application des procédés de cet art, il a usé de sa liberté naturelle pour tirer également de l'imprimerie de bons et de mauvais effets, ce n'est pas l'art qu'il faut accuser, c'est l'homme. C'est à l'histoire à évaluer l'influence, très sensible sous tous les rapports, qu'a dû exercer l'imprimerie depuis trois siècles. C'est à l'autorité légale et à la morale publique, partout où l'une et l'autre existent, à diriger l'usage et à réprimer l'abus, sans pourtant se flatter jamais que l'usage puisse subsister de manière à ce qu'il n'y ait pas lieu à l'abus.

L'imprimerie en multipliant avec tant de facilité les images de la pensée, a établi d'un bout du monde à l'autre la correspondance continuelle et rapide de la raison et du génie. En parlant aux yeux bien plus vite que la plume, elle a gagné, au profit de l'instruction, tout le temps que faisaient perdre les difficultés réunies de l'écriture et de la lecture : et il a été permis à l'homme qui pense de communiquer dans le même moment avec tous ceux qui lisent. En rendant les livres aussi communs et aussi populaires que les manuscrits étaient rares et peu accessibles, elle a tiré la science et la vérité de la retraite des lettres, et les a répandues dans l'univers. Elle a donc certainement hâté la renaissance et le nouveau progrès des arts, et il lui a été donné de pouvoir dire à la barbarie : Tu ne règneras pas ; à la puissance injuste, qui auparavant n'était guère dénoncée qu'aux temps à venir : Tu entendras dès ce moment ta sentence prononcée partout ; à l'homme capable de dire la vérité : Parle, et le monde entier entendra ta voix.

Les premiers ouvrages que l'impression fit éclore furent dictés par les muses latines, qui revenaient avec plaisir, sous le beau ciel de l'Ausonie, respirer l'air de leur ancienne patrie. Vida, Fracastor, Ange Politien, Sadolet, Érasme, Sannazar et une foule d'autres firent reparaître dans leurs écrits, non pas encore le génie, mais le goût et l'élégance de l'antique latinité : et il était juste que l'Italie fût le théâtre de cette heureuse révolution. Elle s'étendit à tous les genres, grace à l'influence bienfaisante des Médicis, qui, tout-puissants dans Florence et dans Rome, y recueillirent les arts bannis de Constantinople par les armes ottomanes et par la chute de ce fantôme d'empire grec, réduit depuis longtemps aux murs de Byzance. Les Médicis eurent la gloire de marquer de leur nom, cher à jamais aux lettres et aux artistes, cette grande époque du seizième siècle, le premier qui, dans la poésie, ait été le rival du siècle d'Auguste, qui, dans la sculpture et l'architecture, ait retracé ces belles formes, ces proportions élégantes, cette expression de la nature, ces dessins à la fois simples et majestueux, jusque-là connus seulement des Grecs et des Romains, leurs imitateurs ; enfin qui, dans la peinture, ait rempli l'idée du beau, et, au jugement des artistes et des connaisseurs de tous les pays, soit demeuré le modèle invariable de la perfection.

La magnificence et le goût des Médicis encouragèrent cette foule de talents supérieurs qui naissaient de toutes parts. L'Italie se remplit de ces chefs-d'œuvre sans nombre qui attirent encore dans son sein les étrangers de toutes les contrées, et qu'elle montre avec une sorte d'orgueil national, qui a passé jusque dans cette classe du peuple, partout ailleurs étrangère aux arts, mais qui semble en avoir naturellement le goût et l'amour dans le seul pays où les beaux arts soient populaires.

Médicis, maître de Florence, et le fameux pontife de Rome, Léon X, firent chercher dans toutes les bibliothèques les manucrits des anciens; et les presses les reproduisirent enrichis de recherches instructives et d'observations savantes. Alors fut entièrement déchiré ce voile épais et injurieux qu'une longue barbarie avait étendu sur la belle antiquité. Elle sortit de ses ténèbres, et parut encore toute vivante, comme ces statues qui, ensevelies pendant des siècles sous les décombres amassés par les tremblements de terre et les bouleversements du globe, semblent encore, au moment où elles sont rendues au jour, sortir des mains de l'ouvrier. De là cette espèce d'idolâtrie qu'elle inspira d'abord, et qui alla jusqu'à une sorte de fanatisme, tant il est plus difficile en tous genres de régler le mouvement de l'esprit humain que de le lui donner ou de le lui rendre. Les érudits et les commentateurs formèrent un peuple de superstitieux. La science fut pédantesque; et l'âge suivant, par un autre excès, la rendit ridicule. Mais les hommes instruits et équitables reconnaîtront toujours avec plaisir les obligations essentielles que nous avons à ces travailleurs infatigables, qui vieillissaient sur les parchemins, et s'enterraient vivants avec les morts. Nous leur reprochons de s'être trop passionnés pour les objets de leurs veilles, comme si cette passion même n'avait pas été un soutien nécessaire à leurs travaux; d'avoir surchargé leurs commentaires d'une érudition minutieuse, et souvent même inutile, comme si nous n'étions pas trop heureux qu'ils ne nous aient laissé que l'embarras de choisir. Ils se perdent quelquefois dans des sentiers obscurs et stériles;

mais ils ont les premiers débarrassé la grande route où nous marchons aujourd'hui sans obstacles. Ils amassent péniblement quelques ronces; mais ils ont défriché le champ où nous cueillons sans peine les fruits et les fleurs. Ne perdons pas une occasion de redire à ce siècle frivole et hautain qu'il n'y a aucun mérite à mépriser tout, mais qu'il y en a beaucoup à profiter de tout. Est-ce à nous d'insulter aux savants du seizième siècle, quand nous jouissons du fruit de leur labeur ? Ils ont porté jusqu'à l'abus l'étude et l'amour de l'antiquité; je le veux : mais des modernes, qui ne devaient qu'aux lumières générales ce qu'ils pouvaient avoir d'esprit, ont beaucoup trop négligé cette même étude dont ils n'ont su que se moquer, comme des héritiers étourdis et prodigues laissent, en riant, dépérir entre leurs mains une fortune immense, obscurément amassée par des pères avares et laborieux.

Tels ne furent point l'Arioste et le Tasse, qui, tous deux versés dans l'ancienne langue des Romains, assez pour y écrire avec succès, aimèrent mieux illustrer celle de l'Italie moderne, et y tiennent encore le premier rang : l'un, qui a fait oublier le Boyardo et le Pulci en immortalisant leurs fictions, qu'il embellissait du charme de son style : l'autre, qui, précédé dans l'épopée par le Trissin, ne prit de lui que cette simplicité de plan, cette unité d'action enseignée par les anciens, mais qui, rempli du beau feu qui les animait, et que la nature avait refusé au chantre trop faible de l'*Italia liberata*, vint se placer à côté d'Homère et de Virgile, et balança, par l'invention et l'intérêt, ce qui lui manque pour les égaler dans la poésie de style. On n'ignore pas que l'Italie est encore partagée d'opinion entre le Tasse et l'Arioste, comme on se partage encore entre Corneille et Racine, et depuis long-temps entre Cicéron et Démosthène; car le génie, ainsi que toutes les puissances conquérantes, divise les hommes en les subjuguant, et ne se fait guère des sujets sans se faire des ennemis. Ce n'est pas ici le lieu d'examiner les titres des deux concurrents, qui passeront dans la suite sous nos yeux, quand nous nous occuperons particulièrement de la littérature étrangère. Ils ne sont nommés ici que comme étant du petit nombre des hommes supérieurs dont la gloire devient celle de leur nation, et comme les deux écrivains qui ont donné à la langue italienne toute la grâce et toute la force dont elle paraît susceptible.

C'était le temps où cette langue souple et flexible prenait tous les tons, et s'assurait, dans tous les genres, des titres pour la postérité. L'auteur du *Pastor fido* disputait à celui de l'*Aminte* la palme de de la pastorale dramatique. Guichardin atteignait à la dignité de l'histoire. Fra-Paolo soutenait la liberté et la constitution de sa patrie, avec la plume et le courage d'un citoyen, contre la politique ambitieuse du pontificat romain : heureux si cette louable fermeté n'eût pas dégénéré par la suite en une partialité blâmable; si l'historien du concile de Trente, oubliant les querelles de l'avocat de Venise, eût écrit avec autant de fidélité que d'agrément et d'esprit; et si le défenseur de la liberté n'eût pas fini par être un des disciples de Machiavel !

Ce Florentin, nourri dans les conspirations, et qui commença par échapper au dernier supplice en résistant aux tortures, s'est acquis une déplorable célébrité par son livre intitulé *le Prince*, qui n'est autre chose que la théorie des forfaits et le code de la tyrannie, et dont on a très gratuitement voulu justifier l'intention, d'après une des rêveries d'Amelot de la Houssaye, qui crut avoir découvert que Machiavel n'avait professé le crime que pour en inspirer l'horreur. Il suffit de lire ses ouvrages pour se convaincre que, naturellement imbu de la politique italienne de son temps, qui n'était guère que la perfidie et la scélératesse, il employa tout ce qu'il avait d'esprit et de talent à réduire en système ce qu'il voyait pratiquer tous les jours. Cette sorte de perversité peut se rencontrer dans un pays de révolution, tel qu'alors était l'Italie.

Sa comédie de *la Mandragore*, eut de son temps un grand succès; nous en avons une imitation dans les Œuvres de J.-B. Rousseau. Tout imparfaite qu'est pour nous cette pièce, elle donna la première idée de l'intrigue, du dialogue comique, comme *la Sophonisbe* du Trissin fut la première tragédie composée d'après les règles d'Aristote. Mais ces essais, quoique dignes d'estime, furent alors des semences stériles; et la poésie dramatique resta dans son enfance chez ces mêmes Italiens qui dans les autres arts étaient les précepteurs des nations.

Elle prenait cependant, non pas encore un vol

soutenu ni bien réglé, mais un essor quelquefois très élevé, chez des peuples que l'Italie regardait comme des barbares. L'Espagne, qui tenait des Maures sa galanterie chevaleresque, ses tournois, ses poésies d'un tour oriental et ses romances amoureuses, eut alors son Lopez de Vega, et depuis, son Calderon, qui montrèrent de l'invention, de la fécondité, et un génie théâtral. On sait que leurs innombrables drames divisés en *journées*, sont dépourvus de tout ce que l'art enseigne et de tout ce que le bon sens prescrit; mais il y a des situations, des effets, des caractères même; et c'est ce que n'ont point ou presque point nos meilleurs tragiques du même temps, aussi inférieurs aux Espagnols et aux Anglais que Corneille et Racine leur ont été depuis supérieurs. C'est au même moment que parut chez les Anglais leur Shakspeare, qui eut les beautés et les défauts de Lopez et de Calderon, mais qui, sans porter l'art plus loin qu'eux, l'emporta sur eux, par un talent naturel, quelquefois élevé jusqu'au sublime des pensées, à l'éloquence des passions fortes, à l'énergie des caractères tragiques. Dans ces morceaux, d'autant plus frappants qu'ils sont chez lui plus rares et plus mêlés d'alliage, il fut, il est vrai, au-dessus de son siècle, où la véritable tragédie était ignorée partout; mais, depuis que des génies du premier ordre, sous Louis XIV et de nos jours, l'ont portée à sa perfection, il n'appartient plus qu'à la prévention nationale chez les Anglais, ou parmi nous à la manie paradoxale, de comparer les maîtres dans le premier des arts cultivés par les nations éclairées à un écrivain qui, dans la barbarie de son pays et dans celle de ses écrits, fit briller des éclairs de génie.

Le Portugal pouvait se glorifier d'avoir donné à l'épopée un poète de plus, Camoëns, qui eut à la vérité fort peu d'invention, mais qui, dans plus d'un endroit de sa *Lusiade*, retraça l'élévation d'Homère, et, dans l'épisode d'Inès, l'expression touchante de Virgile. Son poème, trop au-dessous de son sujet, qui était grand, trop défectueux dans le plan, qui est à peu près historique, se recommandait surtout par l'espèce de beauté qui contribue le plus à faire vivre les ouvrages de poésie, celle du style.

Le Nord n'avait encore rien produit dans les arts de l'imagination, mais il s'illustrait d'une autre manière par les services qu'il rendait aux sciences : et, quoiqu'elles n'entrent pas dans notre plan, il convient au moins de les rapprocher ici un moment sous ce coup d'œil général que je dois étendre sur tous les pas que faisait en même temps l'esprit humain, qui, dans tous les états de l'Europe, reprenait le mouvement et la vie.

Copernic n'est pas le premier, comme il est trop ordinaire de le croire, qui ait placé le soleil au centre du monde, et qui ait fait tourner autour de cet astre la terre et les planètes. Près de deux mille ans avant lui, un des disciples de Pythagore, Philolaüs, avait publié ce système : il venait encore d'être discuté et soutenu à Rome dans le quinzième siècle; mais il est resté à Copernic, parce qu'il réussit à le démontrer. Il étendit et perfectionna, par ses méditations, cette ancienne théorie long-temps oubliée, et parvint à expliquer heureusement tous les phénomènes célestes par le double mouvement de la terre et par les révolutions régulières des planètes autour du soleil, en proportion de la distance où elles sont de cet astre, placé au centre de notre sphère. Galilée, dans l'âge suivant, rendit sensibles aux yeux les vérités enseignées par Copernic. Le hollandais Métius venait d'inventer les verres d'optique : Galilée, à l'aide de cette découverte, que ses expériences enrichirent encore, nous montra de nouveaux astres dans les cieux. Graces à lui et à Torricelli, son disciple, qui nous fit connaître la pesanteur de l'air, l'Italie, déjà si prédominante dans les lettres et les arts, eut aussi son rang dans l'histoire de la philosophie. En Allemagne, Tycho-Brahé et Kepler, l'un, malgré ses erreurs, regardé comme le bienfaiteur des sciences, auxquelles il consacra son temps et sa fortune ; l'autre, nommé par les savants le législateur de l'astronomie et le digne précurseur de Newton, dédommagèrent leur patrie de ce qui lui manquait dans les arts d'agrément. L'Angleterre, destinée à devenir bientôt la législatrice du monde dans les sciences exactes et dans la saine métaphysique, pouvait dès lors opposer à tous les grands hommes que j'ai nommés le chancelier Bacon, l'un de ces esprits hardis et indépendants, qui doivent tout à l'étude approfondie de leurs propres idées, et à l'habitude de considérer les objets comme si personne ne les avait considérés auparavant. Il remplit toute l'étendue du titre qu'il osa donner, d'après la conscience de son génie, à ce livre immortel * qui apprit à la philosophie à ne plus faire un pas sans s'appuyer sur le bâton de l'expérience ; et c'est en suivant ses leçons que la physique est devenue tout ce qu'elle pouvait et devait être, la science des faits, la seule permise à l'homme, si long-temps condamné par son orgueil à déraisonner sur les causes, faute de reconnaître qu'il était condamné par sa nature à les ignorer.

La France (il a fallu finir par elle : elle est venue tard dans tous les genres ; mais elle a passé, dans plusieurs, les nations qui l'avaient précédée), la France était alors bien loin de pouvoir balancer tant de gloire. Descartes n'était pas né. La langue n'avait ni pureté ni correction. Ce qu'elle avait produit de meilleur en vers et en prose n'avait pu servir qu'à ses progrès, encore lents et bornés, sans donner à notre littérature cet éclat qui ne se répand au dehors que quand une langue est à peu près fixée. L'historien de Thou pouvait être réclamé par les Latins, dont il avait emprunté la langue et imité l'élégance, le goût et le jugement. Le théâtre français, devenu depuis le premier du monde, n'existait pas. Amyot en prose, et Marot en poésie, se distinguaient sur-tout par un caractère de naiveté qui est encore senti aujourd'hui parmi nous ; mais la noblesse et la régularité d'une diction soutenue, et les convenances du style proportionné au sujet, étaient

---

* *Novum scientiarum organum.*

des mérites ignorés. La scène, le barreau, la chaire n'avaient qu'un même ton, également indigne de tous trois. Les malheureux efforts de Ronsard pour transporter dans le français les procédés du grec et du latin prouvèrent qu'inutilement rempli du génie des anciennes langues, il n'était pas en état de saisir celui qui était propre à la sienne. Deux hommes seuls, mais sous des rapports aussi éloignés que les degrés de leur mérite, peuvent attirer l'attention : ce sont Rabelais et Montaigne. Le premier était aussi naturellement gai que le second naturellement raisonnable ; mais l'un abusa presque toujours de sa gaieté jusqu'à la plus basse bouffonnerie ; l'autre laissa quelquefois aller la paresse de la raison jusqu'à l'excès du scepticisme. Rabelais, à qui La Fontaine trouvait tant d'esprit, et qui réellement en avait, ne l'exerça que dans le genre le plus facile, celui de la satire allégorique habillée en grotesque. Il voulut se moquer de tous ses contemporains, des rois, des grands, des prêtres, des magistrats, des religieux et de la religion : pour jouer impunément ce rôle, toujours un peu dangereux, il prit celui de ces fous de cour à qui l'on permettait tout parce qu'ils faisaient rire, et qui disaient quelquefois la vérité sans danger, parce qu'ils la disaient sans conséquence. A l'égard de son talent, on en a dit trop et trop peu. Ceux que rebutait son langage bizarre ou obscur, ont laissé là Rabelais comme un insensé : ceux qui ont travaillé à le déchiffrer, ont exalté son mérite en raison de ce qu'il leur avait coûté à entendre. Au fond il a, parmi beaucoup de fatras et d'ordures, des traits, et même des morceaux pleins d'une verve satirique, originale et piquante; et, après tout, on ne saurait croire qu'un auteur que La Fontaine lisait sans cesse, et dont il a souvent profité, n'ait été qu'un fou vulgaire.

Montaigne était sans doute un esprit d'une trempe fort supérieure. Ses connaissances étaient plus étendues et mieux digérées que celles de Rabelais; aussi se proposa-t-il un objet bien plus relevé et plus difficile à atteindre. Ce ne fut pas la satire des vices et des abus de son temps, attaqués déjà de tous côtés ; ce fut l'homme tout entier et tel qu'il est partout, qu'il voulut examiner en s'examinant lui-même. Il avait voyagé et beaucoup lu ; mais il fondit son érudition dans sa philosophie. Après avoir écouté les Anciens et les Modernes, il se demanda ce qu'il en pensait. L'entretien fut assez long, et il y avait en effet de quoi parler long-temps. Avouons d'abord les défauts : c'est par-là qu'il faut commencer avec les gens que l'on aime, afin de les louer ensuite plus à son aise. Sa diction est incorrecte, même pour le temps, quoiqu'il ait donné à la langue des expressions et des tournures qu'elle a gardées comme de vieilles richesses : il abuse de la liberté de converser, et perd de vue le point de la question établie ; il cite de mémoire et fait des applications fausses ou forcées de plus d'un passage ; il resserre trop les bornes de nos conceptions sur plusieurs objets que, depuis lui, l'expérience et la réflexion n'ont pas trouvés inaccessibles. Tels sont, je crois, les reproches qu'on peut lui faire : ils sont effacés par les éloges qu'on lui doit. Comme écrivain, il a imprimé à la langue une sorte d'énergie familière qu'elle n'avait pas avant lui, et qui ne s'est point usée, parce qu'elle tient à celle des sentiments et des pensées, et qu'elle ne s'éloigne pas, comme dans Ronsard, du génie de notre idiome. Comme philosophe, il a peint l'homme tel qu'il est, sans l'embellir avec complaisance, et sans le défigurer avec misanthropie. Ses écrits ont un caractère de bonne foi qui leur est particulier : ce n'est pas un livre qu'on lit, c'est une conversation qu'on écoute. Il persuade d'autant plus, qu'il paraît moins enseigner. Il parle souvent de lui, mais de manière à vous occuper de vous; il n'est ni vain, ni ennuyeux, ni hypocrite, trois choses très difficiles à éviter quand on se met soi-même en scène dans ses écrits. Il n'est jamais sec : son âme ou son caractère est partout. Et quelle foule d'idées sur tous les sujets ! quel trésor de bon sens ! que de confidences où son histoire est aussi celle du lecteur ! Heureux qui retrouvera la sienne propre dans ce chapitre sur l'amitié, qui a immortalisé le nom de l'ami de Montaigne ! Ses *Essais* sont le livre de tous ceux qui lisent, et même de ceux qui ne lisent pas.

Nous avançons vers le XVIIe siècle, qui fut enfin celui de la France. La langue commençait à s'épurer ; elle prenait des formes plus exactes, un ton plus noble et plus soutenu ; elle acquérait de l'harmonie dans les vers de Malherbe et dans la prose de Balzac ; mais celui-ci, moins occupé des choses que des mots, et s'appliquant sur-tout à l'arrangement et au nombre de la phrase, qui semblaient alors des miracles, parce qu'ils étaient des nouveautés, écrivit de manière que sa gloire, moins attachée au mérite de ses ouvrages qu'aux services qu'il rendait à notre langue, est presque tombée dans l'oubli quand il est devenu inutile. C'est peut-être une espèce d'ingratitude, mais qui ne paraîtra pas sans excuse, si l'on se souvient que du moins les écrivains de cette classe ont joui d'une réputation proportionnée au plaisir qu'ils procuraient à leurs contemporains; que les jouissances des lecteurs sont la mesure naturelle de la célébrité de l'écrivain, et qu'en ce genre une génération ne se charge guère de la reconnaissance d'une autre. Malherbe, plus heureux, animant ses ouvrages du feu de la poésie, et y répandant des beautés de tous les temps, a conservé des droits sur la postérité en même temps qu'il enseignait à nos aïeux le rhythme qui convient à notre versification, les règles essentielles de nos différents mètres et l'art de les entremêler, le mouvement et les suspensions de la phrase poétique, l'usage légitime de l'inversion, le choix et l'effet de la rime.

Le bon goût avait cependant bien des obstacles encore à surmonter; et il fallait, suivant une marche assez ordinaire aux hommes, passer par toutes les mauvaises routes avant de rencontrer le bon chemin. Nos progrès étaient retardés par ce même esprit d'imitation, qui pourtant est nécessaire au moment où les arts renaissent, mais qui a ses inconvénients comme ses avantages. Si les premiers modèles à qui l'on s'attache ne sont pas absolument purs, ils sont dangereux, en ce qu'on est d'abord bien plus facilement porté à imiter leurs défauts que leurs beautés. Quand les Romains demandèrent aux Grecs des leçons de poésie et d'éloquence, le goût des maîtres était assez parfait pour ne pas égarer les disciples. Mais l'Italie et l'Espagne, qui donnaient encore le ton à toute l'Europe, quand les lettres naissaient en France, avaient deux défauts très graves et malheureusement très séduisants, qui dominaient dans leur littérature, et dont même leurs meilleurs écrivains n'étaient pas exempts. L'enflure espagnole et l'affectation italienne devaient donc régner en France avant qu'on eût appris à étudier le vrai goût chez les anciens. La langue de ces deux nations était familière aux Français : nos fréquentes expéditions en Italie, le luxe des princes de la maison de Médicis et nos alliances avec eux, l'éclat du règne de Charles-Quint, l'influence sinistre de Philippe II du temps de la Ligue, toutes ces causes réunies avaient donné sur nous, à nos voisins du Midi, cet ascendant de la mode qu'ont eu depuis ceux du Nord. Livres, jeux, spectacles, vêtements, tout fut alors en France italien ou espagnol : leurs auteurs étaient dans les mains de tout le monde, et faisaient partie de notre éducation. Nos poètes se réglèrent sur eux. La poésie galante s'empara de ces pointes du bel-esprit italien, appelées *concetti*, et de là ce déluge de fadeurs alambiquées, où l'amant qu'on entendait le moins passait pour celui qui s'exprimait le mieux. La poésie dramatique eut la même ambition, et les auteurs les plus estimés en ce genre firent parler Melpomène en épigrammes et en jeux de mots. La *Mariamne* de Tristan, et la *Sophonisbe* de Mairet sont infectées de ce style ridicule; et c'étaient encore les merveilles de notre théâtre au moment où Corneille donnait le *Cid* et *Cinna*. D'un autre côté, les romanciers espagnols, dont Cervantes se moquait si agréablement dans son pays, mais qu'on admirait dans le nôtre, nous avaient accoutumés à donner aux héros de la tragédie un ton ampoulé; et l'exagération des sentiments et des idées se mêlant avec les subtilités épigrammatiques, il en résultait l'assemblage le plus monstrueux. La comédie, également calquée sur celle d'Italie et d'Espagne, n'était qu'une autre espèce de roman dialogué, une suite d'incidents destitués à la fois de vraisemblance et de décence, et qu'on appelle encore aujourd'hui *imbroglio*, c'est-à-dire des travestissements, des déguisements de sexe, des méprises forcées, de longues scènes de nuit, des friponneries de valet, enfin toutes ces machines grossières, décréditées parmi nous pendant cent ans, depuis que Molière nous eut fait connaître la vraie comédie d'intrigue, de mœurs et de caractère, mais qui de nos jours ont reparu en triomphe sur tous les théâtres, parce qu'enfin il faut du nouveau, et que rien ne paraît plus neuf à la multitude que ce qui était usé il y a cent ans.

Le style, qui tient beaucoup plus qu'on ne croit communément au caractère général de la composition, puisqu'il est assez naturel de s'exprimer comme on pense, le style n'était pas meilleur que le fond. C'était celui des farces d'Italie, le jargon de Trivelin et de Scaramouche. Ce bas comique, fait pour la populace, et non pour les honnêtes gens, était en possession de plaire, au point que même dans la comédie héroïque ou tragi-comédie, il y avait d'ordinaire un personnage bouffon, qui était le *gracioso* des Espagnols, et on le retrouve jusque dans les premiers opéra de Quinault, qui pourtant finit par en purger la scène lyrique, comme le grand Corneille en purgea le théâtre français dans le *Cid*, représenté d'abord, comme on sait, sous le titre de tragi-comédie.

Cet amour pour la bouffonnerie donna naissance au genre burlesque, qui eut aussi son moment de vogue, et dont Scarron fut le héros; mais pour réunir les deux extrêmes du mauvais goût, il régnait en même temps une autre sorte de travers, le style précieux, qui est l'abus de la délicatesse comme le burlesque est l'abus de la gaieté. Une société qui depuis long-temps n'est guère citée qu'en ridicule, mais qui, par le rang et le mérite de ceux qui la composaient, devait avoir une grande influence, le fameux hôtel de Rambouillet, contribua plus que tout le reste à mettre en faveur ce langage obscur et affecté qu'on prenait pour l'exquise politesse, et qui n'était que le pédantisme de l'esprit remplaçant le pédantisme de l'érudition. Si l'on se rappelle que c'était un Richelieu, un Condé, un Montausier, qui fréquentaient cette maison célèbre, où l'amour et la poésie étaient soumis à l'analyse la plus sophistique, on concevra également que ces hommes si grands, chacun dans leur classe, pouvaient n'être pas d'excellents maîtres en fait de goût, et pourtant faire la loi à celui des autres. Quant aux gens de lettres, c'étaient Chapelain, qui, n'ayant point encore donné sa *Pucelle*, passait pour le premier des poètes; Ménage, qui d'ailleurs ne manquait ni de connaissances, ni même de jugement, puisqu'il fut le premier à rendre justice à Molière, quand Molière la fit des précieuses ridicules; Voiture, de tous les beaux esprits le plus à la mode, qui, bienvenu à la cour, où il avait des places honorables, homme de lettres et homme du monde, avait une de ces réputations imposantes que l'on craint d'attaquer, et devant qui Boileau lui même, à la vérité jeune encore, se prosterna comme toute la France. Quoiqu'elle ait reconnu depuis avec ce même Boileau, tous les défauts de Voiture, il ne faut pas croire qu'il ait été absolument inutile. Il avait l'esprit fin et délicat; et dans plusieurs de ses écrits il donna la première idée de cet art heureux et difficile que Voltaire a si éminemment possédé dans la poésie badine et dans le style épistolaire, l'art de rapprocher et de familiariser ensemble le talent et la grandeur sans compromettre ni l'un ni l'autre. L'hôtel de Rambouillet servit aussi à quelque chose : il accoutumait à avoir de l'esprit sur tous les objets; et c'est par-là qu'il faut commencer : on apprend ensuite à n'avoir sur chaque objet que la sorte d'esprit convenable, et c'est par-là qu'il faut finir : c'est l'abrégé de la perfection et du goût.

Il ouvrit son école à Port-Royal ; et, si l'esprit de secte, fait pour tout gâter, engagea ces grands hommes dans de malheureuses querelles qui troublèrent leur siècle, et dont le funeste contre-coup s'est fait sentir jusque dans le nôtre, ici nous ne voyons en eux que les bienfaiteurs des lettres, et nous ne pouvons que rendre hommage aux monuments qu'ils nous ont laissés. Héritiers et disciples de la littérature des Anciens, ils nous apprirent à le devenir. Les excellentes études qu'ils dirigeaient, leurs principes de grammaire et de logique, les meilleurs que l'on connût jusqu'à eux, et bons encore aujourd'hui; leurs livres élémentaires, qui ont fourni tant de secours pour la connaissance des langues; tous leurs ouvrages écrits sainement et avec pureté, et ce mérite qui n'appartient qu'à la supériorité, de savoir descendre pour instruire : voilà leurs titres dans la postérité, voilà ce qui servit à consommer la révolution que le goût attendait pour éclairer le génie. Pour tout dire, en un mot, c'est de leur école que sont sortis Pascal et Racine; Pascal, qui nous donna le premier ouvrage où la langue ait paru fixée, et où elle ait pris tous les tons de l'éloquence; Racine, le modèle éternel de la poésie française.

Ces noms caractérisent l'époque qu'on appelle encore le siècle de Louis XIV. Le dix-huitième s'ouvre ensuite devant nous, spectacle d'autant plus intéressant, qu'il forme presque en tout un contraste avec l'autre, particulièrement par la nouvelle philosophie qu'il vit naître en ses premières années, et que les dernières ont dû nous mettre à portée d'apprécier. Je n'ai pas besoin de dire que sur cet objet de première importance j'énoncerai mon opinion tout entière, telle qu'elle est, sans m'embarrasser aucunement de ceux qui croiraient voir ici un devoir ou un intérêt à la modifier ou à la soumettre à de prétendues considérations, qui, étant étrangères à la vérité, doivent l'être à celui qui la dit. Je sais la taire lorsqu'elle serait sans effet; mais, dès que je la crois bonne à entendre, il n'est pas en moi de la dire à demi. Il peut exister un pouvoir qui m'empêche de parler : il n'y en a point qui m'empêche de parler comme je pense. Ce ne sera pas ma faute si je ne parviens pas à détromper ceux qui se persuadent si follement, ou qui voudraient se persuader encore qu'ils sont faits pour commander à l'opinion; qu'en faisant le mal ils ont changé la nature du bien; que personne ne peut plus honorer ce qu'ils insultent, ni louer ce qu'ils ont détruit ou voudraient détruire, ni détester ce qu'ils font ou voudraient faire, ni mépriser ce qu'ils voudraient mettre en honneur; et que, si ce n'est plus, comme autrefois, la terre entière, au moins c'est toute la France qui doit être à jamais l'esclave et l'écho de leur atroce extravagance. Il ne tiendra pas à moi de dissiper cet étrange rêve d'un orgueil surhumain, et de leur montrer leurs systèmes absurdes renfermés avec eux dans le cercle très étroit de leur existence très précaire, et conspués avec horreur par le monde entier. C'est même, je dois l'avouer, cet intérêt sacré de la vérité nécessaire, qui peut seul me soutenir dans une carrière laborieuse, dans une carrière qui, après tant d'évènemens, ne peut plus être la même; qui autrefois, par ses rapports avec mes goûts les plus chers, pouvait paraître une suite de jouissances, et qui est aujourd'hui en elle-même un sacrifice et un dévouement : non que j'aie pu devenir insensible à ces arts que j'ai tant aimés, ni sur-tout aux témoignages de bienveillance qu'ils m'ont procurés ici dans tous les temps, et qui sont restés dans mon cœur; mais je ne le dissimulerai point, le charme s'est éloigné et affaibli. Ces jours d'une dégradation entière et inouïe de la nature humaine sont sous mes yeux, pèsent sur mon âme, et retombent sans cesse sous ma plume, destinée à les retracer jusqu'à mon dernier moment. Dans cette situation d'esprit, les lettres ne sont plus pour moi qu'une distraction innocente, et les arts ne se présentent plus à mon imagination que pour colorier les imposantes et désolantes idées qui peuvent seules m'occuper tout entier. Sans doute ceux qui ont tout oublié ne sauraient m'entendre; mais je dirai à ceux qui pleurent encore : Et moi aussi, je pleure avec vous. La douleur de l'homme sensible est comme la lampe religieuse et solitaire qui veille auprès des tombeaux : et qui serait assez barbare pour l'éteindre? D'ailleurs il ne faut pas s'y tromper, toutes les vérités se tiennent par des liens plus ou moins apparents, mais toujours réels, et, bien loin que la morale nuise au goût et au talent, elle épure et enrichit l'un et l'autre. Je plains ceux qui ne savent pas qu'il y a une dépendance secrète et nécessaire entre les principes qui fondent l'ordre social et les arts qui l'embellissent. Je persisterai donc à joindre l'un avec l'autre, et je ne séparerai point ce que la nature a réuni. Je continuerai à regarder avec compassion, plus encore qu'avec mépris, ces nouveaux précepteurs des nations, qui, si tristement et si fièrement seuls contre l'univers, contre l'expérience des siècles, contre le cri de tous les sages, contre la conscience de tous les hommes, en sont venus à ne pas concevoir que l'on puisse lever les yeux vers la suprême justice qui règne éternellement dans le ciel, quand le crime règne un moment sur la terre: incurables fous, condamnés à ne se douter jamais de l'étendue de leur sottise et de la richesse de leurs ridicules; semblables à ces malheureux privés de toute raison, qui, étalent leur nudité et leur folie, se moquent de tout ce qui n'est pas dégradé de même, et rient de ceux qui ont pitié d'eux. Enfin, je ne cesserai de signaler ceux qui s'efforcent obstinément de séparer la terre du ciel, parce que le ciel les condamne, et qu'ils veulent envahir la terre; et l'on ne m'ôtera ni l'horreur du mal, ni l'espérance du bien, *donec transeat iniquitas.*

La Harpe, *Cours de Littérature*, introduction au *Siècle de Louis XIV.*

FIN DU DIX-SEPTIÈME VOLUME.

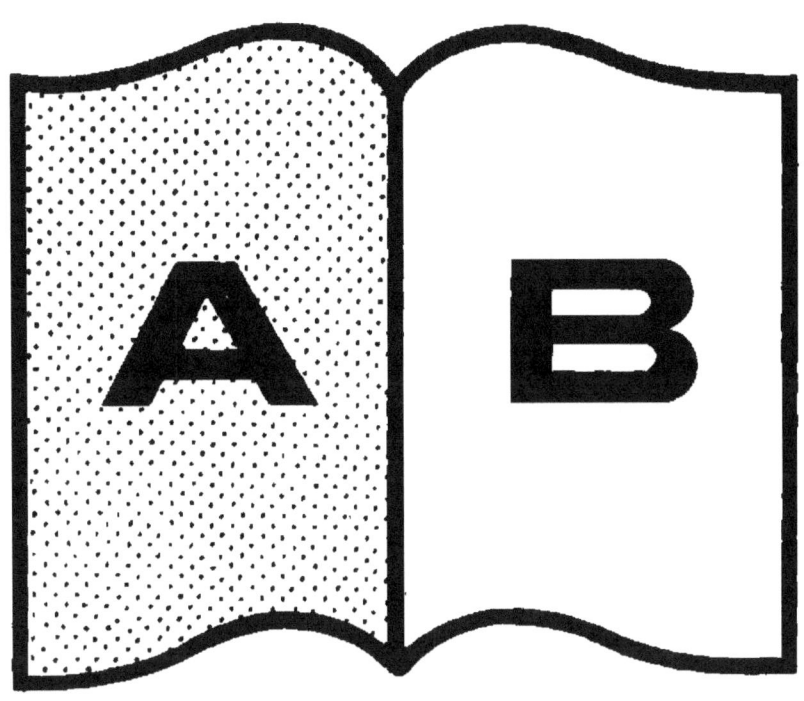

Contraste insuffisant

NF Z 43-120-14

www.ingramcontent.com/pod-product-compliance
Lightning Source LLC
Chambersburg PA
CBHW072127220426
43664CB00013B/2165